Georg Piltz

August der Starke

August der Starke

Träume und Taten eines deutschen Fürsten

Biographie
von Georg Piltz

VERLAG NEUES LEBEN

Frontispiz: Friedrich August I. um 1700,
Büste von Guillaume Coustou,
Skulpturensammlung Dresden

ISBN 3-355-01422-2

5., durchgesehene Auflage, 1994
Schutzumschlag: Ingrid Engmann
unter Verwendung des Gemäldes "August der Starke", 1722,
von Louis de Silvestre d. J., Bildarchiv Preußischer Kulturbesitz
Lichtsatzherstellung: Verlag Neues Leben GmbH
Lithographie: Reproanstalt/Neumünster
Druck und buchbinderische Weiterverarbeitung:
Chemnitzer Verlag und Druck GmbH, Werk Zwickau
Gedruckt auf FORTUNA-Pegasus
Steinbeis Temming Papier GmbH & Co., Glückstadt

Ein Prinz wird geboren

Am 12. Mai 1670 wurde dem sächsischen Kurprinzenpaar ein Sohn geboren, der in der Taufe den Namen Friedrich August erhielt. Die Glocken läuteten, die auf dem Turm der alten Kreuzkirche postierten Kanonen schossen Salut, die Geistlichkeit dankte dem Himmel für die erwiesene Gnade, die Stände traten zur Gratulationscour an und überreichten der jungen Mutter ein »Douceur«, ein Geschenk von einigen tausend Talern, aber mit dem verglichen, was rund anderthalb Jahre zuvor in Dresden geschehen war, hielt sich der Trubel in Grenzen.

Damals, im Oktober 1668, hatte die Kurprinzessin Anna Sophie, Tochter des Königs Friedrich III. von Dänemark, ihren ersten Sohn zur Welt gebracht, den Thronfolger, der die Herrschaft der Dynastie in der dritten Generation sicherte. Noch regierte Kurfürst Johann Georg II., ein prachtliebender Monarch, der zum großen Ärger der Stände weit über seine Verhältnisse lebte, jedoch Johann Georg III. stand schon bereit, und wenn er die Augen schloß, würde Johann Georg IV. die Geschicke des Landes in seine Hände nehmen. Zweitgeborene wie Friedrich August spielten in den Herrscherhäusern nur die Rolle einer Zusatzversicherung.

Trotzdem waren die Aussichten des Säuglings alles andere als trübe. Sachsen bettete nicht nur seine Kurfürsten, sondern auch seine Prinzen weich. Es gab im Heiligen Römischen Reich zahllose Territorien, deren Herrscher nicht einmal so viele Groschen hatten, wie die Wettiner Taler besaßen. Die jährlichen Einkünfte der Rentkammer, über die der Kurfürst nach freiem Ermessen verfügen konnte, betrugen um 1675 etwa eine Million Gulden. Das Obersteuerkollegium, das die von den Landtagen bewilligten Land-, Trank-, Fleisch- und die vierteljährlich erhobenen Quatembersteuern verwaltete, schoß eine zweite Million zu - allerdings mit der einschränkenden Bedingung, daß diese Gelder nur für den Zweck verwendet werden durften, für den sie bestimmt waren, zum Beispiel für die Tilgung von Staatsschulden, für die Besoldung der Armee oder auch zur Finanzierung eines prinzlichen Nebenhofs.

Wie immer sich der neugeborene Prinz später entschied, ob er, dem Beispiel vieler seiner Vettern folgend, in fremde Kriegsdienste trat und als Offizier Karriere zu machen versuchte oder ob er es vorzog, das geruhsame Leben eines großen Standesherrn zu führen - die Sachsen würden schon dafür sorgen, daß es ihm an nichts fehlte. Sie zahlten nicht gern, die Untertanen Seiner Kurfürstlichen Durchlaucht, aber sie zahlten. Trotz der Riesensummen, die Johann Georg II. für sein Theater, seine Hofkapelle und seine anderen noblen Passionen ausgab, trotz der Schuldenlast von etwa 4 Millionen Talern, die er bei seinem Tod (1680) hinterließ, ging es mit dem Land bergauf.

Das Kurfürstentum Sachsen, das nicht mit dem heutigen Sachsen identisch war, sondern sich im Osten bis an den Bober, im Westen bis nach Thüringen und im Norden bis zum Fläming erstreckte, hatte im Dreißigjährigen Krieg schwer gelitten. Damals regierte Johann Georg I., ein schwacher Herr, der stets mit dem Stärkeren zu marschieren versuchte und dabei oft auf den Falschen setzte. Gustav II. Adolf und seine Schweden nahmen ihn nicht ernst: Weil er 1631 Hals über Kopf aus der Schlacht von Breitenfeld floh und erst haltmachte, als ihn der Durst dazu zwang,

Dresden um 1680
Kupferstich von Johann Peter Wolff

hängten ihm die schwedischen Soldaten den Spitznamen »Bier-Göran« an. Der Kaiser, ein besserer Diplomat als der skandinavische Haudegen, benutzte den Kurfürsten, um die antihabsburgische Koalition zu sprengen. Johann Georg heimste dabei zwar die beiden bis dahin böhmischen Lausitzen ein, aber die Zeche, die er bei dem Sonderfrieden von Prag (1635) gemacht hatte, mußten seine Untertanen zahlen: Die Schweden kehrten nach einigen Jahren zurück und rächten sich für den Frontwechsel, indem sie das Land mit äußerster Grausamkeit verwüsteten. Man schätzt, daß Sachsen damals knapp die Hälfte seiner Bevölkerung verlor. In den Gegenden um Chemnitz, Pirna und Wurzen betrugen die Verluste sogar fast siebzig Prozent.

Aber kaum waren die fremden Heere abgezogen, als sich im Land wieder Unternehmungsgeist zu regen begann. Unmittelbar nach dem Krieg wanderten etwa 150 000 um ihres Glaubens willen vertriebene böhmische Protestanten in Sachsen ein. Sie ließen sich oft in der Nähe ihrer alten Heimat nieder, zum Beispiel im Erzgebirge, wo sie 1654 die Bergbausiedlung Johanngeorgenstadt gründeten, und in den an der böhmischen Grenze gelegenen Weberdörfern der Oberlausitz. Zwar reichte die Zahl dieser Exulanten nicht aus, um die Lükken zu schließen, doch es steht außer Zweifel, daß sie die wirtschaftliche Entwicklung des Landes nachhaltig beeinflußt haben.

Die Bergleute pumpten die abgesoffenen Schächte leer und begannen von neuem mit der Erzförderung. Die Silberausbeute blieb zunächst hinter den Erwartungen zurück, aber das sächsische Kobalt, ein Blaufärbemittel, eroberte sich den europäischen Markt. Es war so begehrt, daß der die Staatsfinanzen schädigende Kobaltschmuggel schon um 1680 bedrohliche Ausmaße annahm. Die Tuch- und Leinenhändler versuchten, alte Geschäftsverbindungen wiederherzustellen, und wenn sich dies als unmöglich erwies, so knüpften sie neue. Sächsische Webwaren gingen nun über Hamburg nach England und über Breslau nach Polen, während die früheren Absatzgebiete im Süden und Südosten Europas allmählich ihre Bedeutung verloren. Leipzig lief seinem Konkurrenten Frankfurt am Main endgültig den Rang ab, vor allem dank dem wachsenden Umsatz seiner Warenmessen, aber auch infolge einer beträchtlichen Eigenproduktion: 1674 gründete der Leipziger Kaufmann Daniel Krafft die erste sächsische Seidenmanufaktur.

Die Manufakturen waren das fortschrittlichste Element in der Wirtschaft des Kurfürstentums - Keimzellen des Kapitalismus in einer von feudalen Verhältnissen geprägten Umwelt. Die Zünfte sahen in ihnen lästige Konkurrenten, doch der Staat, darauf bedacht, möglichst viel Geld im eigenen Land zu behalten, förderte sie, insbesondere, wenn sie Produkte herstellten, die bisher aus der Fremde bezogen werden mußten. Der Krieg hatte zu einem empfindlichen Kapitalmangel geführt. Es war daher, wie ein zeitgenössischer Autor schrieb, »ohne dergleichen landesherrlichen gnädigsten Beytrag ... nicht möglich, daß etwas fruchtbarliches im Lande ausgerichtet werden kan, denn oft sind die geschicktesten Leute die ärmsten, und was sie mit Schuld und Borg anfangen sollen, wird, wo nicht gar unmöglich, doch so schwer, daß nichts rechtes herauskommt«. Der Anteil der Manufakturen an der Gesamtproduktion betrug damals nicht mehr als drei bis vier Prozent, aber sie standen ja auch erst am Anfang ihrer Entwicklung. Ein Herrscher, der die Sache zielstrebiger und energischer anpackte als Johann Georg, vermochte sich hier eine ökonomische Grundlage zu schaffen, die ihm Großes ermöglichte.

Die sächsische Landwirtschaft entwickelte sich langsamer als Handel und Gewerbe - einmal, weil die feudalen Abhängigkeitsverhältnisse einer raschen Steigerung der Produktion entgegenwirkten, zum anderen, weil die Bevölkerungsverluste zu einer Schrumpfung des Binnenmarktes geführt hatten, so daß landwirtschaftliche Produkte zunächst nur schwer Absatz fanden. Ungefähr vier Fünftel der Bevölkerung lebten in Dörfern, von denen es damals im Kurfürstentum etwa 12 000 gab. Und allen diesen Dörfern war gemeinsam, daß sie Feudalherren gehörten, die von ihren bäuerlichen Untertanen Abgaben und Dienste forderten.

Am schlimmsten stand es in der Ober- und Niederlausitz: Hier hatten die feudalen Landeigentümer seit 1672 das Auskaufungsprivileg, das heißt, sie konnten die von ihnen abhängigen Bauern gegen Zahlung einer gewöhnlich sehr gering bemessenen Summe ohne weiteres von ihren Höfen vertreiben. Die meisten Lausitzer Bauern, gleich ob deutscher oder sorbischer Nationalität, waren Lassiten, die ihre Höfe nur auf Widerruf besaßen. Ob der Hof nach dem Tod des Bauern in der Familie blieb oder ob er eingezogen und an einen anderen Bewerber vergeben wurde, hing letztlich von der Entscheidung des Feudalherrn ab, der sich die Bestätigung des Erbrechts in der Regel teuer bezahlen ließ. Unter diesen Bedingungen hatte der Bauer kein Interesse daran, die Produktion zu steigern, indem er die Produktionsmethoden verbesserte. Er wußte ja nie, ob seine Anstrengung ihm selbst oder zumindest seinen Söhnen zugute kommen würde. Die Erträge der Landwirtschaft in den beiden Lausitzen lagen um 1680 nur knapp über denen, die vor dem Dreißigjährigen Krieg erzielt worden waren.

Die sächsischen Kurfürsten kümmerten sich wenig um das Los ihrer bäuerlichen Untertanen. Der Gedanke, daß der Bauer vor grober Willkür geschützt werden müsse, damit er dem Staat als Steuerzahler erhalten blieb, war ihnen allem Anschein nach völlig fremd. Beschwerden der Gemeinden beantworteten sie gewöhnlich mit Ermahnungen zum Gehorsam gegen die von Gott eingesetzte Obrigkeit - oder mit der Drohung, die Aufsässigen durch Strafen zur Räson zu bringen. Sie erreichten damit nur, daß viele Lausitzer Bauern, nach amtlichen Angaben etwa 2 000 Familien, ihre ungastliche Heimat verließen und auswanderten - nach Böhmen, nach Brandenburg, aber auch in die Kurlande westlich der Elbe, wo es das Landvolk doch etwas leichter hatte als in den beiden Lausitzen.

In den Kurlanden lebte und arbeitete der Bauer unter den Bedingungen der Grundherrschaft, die im Unterschied zur ostelbischen Gutsherrschaft wenigstens das bäuerliche Eigentumsrecht respektierte. Die Abgaben und Dienste, die der Feudalherr verlangte, hafteten am Grund und Boden, nicht an der Person, und auch das Erbrecht war in der Praxis kaum beschränkt. Dennoch verlief die Entwicklung alles andere als friedlich. Die Fronen beanspruchten einen bedeutenden Teil der bäuerlichen Arbeitszeit, und der Gesindezwangsdienst, dem sämtliche jungen Leute von ihrem 14. Lebensjahr bis zu ihrer Verheiratung unterlagen, entzog den Bauernwirtschaften dringend benötigte Arbeitskräfte. Die Lage verschärfte sich, als die Grundherren gegen Ende des 17. Jahrhunderts dazu übergingen, die Dienste eigenmächtig zu vermehren. Um 1700 mußten die Bauern in Taubenheim südlich von Meißen 84 Tage im Jahr für ihre gnädige Herrschaft arbeiten - 49 Tage mit Gespann, 35 Tage ohne Gespann. Die feudale Abhängigkeit der Produzenten erwies sich einmal mehr als Hemmnis der Entwicklung.

Die Bauern wehrten sich, indem sie ihre Grundherren verklagten - meist unter Berufung auf das Herkommen, das eine willkürliche Steigerung der Dienste verbot. Aber wo sollten sie Recht finden? In der ersten Instanz, dem Patrimonialgericht, war der Grundherr Richter in eigener Sache. Die Urteile fielen dementsprechend aus. Der Versuch, sich gleich an die zweite Instanz, das Amtsgericht, zu wenden, wurde von den Kurfürsten vereitelt: Zwei Edikte aus den Jahren 1708 und 1716 untersagten den Bauern, das Patrimonialgericht zu umgehen. Obwohl die Verfahren durch die Verlängerung des Instanzenwegs oft jahrelang, manchmal sogar jahrzehntelang dauerten und den Klägern große Kosten verursachten, gaben die Gemeinden nicht auf. Sie verteidigten ihre Rechte so hartnäckig, daß, wie es in einem Dokument aus dem 18. Jahrhundert heißt, »nicht leicht ein Dorf vorhanden sein möchte, welches nicht mit seiner Obrigkeit wegen der oftmals zur Ungebühr angesonnenen Dienstleistungen mancherlei Prozesse geführt hat«.

Diese Zähigkeit hatte positive Folgen: Es gelang den Gemeinden, gewisse Selbstverwaltungsrechte zu behaupten, zum Beispiel das Recht, kleinere Vergehen wie Beleidigungen, Raufhändel und Grenzstreitigkeiten in eigener Verantwortung abzuurteilen.

Auch wirtschaftlich standen die westelbischen Bauern in der Regel besser da als die Lassiten in den ostelbischen Gebieten. Besonders die Viehzucht warf beträchtliche Gewinne ab - im Unterschied zur Getreideproduktion, die noch auf der Grundlage der Dreifelderwirtschaft betrieben wurde und daher kaum den nach 1690 steigenden Inlandsbedarf zu decken vermochte. Wenn die Ernteerträge nur Durchschnittswerte erreichten, mußte das Kurfürstentum Getreide importieren.

Trotz dieser ungleichmäßigen Entwicklung war Sachsen zu jener Zeit der ökonomisch am weitesten fortgeschrittene deutsche Territorialstaat. Auch mit seinen Eltern konnte der junge Prinz zufrieden sein. Johann Georg III., ein dicker, fröhlicher und streitbarer Herr, gehörte zu den wenigen sächsischen Fürsten, die sich bei der Verteidigung der Reichsgrenzen auszeichneten. Schon kurz nach seinem Regierungsantritt (1680) verlangte er von den Ständen, daß sie ihm die Mittel für den Aufbau eines stehenden Heeres bewilligten. 1683 legte diese kleine Armee ihre erste Waffenprobe ab. Die Sachsen, 10 000 Mann stark, kämpften vor Wien auf dem linken Flügel jenes Truppenkontingents, welches den türkischen Belagerungsring von Norden angriff. Beim Sturm auf die zäh verteidigte Währinger Schanze stürzte sich der Kurfürst in das dichteste Handgemenge. Seine Dragoner hatten Mühe, ihn aus dem Getümmel herauszuhauen. Der Oberbefehlshaber der Verbündeten, der Polenkönig Jan III. Sobieski, schrieb damals anerkennend: »Der Kurfürst

Johann Georg III.

von Sachsen ist ein redlicher Mann von geradem Herzen...«

Auch in den Kämpfen, die am Rhein tobten, schlug Johann Georg III. eine gute Klinge. Obwohl ihn die Habsburger nicht gerade zuvorkommend behandelten, gab er niemals der Versuchung nach, sich der profranzösischen Partei in Deutschland anzuschließen. Im Gegenteil, wann immer die Heere Ludwigs XIV. sengend und brennend über die Grenze drangen, war er mit seiner Armee zur Stelle. Der französische Gesandte in Dresden berichtete 1689 resignierend nach Versailles: »Über den Kurfürsten von Sachsen gibt es nichts zu sagen. Dieser Fürst hat nie Neigung gezeigt, sich mit Frankreich zu verbünden, und wird sie nie zeigen.« 1691 zog Johann Georg III. noch einmal, nun schon vom Tod gezeichnet, dem bedrängten Reichsheer zu Hilfe. Er starb im Feldlager von Tübingen, inmitten seiner Soldaten.

Barocken Glanz, wie ihn die Höfe von Wien, Madrid und Versailles verbreiteten, hatte Dresden damals nicht zu bieten. Die Feste, die Johann Georg III. feierte, waren mehr von der alten deutschen Art. Es ging ganz und gar nicht nach dem Zeremoniell, sondern derb, laut und lustig zu, die Becher kreisten, bis einer nach dem anderen unter den Tisch sank, und auch die höfische Erotik trug noch nicht den Charakter einer Staatsaktion. Die Kurfürstin nahm es ihrem Gatten nicht übel, daß er von Zeit zu Zeit Erholung in den Armen der Komtesse Susanne von Zinzendorf suchte: Das »schöne Suschen« gehörte gewissermaßen zur Familie. Sie fand wohl auch nichts dabei, daß der Kurfürst zuweilen in Begleitung seiner beiden Söhne zu seiner Geliebten ging - die energische Frau hätte dem sonst einen Riegel vorgeschoben.

Ohne Zweifel hat die unkomplizierte Gestalt des Vaters die Entwicklung des jungen Friedrich August stärker beeinflußt als die Mutter mit ihrer ausgeprägten Eigenart.

Anna Sophie

Der Vater war dem Kleinen Kamerad und Kumpan, manchmal auch letzte Zuflucht vor drohender Strafe, die Mutter eine Respektsperson, der man sich nur mit Zagen nahte. Schon die Tatsache, daß sie einem Königshaus entstammte, gab ihr in der Familie Autorität. Zudem besaß sie eine recht gediegene Bildung, auf alle Fälle eine weit gediegenere als ihr Mann, und bewies zuweilen viel freien Sinn. Obwohl streng lutherisch erzogen und eine eifrige Kirchgängerin, hielt sie das orthodoxe Luthertum doch nicht für das Salz der Erde. Es war ihr Verdienst, daß der Kurfürst 1686 den von der Orthodoxie heftig befehdeten Begründer des Pietismus, Philipp Jakob Spener, als Hofprediger nach Dresden berief, wie es auch ihr Verdienst war, daß der fromme Mann, nachdem er sich durch eine Strafpredigt gegen das höfische Lotterleben unbeliebt gemacht hatte, vor Schlimmerem als der kurfürstlichen Ungnade bewahrt blieb. Durch Schönheit zeichnete sich Anna Sophie nicht aus. Friedrich August erbte von ihr die lange Entenschnabelnase. Wie sie zu ihren beiden Söhnen stand, ob sie ihren Ältesten, der ihr charakterlich sehr ähnelte, lieber hatte als ihren ungebärdigen Jüngsten, läßt sich heute nicht mehr ermitteln. Eins jedoch ist sicher: Friedrich August begegnete ihr auch später nur mit geheimer Scheu und hütete sich, sie zu kränken.

Es war damals üblich, Prinzen bis zu ihrem fünften oder sechsten Lebensjahr in der Obhut der Mutter zu lassen und sie dann einem Hofmeister anzuvertrauen. Die Kindererziehung stand noch im Zeichen des Religiösen: Lange bevor die Kleinen lesen und schreiben lernten, lehrte man sie beten. 1675 schenkte der Großvater Johann Georg II. seinen beiden Enkeln je ein eigens für sie hergestelltes Exemplar des »Torgauischen Katechismus oder fürstlicher und anderer gottesfürchtiger Kinder Handbuch«. Aber die Erziehung zur christlichen Nächstenliebe trug keine Früchte: In den Kinderstuben des Schlosses herrschte von Anfang an Streit. Der Kurprinz verabscheute seinen jüngeren Bruder, und dieser rächte sich, indem er den stets Kränklichen einen Stubenhocker und Schwächling nannte. Friedrich August schrieb später über diese Zeit: »Dieweil die Natur den ingern [jüngeren] mehr Forteil vor dehm elteren geben, wahr er schallus [frz. jaloux = eifersüchtig]; hingegen der ingere misgonte dehm Codrus [Deckname für den Kurprinzen], das die Natur ihm Gegenteil ihm zum elteren gemacht.« Man mußte die beiden Kampfhähne trennen.

Nach dem Willen des Vaters sollte der Zweitgeborene einmal mit dem Degen sein Glück zu machen versuchen - und für einen prinzlichen General der damaligen Zeit genügte es, wenn er gut zu Pferde saß, klare Befehle zu geben verstand und in der Schlacht Tapferkeit bewies. Mit elf Jahren lernte Friedrich August reiten und fechten, im zwölften Lebensjahr nahm er schon an den Hofjagden teil. Die wissenschaftliche Bildung kam darüber entschieden zu kurz. Der Hofmeister des Prinzen, Christian August von Haxthausen, vertraute den Sprachunterricht zum Beispiel einem Musiker namens Christoph Bernhard an, dessen Lehrmethode sich durch eine souveräne Verachtung von Grammatik und Orthographie auszeichnete. Die französische Rechtschreibung blieb Friedrich August zeit seines Lebens ein Buch mit sieben Siegeln. Oft läßt sich nur erraten, was er meinte, wenn er etwa die Worte »estas dohlente« zu Papier brachte. Man muß schon viel Scharfsinn aufwenden, um in dieser eigenartigen Neuschöpfung die »Etats d'Hollande«, die Staaten von Holland, zu erkennen. Das Deutsche schrieb er, wie er es sprach, und da »reenstes« Sächsisch von seinen Lippen quoll, liest man oft »Freide« statt Freude, »blihen« statt blühen, »Dehstamend« statt Testament.

Von allen Lehrern hat nur einer den jungen Friedrich August so nachhaltig beeindruckt, daß er mit Lust tat,

Wolf Caspar von Klengel
Gemälde von Heinz Christoph Fehling

was sonst nicht gerade zu seinen Lieblingsbeschäftigungen gehörte: Wolf Caspar von Klengel, Artillerist, Mathematiker und Militäringenieur, brachte seinem Schüler bei, beharrlich und systematisch zu arbeiten. Klengel war ein Mann, der einem phantasiebegabten und abenteuerlustigen Halbwüchsigen schon imponieren konnte. Wenn er dem Prinzen erklärte, wie der Neigungswinkel eines Geschützes berechnet werden mußte und auf welche Weise die verschiedenen Bestandteile einer Befestigungsanlage ineinandergriffen, hatte er stets Beispiele parat, die nach

Pulverdampf rochen. Der Berufssoldat war weit in der Welt herumgekommen, ehe er sich 1656 entschloß, als Oberlandbaumeister in sächsische Dienste zu treten. Er kannte die Armeen, Festungen und Schlachtfelder Europas aus eigener Anschauung. Friedrich August fand in ihm einen Lehrer, der keine Bücherweisheiten von sich gab, sondern Selbsterlebtes zu berichten wußte.

Das militärische Wissen, das Klengel seinem Schüler vermittelte, blieb für immer haften. Im Artilleriewesen und in der Festungsbaukunst war Friedrich August Fachmann, nicht Dilettant, wie der beste General der sächsischen Armee im 18. Jahrhundert, Johann Matthias von der Schulenburg, fünfzig Jahre später ausdrücklich bezeugte. Und auch das taktische Geschick, mit dem sich Friedrich August in der Zeit des Nordischen Krieges aus so mancher verzweifelten Situation herauswand, geht wohl auf Klengels Unterricht zurück. Wenn der Vater in ihm die Liebe zum Soldatenhandwerk weckte, so gab ihm der alte Oberlandbaumeister das Handwerkszeug mit auf den Weg.

Klengel war es auch, der den jungen Prinzen für die Architektur interessierte und ihn mit den Grundsätzen der barocken Stadtbaukunst vertraut machte. 1685 vernichtete ein verheerender Brand das rechtselbische Altendresden, die spätere Neustadt. Klengel, damit beauftragt, den Plan für den Wiederaufbau zu entwerfen, beseitigte das mittelalterliche Häusergewirr und legte breite Achsen durch das Viertel, darunter jene Achse, welche noch heute den Neustädter Markt mit dem Platz der Einheit verbindet. Der Plan, viel zu großzügig für die damalige kleine Residenz, verschwand in der Schublade, doch Friedrich August behielt ihn im Gedächtnis. Nach dreißig Jahren holte er ihn hervor und fand ihn noch immer so faszinierend, daß er ihn auszuführen befahl. Die Neustadt ist Klengels Denkmal in Dresden, und es war sein Schüler, der es ihm gesetzt hat.

Ein Prinz geht bummeln

Eine Woche nach seinem siebzehnten Geburtstag, am 19. Mai 1687, brach Friedrich August zu seiner Kavalierstour auf. Es heißt, daß die Kurfürstin die Abreise ihres Jüngsten ein wenig beschleunigte, weil sie dahintergekommen war, daß der braune Lockenkopf so heftig mit einer ihrer Hofdamen flirtete, daß erotische Handgreiflichkeiten auf die Dauer nicht ausgeschlossen werden konnten. Anna Sophie sorgte auch dafür, daß sich in dem kleinen Hofstaat des Prinzen einige Leute befanden, die sie für zuverlässig und seriös hielt. Christian August von Haxthausen genoß ihr volles Vertrauen, er würde den Wildfang schon bändigen, und wenn seine Kraft dazu wider Erwarten nicht ausreichte, so stand der Theologe Paul Anton bereit, ein Pietist aus der Schule Speners, von dem man sagte, daß er jeden Sünder zum Weinen brachte.

Die Kavalierstour gehörte zum Pflichtpensum eines Fürstensohns, der in der Welt eine Rolle spielen wollte. Wer auf sie verzichtete, gab damit zu erkennen, daß er keinen Ehrgeiz besaß. Sie diente nicht allein dem Vergnügen, sondern auch der Bildung, wobei man unter Bildung damals etwas ganz anderes verstand als heute. Das Ziel der Reise war zunächst der fremde Hof, dann erst das frem-

Friedrich August als Fünfzehnjähriger

de Land, und ihr Hauptzweck bestand darin, im Umgang mit erfahrenen Kavalieren anderer Nationalität jene Fähigkeiten zu erwerben, ohne welche ein Herr von Geblüt seine Aufgaben nicht zu erfüllen vermochte. Der Prinz sollte lernen, sich stets wie ein Prinz zu verhalten - im Schloß, auf der Jagd und im Feldlager, unter Gleichgestellten und im Kreis von Untergebenen, im Salon, an der Tafel, im Tanzsaal, ja sogar im Schlafzimmer, im eigenen wie im fremden. Die deutschen Fürsten galten noch immer als plumpe Gesellen, die deutschen Höfe als Stätten des schlechten Geschmacks. Wer sich bilden, also äußeren Schliff erwerben wollte, mußte ins Ausland gehen,vor allem nach Versailles, von wo aus Ludwig XIV. dem feudalen Europa vorschrieb, wie es sich zu kleiden, zu frisieren, zu parfümieren und zu benehmen hatte.

In der ersten Junihälfte traf Friedrich August, der für die Dauer der Reise den Namen eines Grafen von Leisnig angenommen hatte, in Paris ein. Am 26. Juni wurde er in Versailles von Ludwig XIV. empfangen, der ihm viel Schmeichelhaftes sagte - wohl mehr aus Gründen der Politik als aus ehrlicher Überzeugung. Der Siebzehnjährige machte an dem elegantesten Hof Europas alles andere als eine gute Figur. Er beherrschte die französische Sprache noch nicht so sicher, daß er sich an der Konversation beteiligen konnte, und auch seine Tanzkünste ließen nach dem Urteil des Herrn von Haxthausen viel zu wünschen übrig. Die Schwägerin Ludwigs XIV., Liselotte von der Pfalz, fand den jungen Sachsen jedenfalls nicht sehr beeindruckend. »Ich kan noch nichts recht von selbigen Printzen sagen«, schrieb sie am 19. Juli 1687 ihrer Freundin, der Kurfürstin Sophie von Hannover, »er ist nicht hübsch von gesicht, aber doch woll geschaffen undt hatt all gutte minen, scheint auch, daß er mehr vivacitet [Lebhaftigkeit] hatt alß sein Herr Bruder, undt ist nicht so melancolisch, allein er spricht noch gar wenig, kan also noch nicht wißen, was dahinder steckt...«

Dahinter steckte damals noch nicht viel mehr als ein großer Hunger auf das Leben - und gerade der wurde in Versailles nicht gestillt. Die Zeiten, in denen ein Fest das andere jagte und schöne Frauen sich jedem, der einen Prinzenstern trug, gefällig erwiesen, waren vorüber. Der von der Gicht geplagte Ludwig XIV. stand seit 1680 unter dem Pantoffel einer allmächtigen Favoritin, die in ihrer Jugend als Françoise d'Aubigné ein recht lustiges Leben geführt hatte und nun im Alter als Marquise de Maintenon für ihre Sünden Buße tat. Die eifernde Frömmigkeit der »alten Zott«, wie die in ihrer Wortwahl nicht zimperliche Liselotte sie nannte, ließ Versailles zu einer Stätte der Langeweile werden. Die Feste zeichneten sich durch Sittsamkeit aus, die Kavaliere gingen jeden Morgen brav zur Messe, die Damen empfingen ihre Anbeter nicht mehr im Bett, sondern im Betstuhl; wer Karriere machen wollte, mußte mindestens zweimal in der Woche beichten. Wie sollte sich ein abenteuerlustiger Siebzehnjähriger an diesem bigotten Hof wohl fühlen?

Herr von Haxthausen dachte darüber anders: Er hielt Versailles für einen Sündenpfuhl. Im Vertrauen teilte er seiner alten Gönnerin Liselotte mit, daß er kaum noch in der Lage sei, den Prinzenzubändigen und von »Debauchen« abzuhalten. Es fragt sich nur, ob das, was der ehrbare Lutheraner als »Debauche«, als Ausschweifung, wertete, diese Bezeichnung wirklich verdiente. Die kluge Anna Sophie hatte dem stürmischen Temperament ihres Sohnes von vornherein Zügel angelegt, indem sie die kleine Reisegesellschaft mit einem Jahresetat von nur 2 000 Talern ausstattete. Die vielen Affären, die der Abenteurer Karl Ludwig von Pöllnitz in seinem Buch »Das galante Sachsen« (1734) schildert, hat Friedrich August mit Sicherheit nicht erlebt. Es gab auf dieser Kavalierstour weder nächtliche Zweikämpfe mit gedungenen Meuchelmördern noch schöne Gräfinnen, die ihre Liebe zu dem Unwiderstehlichen aus Dresden mit dem Leben bezahlten. Warum sollten sich Damen von Rang einem deutschen Dutzendprinzen an den Hals werfen, der weder über Macht noch über größere Geldsummen verfügte?

Am 16. September reiste die kleine Schar aus Paris ab. Geht man davon aus, wie Friedrich August später seinen eigenen Hof einrichtete, so kann man nicht sagen, daß ihn das höfische Leben Frankreichs tief beeindruckt hat. Auch Spanien, das er, von einer Krankheit aufgehalten, erst im Dezember erreichte, hinterließ in ihm kaum Spuren. Der spanische Hof legte noch mehr Wert auf Etikette als der französische; er galt als der steifste und langweiligste von ganz Europa. Von der spanischen Architektur fesselte den Prinzen allein der Escorial, diese seltsame Mischung von Schloß und Kloster am Fuß der Sierra de Guadarrama. Er erinnerte sich dieses Jugenderlebnisses, als er 1730 das Schloß in Karge errichten ließ. Nach einem viermonatigen Aufenthalt in Spanien und Portugal kehrte Friedrich August nach Paris zurück, wo er am 20. Mai 1688 eintraf. Und hier erwartete ihn ein Abenteuer, das im Unterschied zu den Schilderungen von Pöllnitz den Vorzug besitzt, wahr zu sein.

Seit 1685 lag in Europa wieder einmal Krieg in der Luft. Der Kurfürst von der Pfalz, Bruder der Liselotte, war gestorben, und Ludwig XIV. erhob im Namen seiner Schwägerin Anspruch auf das pfälzische Erbe. 1686 schlossen der Kaiser, Spanien, Schweden und die bedeutendsten deutschen Reichsfürsten, darunter Johann Georg III. von Sachsen, ein Bündnis zur Abwehr der drohenden französischen Aggression, dem später auch England, Holland und Savoyen beitraten. Im Sommer 1688 marschierten die Heere auf. Die kleine Reisegesellschaft schenkte dem wenig Beachtung. Da das damals geltende Völkerrecht die Internierung von Zivilpersonen ausdrücklich verbot, glaubte sie sich geschützt. Ludwig XIV. kümmerte sich nicht um diese international anerkannten Rechtsnormen. Wenn es ihm gelang, sich des Prinzen zu versichern, so bestand Aussicht, daß Johann Georg III. aus Sorge um das Leben seines Sohnes die sächsischen Regimenter von der Reichsarmee abberief.

Ob Friedrich August von sich aus die Initiative ergriff oder ob er dem Wink eines heimlichen Freundes folgte - darüber gibt es keine Berichte. Wir wissen nur, daß er und seine Begleiter Paris bei Nacht und Nebel verließen und in höchster Eile der rettenden Grenze zustrebten. Sie hätten nicht eine Stunde länger warten dürfen. Kaum waren die Flüchtlinge auf dem Gebiet des Herzogs von Savoyen eingetroffen, als ein Kurier die Aufforderung Ludwigs XIV. überbrachte, den Prinzen unverzüglich auszuliefern - ein Ansinnen, das der Herzog mit höflicher Bestimmtheit zurückwies. Friedrich August merkte sich die Lektion: Das ungastliche Frankreich sah ihn niemals wieder.

Die nächste Etappe der Reise war Venedig - und hier endlich fand der Prinz eine Stadt, die ihm auf den ersten Blick gefiel: aufregend, geheimnisvoll, fremdartig und geprägt von einer alten Kultur, neben der die französische und die spanische fast emporkömmlingshaft wirkten. Der venezianische Karneval zog den nun Achtzehnjährigen in seinen Bann - zum Entsetzen des frommen Paul Anton, der sich standhaft weigerte, an etwas so Teuflischem wie einem Maskenball teilzunehmen. Auch die finanzielle Situation des Prinzen besserte sich. Francesco Morosini, seit 1688 Doge der Republik, sprach mit großer Achtung von den sächsischen Regimentern, die unter seinem Kommando 1685 und 1686 Modon, Napoli di Romania und andere von den Türken besetzte Städte des Peloponnes zurückerobert hatten. Venedig empfing den jungen Sachsen nicht wie einen beliebigen Fürstensohn, sondern wie einen hochwillkommenen Staatsgast. In solchen Fällen zeigte sich der Rat der Republik großzügig. Und er gab den Nobili, die Friedrich August auf seinen Streifzügen begleiteten, wohl auch den Wink, dem jungen Mann alles zu Füßen zu legen, wonach sein Herz begehrte - einschließlich der weltberühmten venezianischen Kurtisanen.

Venedig hinterließ einen unauslöschlichen Eindruck. Hierher kehrte Friedrich August zurück, wann immer sich Gelegenheit bot. Und den Dresdner Karneval richtete er nach venezianischem Vorbild ein - zum Ärger aller traditionsbewußten Hofmarschälle, die Feste, an denen das Volk nicht als Zuschauer, sondern als Akteur teilnahm, für etwas höchst Respektwidriges hielten. Auch im künstlerischen Bereich wirkten die in der Lagunenstadt empfangenen Anregungen bis ins hohe Alter nach. Obwohl die Architekten, mit denen Friedrich August seine Pläne besprach, diese Anregungen auf sehr selbständige Weise verarbeiteten, ist der Ursprung der städtebaulichen Grundidee doch deutlich erkennbar. Ob Elbe oder Canale di San Marco - die Stadt wendet ihr Antlitz dem Wasser zu. Ob Frauenkirche oder Santa Maria della Salute - eine aufstrebende Kuppel faßt das prächtige Bild nachdrücklich zusammen. Elbvenedig wäre ein besserer Beiname für Dresden als das seit dem 19. Jahrhundert übliche Elbflorenz.

Ein Abstecher nach Rom sollte die Reise beschließen, doch der Vater fand, daß sein Sohn nun genug gebummelt hatte: Ende März 1689 rief er ihn zurück. Der Krieg mit Frankreich drohte ernsthaft zu werden, das sächsische Heer, etwa 12 000 Mann stark, schickte sich an, gemeinsam mit der Reichsarmee vor das von den Franzosen besetzte Mainz zu rücken. Es konnte nicht schaden, wenn der Junge, der ja einmal General werden sollte, neben Welterfahrung auch Felderfahrung erwarb. Haxthausen war mit seinem Schüler nicht gerade zufrieden gewesen, aber in seinen Berichten stand immerhin einiges Rühmliche über den Eifer des Prinzen beim Studium der französischen und italienischen Festungsbaukunst. Der alte Haudegen Johann Georg schätzte solche Kenntnisse, doch von einem künftigen Heerführer verlangte er mehr: Der junge Herr mußte nun zeigen, daß er Courage besaß. Friedrich August unterzog sich der Prüfung. Beim Sturm auf den Mainzer Festungsgraben kämpfte er in der vordersten Kolonne und wurde am Kopf verwundet. Wenig später, am 25. Juni 1689, zersprang ihm die Flinte, die er aus Übermut doppelt geladen hatte. Die Explosion riß ihm das erste Glied des linken Daumens ab.

Trotz dieses Mißgeschicks gefiel dem Prinzen das Feldlagerleben so gut, daß er in den folgenden Jahren an mehreren Kriegszügen teilnahm. Er hatte noch keinen militärischen Rang, sondern weilte als Gast des Oberkommandierenden im Hauptquartier und führte von Zeit zu Zeit kleinere Aufträge aus. In der Schlacht von Steenkerke (1692), welche die Verbündeten verloren, wurde ihm ein Pferd unter dem Leib erschossen, was beweist, daß er nicht zu denen gehörte, die sich nur im Hinterland herumdrückten. Aber wenn die Kampfhandlungen ruhten und die Truppe in ihren Quartieren lag, lebten die Herren in Saus und Braus - im Unterschied zu den Soldaten, die zufrieden sein mußten, wenn es zu Bier und Fusel langte. Friedrich August kam schon damals in den Ruf eines Trinkers und Weiberhelden.

Es gibt zuverlässige Berichte darüber, wie wenig sich der Prinz im Feldlager um Anstand und Sitte scherte. So schrieb ein Augenzeuge am 19. Juli 1691: »Printz Friedrich kam mit einem Glaß Weine auf einem Maulesel geritten und ritte um den Tisch herum, trunke es dem Feldmarschall zu, der sich dann auch auf den Esel setzte, und dann kame es an Graf Reuß und Oberst Röbel, der stattlich vexiret [geneckt] wurde, maßen ihn dann der Esel herunter wurff und ein Glaß, welches sehr schön geschnitten, zerbrach, auch die Scherbel aus dem Arme ziehen mußte.« Noch schlimmer war, was der junge Graf Philipp Christoph von Königsmarck, Bruder der später so berühmt gewordenen Aurora, 1692 seiner Herzensfreundin Sophie Dorothea von Celle mitteilte: »Ich will Ihnen eine schmutzige Geschichte erzählen, die der Herzog von Richmond hat ausführen wollen. Er und Herzog Friedrich ergaben sich der Ausschweifung mit Dirnen; die Ausschweifung führte sie so weit, daß, nachdem sie schon alle Arten von Lastern ausprobiert hatten, der Herzog von Richmond die Mädchen zwingen wollte, sich mit einer großen deutschen Dogge gemein zu machen, Sie verstehen mich doch! Das heißt die Ausschweifung ein wenig weit treiben.«

Einiges davon kam wohl auch der Frau Mutter zu Ohren, die nach wie vor das Regiment in der Familie führte. Sie beschloß: Der Junge muß in feste Hände, bevor er endgültig verwahrlost. Und sie hatte auch schon eine Braut parat: Christiane Eberhardine von Kulmbach-Bayreuth, Tochter eines hoch verschuldeten Markgrafen, der über ein Zwergterritorium herrschte und zu dessen Gunsten sich nur sagen ließ, daß er mit den brandenburgischen Hohenzollern verwandt war. Die Prinzessin war eine strenggläubige Lutheranerin. Wegen ihrer Frömmigkeit nannte man sie später die »Betsäule Sachsens«. Da Anna Sophie auf ihrem Willen bestand, setzte sich der Prinz hin und schrieb der Auserwählten am 27. August 1692 einen Werbebrief, der mit der Anrede »Durchleichtigst princessin« begann und mit der Floskel »... empfehle ich mich der schensten princessin von der wehlt zur beharrlichen gnade der ich bies in doht [Tod] verharre gedreister [getreuster] knecht Friedrich Augustus« endete. Am 20. Januar 1693 fand die Hochzeit statt. Den Honigmond kürzte der junge Ehemann ab, indem er sich nach wenigen Wochen wieder ins Feldlager begab.

Die Kurfürstin, seit 1691 Witwe, hatte es in diesen Jah-

Johann Georg IV.

ren nicht leicht. Auch der ältere Sohn machte ihr großen Kummer. Johann Georg IV., ein schwerblütiger junger Mann von schwächlicher Leibesbeschaffenheit, besaß gute geistige Anlagen und begriff rasch, worauf es in Sachsen vor allem ankam. Er nahm den Kampf mit den Ständen auf und ließ die verlotterten Beamten spüren, daß nun ein schärferer Wind wehte. Nach dem Urteil eines Zeitgenossen war er »ein Herr von ungemeinem durchdringenden Verstand und solcher Applikation [Erfahrung] in den Affären, dass er alle seine Geh.Räte zu Paaren trieb ... und wo etwan einer geschlegelt hatte, auf eine empfindliche Weise durchzuziehen wußte, sodass sich alle vor ihm fürchteten«. Außenpolitisch schlug er unter dem Einfluß seines Günstlings, des Ministers Hans Adam von Schöning, einen neuen Kurs ein. Sachsen suchte nun Anlehnung an Frankreich, eine Wendung, die den österreichischen Hof so sehr beunruhigte, daß er sich zu einem völkerrechtswidrigen Gewaltstreich entschloß: Schöning wurde während eines Kuraufenthalts im damals österreichischen Teplitz verhaftet und in die Kasematten der Festung Spielberg gebracht. Einige Berater des Kaisers wollten den des Reichsverrats Beschuldigten kurzerhand erschießen lassen, doch Leopold I. wehrte ab: »Behüte Gott! Nit mörderisch!«

Aber es war nicht die Politik des Sohnes, die Anna Sophie Sorgen bereitete. Der bisher so tugendhafte junge Mann hatte sich in ein Mädchen verliebt, das sich nicht durch geistige Gaben, wohl aber durch beachtliche körperliche Vorzüge auszeichnete. Der Kurfürst war für sein »Billchen«, wie er die 1674 geborene Sibylle von Neitschütz nannte, so entflammt, daß er gar nicht merkte, wie er allmählich in die Hände einer Clique geriet, die sich schamlos bereicherte. Die Mutter der Angebeteten, Frau eines Obersten der kurfürstlichen Leibgarde, zog an den Fäden, und Johann Georg tat, was sie verlangte. Sibylle wurde 1693 zur Reichsgräfin von Rochlitz erhoben, die Tochter, die sie ihrem Geliebten gebar, für ehelich erklärt. Der Kurfürst trug sich sogar mit dem Gedanken, sie offiziell zu seiner Nebenfrau zu nehmen - seine Legitime, Eleonore Erdmuthe Luise von Sachsen-Eisenach, hatte er 1692 auf Wunsch der Mutter geheiratet.

Als Ehestifterin gehörte Anna Sophie nicht gerade zu den Meisterinnen ihres Fachs. Schon die Wahl der frommen Christiane Eberhardine von Kulmbach-Bayreuth gab

Sibylle von Neitschütz
Kupferstich von Pieter Schenk

zu Skepsis Anlaß. Weltkind und Betschwester - das konnte nicht gut gehen. Dem Geschmack ihres älteren Sohnes wurde sie noch weniger gerecht. Sie drängte ihm eine Witwe auf, die zwölf Jahre älter als Sibylle von Neitschütz war und ohnehin der erotischen Anziehungskraft entbehrte. Billchen trug einen mühelosen Sieg davon. Johann Georg strafte seine Angetraute mit demonstrativer Nichtachtung, und wenn sie es wagte, ihm zu widersprechen, ließ er seinem Abscheu die Zügel schießen. Es kam zu sehr häßlichen Szenen, von denen eine dokumentarisch belegt ist.

Im Dresdner Hofjournal finden wir unter dem 24. Februar 1694 folgende Eintragung: »S[einer] Ch[urfürstlichen] D[urchlaucht] unerhörte und gefährliche rencontre [Zusammenstoß] mit der Gemahlin wegen Abtretung des Guts Pillnitz an die Gräfin von Rochlitz«. Es ging also um Geld, und keiner der beiden wollte nachgeben. Der Kurfürst drang mit dem Degen auf seine Frau ein. Friedrich August, zufällig anwesend, trat dazwischen, griff in die Waffe und verletzte sich die Hand. Nun wurde auch er wütend. Er packte den Bruder um die Hüfte und trug den Strampelnden aus dem Zimmer. Nach diesem Vorfall hielt er es für geraten, Dresden für einige Zeit zu verlassen.

Lange brauchte er nicht fernzubleiben. Das Drama strebte seinem tragischen Höhepunkt zu. Im März 1694 erkrankte Sibylle von Neitschütz an den Blattern. Der Kurfürst pflegte sie mit eigener Hand. Die Ärzte versuchten alles, was möglich war, aber ihre Kunst versagte. Am 4. April tat die nun Neunzehnjährige ihren letzten Atemzug - was Christiane Eberhardine zu der herzlosen Bemerkung veranlaßte: »Es ist ein mechtiges exempel, allwo man die wunter Gottes genuch erkennen kan.« Johann Georg ließ seine Geliebte mit fürstlichem Pomp bestatten. Die Dresdner Bürgerwehr mußte in schwarzen Uniformen antreten und Spalier bilden, die Glocken läuteten, der Hofprediger pries die Verstorbene als Muster von Sittsamkeit und Tugend; der Sarg wurde nach einem feierlichen Hochamt hinter dem Altar der Sophienkirche in die Gruft gesenkt.

Die Trauer des jungen Kurfürsten war tief und echt. Niemand vermochte ihn von seiner Melancholie zu befreien. Was immer die Frau Mutter und der Herr Bruder über Sibylle von Neitschütz redeten - sie hatte ein wenig Licht in sein Leben gebracht. Einige Tage nach dem Begräbnis ging er auf dem Wall spazieren. Plötzlich packte ihn ein Schwindelgefühl, so daß ihn seine Begleiter stützen mußten. Am Abend stellten die Ärzte fest, daß sich auch an seinem Körper Blatterngeschwüre zu bilden begannen. Er leistete der Krankheit keinen Widerstand. Am 27. April starb er. Nach altem Brauch wurde er im Dom zu Freiberg beigesetzt - der letzte Wettiner, der hier seine Ruhestätte fand.

Das kaum Erwartete, nur insgeheim Gewünschte war eingetreten: Friedrich August bestieg den Thron.

»... nicht die geringste Kenntnis von den Geschäften«

Friedrich August schrieb später über seine Anfänge: »Das Land jubelte, mich an die Stelle meines Bruders treten zu sehen, da man mein sanfteres Gemüt kannte. Ich hatte seit dem 18. Jahre nur militärische Studien getrieben und nicht die geringste Kenntnis von den Geschäften. Mein einziger Wunsch war kriegerischer Ruhm.« Was das Gemüt betraf, so erlag Friedrich August einer Selbsttäuschung: Sanftmut gehörte nicht zu seinen Charaktermerkmalen. Alles andere entsprach der Wahrheit.

Adel und Geistlichkeit erwarteten von dem neuen Herrscher, daß er als erstes mit der Neitschütz-Clique abrechnete. Er tat ihnen den Gefallen, aber nur mit halbem Herzen, einmal, weil es ihm widerstrebte, seine Regierung mit einem Blutgericht zu beginnen, zum anderen, weil er die allen Ernstes erhobene Anschuldigung, Sibylle und ihre Mutter hätten seinen Bruder verhext, für absurd hielt. Die alte Neitschütz und ihr Intimus, der Kammerdirektor Ludwig Gebhard von Hoym, kamen glimpflich davon. Die Frau wurde 1695 aus der Haft entlassen und zog sich auf das Gut ihres Sohnes zurück, wo sie 1713 starb. Der Kammerdirektor, Staatsgefangener auf dem Königstein, kaufte sich frei, indem er einen beträchtlichen Teil seines Raubes -

man sprach von 200 000 Talern - der kurfürstlichen Kasse überwies.

Der Tochter, die Johann Georg IV. mit Sibylle von Neitschütz gezeugt hatte, war Friedrich August ein wohlwollender und nobler Vormund. Er erkannte sie als seine Nichte an, sorgte für ihre Erziehung, stattete sie später mit einer ansehnlichen Mitgift aus und gab sie schließlich einem polnischen Grafen zur Frau, der sich durch diese Verbindung, die ihn in den Verwandtenkreis seines Herrschers aufrücken ließ, sehr geehrt fühlte.

Der unverhofft auf den Thron gelangte Vierundzwanzigjährige war von brennendem Ehrgeiz besessen. Er dachte dabei weniger an das Wohl seines Landes als an den Ruhm seiner Dynastie, eine Denkungsart, die er mit allen anderen Fürsten seiner Zeit teilte. Das Land diente den Herrschern lediglich als Basis, von der aus der Flug zu den Sternen angetreten werden sollte. Nur selten stellte sich ein Fürst die Frage, ob seine Basis auch genügend Tragfähigkeit besaß. Und noch seltener unternahm er den Versuch, die vorhandenen Mängel in planmäßiger Arbeit zu beseitigen. Sachsen gehörte zu den reichen Ländern, daran bestand kein Zweifel, aber wer genauer hinsah, bemerkte doch rasch, daß vieles, sehr vieles im argen lag. Friedrich August hätte Anlaß gehabt, sich zunächst einmal um die Angelegenheiten seines eigenen Staates zu kümmern.

Das Kurfürstentum Sachsen war damals noch keine absolute Monarchie. In dem klassischen Land des Absolutismus, in Frankreich, geschah, was der Herrscher befahl. Er brauchte seine Entscheidungen weder zu begründen noch zu rechtfertigen. Der König übte die Macht im Interesse des Adels aus, er verteidigte die feudalen Privilegien der aristokratischen Landeigentümer, aber die Vertreter des Adels besaßen nicht mehr das Recht, ihm in seine Regierungsgeschäfte hineinzureden. Wer es dennoch versuchte, bekam Gelegenheit, sich die Bastille von innen

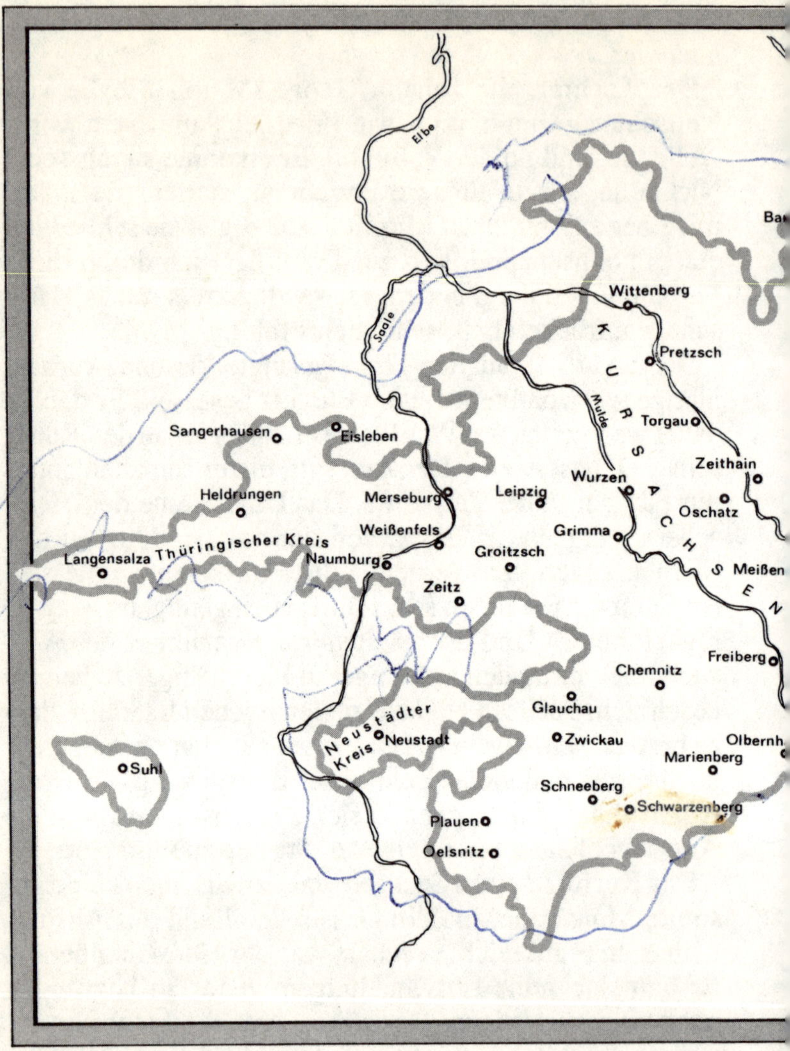

Kurfürstentum Sachsen Ende des 17. Jahrhunderts

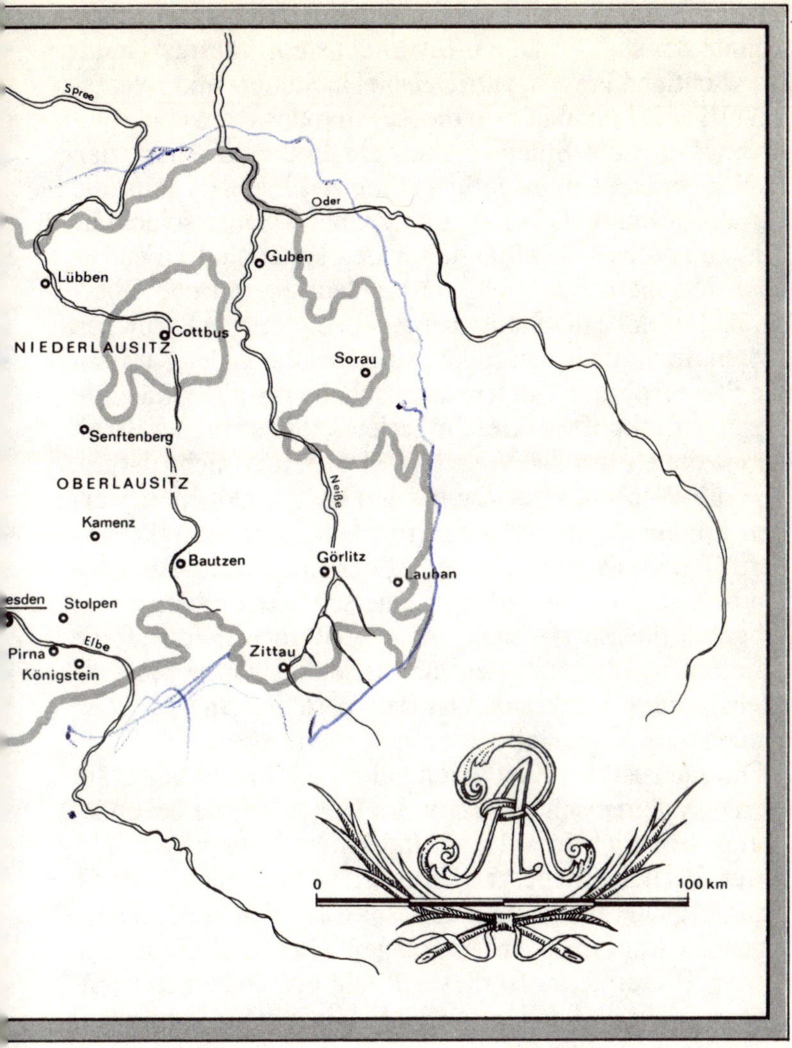
Spree
Oder
Guben
Lübben
Cottbus
NIEDERLAUSITZ
Sorau
Senftenberg
OBERLAUSITZ
Neiße
Kamenz
Bautzen
Görlitz
Lauban
esden
Stolpen
Elbe
Pirna
Königstein
Zittau
0
100 km

anzuschauen. Von einer solchen unbeschränkten Herrschaft konnte der sächsische Kurfürst höchstens träumen. In allen wichtigen Fragen, zum Beispiel in Steuer- und Heeresangelegenheiten, mußte er die Zustimmung der Stände einholen - und die Stände hatten ein Interesse daran, den Herrscher nicht zu mächtig werden zu lassen, da sonst die Gefahr bestand, daß er sie einfach nach Hause schickte.

In den sächsischen Ständen waren lediglich der Feudaladel und die mit ihm eng verbundene patrizische Oberschicht, welche die Städte beherrschte, vertreten. Von den Nöten der Untertanen redeten sie nur, wenn der Kurfürst die Steuerschraube so fest anzuziehen versuchte, daß ihre eigenen Einkünfte in Gefahr gerieten. Sie stritten sich mit dem Fürsten um die Verteilung der Beute, nicht darum, wie die Wohlfahrt des Landes am besten gefördert werden konnte. Und sie hielten mit äußerster Zähigkeit an dem Grundsatz fest, daß der Adel keine Steuern zu zahlen brauchte - ausgenommen eine sehr gering bemessene Abgabe, die für die nicht mehr benötigten Ritterpferde erhoben wurde. Mit diesem Pferdegeld kaufte sich die sächsische Aristokratie von der Verpflichtung los, den Kurstaat im Kriegsfall verteidigen zu müssen.

Die sächsischen Kurfürsten hatten die Macht der Stände nie systematisch bekämpft. Im Gegenteil, sie ließen ihnen gewöhnlich freie Hand und gingen nur darauf aus, möglichst hohe Steuergewährungen zu erreichen. Aber die Stände gaben nichts umsonst, sie forderten ein Mitspracherecht in politischen Angelegenheiten. Schon Johann Georg I. räumte ihnen dieses Recht ein, indem er versicherte: »Wir wollen Uns auch ohne gemeiner Landschaft Bewilligung in keinen Krieg, Bündnis, Religionshandlung oder andere Sachen, daraus Uns und Unseren Landen Schaden oder Nachteil erfolgen möchte, einlassen.« Und von seinem Sohn, dem hochverschuldeten Johann Georg II., stammt der Satz, er werde »in allem einer getreuen Landschaft alles zu Willen seyn, was ich nur thuen kann, damit sie sehen sollen, daß sie nicht einen Herrn, sondern einen Edelmannsfreund haben sollen am jetzigen Churfürsten«.

In den beiden bedeutendsten Nachbarländern Sachsens, in Böhmen und in Brandenburg, sah es anders aus. In Böhmen, das damals zum Reich der Habsburger gehörte, war die Macht der Stände schon während des Dreißigjährigen Krieges gebrochen worden, vor allem infolge der Niederlage, welche die Armee der böhmischen Stände 1620 im Kampf gegen die Truppen des Kaisers und der katholischen Liga erlitten hatte. Das Blutgericht der Sieger trieb die alten Adelsgeschlechter aus dem Land, und die neuen, die an ihre Stelle traten, folgten dem Kaiser durch dick und dünn, weil nur er sie vor der Rache der Beraubten schützen konnte. Im Kurfürstentum Brandenburg zog sich der Kampf gegen die Stände etwas länger hin. Der kurmärkische Adel gab 1653 klein bei, indem er dem Kurfürsten Friedrich Wilhelm die Mittel für ein stehendes Heer bewilligte. Er tauschte dafür die Bestätigung seiner wirtschaftlichen Privilegien und die nahezu unbeschränkte Verfügungsgewalt über die gutsuntertänigen Bauern ein. Der Widerstand des ostpreußischen Adels erlahmte erst, nachdem Friedrich Wilhelm einen der Wortführer 1672 hatte hinrichten lassen. Im Unterschied zu Sachsen waren Böhmen und Brandenburg auf dem Weg zum Absolutismus weit fortgeschritten.

Die Tatsache, daß es in Sachsen nicht einen Herrn, sondern deren zwei gab, öffnete der Korruption Tür und Tor. Die Stände besaßen neben dem Recht, die Steuern zu bewilligen, auch die Befugnis, sie von den Steuerpflichtigen einzuziehen. Es kam sehr häufig vor, daß die mit der Eintreibung Beauftragten die Steuersumme viel zu hoch ansetzten und den Überschuß in die eigene Tasche steckten. Besonders in den größeren Städten, deren Verwaltungen auf Grund alter Privilegien nur vor dem eigenen Rat Rechenschaft abzulegen brauchten, nahm der Steuerbetrug ungeheuerliche Ausmaße an. Die Bewohner der Dörfer zahlten ebenfalls viel mehr, als sie nach dem Steuerschlüssel hätten zahlen müssen. Nur der Umstand, daß der Grundherr daran interessiert war, die Leistungsfähigkeit der Bauernwirtschaften zu erhalten, setzte der Ausplünderung Grenzen. Man schätzt, daß dem Kurfürsten durch diese Unterschleife etwa dreißig bis vierzig Prozent der eingezogenen Abgaben verlorengingen. Ein Herrscher, der die Macht der Stände brach und die Korruption unterband, füllte nicht nur seine eigene Kasse, sondern entlastete zugleich auch seine Untertanen und förderte so die wirtschaftliche Entwicklung des Landes.

Es gab demnach in Sachsen genug Probleme, deren Bewältigung keinen Aufschub duldete. Johann Georg IV. hatte einen guten Anfang gemacht, als er die Stände im Winter 1693/94 vor die Wahl stellte, entweder zu gehorchen oder mit Bajonetten Bekanntschaft zu schließen. Friedrich August schlug zunächst sanftere Töne an. Zwar nötigte er den Ständen 1695 eine relativ hohe Steuerbewilligung ab, was diese zu dem Wehgeschrei veranlaßte, sie wollten »vor Gott und aller Welt an dem daraus entstehenden Unheil entschuldiget sein«, aber er gab noch nicht zu erkennen, daß er danach trachtete, die Machtverteilung zu seinen Gunsten zu verändern. Um die inneren Verhältnisse seines Erblands kümmerte er sich nur gelegentlich und ohne jeden Nachdruck. Der englische Gesandte berichtete am 14. März 1695 nach London: »Der Kurfürst kann sich an irgendeine regelmäßige Lebensart gar nicht gewöhnen und wird bei dieser Art zu leben untergehen.«

Es scheint, daß Friedrich August damals nur von zwei Gedanken beherrscht wurde: Er wollte Ruhm erwerben, vor allem den Ruhm eines großen, alle Feinde zerschmetternden Feldherrn, und er wollte sein Leben in vollen Zügen genießen. Im Herbst 1694 nahm er sich seine erste offizielle Mätresse: Aurora von Königsmarck, Schwedin von Geburt und Abkömmling eines alten Grafengeschlechts. Sie war mit der Absicht nach Dresden gekommen, den Kurfürsten um Unterstützung zu bitten. Er sollte den hannoverschen Hof ersuchen, Auskunft über das Schicksal ihres seit dem 1. Juli 1694 spurlos verschwundenen Bruders Philipp Christoph zu geben. Friedrich August, der den Grafen schätzte, tat, was er konnte, aber ohne Erfolg. Gerüchte besagten, daß der hannoversche Kurprinz die Liaison seiner Frau Sophie Dorothea mit dem jungen Oberst Königsmarck durch einen Dolchstoß hatte beenden lassen, doch es gab keinen Beweis für die Richtigkeit solcher Mutmaßungen. Erst viele Jahrzehnte später kam etwas Licht in die dunkle Affäre. Bei Umbauarbeiten im Schloß von Hannover entdeckten Handwerker ein eingemauertes Skelett, wahrscheinlich das des Ermordeten.

Der Kurfürst veranstaltete zu Ehren seiner Geliebten rauschende Feste, und als er im Mai 1695 zur Kur nach Karlsbad ging, nahm er die schöne Schwedin mit. Karlsbad und Teplitz gehörten zu den Modebädern der europäischen Hocharistokratie, sie waren Treffpunkte einer Gesellschaft, die sich alles erlauben konnte, weil niemand die Macht besaß, ihr etwas zu verbieten. Ein Bericht des englischen Gesandten vom 14. Juni 1695 verrät, was Friedrich August und seine Begleiter unter einer Kur verstanden: »Wir verbringen hier unsere Zeit so lustig wie menschenmöglich. Wir haben ein Haus gebaut, das 2 000 Gulden kostet ... Es ist von italienischer Erfindung, mit vier Kabinetten, Halbdunkelplätzchen, Ruhebetten und allen andern beweglichen Gegenständen, die das Liebeshandwerk erleichtern ... den 6./16. sollen wir eine Maskerade haben, worin die Königsmarck die Diana vorstellt und von sechs Nymphen

Aurora von Königsmarck als Diana

gefolgt, auftritt. Ich kann nicht sagen, wem die Rolle des Aktäon zufallen wird, aber zu schwören wage ich, Hörner werden aufgesetzt werden, bevor die Nacht vorüber ist, denn ich verstehe, daß das die Hauptsache bei der Lustbarkeit ist.«

Wenige Wochen später reiste Friedrich August nach Wien und von dort ins Feldlager. Leopold I. hatte ihm die Führung der Armee anvertraut, die seit mehr als einem Jahrzehnt in Ungarn, im Banat und in Siebenbürgen mit wechselndem Erfolg gegen die Türken kämpfte. Dem Kaiser blieb nichts anderes übrig, weil sonst die Gefahr bestand, daß der Kurfürst die dringend benötigten sächsischen Hilfstruppen zurückhielt. Doch Leopold war ein vorsichtiger Mann. Weit davon entfernt, dem Heißsporn freie Hand zu lassen, verpflichtete er ihn, sich in allem nach den Beschlüssen des Kriegsrats zu richten - sogar »in casu subitaneo [im Falle der Eile] und wo die Sache keinen Anstand leidet«. Der Kriegsrat bestand aus bedächtigen alten Herren, die nicht die geringste Lust verspürten, ihr in früheren Feldzügen und Schlachten erworbenes Ansehen um eines ehrgeizigen Jünglings willen aufs Spiel zu setzen. Jeder halbwegs erfahrene Heerführer hätte eine solche Beschränkung seiner Kommandogewalt abgelehnt. Prinz Eugen von Savoyen, der nach dem Wettiner den Oberbefehl übernahm, schickte Kriegsräte, die ihm in seine Operationen hineinzureden versuchten, nach Wien zurück. Friedrich August hingegen befand sich noch in dem Alter, in dem man der eigenen Kraft alles zutraut und Schwierigkeiten einfach nicht zur Kenntnis nimmt. Kein Wunder, daß er sich in den Jahren 1695 und 1696 ein paar Beulen holte ...

Zu allem Unglück stand an der Spitze des türkischen Heeres ein Mann, der genau jene Eigenschaften besaß, welche den kaiserlichen Feldherren fehlten. Sultan Mustafa II. vertrat die Auffassung, daß eine energisch geführte Offensive schon den halben Sieg bedeutete, und er war bereit, um des Erfolgs willen ein sehr hohes Risiko einzugehen. Die Kaiserlichen hatten es mit einem Gegner zu tun, der jeden ihrer Fehler blitzschnell ausnutzte. Im September 1695 gelang es den Türken, sich durch einige Gewaltmärsche zwischen die Hauptarmee und das bei Lugos stehende Korps des Feldmarschalls Friedrich von Veterani zu schieben. Während man in Friedrich Augusts Hauptquartier noch debattierte, ob man Veterani zu Hilfe eilen solle, hatte sich dessen Schicksal bereits vollendet. Die Türken griffen ihn am 21. September mit vierfacher Übermacht an. Ungefähr 5 000 Kaiserliche, unter ihnen der Feldmarschall, bezahlten die übervorsichtige Taktik der Hauptarmee mit ihrem Leben. Die demoralisierten Reste des Korps retteten sich an die Donau.

Auch der Feldzug des Jahres 1696 endete nicht so, wie es Friedrich August erhofft hatte. Der vom Kriegsrat gebilligte Plan sah vor, den Hauptstützpunkt der Türken im Banat, die Festung Temesvár, anzugreifen, doch die Ausrüstung der Truppen dauerte so lange, daß der Feind in aller Ruhe wirksame Gegenmaßnahmen treffen konnte. Friedrich August trieb die saumselige österreichische Militärbürokratie unablässig zur Eile an. Am 28. Juli schrieb er seinem Gesandten in Wien: »Die haben es zu verantworten, die die nothwendigkeitten nicht beygeschaft, indehm gestern erst ein teil von der munition ankohmen.« Und einen Tag später hieß es: »Ich hoffe, es werden noch welche schamroth werden, soh dieses nicht alleine hinderlich, sondern gahr rückgengig machen wollen.« Ob der sächsische Gesandte diese Unmutsäußerungen seines Herrn weitergab, ist ungewiß, aber selbst wenn er es tat und damit gegen die Regeln der diplomatischen Höflichkeit verstieß, so nutzte es nicht viel. Als das kaiserliche Heer am 3. August endlich vor der Festung eintraf, war die türkische Armee schon im Anmarsch. Der Kriegsrat brach die kaum begonnene Belagerung ab und beschloß, dem Feind südlich von Temesvár den Weg zu verlegen.

Über den Verlauf der Schlacht, die am 26. August an der Bega geschlagen wurde, liegen widersprüchliche Berichte vor. Es scheint, daß die Kaiserlichen die türkische Armee zu umgehen versuchten, aber dabei so schwerfällig operierten, daß Mustafa II. Gelegenheit bekam, nun seinerseits ein Umgehungsmanöver durchzuführen. Als der Kampf entbrannte, stand er mit seinen Truppen näher an Temesvár als sein Gegner - eine taktische Meisterleistung, die den Türken auch im Fall einer Niederlage den Entsatz der bedrohten Festung ermöglichte. Wahrscheinlich wollte Friedrich August retten, was noch zu retten war, und befahl gegen die Stimmen zweier Kriegsräte den Angriff. Der linke Flügel kam trotz des starken Artilleriefeuers gut voran, doch als er in die verschanzten Stellungen einzudringen versuchte, wurde er von überlegener türkischer Kavallerie attackiert und zersprengt. Die beiden sächsischen Infanteriebataillone Jordan und Bornstädt erlitten dabei schwere Verluste. Kaiserliche Reiterregimenter nahmen die Fliehenden auf und gingen dann zum Gegenangriff über, der die Türken in ihre Ausgangsstellungen zurückwarf. Das blutige Ringen dauerte bis zum späten Abend, ohne daß es einer der beiden Armeen gelang, nennenswerte Vorteile zu erkämpfen. Friedrich August konnte mit Recht behaupten, er sei nicht geschlagen worden, aber nicht er, sondern der Sultan hatte sein Ziel erreicht: Temesvár blieb in türkischer Hand.

Der Tragödie folgte das Satyrspiel: Die Mitglieder des Kriegsrats, die nun vor der kaiserlichen Hofkriegskommission Rechenschaft ablegen mußten, verteidigten sich mit der Behauptung, der Kurfürst sei stockbetrunken gewesen, als er die türkischen Stellungen anzugreifen befahl. Friedrich August wies diese Anschuldigungen empört zurück und erklärte, er habe in der Schlacht wie ein

Hund arbeiten müssen, weil die Herren Kriegsräte nie dort waren, wo man sie gerade brauchte. Vermutlich kamen beide Parteien der Wahrheit nahe. Der Kurfürst trank oft mehr, als er vertragen konnte, manchmal auch in Situationen, die einen klaren Kopf erforderten, und die alten Generale dachten nicht daran, wegen eines Grünschnabels auf ihre gewohnte Bequemlichkeit zu verzichten. Daß die Niederlage im Kampf um Temesvár zu Lasten der Feldherren, nicht der Soldaten ging, bewies die weitere Entwicklung: Dieselbe Armee, die unter Friedrich Augusts Kommando nur Mittelmäßiges geleistet hatte, errang unter der Führung des Prinzen Eugen den glanzvollen Sieg von Zenta, der das türkische Heer vernichtete - ein Jahr nach der unentschiedenen Schlacht an der Bega.

Im Herbst 1696 legte der Kurfürst das Oberkommando an der Türkenfront nieder - nicht aus Einsicht in die Unzulänglichkeit seiner militärischen Erfahrung, sondern weil ihn eine neue Möglichkeit lockte, sich in der Geschichte einen Namen zu erwerben. König Jan III. Sobieski war am 17. Juni 1696 gestorben. Der polnische Adel bereitete sich vor, den Nachfolger zu wählen. Wer nicht nur Ehrgeiz, sondern auch Geld besaß, richtete seine Blicke nach Warschau. Friedrich August beschloß, sich an diesem Spiel um die Macht zu beteiligen. Das nötige Geld wollte er schon herbeischaffen ...

Der Griff nach der Königskrone

Fast alle absolutistischen Staaten strebten nach Ausdehnung ihrer Macht. An vielen europäischen Höfen wurden damals kühne Pläne geschmiedet, darunter solche, die noch verwegener anmuteten als der Plan, Sachsen und Polen durch eine Personalunion zu verbinden. Ludwig XIV. träumte zum Beispiel davon, das Erbe des kinderlosen spanischen Habsburgers Karl II. anzutreten, also Spanien samt seinem riesigen Kolonialbesitz unter die Herrschaft des Hauses Bourbon zu bringen - ein Vorhaben, das, wenn überhaupt, nur um den Preis eines allgemeinen europäischen Krieges verwirklicht werden konnte. Der Kurfürst von Hannover wartete darauf, daß in England der protestantische Zweig der Stuarts ausstarb. Dann wollte er mit Unterstützung der Mehrheit im englischen Parlament den Sprung über den Kanal wagen. Kurfürst Maximilian Emanuel II. von Bayern, seinerzeit Statthalter in den spanischen Niederlanden, verhandelte heimlich mit Frankreich, das ihm als Preis für ein antihabsburgisches Bündnis Hoffnungen auf den deutschen Kaiserthron machte. Kurfürst Friedrich III. von Brandenburg bettelte in Wien um die Erlaubnis, sich fortan König nennen zu dürfen, und ein Markgraf von Baden sah sich im Geist schon hoch zu Roß

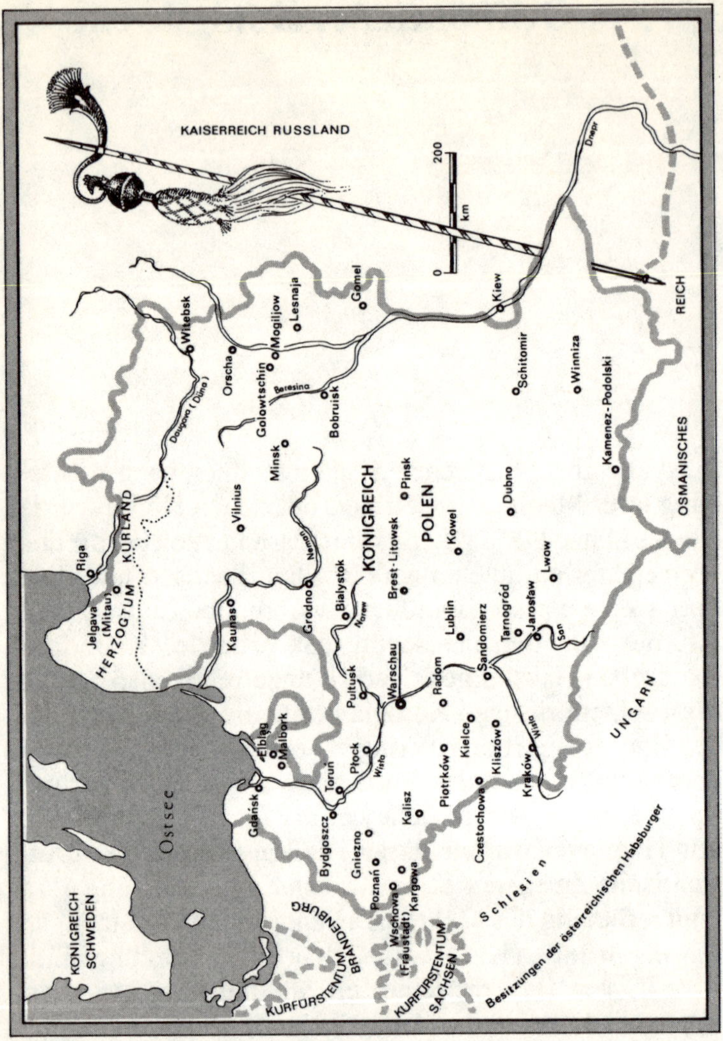

Polen um 1700

in die armenische Hauptstadt Jerewan einziehen. Die Zeit begünstigte solche Träume: Der drohende Krieg um das spanische Erbe brachte das scheinbar festgefügte Staatensystem ins Wanken, und wer es wagte, alles aufs Spiel zu setzen, konnte das Glück vielleicht beim Schopf packen.

Polen war damals etwa viermal so groß wie heute. Es erstreckte sich von Kurland bis hinab nach Podolien und von Fraustadt bis in die Nähe von Smolensk. Im Norden grenzte es an die unter schwedischer Herrschaft stehenden Teile des Baltikums, Livland und Estland, im Osten an das Reich des Zaren, im Süden an das türkische Hoheitsgebiet, im Westen an Ungarn und Schlesien, die dem Haus Habsburg gehörten, dazu an das Kurfürstentum Brandenburg. Das rein polnische Siedlungsgebiet machte ungefähr ein Viertel des Staates aus. In den anderen Landesteilen bestand die große Mehrheit der Bevölkerung aus Letten, Litauern, Russen, Belorussen, Ukrainern oder Deutschen. Der Verfassung nach war Polen eine Republik, eine Rzeczpospolita, wie der polnische Ausdruck lautete, doch diese Republik hatte einen König als Oberhaupt, mehr aus Gründen der Tradition als aus politischer Zweckmäßigkeit. Die tätsächliche Macht lag in den Händen des hohen Adels, der Magnaten, über deren Reichtum man in Europa Fabelhaftes zu berichten wußte. Die Familie Sapieha berherrschte halb Litauen, die Besitzungen der Lubomirski in der Ukraine kamen an Umfang dem Kurfürstentum Sachsen gleich. Die im Heiligen Römischen Reich Deutscher Nation gültige Rangordnung trug dem Rechnung, indem sie Heiraten zwischen Magnatentöchtern und deutschen Reichsfürsten für zulässig erklärte, aber so mancher Prinz, der durch eine solche Verbindung sein Glück zu machen hoffte, wurde von den Sapieha und Lubomirski, den Radziwill und Poniatowski zurückgewiesen: Es gab in Polen bessere Bewerber als diese deutschen Mitgiftjäger ...

Polen gehörte zu den Ländern, welche die Phantasie der Mittel- und Westeuropäer beflügelten. Es stand seit Jahrhunderten auf Vorposten gegen Türken und Tataren, neuerdings auch gegen das nicht weniger fremdartige Rußland, und hatte im Lauf der Auseinandersetzungen selbst einige orientalische Züge angenommen. Die polnischen Edelleute sahen anders aus als die Herren von Stand, denen man in Wien oder Paris begegnete. Schon ihre langen Schnurrbärte und ihre kahlgeschorenen Köpfe wirkten exotisch - die europäische Mode schrieb zu dieser Zeit Bartlosigkeit und Perücken vor. Der kaftanartige Schnitt ihrer Kleidung unterschied sich ebenfalls von dem sonst Gewohnten, und daß sie statt eines Degens einen breiten Säbel an der Seite trugen, unterstrich den Ruf legendärer Tapferkeit, der ihnen in allen Ländern des Westens vorauseilte. Europa erinnerte sich daran, daß diese tollkühnen Kavaliere sogar den siegesgewohnten Gustav II. Adolf von Schweden das Fürchten gelehrt hatten; es entsann sich vieler Geschichten, in denen nicht nur von der Verwegenheit der Polen, sondern auch von ihrem Edelmut die Rede war. Kein Wunder, daß dieses Land einen jungen Herrscher wie Friedrich August faszinierte!

Der Plan einer Vereinigung von Sachsen und Polen unter dem Zepter eines Wettiners wurde von objektiven Faktoren begünstigt. Beide Länder waren seit langem durch enge wirtschaftliche Beziehungen miteinander verbunden. Polnische Kaufleute, meist jüdischen Glaubens, kamen Jahr für Jahr zu den Leipziger Messen, verkauften dort die Produkte ihrer Heimat und legten den Erlös in Waren an, welche die Republik importieren mußte, vor allem in feinen Wollstoffen, Seidengeweben und Erzeugnissen des metallverarbeitenden Handwerks. Das ökonomisch unterentwickelte Polen brauchte die sächsischen Fabrikate ebenso dringend wie das hochentwickelte Sachsen die polnischen Rohstoffe. Die geplante Union hatte also eine wirtschaftliche Basis, von der aus Nützliches und Dauerhaftes bewirkt werden konnte - vorausgesetzt, daß der Wettiner eine Politik betrieb, die sich durch Stetigkeit und Friedfertigkeit auszeichnete und darüber hinaus weder die Polen zugunsten der Sachsen noch die Sachsen zugunsten der Polen übervorteilte. Ob Friedrich August erkannte, welche Chance sich ihm hier bot? Die von ihm 1697/98 verfaßte Denkschrift »Umb Pohlen in Flor und in ansehung gegen seine nachtbarn zu sehzen« läßt jedenfalls den Schluß zu, daß er Handel und Gewerbe Aufmerksamkeit zu widmen beabsichtigte.

Doch zunächst kam es für den Thronbewerber darauf an, sich über die politischen Verhältnisse Polens zu informieren. Das Ergebnis war entmutigend. Die Verfassung der Rzeczpospolita gestand dem König lediglich ein Schattendasein zu. Der Herrscher durfte keine wichtige Entscheidung treffen, ohne zuvor die Zustimmung des Reichstags, des Sejms, einzuholen - und die Beschlüsse des Sejms mußten einstimmig gefaßt werden. Der Widerspruch eines einzigen Abgeordneten genügte, um die Versammlung aufzulösen, zu »zerreißen«, was unter anderem bedeutete, daß auch alle an den vorangegangenen Sitzungstagen einstimmig verabschiedeten Beschlüsse für ungültig erklärt wurden. 1652 hatte ein Mitglied des Sejms zum erstenmal von diesem Vetorecht Gebrauch gemacht. Seitdem war die Zerreißung der Reichstage fast schon zu einer Gewohnheit geworden. Der Herrscher mußte mit gebundenen Händen zuschauen, wie das Land allmählich in Anarchie versank - was einen westeuropäischen Reisenden zu der spöttischen Bemerkung veranlaßte: »Ihr Polen habt gar keinen König.« Er erhielt die stolze Antwort: »Wir haben wohl einen König, aber euch hat der König.«

Allein der Adel besaß das Recht, zu wählen und sich

wählen zu lassen - ein Zustand, den der Staatsrechtslehrer Samuel von Pufendorf mit dem Satz kennzeichnete: »Wenn man von Polacken redet, versteht man meist nur die Edelleute darunter ...« Die übrigen Klassen der Bevölkerung waren vom politischen Leben ausgeschlossen. Nur die als Exportmärkte und Gewerbezentren wichtigen Städte hatten noch das Privileg der Selbstverwaltung, aber auch hier bemühte sich der Adel, die politischen Befugnisse der Bürgerschaft mehr und mehr einzuschränken. Die überwiegende Mehrheit der Bauern, etwa sieben Zehntel der in Polen Ansässigen, lebte im tiefsten Elend und war der Willkür ihrer Herren schutzlos ausgeliefert. Ein Franzose, der sich kurz nach 1640 einige Monate lang in der Rzeczpospolita aufhielt, stellte mit Empörung fest, daß der Mord an einem Bauern straflos blieb, vorausgesetzt, daß der Täter dem Adel angehörte: Der Mörder konnte sich der gerichtlichen Verfolgung entziehen, indem er den Angehörigen des Opfers eine geringe Summe zahlte. Der Krakauer Geistliche Szymon Starowolski schrieb um 1650: »Polen ist die Hölle der Bauern.« Daran hatte sich bis zum Ende des Jahrhunderts nichts geändert.

Noch andere Eigentümlichkeiten des politischen Lebens mußten von dem Thronbewerber berücksichtigt werden. Die Rzeczpospolita war zum Beispiel der einzige Staat in Europa, der das Recht des Adels zur Rebellion ausdrücklich anerkannte. Dies galt nicht nur für den Fall, daß der König die Verfassung verletzte, sondern auch dann, wenn weniger wichtige Dinge auf dem Spiel standen. Adelsgruppen, die etwas durchsetzen wollten, was im Sejm nicht erreicht werden konnte, bildeten eine Konföderation, die in der Regel eine Gegenkonföderation auf den Plan rief. Welche der beiden Konföderationen legal und welche ein strafwürdiger Aufruhr, ein Rokosz, war, darüber entschied allein der Erfolg. Nicht jede dieser Verbindungen hatte einen Bürgerkrieg zur Folge, die Parteien verhandelten miteinander und kamen oft zu einer Übereinkunft, die den Streit beilegte und so zur Auflösung der Bünde führte. Aber auch eine Konföderation, die friedlich endete, brachte Unruhe in das Land. Die Polen lebten wie auf einem Pulverfaß, an dem schon die Lunte hing. Ob die Konföderierten ihre Feuerzeuge wieder in die Tasche steckten oder sie benutzten, hing von Umständen ab, die sich nicht berechnen ließen.

Mindestens ebenso wichtig war, daß sich der Thronkandidat zuverlässige Informationen über die innere Gliederung des Adels verschaffte. Zwar galt in Polen der Satz: »Der Schlachtschitz auf seinem Landstück ist dem Wojewoden ebenbürtig«, aber wer die polnischen Verhältnisse kannte, lachte über diesen Versuch des niederen Adels, sich dem höchsten Würdenträger einer Landschaft, also einem Magnaten, gleichzustellen. In Wirklichkeit hatten die beiden Adelsgruppen nichts mehr miteinander gemein. Die Magnaten beherrschten den Staat, sie besetzten alle Schlüsselpositionen einschließlich der hohen geistlichen Ämter und zogen aus ihnen Gewinne, die in die Millionen gingen. Der Magnat Adam Sieniawski, der damals als der reichste Mann Polens galt, nahm in manchem Jahr mehr ein, als der Staat an Steuern erhielt. Die Angehörigen des niederen Adels, der Schlachta, hingegen lebten gewöhnlich von der Hand in den Mund. Wer ein kleines Gut sein eigen nannte, mochte es auch so winzig sein, daß, nach einem polnischen Sprichwort, der Schwanz des Hundes auf dem Land des Nachbarn lag, durfte sich schon zu den Bevorzugten zählen. Viele Schlachtschitzen besaßen nicht viel mehr als das, was sie auf dem Leib trugen, dazu ein Pferd, einen rostigen Harnisch und einen Säbel, der immer dann aus der Scheide fuhr, wenn jemand ihre adlige Geburt zu bezweifeln wagte. Trotzdem war die Schlachta die einzige politische Kraft, mit deren Hilfe die Magnaten gebändigt werden konnten. Der gewählte König mußte sie nur in Bewegung zu setzen und zu lenken verstehen ...

Was die anderen Thronbewerber betraf, so gab es im Grunde nur drei, die Chancen besaßen: der von Ludwig XIV. unterstützte französische Prinz François Louis de Conti, der älteste Sohn des verstorbenen Königs, Jakub Sobieski, der mit einer Schwägerin des deutschen Kaisers verheiratet war, und der Markgraf Ludwig von Baden, ein berühmter Feldherr, der 1691 die Türken bei Szlankamen geschlagen hatte und seitdem den Beinamen »Türkenlouis« führte. Im Frühjahr 1697 sah es so aus, als sollte der Kandidat Frankreichs einen leichten Sieg erringen. Der Gesandte Ludwigs XIV. in Warschau, der Abbé Melchior de Polignac, verfügte dem Vernehmen nach über reiche Mittel - man sprach von über 3 Millionen Livre -, und dieser Lockung vermochten weder die Sapieha noch die Lubomirski zu widerstehen. Der mächtige Kardinalprimas von Polen, Michal Radziejowski, der bis zur Wahl eines neuen Herrschers als »Interrex«, als Zwischenkönig, an der Spitze des Staates stand, erklärte sich ebenfalls für den Prinzen Conti. Die zerstrittene Partei der Sobieski hatte dem wenig entgegenzusetzen. Die Mehrheit des polnischen Adels wollte keinen »Piasten«, keinen Einheimischen, zum König. Der unbekannte Schlachtschitz, der damals ein »Diariusz prawdziwy« (Wahrhaftiges Tagebuch) schrieb, gab dieser Stimmung Ausdruck, als er notierte: »Alle führen es im Mund und im Herzen, daß wir einen mächtigen und reichen Herrn brauchen, und sie halten es für sicher, daß er für sie Steuern erheben, mit seinen Truppen Krieg führen und schließlich so berühmt sein und unsere Gesetze so gut achten werde wie ein in Polen geborener Piast.« Der Markgraf von Baden, Schützling des Kurfürsten von Brandenburg, besaß weder genügend Einfluß noch die nötigen Mittel, um sich in diesem Rennen zu behaupten.

Es ist fraglich, ob Friedrich August gründliche Überlegungen anstellte, bevor er den Griff nach der Krone wagte. Er lernte erst im Alter, eine gegebene Situation mit kühlem Verstand zu analysieren und dann die richtigen Folgerungen zu ziehen. In seiner Jugend stürzte er sich Hals über Kopf in das politische Handgemenge und vertraute auf sein Glück. Aber was er nicht sah, erkannte ein anderer. Jakob Heinrich von Flemming, Sohn eines brandenburgischen Hofgerichtspräsidenten, Absolvent der Universitäten von Utrecht und Leiden, ehemaliger Generaladjutant Johann Georgs IV., stand seit 1693 in sächsischen Diensten. Jetzt schlug seine große Stunde. Wie es ihm gelang, den Kurfürsten dahin zu bringen, daß er gerade ihm die heikle Mission des Königsmachers anvertraute, liegt im dunkeln. Wahrscheinlich hielt er seinem Herrn ein kleines Privatissimum über die Vorbedingungen des politischen Erfolgs - mit allem schuldigen Respekt, versteht sich, und in der eleganten Art eines weltklugen Kavaliers, der einem noch unerfahrenen Höhergestellten untertänigst einiges zu bedenken gibt. Der Kurfürst ließ sich überzeugen und schenkte Flemming sein Vertrauen. Im Unterschied zu vielen anderen Entschlüssen hat er diesen später nie bereut.

Die Familie Flemming war mit dem Magnatengeschlecht Przebendowski verschwägert, und einer der polnischen Vettern, Jan Jerzy Przebendowski, gab dem Beauftragten des Kurfürsten von Sachsen überaus nützliche Hinweise. Der ehrgeizige Burgvogt von Chelmno hatte sich zunächst der Partei des Prinzen Conti angeschlossen, aber schon bald erkannt, daß er sich gegen die mächtigen Führer dieser Partei nicht durchzusetzen vermochte. Er suchte nach einem neuen Schutzherrn, der seine beachtlichen Fähigkeiten als Politiker besser zu würdigen wußte. Flemming und Przebendowski ergänzten sich vorzüglich: Während der eine vorwiegend mit den ausländischen Diplomaten verhandelte, erkundete der andere, was im Lager des Gegners vor sich ging, und entdeckte dabei manches, was sich verwerten ließ. Die scheinbar so festgefügte Front der Anhänger des Prinzen Conti begann zu wanken. Die Sapieha und Lubomirski nahmen mit Befremden zur Kenntnis, daß die Millionen des Abbé de Polignac im wesentlichen aus Versprechungen bestanden, genauer gesagt, aus Schuldverschreibungen, die erst nach dem Sieg des französischen Kandidaten ausgezahlt werden sollten. Wer jetzt Bargeld in die Waagschale werfen konnte, hatte schon halb gewonnen.

Auch Flemming kam gut voran. Je deutlicher zutage trat, daß der polnische Adel weder für Jakub Sobieski noch für Ludwig von Baden stimmen würde, desto mehr befreundeten sich Österreich, England, Holland und Brandenburg mit dem Gedanken einer sächsischen Kandidatur - wahrlich nicht aus Sympathie für den jungen Mann aus Dresden, sondern weil ihnen bei dem augenblicklichen Stand der europäischen Angelegenheiten gar nichts anderes übrigblieb. Jeder Politiker in Europa war sich darüber im klaren, daß der Kampf um das spanische Erbe nahe bevorstand. Ein Franzose als König von Polen - das konnte bedeuten, daß die antifranzösische Koalition in einen Zweifrontenkrieg verwickelt wurde, vielleicht sogar in einen Dreifrontenkrieg, wenn die Schweden, von jeher Verbündete Frankreichs, die günstige Gelegenheit ausnutzten und über die norddeutschen Fürstentümer herfielen. Rußland sah eine andere Gefahr heraufziehen. Zar Peter I. wußte um die freundschaftlichen Beziehungen Frankreichs zur Türkei. Was geschah, wenn Ludwig XIV. ein Bündnis zwischen dem Prinzen Conti und dem Sultan vermittelte? Ein Bündnis, geschlossen mit dem Ziel, die Ukraine östlich des Dnepr von Rußland loszureißen und sie ihrem früheren Besitzer Polen zurückzugeben? Unter den in Warschau tätigen Diplomaten breitete sich eine Stimmung aus, die der brandenburgische Gesandte in die Worte faß-

Jakob Heinrich von Flemming

te: »Wählt den Kurfürsten von Sachsen, wählt den Teufel selbst, nur nicht Conti.«

Während Flemming und Przebendowski fieberhaft daran arbeiteten, alle Beteiligten davon zu überzeugen, daß der Kurfürst von Sachsen Polen Wohlstand und Frieden bringen werde, war Friedrich August ebenso fieberhaft tätig, um das nötige Geld herbeizuschaffen. Von den Ständen hatte er in diesem Fall nichts zu hoffen, und die Einkünfte, die er aus seiner Rentkammer bezog, erreichten nicht die Höhe der Summe, die er für die Wahl benötigte. So griff er zu Methoden, die auch von wohlwollenden Zeitgenossen für bedenklich gehalten wurden. Niemand machte es ihm zum Vorwurf, daß er seine Juwelen bei den Wiener Jesuiten verpfändete, die ihm dafür einen Kredit von einer Million Taler einräumten. Es mochte auch angehen, daß er die Anwartschaft des Hauses Wettin auf das an der Niederelbe gelegene Herzogtum Lauenburg für etwa 900 000 Taler an die hannoverschen Welfen verkaufte. Die Veräußerung von Landesteilen hingegen stieß auf heftigen Widerstand, auch wenn sich der Fürst das Recht des Rückkaufs ausdrücklich vorbehielt. Anhalt-Dessau erwarb das Amt Gräfenhainichen, Sachsen-Gotha das Amt Borna, Sachsen-Weimar das Amt Pforta, Hannover den sächsischen Anteil an der Grafschaft Mansfeld, was zusammen 1 235 000 Taler ergab. Als dies noch immer nicht reichte, erpreßte Friedrich August von den größeren Städten Sachsens, zum Beispiel von Zittau und Görlitz, Zwangsanleihen. So kamen insgesamt etwa 4 Millionen zusammen - eine hübsche Summe, wenn man bedenkt, daß ein kursächsischer Landbaumeister damals 350 Taler im Jahr verdiente und ein Maurer einen Wochenlohn von 12 Groschen, also etwa 25 Taler im Jahr, erhielt.

Der wachsende Geldbedarf der in Warschau tätigen Beauftragten war nicht das einzige Problem, das dem Kurfürsten zu schaffen machte. Die Verfassung der Rzeczpospolita schrieb vor, daß nur ein Katholik die Krone Polens tragen durfte - das Haus Wettin aber galt als sicherer Hort des strenggläubigen Luthertums. In Sachsen standen nicht allein die Katholiken, sondern auch jene Protestanten, welche in Einzelheiten von der »reinen Lehre« des Reformators abwichen, unter Ausnahmerecht. Ein Konfessionswechsel konnte dazu führen, daß die sächsischen Untertanen ihrem Herrscher den Gehorsam aufkündigten und dabei die Unterstützung anderer protestantischer Mächte fanden. Die Taktik, die Friedrich August wählte, trug dieser komplizierten Situation Rechnung. Ein schon 1689 zum Katholizismus übergetretener Vetter, Christian August von Sachsen-Zeitz, seit 1696 Bischof von Raab, ging ihm zur Hand. Am 2. Juni 1697 sagte sich der Kurfürst von der Lehre Luthers los und legte das katholische Glaubensbekenntnis ab - nicht in der Öffentlichkeit, sondern in der Privatwohnung seines Verwandten und unter der wohl auch von dem Bischof gebilligten stillschweigenden Voraussetzung, den Konfessionswechsel als nicht geschehen zu betrachten, falls sich der polnische Adel wider Erwarten für den Prinzen Conti entschied.

Nach dem Zeugnis aller Quellen war Friedrich August in religiösen Dingen sehr tolerant - nicht aus Überzeugung, sondern aus Gleichgültigkeit. Zwar gab es in seiner Privatbibliothek einige Bücher religiösen Inhalts, aber nichts deutet darauf hin, daß er sie je in die Hand genommen, geschweige denn gelesen hat. Der Gelehrte und Schriftsteller Johann Michael von Loen, dem wir wertvolle Aufschlüsse über das Leben am Dresdner Hof verdanken, kam der Wahrheit nahe, als er 1723 schrieb: »August, sagt man, hat die Religion verändert! Ich würde es zugeben, wenn ich gewiß wüßte, daß er zuvor eine gehabt hätte. Es ist bekannt, daß er von Jugend auf ein kleiner Freigeist war, der nicht mehr glaubte, als was viele unserer Fürstenkinder insgeheim zu glauben pflegen: nämlich daß ein Gott im Himmel sei, sie aber als Fürsten auf Erden tun könnten, was sie wollten. August hatte demnach, als er zu der römischen Kirche überging, eigentlich noch keine Religion; man kann also nicht von ihm sagen, daß er die seinige verändert hätte; er nahm nur eine an.«

Die Sachsen reagierten weniger gelassen, als sie von dem Konfessionswechsel ihres Herrschers Kenntnis erhielten. Die Stände traten ohne Erlaubnis des Kurfürsten zusammen und bekannten sich lautstark zu der im Land gültigen lutherischen Konfession. Die um ihre Monopolstellung besorgte Geistlichkeit donnerte von der Kanzel herab wider den Treulosen, der den Glauben seiner Väter verraten hatte. Die Gemeinden strömten in die Kirchen und sangen den alten Choral »Erhalt uns, Herr, bei deinem Wort«. Auch Majestätsbeleidigungen wurden ausgestoßen. Einige von ihnen beschäftigten die Gerichte, die darüber Protokolle anfertigten. Dem Kreisamtmann von Schwarzenberg im Erzgebirge warf die Justiz zum Beispiel den Satz vor: »Es wäre besser, sie hätten den König im ersten Bad ersäufet, so hätte er nicht können katholisch werden.« Ein Musiker aus Spremberg mußte sich wegen der Schmähung verantworten, der Kurfürst habe »das Land spoliieret [geplündert], und hätte er viel in Polen geborget, möchte er in des Teufels Namen auch viel bezahlen, das Land wäre ihm nicht einen Hunde ... mehr schuldig.« Wahrscheinlich kamen die Angeklagten mit leichten Strafen davon. Die Stimmung im Land zwang Friedrich August, sich vorsichtig zu verhalten. Märtyrer waren das letzte, was er jetzt brauchen konnte.

In Polen besserten sich die Aussichten des Kurfürsten von Tag zu Tag. Im Mai machte Flemming den in Warschau kursierenden Gerüchten und Spekulationen ein Ende: Er suchte den Kardinalprimas Radziejowski auf und teilte ihm offiziell mit, daß sich Friedrich August zur Wahl stellen werde. Den französischen Gesandten verblüffte er mit der kühnen Behauptung, die Kandidatur richte sich nicht gegen Frankreich; er wies mit Nachdruck darauf hin, daß sein Herr Ludwig XIV. ein Bündnis angeboten habe - und sagte kein Wort darüber, daß die Verhandlungen ergebnislos abgebrochen worden waren. Die Anhänger des Prinzen Conti gerieten in Verwirrung. Anfang Juni mußten sie einen weiteren Schlag hinnehmen: Zar Peter I. ließ den Kardinalprimas wissen, daß die Wahl eines Franzosen zum König von Polen Krieg mit Rußland bedeuten würde. An der litauischen Grenze marschierte ein russisches Heer auf. Nur mit Mühe gelang es dem Abbé de Polignac, den völligen Zerfall der französischen Partei zu verhindern, aber der Wojewode von Witebsk und der Burgvogt von Czersk liefen schon jetzt zu dem Sachsen über.

So kam der 26. Juni heran, der Tag, an dem sich die Abgesandten des polnischen Adels auf dem Feld von Wola westlich von Warschau zur Königswahl versammelten. Der erste Vorschlag, die Krone dem Prinzen Jakub Sobieski anzuvertrauen, fand lediglich bei einigen Delegierten der Wojewodschaft Krakau Unterstützung. Die Partei der Sobieski war damit endgültig aus dem Rennen ausgeschieden. Ihre Anhänger schlossen sich zum größten Teil der prosächsischen Gruppe an. Trotzdem verfügte die Fraktion der Franzosenfreunde noch immer über eine solide Mehrheit. Der Kardinalprimas schlug vor, eine Probeabstimmung durchzuführen. Sie ergab, daß sich nur ein Drittel der Wahlberechtigten für den Sachsen erklärte. Aber diese Minderheit handelte entschlossen: Sie erklärte, daß sie den Prinzen Conti unter gar keinen Umständen als König von Polen anerkennen werde. Viele Delegierte schwankten und forderten Bedenkzeit. Abgeordnete der Wojewodschaften Sandomierz und Mazowsze beantragten eine Verschiebung der Wahl auf den kommenden Tag. Obwohl der Abbé de Polignac, unterstützt von den Sapieha und Lubomirski, zur Eile drängte, gab der Kardinalprimas nach. Da er zur Stelle sein wollte, falls sich Unvorhergesehenes ereignete, beschloß er, auf dem Feld von Wola zu übernachten; er schlief in seiner Kutsche.

Flemming und Przebendowski schliefen nicht. Sie verhandelten zu später Stunde mit den Gesandten der antifranzösischen Koalition und erreichten, daß die Diplomaten beschlossen, den Kurfürsten von Sachsen nicht nur mit ihrem Einfluß, sondern auch mit ihrem Geld zu unterstützen. Da die Anhänger des Prinzen Conti den Konfessionswechsel Friedrich Augusts bezweifelten, ließ Przebendowski die Übertrittsbestätigung des Bischofs von Raab rasch ins Polnische übersetzen und in mehreren hundert Exemplaren verteilen. Die Schüler des Jesuitenkollegs in Warschau gingen ihm dabei zur Hand. Flemming nahm sich der unter freiem Himmel lagernden Schlachta an. Die Nacht war kühl, und das beste Mittel, die steifen Glieder zu erwärmen, bestand in einem kräftigen Schluck aus der Branntweinflasche. Die Magnaten sahen in der Schlachta nur einen Bettlerhaufen, auf den man keine Rücksicht zu nehmen brauchte. Der Kurfürst von Sachsen hingegen schien ein Herr zu sein, der den niederen Adel nach Gebühr zu schätzen wußte. Viele Schlachtschitzen befreundeten sich mit dem Gedanken, den so ungewohnt spendablen Kandidaten auf dem Thron zu sehen. Diese Gesinnung verstärkte sich, als Flemming jedem, der am kommenden Tag für Friedrich August stimmen würde, einen Taler versprach. Als der Morgen graute, hatte die profranzösische Partei ihre Zweidrittelmehrheit verloren.

Der Kardinalprimas wachte endlich auf, aber nun war es zu spät. Alle Berichte, die er einholen ließ, besagten, daß der französische Kandidat kaum noch eine Chance besaß, die Wahl mit eindeutiger Majorität zu gewinnen. Die Abstimmung am Nachmittag des 27. Juni bestätigte diese Einschätzung der Lage. Jede der beiden Parteien behauptete, eine knappe Mehrheit errungen zu haben, doch bei dem Getümmel, das auf dem Wahlfeld herrschte, ließ sich nicht feststellen, ob die Prosachsen oder die Anhänger des Franzosen die Wahrheit sprachen. Nur eins war sicher: Die meisten Schlachtschitzen standen hinter Friedrich August, die meisten Magnaten hinter dem Prinzen Conti. In dieser Situation entschloß sich der Kardinalprimas zu einem Gewaltstreich: Er rief den französischen Bewerber zum König aus, zog mit dessen Parteigängern nach Warschau und hielt in der Kathedrale einen Dankgottesdienst ab. Eine Stunde später wurde diese Zeremonie wiederholt - mit dem Unterschied, daß der prosächsisch gesinnte Bischof von Kujawien nun Friedrich August zum Gewinner der Wahl erklärte und zu Ehren des neuen Herrschers ein Tedeum anstimmen ließ. Wer würde den unvermeidlich gewordenen Kampf für sich entscheiden - der Wettiner oder der Prinz aus dem Haus Conti?

François Louis de Conti saß zur Stunde der Doppelwahl noch in einem französischen Hafen an der Kanalküste und wartete auf Nachricht aus Warschau. Obwohl ihn seine Partei im Juli dringend ersuchte, sofort nach Polen zu kommen, legte er keine Eile an den Tag. Erst Ende September landete er unter dem Schutz einer französischen Flottille in der Bucht von Danzig - und erfuhr zu seiner Überraschung, daß man ihn nicht mehr brauchte. Friedrich August hatte inzwischen vollendete Tatsachen geschaffen. Schon am 6. Juli war er, von einer kleinen sächsischen Armee begleitet, in Polen erschienen. Seine zahlreichen Anhänger empfingen ihn mit Jubel, der sich noch steigerte, als er seine wohlgefüllte Kasse öffnete und ansehnliche Belohnungen verteilte. Der Kurfürst, sonst kein guter Rechner, notierte sich die Summen. So wissen wir, daß die Abgeordneten, die ihn an der Grenze begrüßten, 26 000 Taler bekamen und daß der Wojewode von Krakau, Szczesny Potocki, 15 000 Taler erhielt, ebensoviel wie der Kongreßfeldherr Stanislaw Jablonowski und beträchtlich mehr als der Bischof von Samogitien, der 4 000 Taler einstrich. 20 000 Taler erscheinen in der Rubrik »zur Zallung kleiner posten«. Hier verbirgt sich wohl auch der Betrag, der den Kronenwächtern gezahlt werden mußte, damit sie ihren Eid vergaßen und beide Augen zudrückten, als die Beauftragten des neuen Herrschers in die Schatzkammer einbrachen und Krone samt Zepter an sich nahmen. Die Insignien durften nur auf schriftliche Anweisung des polnischen Reichstags herausgegeben werden.

Zweieinhalb Monate nach der Wahl auf dem Feld Wola, am 15. September 1697, wurde Friedrich August in Krakau zum König von Polen gekrönt und empfing auf eigenen Wunsch den Herrschernamen August II. In dieser Namenswahl lag ein Programm: Der neue König gab damit zu verstehen, daß er an die Tradition der Jagiellonen anzuknüpfen gedachte. Unter dem letzten Jagiellonen, Sigismund II. August, der von 1548 bis 1572 regierte, war Polen noch einmal in den Rang einer europäischen Großmacht aufgestiegen. Schwache Nachfolger hatten das reiche Erbe verschleudert, aber der zweite August würde das Verlorene zurückgewinnen und die Rzeczpospolita zu neuer Blüte führen.

Auch die prächtigen Krönungsfeierlichkeiten ließen erkennen, daß August II. kein Schattenkönig sein wollte. Solche aufwendigen Feste waren im Zeitalter des Barocks nie Selbstzweck, sondern stets Mittel der Politik. Sie sollten Macht und Reichtum des Herrschers aller Welt vor Augen führen. Jeder Staatsakt mutete dem Fürsten schier übermenschliche Strapazen zu. Selbst so ein kräftiger Mann wie der neue König von Polen zeigte sich ihnen nicht gewachsen. Friedrich August trug unter dem schweren Krönungsmantel einen reichverzierten goldenen Harnisch, der mindestens 20 Kilo wog. Die Last dieser beiden Kleidungsstücke zwang ihn nach stundenlangem Ausharren in die Knie. Als man ihm im Chor der Wawelkathedrale das katholische Glaubensbekenntnis vorlas, eine Zeremonie, die der Krönung unmittelbar vorausging, brach er ohnmächtig zusammen. Man brauchte eine Viertelstunde, um ihn wieder zur Besinnung zu bringen.

Während man in Krakau noch feierte, eilte Flemming mit einigen tausend sächsischen Reitern nach Norden. Er hatte Befehl, unter allen Umständen zu verhindern, daß der Gegenkönig in Polen festen Fuß faßte und seine Anhänger um sich sammelte. Danzig verweigerte dem nun endlich gelandeten Prinzen Conti jede Unterstützung, aber auch von dem benachbarten Oliva aus konnte der Franzose Unheil stiften. Es zeigte sich jedoch, daß die ohnehin sehr zusammengeschmolzene profranzösische Partei nicht mehr an den Sieg ihres Kandidaten glaubte. Die versprochenen Truppen blieben aus, alle Versuche, einen Bürgerkrieg anzuzetteln, schlugen fehl; die Sapieha und Lubomirski kämpften nur noch um erträgliche Kapitulationsbedingungen. Der Prinz konnte von Glück sagen, daß ihn seine Vertrauensleute rechtzeitig warnten, sonst hätten ihn die Sachsen gefangengenommen. In höchster Eile kehrte der kleine Hof an Bord der Flotte zurück. Die gesamte diplomatische Korrespondenz des Abbé de Polignac fiel in die Hände der Sieger. In der ersten Oktoberhälfte ging das französische Geschwader auf Heimatkurs. Es war niemand mehr da, der August II. die Krone streitig machen konnte.

Dem König standen damals viele Wege offen. Seine Stellung in Polen hatte sich gefestigt. Die profranzösische Partei war bereit, mit ihm über einen Friedensschluß zu verhandeln. Der niedere Adel gab zu erkennen, daß er ihm auch künftig zu folgen beabsichtigte, sicher nicht durch dick und dünn, aber vielleicht doch so weit, daß einige Reformen möglich wurden. Alles hing davon ab, ob sich August für eine Politik auf lange Sicht entschied oder ob er sich, von seinem Ehrgeiz getrieben, in neue Abenteuer stürzte und damit das im ersten Anlauf Erreichte wieder aufs Spiel setzte.

Der inzwischen zum Generalmajor beförderte Flemming hielt es für selbstverständlich, zunächst einmal in Polen Reformen durchzuführen, um die Krisensituation zu überwinden. Die profranzösische Magnatenpartei verfügte nur noch über einen Bruchteil ihrer früheren Macht. Es galt, ihr den Todesstoß zu versetzen. Die Schlachta war nicht abgeneigt, dies zu besorgen. Im Norden der Rzeczpospolita, in Litauen, bildete sich eine Konföderation des niederen Adels, die den Sapieha den Krieg erklärte. Flemming schlug vor, die Aufständischen politisch und militärisch zu unterstützen. Die Schlachta sei bei weitem nicht so gefährlich wie die Gruppe der Magnaten und könne später, wenn man ihre Hilfe nicht mehr brauchte, ebenfalls zur Ader gelassen werden - falls nötig, mit Hilfe der in Polen stationierten sächsischen Regimenter.

Es waren nicht etwa moralische Bedenken, die den König bewogen, diesen Plan abzulehnen. Alle Fürsten des Barocks huldigten dem Grundsatz, daß der Zweck die Mittel heiligt. Was Erfolg brachte oder zu bringen versprach, galt als erlaubt. Betrügerische Praktiken wie Täuschung, Wortbruch und Verrat gehörten damals zum Rüstzeug jedes Politikers, der Bedeutendes erreichen wollte. August machte hier keine Ausnahme. Wenn er den Vorschlägen Flemmings seine Zustimmung verweigerte, so nur deshalb, weil er sie für zu riskant und zudem für unzweckmäßig hielt. Er traute sich zu, die noch vorhandene Opposition auch ohne Gewalt zu bändigen. Die Magnaten, so meinte er, würden es nicht wagen, sich einem Herrscher zu widersetzen, der die Fahne mit dem weißen Adler siegreich über die Grenze trug und Verlorenes zurückeroberte.

Ob August damals plante, bis an die Küste des Schwarzen Meeres, vielleicht sogar bis an den Bosporus vorzustoßen, steht dahin. Nach dem, was er offiziell verlauten ließ, ging es ihm lediglich um die Wiedergewinnung der starken Festung Kamenez-Podolski und jener Teile von Podolien, welche die Rzeczpospolita 1672 an die Türken verloren hatte. Dabei kam ihm zugute, daß Polen seit 1684 der Heiligen Liga angehörte, einem von Österreich gestifteten Bündnissystem, das die Kräfte der von den Türken bedrohten europäischen Staaten zusammenfassen sollte. Die Rzeczpospolita befand sich noch immer im Krieg mit dem Sultan, aber dieser Krieg beschränkte sich seit einem Jahrzehnt auf Überfälle, Streifzüge und Grenzscharmützel. Welch eine Gelegenheit für August, sich seinen neuen Untertanen als erfolgreicher Feldherr vorzustellen! Im Sommer 1698 sammelte er ein Heer, das zum größeren Teil aus Polen und Litauern, zum kleineren aus Sachsen bestand.

Die sächsischen Regimenter hatten sich schon 1697 bei den Polen unbeliebt gemacht. Offiziere wie Gemeine traten auf, als ob sie sich in einem eroberten Land befänden. Der König mußte mehrmals tief in die Tasche greifen, um die von seinen Truppen angerichteten Schäden zu vergüten. Auch andere Eigenheiten der Zuwanderer erregten Unwillen. Viele Polen kamen nach und nach zu der Überzeugung, daß die sächsischen Herren, die den neuen Monarchen begleiteten, nicht gerade zur Blüte der Menschheit gehörten. Ein Diplomat aus Bayreuth, der sich damals in der Rzeczpospolita aufhielt, berichtete nach Hause: »Die Sachsen können sich mit dehnen Pohlen so wenig alß Eulen und Krähen stellen, allermaßen die Pohlen selbst sagen, daß sie zwar hoffertig, doch höfflich, die Sachsen aber stoltz und grob dabey seyn, wie wol der König der allerhöfflichste undt ob währe selbiger in Pohlen gebohren angerühmet wird.« Aber der hier so hervorgehobene persönliche Charme des Königs nutzte nicht viel, als die polnischen und sächsischen Soldaten im Lager von Brzézany zuerst mit Fäusten, dann mit Bajonetten aufeinander losgingen. Mit einer solchen Truppe, die angesichts des Feindes ihre inneren Streitigkeiten austrug, ließen sich die Türken nicht besiegen. August hatte nur die Wahl, den Feldzug abzubrechen oder als Geschlagener nach Warschau zurückzukehren. Er entschied sich für das kleinere Übel.

Die Geschichte setzt manchmal verblüffende Pointen: Obwohl der Feldzug von 1698 blamabel geendet hatte, brachte er ein besseres politisches Ergebnis als alle anderen kriegerischen Unternehmungen des Königs. Die übrigen Mächte der Heiligen Liga - Österreich, Rußland und Venedig - werteten den mißglückten Versuch, in türkisches Hoheitsgebiet einzufallen, als Ablenkungsmanöver, das die Hauptfront im Banat entlastete. Als der Sultan 1699 den Kampf aufgab, zwangen sie ihn im Frieden von Karlowitz, auf die Festung Kamenez-Podolski und die südlichen Teile von Podolien zu verzichten. Noch im selben Jahr zogen die Türken aus dem umstrittenen Gebiet ab. August konnte mit Recht von sich sagen, daß er sein Wahlversprechen, die 1672 verlorenen Provinzen zurückzugewinnen, erfüllt hatte. Von seinem Ziel, die polnische Verfassung zu ändern und die Rzeczpospolita in eine absolute Erbmonarchie zu verwandeln, war er freilich weiter entfernt denn je.

Aber vielleicht gab es da noch eine andere Möglichkeit. Es war ja bekannt, daß der Kurfürst von Brandenburg das Ermland und Teile von Westpreußen, der Kaiser die Zips und das Gebiet der Beskiden, der Zar von Rußland den Rest der Ukraine und die von Belorussen bewohnten Provinzen Polens begehrten. Vielleicht ließe sich ein Tauschgeschäft vereinbaren: Die Herren erhielten, wonach sie verlangten, und unterstützten dafür den König militärisch und finanziell im Kampf gegen seine polnischen Untertanen. Daß August hier die Grenze zum Hochverrat überschritt, ist unbestritten und wurde wohl auch von ihm selbst erkannt. Trotzdem beschloß er, einen Versuch zu wagen.

Anfang Juni 1698 trafen der König und der brandenburgische Kurfürst Friedrich III. in der ostpreußischen Grenzstadt Johannisburg zusammen. Das Ergebnis ihrer geheimen Unterredung war ein Vertrag, der Friedrich III. gestattete, das in der Nähe der Weichselmündung gelegene polnische Elbing militärisch zu besetzen. Im November rückten brandenburgische Truppen in den Ort ein. Was nun geschah, hatte August nicht erwartet. Der polnische Adel verlangte Genugtuung für die Schmach und drohte Brandenburg mit Krieg. Der König geriet dadurch in eine fatale Lage. Einerseits mußte er seinem Komplizen versichern, daß er nach wie vor zu ihm hielt, andererseits zwang ihn die Stimmung in Polen, den Nachbarn öffentlich der Völkerrechtsverletzung anzuklagen. Er konnte von Glück sagen, daß der verärgerte Kurfürst den Geheimvertrag nicht veröffentlichte, wie es ihm einige seiner Minister rieten. Aber die Sympathien des Brandenburgers hatte August ein für allemal verloren. Mit einem so ungeschickten Politiker machte man keine Geschäfte. 1699 wurde der Konflikt durch russische Vermittlung beigelegt. Die brandenburgischen Truppen räumten die Stadt.

Die Affäre um Elbing ist bezeichnend für die Art, wie August damals Politik betrieb: bedenkenlos, sprunghaft, ohne gründliche Überlegung, allein nach raschen und aufsehenerregenden Erfolgen strebend. Der König selbst hielt sich für einen Politiker von Format, aber seine Handlungen bewiesen, daß ihm dazu noch viele Voraussetzungen fehlten. Er besaß weder die Gabe, die Sachlage richtig einzuschätzen, noch die Fähigkeit, über längere Zeiträume vorauszudenken. Flemming, der ihn besser kannte als jeder andere seiner Vertrauten, schrieb später über ihn: »Die Fehler seiner Erziehung tragen Schuld daran, daß er einen schlechten Gebrauch von der Geschichte machte; er war geneigt, die schönen Seiten der Geschichte für die wahre Geschichte zu halten, und dies hatte zur Folge, daß es in seinem Tun viel Romanhaftes gab.« In der Tat kann man sich des Eindrucks nicht erwehren, daß sich August damals in erster Linie von seiner Phantasie leiten ließ - und die Phantasie gaukelte ihm manches vor, was ein nüchterner Kopf wie Flemming von Anfang an als Trugbild erkannte.

Zu allem Überfluß hatte August in diesen kritischen Monaten auch noch Ärger mit seiner Frau. Christiane Eberhardine weigerte sich beharrlich, nach Warschau überzusiedeln. Die strenggläubige Lutheranerin fürchtete um ihr Seelenheil, wenn sie sich in ein Land begab, in dem die Jesuiten herrschten. Zwar beteuerte der König, niemand denke daran, sie zu einem Konfessionswechsel zu zwingen, aber sowohl die sächsischen Geistlichen als auch die Gesandten der protestantischen Mächte bestärkten sie in ihrem Entschluß, nicht eher nach Polen zu gehen, »bis sie genugsam von der Republic wegen der Relion [Religion] versichert, damit sie ihren gottesdienst öffentlich könne exerciren [abhalten]«. Die Eltern in Kulmbach waren entsetzt, als sie von der Starrköpfigkeit ihrer Tochter Kenntnis erhielten. Sie fürchteten, der so hoch gestiegene Herr Schwiegersohn werde die Widerspenstige kurzerhand nach Hause schicken. August löste das Problem auf andere Weise: Er nahm sich eine Mätresse aus dem polnischen Hochadel, die nun an Stelle der abwesenden Königin die Honneurs des Hauses machte - und die elegante Ursula Katharina Lubomirska, geborene von Bockum, spielte die ihr zugewiesene Rolle so gut, daß niemand in Warschau die doch recht hausbackene Christiane Eberhardine vermißte.

Auch andere Nachrichten aus Sachsen bereiteten dem König Sorgen. Noch bevor er den Griff nach der polnischen Krone wagte, hatte er in seinem Kurfürstentum eine

Ursula Katharina Lubomirska
Gemälde von Rosalba Carriera

Entwicklung in Gang gesetzt, die ihm nun über den Kopf zu wachsen drohte. Er war sich schon 1697 darüber im klaren, daß er zur Verwirklichung seiner weitgespannten Pläne ein sicheres Hinterland brauchte, und dies bedeutete, daß die politische Macht der sächsischen Stände gebrochen, ihr Mitspracherecht in Geldangelegenheiten beseitigt werden mußte. Um dieses Ziel zu erreichen, beauftragte er den von ihm eingesetzten Statthalter in Sachsen, Fürst Anton Egon von Fürstenberg, mit der Durchführung einer Generalrevision, das heißt, er ordnete eine gründliche Überprüfung aller Steuerkassen an. Die Stände legten zwar Protest ein, weil eine solche Revision dem Herkommen widerspräche, aber August wischte ihre Einwände vom Tisch und befahl am 21. Juli 1698: »Es soll kein anderes Kollegium im Lande dem Revisions-Kollegio entgegenhandeln oder dasselbe an etwas hindern, jedermann auf sein Verlangen vor ihm erscheinen ...«

Das Generalrevisionskollegium machte sich ans Werk. Seine führenden Köpfe waren der Kammerdirektor Ludwig Gebhard von Hoym - derselbe Hoym, der 1694 als Komplize der alten Neitschütz mit dem Königstein Bekanntschaft geschlossen hatte - und der bürgerliche Hofrat Bernhard Zech, ein Tuchmacherssohn aus Weimar, dessen juristisches Wissen August so sehr schätzte, daß er ihm 1697 ein Jahresgehalt von 1 000 Talern bewilligte. Es versteht sich von selbst, daß die ahnenstolze sächsische Aristokratie den Emporkömmling aus dem Bürgertum nach Kräften schikanierte. Fürstenberg hingegen nahm ihn ausdrücklich in Schutz. Er empfahl dem König in einem Schreiben vom 11. August 1698, dem Beispiel seines verstorbenen Bruders zu folgen, der »allzeit die gelehrten Geheimten Räte allen übrigen Geh. Räten, die nur blosse Titul [Titel] gehabt und nicht wirklich gewesen, vorgezogen« habe. Während Hoym sich vor allem mit den finanziellen Machenschaften der Hofbeamten beschäftigte, untersuchte Zech die Kassenführung der ständischen Steuerkollegien und Stadtverwaltungen.

Schon eine erste flüchtige Durchsicht der Unterlagen brachte Ungeheuerliches zutage. Die Bücher waren in den meisten Fällen so nachlässig geführt worden, daß sich die Revisoren durch ein Gestrüpp von Fehleintragungen arbeiten mußten, bevor sie an ihre eigentliche Aufgabe gehen konnten. Manchmal fanden sich überhaupt keine Bücher, nur ungeordnete Sammlungen von Belegen zweifelhafter Herkunft. In einigen Orten wurde die Kommission mit der Nachricht empfangen, ein durch Blitzschlag verursachtes Feuer habe leider alle Dokumente vernichtet. Und wenn es wider Erwarten doch einmal gelang, beides, Bücher wie Quittungen, herbeizuschaffen, so stellte sich heraus, daß die in den Büchern verrechneten Summen nicht mit den Quittungen übereinstimmten.

Je tiefer das Generalrevisionskollegium in den sächsischen Korruptionssumpf eindrang, desto mehr Schmutz kam an die Oberfläche. Die Überprüfung der Kriegskasse ergab zum Beispiel, daß die Beamten den König seit Jahren systematisch betrogen, indem sie zehn bis fünfzehn Prozent der eingegangenen Gelder in die eigene Tasche steckten. Dem Kammermeister Tobias Berger wiesen die Revisoren nach, daß in seiner Kasse 357 614 Taler fehlten. Der sofort in Haft Genommene gebrauchte alle möglichen Ausreden, doch es war klar, daß er mit seinen Lügen Höhergestellte zu decken versuchte. Die Revision des Forstwesens brachte an den Tag, daß nahezu alle Forstbeamten »Holzpartiererei« betrieben, das heißt, sie verkauften das Holz der kurfürstlichen Wälder auf eigene Rechnung. Die Angestellten der Rentkammer gestanden im Verhör, daß sie sich ihre Gehälter eigenmächtig um das Doppelte erhöht hatten. Der Erbmarschall, Vorsitzender der Ständeversammlung, bekannte, daß er für Ausgaben in Höhe von 30 000 Talern keine Belege besaß; er behauptete, die Summe sei für »Präsente« verwendet worden. Der König ließ diese Ausflucht nicht gelten und verfügte: »Was der Erbmarschall für sich verschenket, und wobei er der Donatarien [Empfänger] benemerita [Verdienste] nicht angeben und bescheinigen kann, das hat er de proprio [aus eigenem] zu ersetzen ...«

Seit März 1698 beschäftigte sich das Kollegium auch mit dem Finanzgebaren der Städte. Bis zum Frühjahr 1699 wurden sechzehn Revisionen durchgeführt. Die Revisoren hatten es hier mit Gegnern zu tun, die sich in allen Schlichen der Buchführung und des Steuerwesens auskannten. So verging einige Zeit, bis sie hinter den Trick mit der »doppelten Rechnung« kamen. Die Räte führten in der Regel zwei Bücher: eins, das für die Prüfer bestimmt war, und ein anderes, das die wahren Tatbestände enthielt. Es kostete Mühe, an diese vertraulichen Dokumente heranzukommen. Manche Ratskämmerer gaben sie erst heraus, als ihnen die Kommission drohte, sie in das Stockhaus abführen zu lassen. Die Prüfung der Geheimbücher offenbarte, daß die Räte die Steuern willkürlich festsetzten, fast immer höher, als in der Ausschreibung vorgesehen, und daß sie die Bürger darüber hinaus mit »Exkurrentien« belegten, mit willkürlichen Abgaben, über deren Zweck und Verwendung niemand Genaues zu sagen wußte. In einigen kleineren Städten gehörten alle Ratsmitglieder derselben Familie an. In den größeren wie Meißen, Pirna und Zwickau lag die Macht in den Händen weniger Geschlechter.

Die Generalrevision versetzte die Räte in Angst und Schrecken, nicht nur, weil sie bisher Verborgenes ans Licht brachte, sondern vor allem wegen ihrer mobilisierenden Wirkung auf die Bürgerschaft. Die Ratsherren konnten nicht mehr ruhig schlafen. Sie beklagten sich 1699 bitter darüber, daß »nachdem der Ruf von bevorstehender Revision bei ihnen erschollen, die Bürger weder Pfennig- noch

Quatember- [Vierteljahres-] steuern abstatten, noch sich zur Einquartierung behördlich akkommodieren [anpassen] wollten, conventicula [Versammlungen] hielten, protocolla führeten, die Zünfte konvozieereten [zusammenriefen], die Obrigkeit schimpften und mit der Abdankung droheten, unruhige Aufwiegler, welche sie des Nachts zusammenholeten, hegeten, und es sich an manchen Orte ansehen liesse, ob dürften die Ratsglieder nicht in ihren Häusern sicher sein«.

Der Konfessionswechsel ihres Kurfürsten hatte die Sachsen beunruhigt und verstört. Durch die Generalrevision gewann August verlorene Sympathien zurück. Die Nachricht, daß es in Dresden eine Kommission gab, die Beschwerden entgegennahm und Gesetzesverletzungen bestrafte, erreichte rasch die fernsten Winkel des Landes. Von überallher gingen dem Kollegium Anzeigen, Bittschriften und Gesuche zu. Viele von ihnen prangerten Mißstände an, deren Beseitigung nicht in den Aufgabenbereich der Generalrevision fiel. Bauern beschwerten sich über die Willkür ihrer Grundherren, Handwerker über die Konkurrenz der in den Dörfern ansässigen »Pfuscher«, niedere Beamte darüber, daß sie nicht befördert wurden. »Es scheint auch«, berichtete die Kommission nach Warschau, »daß die Leute, so diese Gravamina [Beschwerden] übergeben, nicht eigentlich wissen, was die Generalrevision sei.« Die Leute wußten eben nur eins: daß ihr Kurfürst den Mächtigen des Landes derb in die Wolle griff.

August konnte mit diesem Echo zufrieden sein. Aber je weiter die Entwicklung voranschritt, desto deutlicher trat zutage, daß er die Gunst der Stunde nicht zu nutzen verstand. Er brauchte Geld, Geld und nochmals Geld. In dieser Beziehung hatte ihn das Kollegium enttäuscht. Die Bußen, welche die Revisoren verhängten und eintrieben, deckten nur einen Bruchteil seines Bedarfs. Zudem setzten sich die Stände mit Nachdruck zur Wehr. Sie klagten das Revisionskollegium des Verfassungsbruchs an. Sie drohten, keine Steuern mehr zu bewilligen. Es gab auch Anzeichen dafür, daß sie mit auswärtigen Mächten verhandelten. August wies diese Erpressungsversuche zurück, doch bei weitem nicht so energisch, wie es die Situation erfordert hätte. Es war offensichtlich, daß er allmählich Angst vor der eigenen Courage bekam.

Den Ständen blieb die wachsende Unsicherheit des Königs nicht verborgen. Sie schlugen ihm ein Tauschgeschäft vor: Falls er auf die Generalrevision verzichtete und die bereits Angeklagten begnadigte, würden sie ihm einen außerordentlichen Zuschuß von einer Million Taler bewilligen. Nach anfänglichem Zögern stimmte August zu. Am 17. März 1700 hob er die Generalrevision auf und verfügte die Rückgabe der beschlagnahmten Steuerakten. Die Abwicklung der noch schwebenden Verfahren wurde einem Ausschuß übertragen, in dem die Vertreter des Adels die Mehrheit besaßen. Das Ansinnen, die Mitglieder des Generalrevisionskollegiums strafrechtlich zur Verantwortung zu ziehen, lehnte der König ab, doch das nutzte ihm nicht viel: Die von ihrem Herrn so schmählich im Stich Gelassenen zogen die Konsequenz, sich nie wieder in eine solche Situation zu begeben. Der Statthalter Anton Egon von Fürstenberg machte seinen Frieden mit der sächsischen Aristokratie und begnügte sich fortan mit der Rolle eines Vermittlers. Sogar Flemming, der seinem König sonst bedingungslos folgte, war später nicht zu bewegen, den Kampf mit den Ständen von neuem aufzunehmen.

Die Aufhebung der Generalrevision war einer der schlimmsten politischen Fehler, die August je begangen hat. Zwar bekam er das Geld, das er so dringend benötigte, aber er tauschte dafür ein unsicheres Hinterland ein. Die Stände hatten begriffen, daß der König sie ausschalten wollte. Sie taten künftig alles, um einen Erfolg seiner Politik zu verhindern. Nur die Furcht hielt sie davon ab, offen Widerstand zu leisten. Statt dessen benutzten sie jede Gelegenheit, die von August angeordneten Maßnahmen zu sabotieren. Der König mußte an zwei Fronten kämpfen: gegen den äußeren Feind und gegen die sächsische Aristokratie, die sich wider ihn verschwor.

Der große Irrtum

Am 2. Juni 1698 traf hoher Besuch in Dresden ein: Zar Peter I. machte auf seiner großen Studienreise durch Europa in der sächsischen Hauptstadt Station. Schon das Äußere des Gastes erregte Verwunderung: Der baumlange junge Mann trug ein spanisches Wams mit weiten Ärmeln, enge Beinkleider, holländische Schifferschuhe und auf dem kahlgeschorenen Kopf einen kleinen schwarzen Dreispitz, alles in allem eine Tracht, die eher zu einem Handwerker als zu einem Herrscher paßte. Auch die Gewohnheiten des so seltsam gekleideten Fremden unterschieden sich von denen anderer gekrönter Häupter. Zwar besichtigte er pflichtschuldig die berühmte Dresdner Kunstkammer, aber er hielt sich dort bei weitem nicht so lange auf wie in dem Gießhaus und dem Zeughaus, der Waffenschmiede und dem Waffendepot der sächsischen Armee. Mit den Geschützgießern, Stückmeistern und Feuerwerkern sprach der Zar wie mit seinesgleichen, und er vermerkte es auch nicht übel, wenn sie ihrerseits neugierige Fragen stellten.

König August weilte zu dieser Zeit in Polen. Die Aufgabe, sich um den ungebetenen Gast zu kümmern, fiel dem Statthalter zu - und es steht zu vermuten, daß niemand in

Peter I. von Rußland
Kupferstich von Pieter Stievens van Gunst

der Residenz Anton Egon von Fürstenberg um diese Mission beneidete. Wie sollte man den Geschmack eines Herrschers treffen, über dessen unkonventionellen Lebensstil die seltsamsten Gerüchte umliefen? Wenn nur die Hälfte von dem stimmte, was die Fama zu berichten wußte, so hatte Peter in Holland mit Handwerkern Brüderschaft getrunken und in England berüchtigte Matrosenkneipen mit seinem Besuch beehrt. Der Statthalter fand, daß es unter diesen Umständen das klügste war, den Zaren tagsüber gewähren zu lassen und ihm die Abende so angenehm wie möglich zu machen. Im alten Schloß zu Dresden bebten die Wände, als die Russen in der Nacht vom 3. zum 4. Juni ihr Abschiedsfest feierten. Am Morgen des 4. Juni brach der Zar mit seinem Gefolge auf. Er besuchte am Vormittag noch die Festung Königstein und überschritt gegen Mittag die böhmische Grenze. Fürstenberg atmete erleichtert auf: »Ich danke meinem Gott, daß dieses Alles so wohl abgelaufen, indem allhier nichts anders gewünscht, als daß mit diesem so heiklen Herrn ich keinen Anstoß haben mögen.«

Zwei Monate später, am 10. August 1698, trafen sich Peter und August in Rawa, einer kleinen Stadt nördlich von Lemberg. Der Zar war in großer Eile, die Hilferufe aus Moskau, wo die Schützenregimenter, die Strelitzen, gemeutert hatten, wurden von Tag zu Tag dringender, es bestand die Gefahr, daß der Aufstand das gesamte russische Reich erfaßte. Trotzdem machte Peter in Rawa drei Tage Station.

Die beiden so verschieden gearteten Herrscher fanden Gefallen aneinander. Der österreichische Gesandte berichtete nach Wien, sie seien schon nach kurzer Zeit »in solche Bruderliche vertraulichkeith kommen, daß beede einen Kleidertausch getroffen, auch der Czar mit des König in Pohlen rokch [Rock], hueth und schlechten Degen in Moscau ankommen«. Andere Berichte hoben hervor, daß die jungen regierenden Herren - August war damals achtundzwanzig, Peter sechsundzwanzig Jahre alt - viele Stunden »ohne unterlaß in Trinkhen« zubrachten. Darüber hinaus wußten die Diplomaten nur zu melden, daß August dem Zaren seine sächsischen Regimenter vorführte und daß Peter dem König über diese Truppen viel Schmeichelhaftes sagte - wahrscheinlich ehrlichen Herzens, denn der Zustand der in der Umbildung begriffenen russischen Armee ließ damals noch viel zu wünschen übrig. Wer diese Schilderungen las, mußte zu der Überzeugung kommen, daß der einzige Zweck der Begegnung in Rawa darin bestanden hatte, sich ein paar vergnügte Tage zu machen.

Niemand ahnte, daß in Rawa eine Absprache getroffen worden war. Wie diese Übereinkunft im einzelnen aussah, ob sich die beiden Partner schon endgültig festlegten oder ob August seine Entscheidung noch hinausschob, darüber gehen die Meinungen weit auseinander. Es scheint, daß er zunächst zögerte, sich auf Gedeih und Verderb mit dem Zaren zu verbünden. Rußland gehörte damals zu den Mächten, über welche die Politiker nicht so recht Bescheid wußten. In der Rangtabelle der europäischen Staaten, verfaßt von dem französischen Staatsrechtler Abbé Castel de Saint-Pierre, stand es erst an zwölfter Stelle, weit hinter Frankreich, England, Holland und Spanien und knapp hinter dem Herzogtum Kurland und den Hansestädten. Sogar das Rußlandbild des französischen Hofes, Zentrum der meisten diplomatischen Aktivitäten in Europa, hatte nur sehr verschwommene Umrisse. Als Ludwig XIV. 1683 eine Gesandtschaft nach Moskau schickte, gab er ihr als Beglaubigungsschreiben Blankoformulare mit: Er wußte nicht einmal den Namen des regierenden Zaren. Daß sich Rußland seit den neunziger Jahren in einer Umgestaltung befand, die seine ökonomische, militärische und kulturelle Rückständigkeit überwinden sollte, war den meisten europäischen Politikern unbekannt. Wer mit dem Zarenreich ein Bündnis schloß, tat sich mit einem Staat zusammen, dessen wahre Stärke niemand richtig einzuschätzen vermochte.

Andererseits hatte der Plan des Zaren viel für sich. Peter schlug dem König von Polen vor, der nordischen Großmacht Schweden die im Lauf des 17. Jahrhunderts zusammengeraffte Beute wieder abzunehmen - ganz oder teilweise, je nachdem, welche Resultate der Feldzug erbrachte. Rußland wartete auf eine Gelegenheit, den Schweden die 1617 erlittene Demütigung heimzuzahlen: In diesem Jahr war das Zarenreich gezwungen worden, auf Ingermanland und Karelien, die beide an den Finnischen Meerbusen grenzten, zu verzichten. Der Sieger, König Gustav II. Adolf, schrieb damals triumphierend: »So hoffe ich zu Gott, daß es dem Russen in Zukunft schwer fallen soll, über diesen Bach zu springen.« 1621 mußten die Polen Riga übergeben: Die blaue Fahne mit dem gelben Kreuz wehte seitdem auch über dem bisher polnischen Livland. Der Westfälische Frieden 1648 brachte Schweden noch reicheren Gewinn: Es erhielt Vorpommern mit den Inseln Rügen, Usedom und Wollin, dazu die an der Odermündung gelegene Hafenstadt Stettin, das mecklenburgische Wismar und größere Gebiete an der deutschen Nordseeküste. Die Dänen mußten 1658 die Landschaften Schonen, Blekinge und Halland abtreten sowie der Oberhoheit über das Herzogtum Holstein-Gottorp entsagen. Seitdem herrschte Todfeindschaft zwischen den beiden Ostseemächten.

Verschiedene Anzeichen deuteten darauf hin, daß Schweden nicht mehr so schlagkräftig war wie in der ersten Hälfte des 17. Jahrhunderts. Die einst so gefürchtete schwedische Armee hatte Niederlagen einstecken müssen - die schwerste kurz vor 1660 im Krieg gegen Polen, die spektakulärste 1675 bei Fehrbellin, wo die Brandenburger das 11 000 Mann starke Korps des Generals Woldemar Wrangel aufrieben. Auch was die Diplomaten aus Stockholm nach Hause berichteten, klang wie Musik in den Ohren derer, die alte Rechnungen begleichen wollten, und bestärkte sie in der Überzeugung, daß eine ähnlich günstige Gelegenheit so bald nicht wiederkäme. Seit 1697 saß ein Jüngling auf dem schwedischen Thron, der sich allem Anschein nach noch in den Flegeljahren befand. Die öffentliche Meinung sah den regierenden Herren vieles nach, was sie bei weniger Hochgestellten verurteilte, aber die Vergnügungen, mit denen sich der Rüpel Karl XII. die Zeit vertrieb, gingen selbst über das gerade noch Gebilligte weit hinaus. Der 1682 geborene König, dessen Mutter eine Schwester der sächsischen Kurfürstin Anna Sophie war, ritt johlend durch die Straßen Stockholms und schlug den Bürgern die Fenster ein, er übte sich im Pistolenschießen, nicht im Freien, sondern in den Prunkräumen des Schlosses, er hetzte Hasen, mit Vorliebe im Thronsaal, er veranstaltete Wettbewerbe im Kälberköpfen mit dem Degen und benahm sich auch sonst wie jemand, dem es an Verstand fehlte. Ein geschwächtes Land mit einem schwachen König - so urteilten damals fast alle, die Schweden zu beerben gedachten.

Es ist verblüffend, wie wenig die Staatsmänner jener Zeit über die tatsächlichen Verhältnisse in dem nordischen Nachbarland wußten. Die in Stockholm beglaubigten Gesandten teilten ihnen nur mit, was am Hof und in den Kanzleien vor sich ging. Allem anderen schenkten sie kaum Aufmerksamkeit. Und wenn das doch einmal geschah, dann war ihr Urteil meist ebenso oberflächlich wie die Schilderung, die sie ihm vorausschickten. Der Vater des jungen Taugenichts, Karl XI., hatte Schweden mit Klugheit regiert und beachtliche Erfolge erzielt: Die Diplomaten sahen in ihm einen komischen Kauz, der von seinen Untertanen wenig respektvoll »kronofogden« (Amtmann) genannt wurde und über dessen fast schon krankhaften Geiz halb Europa lachte. Niemand meldete nach Hause, welche politische Absicht hinter der sogenannten Reduktion steckte und was sich hinter dem spröden Begriff »Einteilungswerk« verbarg. Man berichtete höchstens, daß die von der Güterverminderung betroffenen Adligen unzufrieden und daß die »eingeteilten«, das heißt in bestimmten Dörfern angesiedelten Soldaten nicht viel mehr als militärisch ausgebildete Bauern waren.

Die Güterreduktion hatte Schweden von Grund auf verändert. Bevor sie begann, besaß der Adel etwa drei Viertel des Landes. Das Krongut und das Zinsbauernland machten zusammen nicht mehr als 28 Prozent aus. Karl XI. verringerte die wirtschaftliche und politische Macht des Adels, indem er den Grund und Boden, der früher Eigentum des Königs gewesen war, zurückforderte. Alle von der Krone Belehnten wurden entschädigungslos enteignet - und zwar auch dann, wenn sie schon seit dem 16. Jahrhundert auf ihren Lehnsgütern saßen. Der Adel protestierte, aber er mußte sich beugen, als ihm der »kronofogden« drohte, die Bauernschaft zu mobilisieren. Die schwedischen Bauern waren keine Hörigen, sondern freie Männer mit bedeutenden politischen Befugnissen - unter anderem dem Recht, Abgeordnete in den Reichstag zu schicken. Sie unterstützten die auf die Stärkung der absoluten Herrschaft gerichteten Maßnahmen des Königs. Das Bürgertum hatte ebenfalls nichts dagegen einzuwenden, daß den hohen Herren die Flügel gestutzt wurden. Als Karl XI. 1697 starb, gebot die Krone wieder über rund 36 Prozent des Landes, die Bauern verfügten über 31 Prozent, während der Anteil des Adels von 72 auf 33 Prozent gesunken war. Im Unterschied zu dem Kurfürsten von Sachsen brauchte der König von Schweden den Adel nicht um Geldbewilligung zu bitten. Er konnte die notwendigen Reformen, darunter auch die Umgestaltung der Armee, aus dem gewöhnlichen Steueraufkommen und den Erträgen seiner Krongüter bezahlen.

Karl XII. von Schweden
Büste von Jacques Philippe Bouchardon

Europa amüsierte sich über die Militärreform Karls XI. Wer etwas vom Soldatenhandwerk verstand, hielt sie für den bizarren Einfall eines militärischen Laien. Wo hatte es dergleichen schon gegeben - Soldaten, die statt ihres Soldes eine Bauernhütte, eine Kuh und ein paar Morgen Akkerland bekamen, Offiziere, die sich die Hände in den Ställen ihres kleinen Kronhofs schmutzig machten, Kavalleristen, die ihre Pferde in Friedenszeiten vor den Pflug spannten? Und wie diese Armee aussah! Die Infanterie trug zum Beispiel hochgeschlossene blaue Röcke mit kupfernen Knöpfen, gelbe Hosen aus grober Wolle und statt der herkömmlichen Dreispitze wollene Zipfelmützen. Auch die Bewaffnung ließ nach Ansicht der Experten viel zu wünschen übrig: Die schwedischen Infanterieregimenter waren nicht mit modernen Steinschloßgewehren, sondern mit altertümlichen Luntenmusketen und Piken ausgerüstet, Erbstücke aus dem Dreißigjährigen Krieg und folglich wohl kaum geeignet, ein halbes Jahrhundert später Schlachten zu entscheiden. Die schwedische Kavallerie beherrschte, wie es hieß, nicht einmal das »Karakolieren«, jene beliebte Angriffsmethode, welche darin bestand, daß die Schwadronen gliedweise an den Feind heranritten, ihre Pistolen abfeuerten und dann zur Seite schwenkten. Es gab unter den Fachleuten nur eine Stimme: Diese eigenartige Armee brauchte man nicht zu fürchten.

Niemand erkannte, daß die belächelte schwedische Wehrverfassung bedeutende Vorzüge besaß. Die Mobilmachung der Armee und ihre Konzentration in den Bereitstellungsräumen nahmen zum Beispiel nur kurze Zeit in Anspruch. Wenn die Alarmglocke ertönte, holten die Soldaten ihre Uniformen und Waffen aus dem Schrank und eilten zu ihren Sammelpunkten, wo sich zunächst die Kompanien, dann die Bataillone, schließlich die Regimenter formierten. Die Kompanien setzten sich in der Regel aus den »Eingeteilten« eines Kirchspiels zusammen, die Regimenter aus den Wehrmännern einer Landschaft. In der Praxis bedeutete dies: Die Soldaten kannten und vertrauten einander, sie wußten, daß sie sich auf ihre Nachbarn und Landsleute verlassen konnten; daher hielten sie auch in Krisensituationen fest zusammen. Die Krankheit aller absolutistischen Söldnerheere, die Fahnenflucht, war in den schwedischen Regimentern so gut wie unbekannt. Wer das nordische Königreich angriff, begegnete einer Armee, die zwar nichts von kunstvollen Manövern verstand, dafür aber in der Verteidigung bis zum äußersten ausharrte und im Angriff eine furchtbare Stoßkraft entwickelte.

Weder August noch Peter ahnten, in welches Abenteuer sie sich einließen. Beide waren voller Zuversicht, und die Entwicklung der Dinge schien ihrem Optimismus recht zu geben. In aller Heimlichkeit erweiterten sie ihre inzwischen geschlossene Koalition, indem sie Dänemark in das Angriffsbündnis einbezogen. Der Versuch, sich auch Brandenburgs zu versichern, scheiterte hingegen. Kurfürst Friedrich III., noch verärgert über den mißglückten Anschlag auf Elbing, lehnte ab und erklärte: »Wie der König von Pohlen seinen Krieg ausführen wirdt, da lasse ich Ihn für sorgen und bin zufrieden, daß ich nichts damit zu tuhn habe; dan ich will stille sitzen und zusehen.« Dafür verbesserten sich die Aussichten, die Front des Gegners von innen zu sprengen.

Am Neujahrstag 1699 führte Flemming seinem Herrn einen livländischen Edelmann zu, der mit den Schweden eine persönliche Rechnung zu begleichen hatte. Johann Reinhold von Patkul, einst Sprecher der livländischen Ritterschaft, war nur um Haaresbreite dem Schwert des Henkers von Stockholm entgangen. Er lebte seit 1694 im Exil und reiste in Europa umher, stets auf der Suche nach einem Schirmherrn, der ihn vor den Anschlägen der Schweden beschützte, und oft in Komplotte verwickelt, deren

Ziel darin bestand, Livland von dem zu befreien, was er das schwedische Joch nannte.

Die livländische Ritterschaft hatte in der Tat Grund zur Klage. Karl XI. war mit ihr nicht anders umgesprungen als mit dem schwedischen Adel - ohne Rücksicht auf verbriefte Rechte und in offenem Widerspruch zur bestehenden Landesverfassung. Die Barone legten Protest ein, aber der König beharrte auf seinem Entschluß, auch ihre Güter zu reduzieren, und drohte den Widerspenstigen, sie wegen Hochverrats vor Gericht zu stellen. Patkul, Verfasser einer Denkschrift, die Karl XI. als Aufforderung zum Aufruhr wertete, kam dabei unter die Räder: Der Staatsgerichtshof in Stockholm verurteilte ihn in Abwesenheit zum Tode und beschlagnahmte seinen gesamten Besitz - ein Exempel, das den Gesinnungsfreunden des rechtzeitig Geflüchteten alle Widerstandsgelüste gründlich austrieb. Der schwedische Generalgouverneur von Livland berichtete seinem König, die einst so aufsässige livländische Ritterschaft sei nunmehr gewillt, sich »einzig und allein der gnädigsten Vorsorge Eurer Majestät in seiner und der Seinigen Wohlfahrt« anzuvertrauen. Livland erhielt eine neue Verfassung, die sich von der alten vor allem dadurch unterschied, daß sie die Rechte der Krone erweiterte und die Privilegien des Adels beträchtlich verringerte.

Patkul war davon überzeugt, daß die so tief gedemütigte livländische Ritterschaft jeden Gegner Schwedens unterstützen würde, sofern dieser die von Karl XI. enteigneten Güter zurückgab und den Adel wieder in seine alten Rechte einsetzte. Auf dieser Grundlage kam 1699 eine Vereinbarung zustande: Patkul versprach August, in Livland eine antischwedische Erhebung auszulösen, während der König seinem neuen Bundesgenossen versicherte, er werde die überkommenen Privilegien des Adels in vollem Umfang respektieren. Letztlich lief dieser Plan darauf hinaus, Livland in eine nahezu selbständige Adelsrepublik unter polnischer Oberhoheit zu verwandeln - in ein Staatswesen, das zwar nominell dem König unterstand, in Wahrheit aber von den Baronen regiert wurde. Ob August willens war, diese Vereinbarung einzuhalten, steht dahin. In der Regel endeten solche Absprachen damit, daß der stärkere Partner den schwächeren um die Beute prellte. Wenn August siegte - wer konnte ihn zwingen, sein Wort einzulösen? Die livländische Ritterschaft jedenfalls nicht ...

Zweifellos erwartete August, das in die Zange genommene Schweden werde rasch zusammenbrechen. Er sah sich schon als strahlenden Sieger in Warschau einziehen. Nichts deutet darauf hin, daß er sich ernsthaft überlegte, ob der Weg, auf dem er sich befand, auch der richtige war. Die großen Reformpläne von 1697/98, eigenhändig zu Papier gebracht in der Denkschrift »Umb Pohlen in Flor und in ansehung gegen seine nachtbarn zu sehzen« - er hatte sie offensichtlich aus seinem Gedächtnis verdrängt. »1. umb es in Flor zu bringen, soh miste man die commercien [Handel] in schwang bringen, die manufacturen introduciren [einführen] nicht zuh geben das fremde wahren reingebracht werden wohmit das gelt aus den lande gehet« - davon war jetzt keine Rede mehr. Statt dessen jagte der König außenpolitischen Erfolgen nach, und er scheute dabei nicht einmal das Risiko einer kriegerischen Verwicklung, die unter Umständen halb Europa in Brand stecken konnte.

Rußland hatte einen triftigen Grund, sich mit Schweden anzulegen. Es brauchte dringend einen Ausgang zum offenen Meer. Dänemark wollte die Herrschaft über die Ostsee zurückerobern; es konnte nicht gedeihen, solange die Schweden mit ihm umsprangen, wie es ihnen beliebte. Aber Polen? Es gab keinen Streitpunkt, der einen Waffengang notwendig machte. Der Verlust von Livland war schon lange verschmerzt, und selbst wenn es gelang, die verlorene Provinz wiederzugewinnen - was änderte dies an der Misere der Rzeczpospolita? Sie litt an Gebrechen, die nur im Frieden geheilt werden konnten. Wenn August Polen als Medizin Kanonen verschrieb, verriet er damit, daß er ausschließlich an seinen Ruhm dachte, nicht an das Land, das ihn zum König gewählt hatte.

Die Dinge nahmen ihren Lauf. In aller Stille marschierten die sächsischen Regimenter in Litauen ein und stellten sich an der Grenze bereit. August begründete ihre Anwesenheit mit dem Hinweis auf eine unsichere Lage im Land: Die litauische Schlachta führte noch immer Krieg gegen die Privatarmee der Sapieha. Peter meldete seinem sächsischen Verbündeten, daß er zwar mit einiger Verspätung, aber doch noch rechtzeitig auf dem Kampfplatz erscheinen werde. Die Hälfte seiner Truppen befand sich schon auf dem Marsch nach Norden. Ihr Auftrag lautete, die schwedische Festung Narwa einzunehmen. Die Dänen machten ihre Flotte mobil und konzentrierten ihr Heer an der Grenze des mit Schweden verbündeten Herzogtums Holstein-Gottorp. Es war unmöglich, diese Vorbereitungen auf die Dauer geheimzuhalten. Dem Festungskommandanten von Riga fiel zum Beispiel auf, daß sich merkwürdig viele sächsische Offiziere in der Stadt herumtrieben. Nach ihren eigenen Angaben wollten sich die Herren Kameraden nur amüsieren. Doch warum verirrten sich diese seltsamen Vergnügungsreisenden so oft in die Nähe der Bastionen und Arsenale? Es konnte jedenfalls nichts schaden, wenn man die Garnison in Alarmbereitschaft versetzte und die Posten verdoppelte.

Die Stunde der Entscheidung rückte näher. Flemming meldete in letzter Minute Bedenken an, aber der zum Krieg entschlossene König trieb ihn vorwärts: »Ich habe Eure Difficultäten [Schwierigkeiten] wohl erwäget, allein ich hoffe doch, daß die Sache wohl gehen soll. Ihr müßt nur ein gutes Herz haben. Gelder will ich Euch schon schaffen. Das Land ist degarniret [entblößt] von Volk, und ehe die Hülfe aus Schweden kommt, bin ich mit meiner übrigen Armee auch in Livland.« Zar Peter vernahm mit Befremden, daß sich der König nicht bei seinen Truppen aufhielt, sondern in dem weit entfernten Dresden rauschende Feste feierte. Er hatte eine andere Auffassung von den Pflichten eines Herrschers, und wenn er auch wie August die Macht der Schweden gröblich unterschätzte, war er doch nicht so bar jedes Sinns für die Realität, daß er an einen leichten Sieg glaubte.

Am 12. Februar 1700 fiel die in Litauen bereitgestellte sächsische Armee ohne Kriegserklärung, das heißt unter Bruch des Völkerrechts, in Livland ein. Schon in der ersten Phase des Krieges erlebte August mehrere unangenehme Überraschungen. Der Versuch, sich der Festung Riga im Handstreich zu bemächtigen, schlug fehl. Als die Sachsen vor der Stadt eintrafen, stand die von einem Dragoner der Grenzwache alarmierte Garnison zu ihrem Empfang bereit. Die Versprechungen Patkuls erwiesen sich als falsch: Die livländische Ritterschaft dachte nicht daran, sich für den König von Polen zu erklären. Der schwedische Gouverneur hatte verkündet, daß er jeden, der mit dem Landesfeind paktierte, über die Klinge springen lassen werde - und die Herren Barone wußten, daß er es ernst meinte. Dafür erhoben sich die lettischen und estnischen Leibeigenen. Sie scharten sich zusammen und steckten die Gutshöfe in Brand. Die Bauernrebellion breitete sich aus und trieb den zu Tode erschrockenen livländischen Adel vollends in die Arme der Schweden.

Die etwa 16 000 Mann starke sächsische Armee behauptete sich in einigen Gefechten und eroberte zwei unbedeutende Festungen, von denen August eine etwas voreilig in Augustusburg umtaufen ließ. Die schwedischen Einheiten, meist Regimenter, die sich aus Letten, Esten und Finnen rekrutierten, leisteten überall erbitterten Widerstand. Vor Riga kamen die Sachsen keinen Schritt voran, so daß die Belagerung abgebrochen werden mußte. August hatte Grund, sich Sorgen zu machen. Die Erfahrungen des Feldzugs bewiesen, daß seine Truppen nicht gerade zu den besten in Europa gehörten. Das Offizierskorps setzte sich in der Mehrzahl aus geworbenen Ausländern zusammen, die im Gefecht jedes Risiko scheuten, nur darauf bedacht, mit heiler Haut davonzukommen. Die Kavallerie war den Anforderungen des Krieges ebenfalls nicht gerecht geworden. Sie zeigte wenig Angriffsgeist und neigte in Krisensituationen zur Panik. Allein die Infanterie hatte den Erwartungen entsprochen. Sie hielt Disziplin, auch wenn um sie herum alles aus den Fugen ging, und trotzte dem Feind wie ein Fels der Brandung.

Als die Nachricht von dem Überfall auf Livland in Warschau eintraf, erhob sich ein Sturm der Empörung. Wie konnte es dieser König wagen, die Republik in einen Krieg zu verwickeln, ohne zuvor die Zustimmung des Reichstags einzuholen? Die kaumgebändigte Magnatenopposition witterte Morgenluft und klagte August des Verfassungsbruchs an. Die Bemühungen des Königs um eine nachträgliche Bewilligung seines Vorgehens blieben ohne Erfolg. Die Repräsentanten der Rzeczpospolita erklärten, daß nicht Polen, sondern allein das Kurfürstentum Sachsen sich mit Schweden im Krieg befände. Die polnische Kronarmee rückte nicht ins Feld. Alles hing nun davon ab, ob die Verbündeten des Königs ihre vertraglichen Verpflichtungen erfüllten. Die Nachrichten aus Kopenhagen stimmten August wieder optimistisch. Am 11. März hatte Dänemark Schweden den Krieg erklärt.

Aber die Freude dauerte nur kurze Zeit. Der achtzehnjährige Karl XII. reagierte ganz anders, als es die Verbündeten erwartet hatten. Er ordnete die Mobilmachung an und erklärte den erstaunten Diplomaten, »daß Wir gesonnen sind, gegen eine solche unrechtmäßige und treulose

Invasion, welche genannter König gegen Uns verübte, Uns Recht und Satisfaktion [Genugtuung] zu verschaffen mittels Unserer gerechten Waffen«. Die Einteilungsregimenter strömten zu ihren Sammelpunkten. Nach drei Monaten war die Armee kampfbereit. Jetzt schlug Karl XII. zu. Die Schweden überquerten am 25. Juli den Sund und erschienen plötzlich vor Kopenhagen, entschlossen, die Stadt im Sturm zu nehmen, falls sie es wagen sollte, Widerstand zu leisten. Nur das Eingreifen der Flotten Englands und Hollands, die das schwedische Heer von seiner Nachschubbasis abzuschneiden drohten, rettete Dänemark vor der bedingungslosen Kapitulation. In dem von den beiden Seemächten diktierten Vertrag von Travendal, den der zornige junge Mann aus Schweden viel zu milde fand, mußten sich die Dänen verpflichten, künftig Frieden zu halten. Ihr Bündnis mit Sachsen und Rußland hatte die Waffenprobe nicht bestanden.

Die Nachricht, daß Dänemark aus der Koalition ausgeschieden war, schlug in Moskau und Warschau wie eine Bombe ein. Am 19. August hatte Rußland Schweden den Krieg erklärt. Der holländische Gesandte am Zarenhof berichtete seiner Regierung am 3. September: »Wenn diese Neuigkeit vierzehn Tage früher eingetroffen wäre, so zweifle ich sehr, ob S. Czarische Majestät sich mit ihrer Armee in Marsch gesetzt oder S. Majestät dem König von Schweden den Krieg erklärt hätte.« Auch dem König von Polen wurde bänglich zumute. Er spielte mit dem Gedanken, sich mit seinem schwedischen Vetter zu verständigen, wenn nötig auf Kosten seines russischen Verbündeten. Aber der Wein war eingeschenkt und mußte ausgetrunken werden. Im übrigen hielten die meisten Militärfachleute den Sieg Karls XII. über Dänemark für einen Zufallserfolg. Wenn es die schwedischen Bauernsoldaten mit der russischen Übermacht und der disziplinierten sächsischen Infanterie zu tun bekamen, würde die Sache bestimmt anders ausgehen. Leider wußte man nicht, was der Schwedenkönig plante ...

Man sollte es bald erfahren. Im Oktober landete die damals etwa 12 000 Mann starke schwedische Armee in der kleinen estnischen Hafenstadt Pernau und marschierte nach Reval, wo die Regimenter Munition und Verpflegung ergänzten. Die Russen, ungefähr 40 000 Mann stark, belagerten zu dieser Zeit die Festung Narwa, deren Besatzung alle Kapitulationsangebote abgelehnt hatte und sich zäh verteidigte. Am 13. November ließ Karl sein kleines Heer aus Reval abrücken, am 19. stand es vor der stark befestigten russischen Hauptstellung, am 20. trat es zum Sturm an - wider alle Regeln der Kriegskunst, die von dem Angreifer eine mindestens anderthalbfache Überlegenheit forderten, während sich hier vor Narwa jeder Schwede vier Russen gegenübersah. Das Wagnis glückte. Die Infanterie brach im Zentrum durch und erweiterte die Bresche, so daß die Kavallerie nachstoßen konnte. Der rechte Flügel der Russen wurde aufgerollt und gegen den Narwafluß gedrängt. Die russischen Einheiten lösten sich auf, vor der einzigen Brücke staute sich eine wirre Masse. Nur die beiden Leibregimenter des Zaren hielten stand. Die Preobrashensker und die Semjonowsker empfingen die Schweden mit Salvenfeuer und zogen sich schließlich in eine Wagenburg zurück, die bis zum Einbruch der Nacht allen Angriffen trotzte. Sie erkämpften sich einen ehrenvollen Abzug mit Waffen und Fahnen. Die Sieger erbeuteten 145 Kanonen, 28 Mörser, 4 Haubitzen und 171 Feldzeichen; 18 Generale, darunter der von Peter eingesetzte Oberbefehlshaber, gerieten in Gefangenschaft. Am Abend des 20. November gab es keine russische Armee mehr.

Europa hatte einen neuen Helden. Die Gestalt Karls XII. wirkte auf die Zeitgenossen wie eine Erscheinung aus der Legende. Man erzählte sich, daß der König nie eine Frau berührte, nie einen Tropfen Alkohol trank und stets gestiefelt zu Bett ging. Man berichtete Wunderdinge über seine Tapferkeit und sein taktisches Geschick. Der Weihrauch stieg dem jungen Mann zu Kopf. Er lebte fortan in der Überzeugung, daß sich alle Probleme dieser Welt mit dem Degen lösen ließen - ein Nursoldat, der die Politik verachtete, die Diplomaten aus seiner Umgebung entfernte und jeden Kompromiß, auch den günstigsten, für unehrenhaft hielt.

August konnte sich ausrechnen, daß Karl als nächstes über die in Livland eingedrungenen Sachsen herfallen würde. Er versuchte verzweifelt, sich aus der Schlinge herauszuwinden. Die Großmächte Frankreich, England, Holland und Österreich unterstützten seine Bemühungen, mit dem Schwedenkönig Frieden zu schließen - nicht aus Sympathie für den Bruder Leichtfuß, der nun um Hilfe schrie, sondern weil die Ereignisse im Norden ihre politische Rechnung durcheinanderbrachten. Es ging wieder einmal um das spanische Erbe. Der letzte Habsburger auf dem spanischen Thron war am 1. November 1700 gestorben. Wie sollten die Mächte den unvermeidlich gewordenen Kampf bestehen, wenn ihre möglichen Bundesgenossen gleichzeitig einen Separatkrieg führten? Frankreich brauchte die Hilfe Schwedens, die antifranzösische Koalition benötigte die sächsischen Regimenter und vielleicht auch die Unterstützung Rußlands. Aber alle Versuche, das Feuer auszutreten, bevor es weiter um sich griff, scheiterten an dem Widerstand Karls XII. Der Schwede erklärte, er werde mit August erst Frieden schließen, nachdem er ihn für seinen Überfall bestraft habe.

So blieb dem König von Polen nur übrig, aus seiner Not eine Tugend zu machen, indem er das fast schon aufgegebene Bündnis mit dem Zaren fester knüpfte. Ende Februar 1701 trafen die beiden Herrscher in Kurland zusammen. Bei dieser Begegnung ging es nicht so hoch her wie damals in Rawa, es wurden weder Kleider noch Schwüre getauscht, dafür erbrachten die Verhandlungen greifbare Resultate. Peter und August wußten, daß sie aufeinander angewiesen waren. Wie immer der Kampf der Sachsen mit den anrückenden Schweden ausging - er verschaffte dem Zaren eine dringend benötigte Atempause. In Rußland wurde fieberhaft gearbeitet. Peter ließ die Glocken von den Kirchtürmen holen und zu Kanonen umschmelzen, Rekruten füllten die zerschlagenen Regimenter auf, die Engländer lieferten für gutes Geld neue Gewehre. Aber bevor die russische Armee wieder auf dem Kriegsschauplatz erschien, konnten Monate vergehen. August wiederum war auf die Hilfe des Zaren angewiesen: Nur wenn die reorganisierte russische Armee die Flanke der Schweden bedrohte und sie zu einer Teilung ihrer Kräfte zwang, bestand für ihn Hoffnung, sich gegen Karl XII. auf die Dauer zu behaupten. Schließlich und endlich brauchte man zum Kriegführen Geld. Die Kassen des Bundesgenossen quollen zwar nicht gerade über, doch wenn es darum ging, die Widerstandskraft der Sachsen zu stärken, hatte Peter eine offene Hand.

Anfang Juli traf im sächsischen Hauptquartier die Meldung ein, daß sich die Schweden im Anmarsch befanden. Man schätzte ihre Stärke auf etwa 18 000 Mann. Die sächsische Armee, ungefähr 28 000 Mann, stand hinter der Düna und glaubte sich durch dieses breite Flußhindernis genügend gedeckt. Der sächsische Oberbefehlshaber, Feldmarschall Adam Heinrich von Steinau, ließ sich durch einige Ablenkungsmanöver täuschen. Er vermutete, daß die Schweden eine Umgehung versuchen würden, und schickte einen Teil seiner Truppen flußaufwärts - ein grober Fehler, den Karl XII. sofort ausnutzte. Im Morgengrauen des 19. Juli setzte die schwedische Infanterie unter dem Schutz eines Rauchvorhangs in Booten über den Strom, trieb die überraschten Sachsen zurück und bildete einen Brückenkopf. Jetzt endlich begriff Steinau, daß er hinters Licht geführt worden war, aber die Verstärkungen, die er auf das Schlachtfeld beorderte, kamen zu spät. Die Schweden hatten das Zentrum der sächsischen Stellung bereits durchbrochen. Alle Gegenangriffe, stets mit unzureichenden Kräften unternommen, blieben erfolglos. Der Plan des Schwedenkönigs sah vor, den weichenden Feind durch nachsetzende Kavallerie zu vernichten, doch diesmal spielte der Kriegsgott nicht mit. Sturm trieb die Schiffsbrücke auseinander, so daß die Reiterei ebenfalls in Booten auf das andere Ufer gebracht werden mußte, was viel Zeit kostete. Die sächsische Armee konnte sich in voller Ordnung zurückziehen - geschlagen, aber nicht, wie Karl XII. gehofft hatte, ein für allemal besiegt.

Die Schweden besetzten die Hauptstadt des Herzogtums Kurland, Mitau, und richteten sich dort häuslich ein. Kurland war polnisches Hoheitsgebiet, doch Karl kümmerte sich nicht um die Proteste der Polen. Auch das Argument, die Rzeczpospolita habe Schweden niemals den Krieg erklärt, sondern im Gegenteil die eigenmächtige Aktion des Kurfürsten von Sachsen offiziell mißbilligt, beeindruckte ihn nicht im geringsten. Der alte Graf Bengt Oxenstierna, einer der klügsten Politiker Schwedens, und der wichtigste Ratgeber des Königs, Graf Karl Piper, warnten den jungen Mann davor, seine Finger in den kochend heißen polnischen Brei zu stecken, und rieten ihm, mit dem König von Polen Frieden zu schließen. August bot erneut Verhandlungen an; er schickte seine ehemalige Geliebte Aurora von Königsmarck in das schwedische Lager, ausgestattet mit einem Begleitbrief an den Grafen Piper, in dem es hieß: »Ich bitte Sie, allen Zusicherungen, welche Ihnen die Gräfin Königsmarck in meinem Namen macht, Vertrauen zu schenken.« Piper empfing seine schöne Landsmännin sehr zuvorkommend, aber Karl weigerte sich, mit ihr zu sprechen. Als er ihr eines Tages zufällig begegnete, lüftete er zwar höflich den Hut, doch dann gab er seinem Pferd die Sporen und machte, daß er davonkam. Er wollte nichts von Kompromissen hören und auch nichts davon, Polen zu schonen. In dürren Worten teilte er dem polnischen Senat und dem Kardinalprimas Michal Radziejowski am 30. Juli 1701 mit, wenn die Rzeczpospolita den Frieden bewahren wolle, so müsse sie August absetzen und einen neuen König wählen. Die Masse des polnischen Adels, nicht gewillt, sich von einem Fremden herumkommandieren zu lassen, lehnte diese Forderung ab. Am 14. Mai 1702 rückten die Schweden in Warschau ein.

August hatte sein Hauptquartier inzwischen nach Krakau verlegt und zog dort eine Armee zusammen, die im Juni eine Stärke von 18 000 Mann erreichte. Der Kommandeurbestand wurde ebenfalls ergänzt. Neben anderen trat Johann Matthias von der Schulenburg in sächsische Dienste und übernahm den Oberbefehl über die Infanterie. Der König war entschlossen, sich den Schweden in den Weg zu stellen, falls sie versuchen sollten, auch die zweite Hauptstadt Polens zu erobern. Die polnische Kronarmee, befehligt von dem Kongreßhetman Hieronim Lubomirski, schlug sich auf seine Seite - gegen den Willen des Kardinalprimas, der die Rzeczpospolita unter allen Umständen aus dem Krieg heraushalten wollte, aber mit seinem Wunsch nach einem billigen Frieden bei Karl XII. wenig Gegenliebe fand. Für den Nursoldaten waren Verhandlungen, wie sie Radziejowski forderte, reine Zeitverschwendung. Sein Ziel bestand darin, August an die Wand zu drücken, bis ihm die Luft ausging. So brach er am 16. Juni von neuem auf, diesmal in Richtung Süden.

August rückte ihm entgegen. Am 9. Juli trafen die beiden Heere in der Nähe von Klissow, einem kleinen Ort südlich von Kielce, aufeinander. Die Sachsen hatten die Nida überschritten und ihren linken Flügel sowie ihr Zentrum so aufgestellt, daß sie durch einen Sumpf gedeckt

Johann Matthias von der Schulenburg

waren; den rechten Flügel - Kavallerie unter dem Kommando von Flemming - schützte ein Wald. Karl erkannte, daß ein Frontalangriff wenig Erfolgsaussichten besaß. Er entschloß sich, den Gegner zu umgehen, und befahl seinen 13 000 Mann, entlang den feindlichen Stellungen nach links abzumarschieren. Dabei erlebte er zwei böse Überraschungen.

Die Sachsen hatten auf ihrem linken Flügel Übergänge über den Sumpf vorbereitet und griffen plötzlich an. Der abziehende rechte Flügel der Schweden geriet in eine kritische Lage: 34 sächsische Schwadronen, insgesamt 4 000 Reiter, umfaßten ihn von drei Seiten. Ungefähr zur gleichen Zeit tauchte vor dem linken Flügel des schwedischen Heeres die polnische Kronarmee auf, 10 000 Mann stark und fast ausschließlich aus Kavallerie bestehend, »nemlich cossacken gegen unsere linken flügels flank, in front aber 9 compagnien husaren, 30 compagnien pantzares [Kürassiere], dero magnificens [Pracht] in equipagie [Ausrüstung] und pferde extra ordinaire [außergewöhnlich] befunden ward und so prechtig zu sehn, daß man es auch nicht schöner sehn konnte, nebst volochen [Walachen] und tartarische reuter und dragoner«, wie ein Leutnant aus dem Stab Karls XII. nach der Schlacht in sein Tagebuch schrieb. Die Schweden, die den Gegner umgehen wollten, waren nun selber umgangen.

Aber die Sachsen verstanden die Gunst der Stunde nicht zu nutzen. Die auf dem linken Flügel kämpfende sächsische Reiterei griff nach einer Methode an, die den Schweden ganz und gar nicht imponierte: Sie wollte dem Gegner ein Pistolengefecht aufzwingen und begann zu karakolieren. In der schwedischen Armee war das Karakolieren streng verboten. Die schwedische Kavallerie kannte nur eine Angriffsart: im Galopp, Stiefel an Stiefel, die blanke Waffe in der Faust. Obendrein standen den Sachsen hier Elitetruppen gegenüber: das Leibtrabantenkorps und das Leibregiment zu Pferde, Leibdragonerschwadronen sowie das schon bei Narwa erprobte Östgötaregiment. Sie ließen sich auf kein Geplänkel ein, sondern formierten sich zur Attacke und stürmten los. Die sächsischen Kavalleristen wurden überritten, zersprengt, niedergehauen oder gefangengenommen. Nur demoralisierte Reste kamen über den Sumpf zurück. Das Umgehungsmanöver war mißglückt, der linke Flügel des sächsischen Heeres so zerschlagen, daß er im weiteren Verlauf der Schlacht keine Rolle mehr spielte.

Inzwischen hatte auch die polnische Kronarmee angegriffen. Karl zog in höchster Eile Infanterieregimenter aus dem Zentrum heran und brachte in letzter Minute eine zusammenhängende Abwehrfront zustande. Die Männer des ersten Gliedes knieten nieder und streckten der anstürmenden polnischen Reiterei ihre langen Piken entgegen. Die mit Musketen bewaffneten Soldaten des zweiten und dritten Gliedes machten sich zum Schuß bereit, ließen den Gegner nahe herankommen und gaben dann zwei Salven ab, die in der dichtgedrängten Masse eine furchtbare Wirkung erzielten. Die Überlebenden rissen ihre Pferde herum und versuchten sich zu retten. Schwedische Kavallerie setzte ihnen nach und zerstreute sie in alle Winde. Der rechte Flügel der Sachsen war plötzlich ohne Deckung. Die Schweden schwenkten ein und trieben ihn vor sich her. Sie wollten den im Rücken der Sachsen gelegenen Übergang über die Nida erobern. Falls dies gelang, blieb der umzingelten sächsischen Armee nur die Kapitulation übrig.

Es war das Verdienst des Generals von der Schulenburg, daß die Schlacht nicht so ausging, wie es Karl XII. gehofft hatte. Der alte Haudegen, Schüler und Freund des Prinzen Eugen von Savoyen, befahl der Infanterie auf eigene Verantwortung, ihre bisher kaum angegriffenen Stellungen im Zentrum zu räumen und so rasch wie möglich zum Nidaübergang abzurücken. Einige Bataillone verpaßten den Anschluß und wurden von den Schweden aufgerieben, aber die Masse der sächsischen Infanterie traf gerade noch rechtzeitig ein und schlug die durchgebrochene schwedische Kavallerie zurück. Die Schlacht nahm den Charakter eines erbitterten Nahkampfs an. Wie Augenzeugen berichten, befand sich August zeitweilig mitten im dichtesten Getümmel. Die Sachsen fochten mit dem Mut der Verzweiflung. Dabei kam ihnen zu Hilfe, daß sich ein großer Teil des schwedischen Heeres mit der Plünderung der sächsischen Gepäckwagen beschäftigte - zum Ärger Karls XII., der sich vergeblich bemühte, seine außer Rand und Band geratenen Regimenter wieder zur Räson zu bringen. Viele sächsische Einheiten konnten sich über die Nida retten. Schulenburg mit seiner Infanterie zog als letzter ab. Die Schweden verzichteten darauf, ihn zu verfolgen. Sie hatten die Artillerie, die Bagage mit dem gesamten Gepäck des Königs sowie die Kriegskasse der Sachsen erbeutet und dazu noch 1 100 Gefangene gemacht, aber sie waren fast ebenso erschöpft wie die Geschlagenen.

Erst am 31. Juli rückten die Schweden in Krakau ein. August hatte die Stadt geräumt und sich mit seiner inzwischen wieder auf 15 000 Mann angewachsenen Armee nach Sandomierz zurückgezogen. Er befand sich in einer schwierigen Lage. Der polnische Reichstag weigerte sich entschiedener denn je, ihn in seinem Kampf gegen Karl XII. zu unterstützen. Seine Feinde, meist ehemalige Anhänger des Prinzen Conti, gewannen an Boden. Zwar bildeten sie eine Minderheit, aber die Zahl derer, die am Feuer des Nordischen Krieges ihr Privatsüppchen kochen wollten, wuchs von Tag zu Tag. Der Kardinalprimas spielte eine höchst zwielichtige Rolle. Wer garantierte dafür, daß er nicht auf die Seite der Schweden überging und den Frieden mit der Wahl eines neuen Königs erkaufte? August beschloß, seinen Gegnern zuvorzukommen. Er rief den polnischen Adel auf, eine Konföderation zu bilden. Die Mehrheit der in Sandomierz Versammelten stimmte diesem Vorschlag zu - nicht unbedingt aus Vorliebe für das Haus Wettin und seinen erlauchten Sproß, sondern hauptsächlich aus Gründen der Selbsterhaltung. Karl XII. behandelte Polen wie ein erobertes Land. Er trieb hohe Kontributionen ein, befahl seinen Soldaten, sich ihre Verpflegung aus den Dörfern zu holen, und drohte jedem, der sich ihm zu widersetzen wagte, mit Galgen und Rad. Es war nur natürlich, daß sich in der Rzeczpospolita Widerstandszentren bildeten. August zog aus dieser Situation Gewinn.

Die Konföderation von Sandomierz veränderte den Charakter des Krieges. Bisher hatten die Schweden gegen Armeen gekämpft, nun lernten sie eine andere Form des Widerstands kennen. Die Streifscharen der Konföderierten, meist nur ein paar hundert Reiter stark, tauchten auf, schlugen zu und verschwanden. Während das schwedische Heer kreuz und quer durch das Land zog, immer auf der Suche nach einer Gelegenheit, August den entscheidenden Schlag zu versetzen, hingen die polnischen Guerillaverbände wie Wölfe an seinen Flanken. Sie zwangen Karl XII. einen Abnutzungskrieg auf, dem dieser nicht anders zu begegnen wußte als mit Brand- und Mordbefehlen. Im Juni 1703 schrieb er seinem General Carl Gustav Rehnskiöld, der damals mit einem Korps in Zentralpolen stand: »Der Ort, wo irgendeine Attacke von den Volochern ausgeführt wird, muß niedergebrannt werden, mögen die Besitzer schuldig sein oder nicht.« Drei Monate später verschäfte er seine Unterdrückungsmaßnahmen: »Die Einwohner im Lande, die Ihr fangen könnt und auf denen der geringste Verdacht haftet, daß sie etwas Unrechtes getan haben, müssen sofort auf halben Beweis hin gehängt werden, so daß Furcht entsteht und sie wissen, daß, wenn man ernstlich mit ihnen anfängt, auch das Kind in der Wiege nicht geschont wird ... Neulich habe ich eine ganze Stadt eingeäschert und die Bürger aufgehängt.« Der Ort, dessen männliche Einwohner im August 1703 auf Befehl Karls XII. ermordet wurden, heißt Nieszawa und liegt an der Weichsel, ungefähr auf halbem Weg zwischen Thorn und Wloclawek.

Ebenso wertvoll wie die militärische Hilfe war die politische Unterstützung, die August von den Konföderierten erhielt. Es nutzte den Schweden nicht viel, daß sich eine unter ihrem Schutz stehende Gegenkonföderation im Februar 1704 endlich bereit fand, den König abzusetzen. Die Konföderierten von Sandomierz erklärten diesen Beschluß sofort für null und nichtig, und sie drohten jedem, der dem gewählten Oberhaupt der Rzeczpospolita den Gehorsam aufkündigte, mit einer Anklage wegen Hochverrats. Niemand drängte sich, die Nachfolge des Entthronten anzutreten. Jakub Sobieski verhandelte zwar mit den Schweden, aber da er die Stimmung im Land kannte, zögerte er, sich auf Gedeih und Verderb mit Karl XII. zu verbünden. August ließ ihn und seinen Bruder Konstantin vorsichtshalber verhaften und auf die Pleißenburg in Leipzig bringen.

Der Blick des Schwedenkönigs fiel nun auf den ehrgeizigen jungen Wojewoden von Posen, Stanislaw Leszczynski. Der Kardinalprimas weigerte sich, in diesem Marionettenspiel mitzuwirken, doch Karl bestand auf seinem Willen. Am 12. Juli 1704 wurde Stanislaw Leszczynski zum König gewählt - unter dem Schutz schwedischer Bajonette und von einer Versammlung, die nur eine kleine Minderheit des polnischen Adels repräsentierte. Kaum jemand nahm den neuen Herrscher ernst. Der russische Gesandte berichtete kurz vor dieser Wahl nach Moskau: »... für uns ist er der bequemste von allen, die wir uns vorstellen könnten; denn er ist ein junger Mensch und in der Rzeczpospolita nicht angesehen und hat keinen Kre-

Stanislaw Leszczynski

dit so daß nicht nur fremde Polen, sondern auch die, die ihm in Polen nahestehen, ihn für untauglich halten und von seiner Wahl nichts hören wollen.« Ein Manifest der Konföderierten von Sandomierz bezeichnete alle an der Wahlfarce Beteiligten als Verräter an der Heimat und verfügte die Beschlagnahme ihrer Güter.

Während des Krieges mit seinem ständigen Wechsel von Erfolg und Mißerfolg wandelte sich der Charakter des

Königs. Patkul, seit Dezember 1701 in russischen Diensten und damit beauftragt, den Verbündeten zu überwachen, berichtete dem Zaren am 18. September 1703: »Er applicirt [beschäftigt] sich jetzo mehr als sonst geschehen auf die Affairen, arbeitet und schreibet selbst Tag und Nacht ...« Dergleichen hatte man von August bisher noch nie vernommen. Wer ihn kannte, glaubte nicht daran, daß er die Fähigkeit besaß, auch unter den widrigsten Bedingungen auszuharren. Man erwartete im Gegenteil, daß er nach einigen Mißerfolgen klein beigeben würde. Zur Verwunderung aller hielt er den Schlägen der Schweden stand. Sie trafen ihn oft so schmerzhaft, daß er für Wochen den Mut verlor und erklärte, »er wollte lieber ein edelmann auf dem Lande als in sollch verdrieslichkeit länger König seyn«, doch nach ein paar Monaten erschien er von neuem auf dem Kampfplatz, bereit, das Empfangene mit Zinsen zurückzuzahlen.

Der Zweck des Krieges ist, wie Carl von Clausewitz schrieb, »den Gegner niederzuwerfen und dadurch zu jedem ferneren Widerstand unfähig zu machen«. Trotz aller Anstrengungen war Karl XII. weiter von diesem Ziel entfernt denn je. Das kleine schwedische Heer, das die baltischen Provinzen Estland und Livland gegen die reorganisierte russische Armee verteidigte, schlug sich tapfer, aber es mußte unter dem Druck der Übermacht eine Stadt nach der anderen aufgeben: Am 11. Oktober 1702 fiel Nöteborg, das Peter in Schlüsselburg umtaufen ließ, am 14. Juli 1704 Dorpat, am 9. August Narwa. Auch in Polen erlitt Karl XII. Rückschläge. Im Spätsommer 1704 führte ihn August an der Nase herum. Der Schwedenkönig glaubte, daß die Sachsen nach Litauen marschierten, und fand es überflüssig, sie zu verfolgen. In der Nähe von Siedlce bog das sächsische Heer plötzlich nach Westen ab, rückte vor Warschau und nahm es im Handstreich. Stanislaw Leszczynski konnte sich in letzter Minute retten, einige seiner engsten Vertrauten und ein schwedischer General gerieten in Gefangenschaft. Auch das Gefecht von Punitz im November 1704 endete nicht wie geplant mit der Zerschlagung des von Schulenburg kommandierten sächsischen Korps. Die Infanterie hielt den Attacken der schwedischen Reiterei unerschütterlich stand und zog sich in guter Ordnung über die Oder zurück.

Vor allem eins brachte den sieggewohnten Schwedenkönig in Harnisch: Wenn er seinen Gegner endlich gepackt zu haben glaubte, entwischte dieser nach Sachsen, füllte dort seine Kasse und seine Regimenter auf und stellte sich dann von neuem zum Kampf. Seit 1703 spielte Karl XII. mit dem Gedanken, dem Stammland seines Vetters einen Besuch abzustatten, doch die politische Lage in Europa gebot ihm Vorsicht. Das Kurfürstentum Sachsen gehörte zum Heiligen Römischen Reich Deutscher Nation - und wer garantierte ihm dafür, daß die Mächte des Reiches die schwedische Aggression nicht mit einer Kriegerklärung beantworteten? Karl XII. beschloß, die weitere Entwicklung der Dinge abzuwarten. Seine Kundschafter meldeten ihm, daß es in Sachsen viel Unzufriedenheit gab. Bürger und Bauern murrten über die ständig wachsenden Steuern und über die brutalen Methoden der Rekrutenwerber. Die Stände machten sich diese Mißstimmung zunutze. Zwar wagten sie es nicht, sich den Anordnungen des Kurfürsten offen zu widersetzen, aber sie verzögerten die Ausführung seiner Befehle und erreichten damit, daß August oft vergeblich auf Hilfe wartete.

Einige Anzeichen deuteten darauf hin, daß sich in Sachsen eine Verschwörung zu bilden begann. Im April 1703 ließ August seinen Premierminister Wolf Dietrich von Beichlingen verhaften und auf den Königstein bringen - angeblich wegen Veruntreuung von Staatsgeldern, in Wahrheit, weil er ihn schon lange im Verdacht hatte, mit der oppositionellen sächsischen Aristokratie zu paktieren.

Unter den beschlagnahmten Dokumenten entdeckte man den Entwurf einer Vollmacht, die Beichlingen das Recht gab, im Namen eines neuen Herrschers der Armee und der Beamtenschaft bestimmte Anweisungen zu erteilen. August forschte nicht weiter nach, wer noch in diese dunkle Affäre verwickelt war. Er fürchtete wohl, daß sich unter denen, die ihn absetzen oder wenigstens entmachten wollten, auch nahe Verwandte befanden, die er nicht so ohne weiteres zur Verantwortung ziehen konnte. Beichlingen blieb viele Jahre in Haft. Der König begnadigte ihn erst im Februar 1709, wie es heißt, auf Bitten seiner damaligen Favoritin, der Gräfin Cosel.

Der Vorfall bestärkte August in der Überzeugung, daß es dringend notwendig war, die Macht der sächsischen Aristokratie einzuschränken. Vor allem kam es darauf an, das Steuerbewilligungsrecht der Stände zu beschneiden - wenn möglich nicht mit Gewalt, sondern auf eine Weise, die halbwegs legal aussah. Schließlich hatte August den Ständen im März 1700 versprochen, sich künftig strikt an die Verfassung zu halten. Doch der Listenreiche fand eine Hintertür. Das Zauberwort, das sie öffnete, hieß Generalkonsumtionsakzise. Die Stände klagten doch unablässig darüber, daß das Volk die hohe steuerliche Belastung nicht mehr zu tragen vermochte. Nun gut, dann mußte man die das Volk besonders drückenden direkten Steuern vermindern und statt ihrer eine indirekte Steuer erheben, eine Verbrauchssteuer, eine Akzise, die ausnahmslos alle am Warenumsatz Beteiligten belastete, den bisher steuerfreien Adel nicht ausgenommen. Der König ging mit gutem Beispiel voran, indem er erklärte, auch er werde diese neue Abgabe entrichten. So schlug er zwei Fliegen mit einer Klappe: Er erfüllte den Wunsch seiner Untertanen nach mehr Steuergerechtigkeit, und er begrenzte die Möglichkeiten der Stände, den Steuerhahn nach Belieben auf- oder zuzudrehen.

Adolf Magnus von Hoym

Der König vertraute die Leitung des Unternehmens einem Mann an, der mit Recht als der beste Finanzsachverständige Sachsens galt: Adolf Magnus von Hoym, ältester Sohn des schon früher genannten Ludwig Gebhard von Hoym, einst die treibende Kraft im Generalrevisionskollegium. Der junge Hoym wußte, worauf er sich einließ. Er fürchtete den Wankelmut seines Herrn und hatte nach der Aussage seines Freundes Schulenburg Angst, daß August ihn eines Tages den Ständen opfern und auf den Königstein schicken würde. Doch diesmal blieb der König fest - zur Überraschung aller, die sich noch an den März 1700 erinnerten. Trotzdem hielt es Hoym für geboten, zunächst behutsam vorzugehen. Er wollte erproben, wie sich die neue Steuerordnung in der Praxis bewährte, und wählte die entlegene Grafschaft Mansfeld zu seinem Versuchsgelände. Das Ergebnis des Experiments übertraf seine kühnsten Erwartungen. Neun Zehntel der Einwohner stimmten der Maßnahme zu. Sie waren heilfroh, einen bedeutenden Teil der stets als ungerecht empfundenen direkten Steuern auf diese Weise endlich loszuwerden. Der Staat kam dabei nicht zu kurz: Seine Einnahmen stiegen, wenn auch nicht ganz so rasch, wie es im ersten Überschwang erwartet worden war. Immerhin, das Plus konnte sich sehen lassen ...

Die Stände, mißtrauisch geworden, erinnerten den König an sein Versprechen, nichts »wider des Landes Willen« zu unternehmen. August machte sich ein Vergnügen daraus, sie falsch zu verstehen. Wenn das Schicksal der neuen Steuerordnung von dem Willen des Landes abhing, so mußte man dafür sorgen, daß das Land offen aussprach, wie es die Maßnahmen des Herrschers beurteilte. Hoym erhielt die Anweisung, die Akzise nur dort einzuführen, wo »vorher die Bürgerschaften durch ihre Viertelsmeister, oder die meisten Zünfte darumb schriftlich angehalten«. Die so zur Stellungnahme Aufgeforderten ließen sich nicht lange bitten. Fast alle, die sich von dem bestehenden Steuersystem benachteiligt fühlten, setzten sich hin und schrieben nieder, was ihnen die Beauftragten der Akziseinspektion in die Federn diktierten. Die Stände wurden von dieser Lawine einfach überrollt. Sie stellten später fest, daß einige Zustimmungserklärungen gefälscht, andere nicht richtig gesiegelt oder von Leuten ohne Vollmacht unterschrieben waren, aber dies änderte nichts an ihrer Niederlage. August beantwortete den Vorwurf des Verfassungsbruchs mit dem ironischen Hinweis, das Land habe ja jetzt seinen Willen kundgetan. Ende 1703 meldete Hoym: »Die Accise stehet nun wirklich in 112 Städten.« Den widerborstigen Landtag schickte August 1704 ohne die sonst üblichen gnädigen Abschiedsworte nach Hause.

Die Einführung der Generalkonsumtionsakzise war ein bedeutender innenpolitischer Erfolg des Königs. Auch finanziell entsprach sie den Hoffnungen, die August an sie geknüpft hatte. Der nach Abzug des Ausfalls an direkten Steuern verbleibende Überschuß betrug so 1704 schon 66 758 Taler. Er stieg im folgenden Jahr auf 157 731 Taler und erreichte 1711 die Rekordhöhe von 384 142 Talern. Allerdings stellte sich nach einiger Zeit heraus, daß die Steuererhebung auf indirektem Weg der Bevölkerung auch Nachteile brachte. Der Arme merkte bald, daß er durch die Besteuerung lebensnotwendiger Güter wie Brot, Salz und Fleisch im Verhältnis zu seinem Einkommen viel mehr zahlte als der Reiche. Die Kaufleute klagten darüber, daß die umständlichen Verrichtungen der Akzisebeamten den Geschäftsgang verzögerten, die Fabrikanten, daß sich die Preise der Rohstoffe erhöhten, die Handwerksmeister, daß sie ihre besteuerten und daher teurer gewordenen Produkte nicht mehr so gut absetzten wie früher. Aber zunächst überwog die Genugtuung darüber, daß nun auch der hochmütige Adel und die ebenfalls nicht gerade beliebten Herren Stadträte zur Kasse gebeten wurden.

Trotz der neuen Steuerordnung liefen die Ausgaben den Einnahmen davon. Der Krieg verschlang Millionensummen. August beschaffte sie, indem er Anleihen aufnahm und bestimmte Steuern im voraus erhob, was besonders die ärmere Bevölkerung stark belastete. Am schlimmsten erging es der Oberlausitz. Sie war dem Kriegsschauplatz am nächsten und diente der sächsischen Armee als Nachschubbasis. Für die geplagten Untertanen bedeutete dies, daß sie außer den Steuern auch noch die Kosten für die Truppeneinquartierung aufbringen mußten. 1702 hatte der kleine Ort Hennersdorf bei Kamenz eine Militäreinheit vierzehn Tage lang zu verpflegen: Die Kosten betrugen 500 Taler, mehr als das Doppelte der jährlich zu entrichtenden Abgaben. Wenn die Soldaten wenigstens mit dem zufrieden gewesen wären, was ihnen nach Recht und Gesetz zustand! Fast alle Oberlausitzer Gemeinden beschwerten sich darüber, daß die einquartierten Kompanien und Bataillone die Einwohner drangsalierten und erpreßten. Die Offiziere duldeten die Ausschreitungen und Plünderungen oder beteiligten sich sogar an ihnen - ein Beweis dafür, daß sich die Disziplin in der sächsischen Armee zu lockern begann. Schulenburg, besorgt über den Verfall der Manneszucht, schlug dem König im August 1704 vor, mindestens zwanzig bis dreißig hohe Offiziere zum Teufel zu jagen, »ohne Rücksicht auf persönliche Beziehungen und ohne das geringste Mitleid«.

Der König war dazu nicht bereit. Es gehörte zu seinen Eigenheiten, daß er sich nur ungern von Leuten trennte, mit denen er lange Zeit zusammengearbeitet hatte, selbst wenn deren Unfähigkeit offen zutage lag. Der schlafmützige alte Feldmarschall Steinau, von dem jedermann wußte, daß er es mit seinen Pflichten nicht sehr genau nahm, blieb trotz mehrerer Niederlagen bis 1706 Oberkommandierender der sächsischen Armee. Flemming behielt den Oberbefehl über die sächsische Kavallerie, obwohl er sich, wie Klissow bewies, auf dem Schlachtfeld bei weitem nicht so gut zurechtfand wie in der Politik. Schulenburg hielt den Liebling des Königs für einen militärischen Stümper, der in der Armee mehr Schaden als Nutzen stiftete. Die beiden waren einander so feind, daß sie 1705 im Duell die Degen kreuzten. Auch andere untaugliche Offiziere, darunter solche, die sich täglich betranken, wurden von August mit Nachsicht behandelt - wahrscheinlich weil er keinen Ersatz für sie fand. Gute Offiziere drängten sich nicht danach, die sächsische Uniform anzuziehen. Sie dienten lieber in der österreichischen oder der englischen Armee, unter so erfahrenen und sieggewohnten Feldherren wie dem Prinzen Eugen und dem Herzog von Marlborough.

Das Problem, wie die ausgefallenen Mannschaften ersetzt werden konnten, bereitete dem König größere Sorgen. Die im Vergleich zu anderen deutschen Staaten hochentwickelte Wirtschaft des Kurfürstentums war den Anforderungen des Krieges gewachsen. Die Manufaktur in Olbernhau übergab der Armee 1703 2 000 Flinten mit Bajonetten und Zubehör; 1708 arbeitete sie 7 000 noch in den Zeughäusern lagernde Luntenmusketen in kürzester Frist zu Steinschloßgewehren um. Die von dem Leipziger Kaufmann Rudolph Ludwig Langguth in Torgau gegründete Textilmanufaktur lieferte 1706 Uniformstoff im Wert von 133 675 Talern. Auch der Bedarf des Heeres an Pulver und Blei wurde zum großen Teil aus dem Land gedeckt. Aber was nutzte die gute Ausrüstung, wenn die Regimenter nur noch zwei Drittel oder die Hälfte ihrer alten Stärke besaßen? Die Sachsen drängten sich nicht nach dem Heldentod auf den Schlachtfeldern Polens. Im Gegenteil, wenn die Werber kamen, liefen sie in Scharen davon, meist über die nahe böhmische Grenze, seltener ins Brandenburgische, wo ebenfalls Werbeoffiziere lauerten. Der Versuch, die Lücken in der sächsischen Armee mit Ausländern zu füllen, brachte wenig ein. Die seit 1701 in den Spanischen Erbfolgekrieg verwickelten Mächte zahlten pünktlicher und oft auch mehr als die Sachsen; sie schnappten ihnen die Rekruten vor der Nase weg.

Je länger sich der Krieg hinzog, desto brutaler wurden die Methoden, mit denen August dem Menschenmangel abzuhelfen versuchte. Schon 1702 drohte er den Angehörigen der Landmiliz, den Defensionern, sie zwangsweise in die reguläre Armee einzureihen, falls sie sich nicht freiwillig meldeten. Diese schlecht bewaffneten und unzureichend ausgebildeten Milizsoldaten waren nach dem Gesetz nur zum Dienst in ihrer Heimat verpflichtet. Die Drohung löste einen Sturm der Empörung aus, der sich noch steigerte, als der König 1704 die gewaltsame Aushebung von 6 000 Mann befahl. Die meisten Betroffenen stimmten mit den Beinen ab. Zwickau stellte nur 37 Mann statt der vorgesehenen 327, Leipzig lediglich 57 statt 328; in Mittweida und Reichenbach hatten ausnahmslos alle Rekruten die Flucht ergriffen. Das Geheime Kriegsratskollegium teilte dem König am 20. September 1704 mit, daß »aller Mühe ungeachtet noch zur Zeit kein beständig Quantum der restierenden [noch zu stellenden] Mannschaft herauszubringen gewesen«. Im Juli 1706 erging der Befehl, möglichst solche Leute zu nehmen, die »an Erbteilen oder sonst an Aktivschulden im Lande was zu fordern, damit sich die Orte, so sie jetzo stellen, wenn dieselben wieder durchgehen, sich daran zu erholen haben mögen«. Trotzdem weigerten sich die Sachsen, zur höheren Ehre ihres Herrschers nach Polen zu ziehen. August blieb schließlich nur übrig, seine Armee mit gepreßten Kriegsgefangenen aufzufüllen, vornehmlich mit Franzosen und Schweizern aus dem Heer Ludwigs XIV., welche die Österreicher den Sachsen überlassen hatten. Und er mußte Peter immer wieder um Hilfstruppen bitten. Der Zar erfüllte die Wünsche seines Verbündeten, aber es versteht sich, daß er nicht seine besten Regimenter hergab.

Peter und August hatten ihr Bündnis mehrfach erneuert, doch es war dadurch nicht fester geworden. Die Monarchen mißtrauten einander, weil beide wußten, daß der Partner mit gezinkten Karten spielte. Der Zar versicherte, er werde die Bedingungen des Bündnisses erfüllen und das schon zum großen Teil von russischen Truppen besetzte Livland nach Friedensschluß Polen überlassen. August glaubte ihm kein Wort. Er vermutete, daß Peter die mit soviel Mühe eroberte Provinz für sich behalten wollte

- und die späteren Ereignisse gaben ihm recht: Nach der Kapitulation von Riga 1710 brachte der Zar die livländische Ritterschaft dazu, ihm als dem »rechten Erbkayser und König« zu huldigen. August wiederum versuchte, die Macht seines Verbündeten einzuschränken, indem er England und Holland, die den russischen Flottenbau in der Ostsee mit wachsendem Mißtrauen beobachteten, auf ihn hetzte. Patkul berichtete am 10. Oktober 1703 nach Moskau, der englische Gesandte am sächsischen Hof habe August in seinem Widerstand gegen die Pläne der Russen bestärkt und dabei gesagt: »Das kann niemand in Europa leiden, und es soll und muß der Zaar nicht in die Ost See reisen ...« Bei diesem gegenseitigen Argwohn war es nicht weiter verwunderlich, daß beide Herrscher insgeheim mit den Schweden verhandelten. August bot ihnen an, das Bündnis mit dem Zaren zu kündigen und Stanislaw Leszczynski als Kronprinzen anzuerkennen. Peter wollte den Frieden erkaufen, indem er alle Eroberungen herausgab - mit Ausnahme der Newamündung und des 1703 gegründeten Sankt Petersburg. Karl XII., starrsinnig wie eh und je, lehnte diese Vorschläge ab.

So blieben August und Peter aneinandergekettet. Die Sachsen kämpften nach wie vor gegen die Hauptmacht der Schweden und hatten Mühe, sich im Sattel zu halten. Die Russen errangen mit jedem Jahr größere Erfolge. Dadurch wuchs ihr politisches Gewicht, das den schwächeren Partner allmählich zu erdrücken drohte. Die russischen Diplomaten, an ihrer Spitze der rührige Patkul, behandelten August manchmal schon wie einen Vasallenfürsten. Patkul setzte es zum Beispiel im Dezember 1703 durch, daß der König nicht mehr frei über die russischen Hilfsgelder verfügen konnte. Die Entscheidung darüber, ob es »rathsam sey das Geld auszuzahlen oder inne zu halten«, lag von nun an in den Händen des Livländers, der August von Tag zu Tag unsympathischer wurde. Patkul, im Bewußtsein der Macht, die hinter ihm stand, führte eine sehr schroffe Sprache. Flemming schrieb später über seinen König: »Er liebt es, wenn man ihm die Wahrheit sagt, aber er liebt es nicht, wenn man es öffentlich und im Schulmeisterton tut.« Der Livländer nahm auf solche Empfindlichkeit wenig Rücksicht. Am 16. Dezember 1704 teilte er seinem Vorgesetzten, dem Minister Fjodor Golowin, voller Stolz mit, er habe »es dem guten Herrn König Augustus trefflich vorgehalten, und ihm fein dürre unter das Gesicht gesaget, was aus der Quackeley noch entstehn, und wie er wohl gar um cron und churfürstentum kommen kann«. August muß sich diese Unverfrorenheit gefallen lassen, aber seine Abneigung gegen den Verbündeten, der ihm einen so groben Patron als Aufpasser vor die Nase setzte, nahm zu.

Der Zar war mit seinem außerordentlichen Gesandten am sächsischen Hof sehr zufrieden. Patkul berichtete ihm alles, was er in Erfahrung bringen konnte, und da er sich in den Schlichen und Kniffen der Kabinettspolitik auskannte, erfuhr er manches, was August lieber geheimgehalten hätte, zum Beispiel die Tatsache, daß ein gewisser Prozentsatz der russischen Hilfsgelder in die unergründlichen Taschen der Lubomirska floß. Peter wußte über seinen Verbündeten besser Bescheid als dieser über ihn. Patkul teilte ihm auch mit, daß der König mutlos zu werden begann und öffentlich erklärte, er habe »die feste Resolution [Entschluß] gefasset lieber die cron zu verlassen als noch immer so defensive zu ein spectacul [Schauspiel] von der ganzen welt aus einem winkel in den andern sich herrum jagen zu lassen«. Der Zar begriff: Wenn er seinen einzigen Bundesgenossen nicht verlieren wollte, mußte er ihn kräftiger unterstützen als bisher. Tat er es nicht, so hatte er über kurz oder lang Karl XII. auf dem Hals - und was wurde dann aus seinen baltischen Eroberungen? Es reichte einfach nicht mehr aus, August minderwertige Hilfstruppen und Rubel zu schicken. Im Dezember 1705 rückte ein etwa 20 000 Mann starkes russisches Heer unter dem Kommando des kriegserfahrenen Feldmarschalls Georg Benedict Ogilvy in Polen ein, bereit, im Zusammenwirken mit der sächsischen Armee den zahlenmäßig weit unterlegenen Schweden eine Schlacht zu liefern.

Karl XII. war wieder einmal schneller. Erbarmungslos trieb er seine erschöpften Soldaten vorwärts. Er wollte die Russen packen, bevor sie sich mit den Sachsen vereinigen konnten. Die Beobachtung der ungefähr 19 000 Mann starken sächsischen Armee überließ er seinem General Rehnskiöld, der nur knapp 10 000 Mann befehligte. Der überraschte Ogilvy wich einem Kampf auf freiem Feld aus und zog sich in die Festung Grodno zurück, entschlossen, so lange auszuharren, bis Entsatz anrückte oder sich eine Gelegenheit zum Ausbruch bot.

August, der ein Kavalleriekorps von etwa 5 000 Mann kommandierte, entwischte seinem wütenden Vetter und bewegte sich in Gewaltmärschen nach Südwesten. Seine Absicht war, gemeinsam mit der sächsischen Armee das isolierte kleine Heer des Generals Rehnskiöld anzugreifen und zu vernichten - ein vortrefflicher Plan, der lediglich einen Fehler hatte: Er setzte voraus, daß die Schweden tatenlos zusahen, wie sie von überlegenen Kräften in die Zange genommen und erdrückt wurden.

Während sich die Truppen noch auf dem Marsch befanden, erhielt August die Nachricht, daß Patkul am 19. Dezember 1705 von den sächsischen Behörden verhaftet worden war - unter Bruch des Völkerrechts, das die Unverletzlichkeit der Gesandten garantierte. Der Geheime Rat, der in Abwesenheit des Königs die Geschäfte führte, hatte den unbeliebten Livländer seit langem beobachten lassen. Er bekam heraus, daß Patkul heimlich mit dem österreichischen Botschafter verhandelte. Es ging dabei um das Schicksal der in Sachsen stationierten russischen

Hilfstruppen. Sie lagen in miserablen Quartieren und wurden nicht einmal ausreichend mit Lebensmitteln versorgt. Patkul plante, sie an den Kaiser zu vermieten. So hätten die Hungernden wenigstens Sold und Verpflegung erhalten. Aber die russischen Einheiten unterstanden dem Oberbefehl des Königs. Wer versuchte, sie außer Landes zu führen, war nach Auffassung der sächsischen Herren des Hochverrats schuldig. Schulenburg, der diese Regimenter dringend brauchte, sprach in der Beratung das entscheidende Wort. Wie er später schrieb, erklärte er sich bereit, »Patkul ohne Umstände zu verhaften, alle seine Papiere zu beschlagnahmen und auch die Personen seines Vertrauens unter Bewachung zu stellen«.

Ganz ist diese Affäre nie aufgeklärt worden. Es scheint, daß Schulenburg im guten Glauben handelte, seinem Herrn einen Dienst zu erweisen. Die Mitglieder des Geheimen Rates, in der Mehrzahl Anhänger der Stände, verfolgten offensichtlich andere Ziele. Schon seit geraumer Zeit arbeiteten sie daran, das Bündnis mit Rußland zu sprengen und den König auf diese Weise zur Aufgabe der polnischen Krone zu nötigen. Sie hofften wohl, daß Peter die Völkerrechtsverletzung mit Repressalien ahnden würde, die August schon um seines Ansehens willen nicht unbeantwortet lassen konnte. Auch erwarteten sie, in den Papieren des Verhafteten Belege für die Unaufrichtigkeit des Zaren zu finden, vielleicht sogar Beweise dafür, daß er hinter dem Rücken seines sächsischen Verbündeten mit Karl XII. über einen Separatfrieden verhandelte. Obwohl sie eifrig suchten, entdeckten sie nichts, was ihren Verdacht bestätigte. Der König geriet dadurch in eine peinliche Lage. Er hatte das Vorgehen des Geheimen Rates nachträglich gebilligt und zusätzlich verfügt, »daß man Patkuln das Schreiben nicht gestatten und niemanden zu ihm zu gehen noch zu sprechen erlauben solle«, aber wenn Peter nun, wie jedermann erwartete, den Völkerrechtsbruch mit Vergeltungsmaßnahmen bestrafte - wie ließ sich der Wütende besänftigen oder wenigstens vor der Welt ins Unrecht setzen?

Zur Überraschung nicht nur des Königs, sondern vieler Politiker in Europa nahm der Zar die Nachricht von der Verhaftung seines außerordentlichen Gesandten verhältnismäßig gelassen auf. Das Staatsinteresse gebot ihm, sich ruhig zu verhalten. In Polen reifte eine militärische Entscheidung heran. Sollte er um eines Diplomaten willen riskieren, daß der ohnehin kriegsmüde Verbündete in letzter Minute absprang? Patkul war gewiß ein kluger und fähiger Mann, aber wenn es das Wohl Rußlands erforderte, mußte er eben geopfert werden. Der sächsische Botschafter in Moskau blieb unbehelligt. Statt Gleiches mit Gleichem zu vergelten, forderte Peter nur, daß Patkul ihm sofort übergeben werde. August vertröstete ihn auf eine günstige Gelegenheit. Der auf dem Sonnenstein bei Pirna inhaftierte Livländer wartete vergeblich auf die Hilfe seines Herrn.

Die schwedische Hauptarmee unter Karl XII. belagerte inzwischen Grodno. Der Schwedenkönig hoffte, der Hunger werde die Eingeschlossenen bald zur Übergabe zwingen. Obwohl in der Festung bereits Mangel herrschte, lehnten die Russen alle Kapitulationsangebote ab und warteten auf ihre Stunde.

General Rehnskiöld marschierte den Sachsen entgegen, die von Westen her anrückten. Seine mißliche Lage zwang ihn, alles auf eine Karte zu setzen, aber da sein kleines Heer etwa zur Hälfte aus schwedischen Regimentern bestand, sah er dem kommenden Kampf mit Gelassenheit entgegen. Die in vielen Schlachten erprobte Infanterie aus Värmland und die Kavallerie aus Nordschonen würden ihn schon nicht enttäuschen ...

Schulenburg, Oberkommandierender der sächsischen Armee, hatte weniger Grund zum Optimismus. Seine Soldaten sahen in ihren neuen roten Röcken zwar recht stattlich aus, aber die Tatsache, daß es sich zum großen Teil um gepreßte und dazu noch wenig geübte Leute handelte, gab zu Skepsis Anlaß. Vier Bataillone bestanden aus französischen und Schweizer Kriegsgefangenen. In den sächsischen Regimentern überwogen die zwangsweise eingereihten Defensioner. Auch sie brannten nicht gerade vor Kampfbegierde. Blieben die Russen, 6 400 an der Zahl, die sich bisher tapfer geschlagen hatten. Es war nur fraglich, ob sie dies auch jetzt tun würden - nach dem schrecklichen Hungerjahr in Sachsen und nach der Verhaftung des einzigen Mannes, dem sie in diesem verfluchten Land vertrauten. Trotzdem beschloß Schulenburg, den Kampf zu wagen, vielleicht in der Hoffnung, daß August mit seinen Reiterregimentern noch rechtzeitig eintraf und den Schweden in den Rücken fiel. Er sollte seine Entscheidung bereuen ...

Rehnskiöld machte mit dem Gegner kurzen Prozeß. Als er am 3. Februar 1706 in der Nähe von Fraustadt auf die sächsische Armee traf, gab er seinen Värmländern den Befehl zum Sturm. Schulenburg schrieb dem Prinzen Eugen nach der Schlacht: »Man kann die Haltung und Festigkeit, mit der sie avancierten [vorrückten] und angriffen, trotz all dem Feuer, das sie erhielten, nicht genug preisen und bewundern«. Die sächsische Front brach zusammen. Einige Truppenteile streckten sofort die Waffen. Andere lösten sich nach der ersten Feindberührung auf und suchten ihr Heil in der Flucht. Schwedische Kavallerie, an ihrer Spitze die Haudegen aus Nordschonen, zerstreute die wenigen Bataillone, die noch Widerstand leisteten. Nach zwei Stunden war alles vorüber. Nur 3 000 Mann retteten sich über die nahe Oder - 3 000 von den 19 000, die Schulenburg in die Schlacht geführt hatte.

Die russischen Gefangenen erwartete ein schreckliches Los. Der ehemalige schwedische Theologiestudent Joachim Lüth, jetzt Sergeant bei den Västmanlänningern, schrieb in sein Tagebuch: »Seine Exzellenz Herr General Rehnskiöld ließ sofort einen Kreis von Dragonern, Kavallerie und Infanterie bilden, in dem sich alle überlebenden Russen, an die 500 Mann, sammeln mußten, worauf sie sofort ohne Gnade in dem Kreis erschossen und erstochen wurden, so daß sie wie das Schlachtvieh übereinanderfielen.« Mehrere hundert Russen versuchten, sich unter den gefangenen Sachsen zu verstecken. Sie wurden von den Schweden aufgespürt und ebenfalls ermordet. Karl XII. billigte diese Metzeleien. Er glaubte wohl, den zähen Widerstand der Russen auf solche Weise brechen zu können, aber seine Grausamkeit blieb ohne die erhoffte Wirkung. Die russischen Soldaten wußten nun, was Gefangenschaft bedeutete, und kämpften bis zum letzten Atemzug.

Während Rehnskiöld auf weitere Befehle seines Königs wartete, erlitt dieser vor Grodno eine Schlappe. Ende März zerstörte Eisgang die einzige Brücke über den Njemen. Der auf dem Ostufer stehende schwächere Teil des schwedischen Heeres war von der Hauptarmee getrennt. Der alte Ogilvy erkannte seine Chance und befahl den Ausbruch. Seine Regimenter schlugen sich durch. Erst nach drei Tagen konnte Karl XII. die Verfolgung aufnehmen. In der zweiten Aprilhälfte erreichte er Pinsk, eine kleine Stadt am Rand der Pripjatsümpfe, deren Wegelosigkeit jedes weitere Nachsetzen unmöglich machte. Eins wurde dem Schwedenkönig hier wohl klar: Der entscheidende Waffengang mit dem Zaren ließ sich bei der wachsenden Stärke des russischen Heeres nicht mehr lange aufschieben, aber bevor er ihn wagte, mußte er für Rückenfreiheit sorgen, indem er Sachsen vollends ausschaltete. Am 21. August 1706 überschritten die Schweden bei Rawitsch die schlesische Grenze, am 27. August rückten sie in das Kurfürstentum ein.

Die Schweden kommen

Karl XII. hatte den Zeitpunkt des Einmarsches klug gewählt. Kaiser Joseph I. protestierte zwar dagegen, daß die Schweden die österreichische Neutralität verletzten, indem sie durch Schlesien nach Sachsen vorrückten, aber er war nicht in der Lage, seinem Protest durch Entsendung von Truppen Nachdruck zu verleihen. Im Gegenteil, wenn er verhindern wollte, daß sich Karl XII. mit Ludwig XIV. verbündete, mußte er leise treten. Der Spanische Erbfolgekrieg ging nun schon in das sechste Jahr, und es sah nicht so aus, als ob der Widerstand Frankreichs erlahmte. Die antifranzösische Koalition konnte es sich nicht erlauben, um eines leichtsinnigen Kurfürsten willen die Gefahr eines Zweifrontenkrieges heraufzubeschwören. August mochte zusehen, wie er sich aus der Falle herauswand. Hier ging es um höhere Interessen. Der Beichtvater des Kaisers machte ihm herbe Vorwürfe wegen seiner Nachgiebigkeit gegenüber den schwedischen Ketzern. Joseph I. erwiderte, der Herr Pater könne froh sein, daß der Schwedenkönig nicht verlangt habe, er, der Kaiser, solle protestantisch werden, sonst hätte er ihm auch diesen Wunsch erfüllen müssen.

In Sachsen brach nach dem Eintreffen der Unglücksbotschaft eine Panik aus. Die Erinnerung an die Schwedengreuel des Dreißigjährigen Krieges war noch nicht verblaßt. Tausende retteten sich über die Grenze oder in die Wälder. Viele Leipziger, darunter zahlreiche Damen des horizontalen Gewerbes, flohen in das preußische Halle - nicht zur Freude der sittenstrengen Hallenser Prediger, die von den Kanzeln herab wetterten, die leichtsinnigen sächsischen Weibsbilder hätten die fromme Saalestadt in ein Gomorrha verwandelt. Karl XII. machte der Panik ein Ende. Er ließ verkünden, die friedlichen Bewohner des Landes stünden unter seinem Schutz und würden in keiner Weise belästigt werden, vorausgesetzt, daß sie sich ruhig verhielten und den Anordnungen der Besatzungsmacht Folge leisteten; den Flüchtlingen, die nicht in ihre Heimat zurückkehrten, drohte er mit der Beschlagnahme ihres Eigentums.

Die Sachsen staunten über die straffe Disziplin der schwedischen Regimenter. Die Blauröcke sahen abgerissen und halbverhungert aus, aber sie behandelten ihre Quartierwirte besser, als diese es von den eigenen Soldaten gewohnt waren. Nur über die polnischen Hilfstruppen liefen Klagen ein. Karl XII., der keinen Spaß verstand, wenn es um Zucht und Ordnung in der Armee ging, fuhr sofort dazwischen und brachte die Plünderer zur Räson.

Die Schweden glaubten sich in ein Paradies versetzt. Fünf Jahre lang waren sie in Polen herumgezogen, meist ohne geregelte Verpflegung und stets in Gefahr, von einem Konföderierten niedergesäbelt zu werden. Nun kamen sie in ein Land, in dem für sie Milch und Honig floß. Die Einwohner begegneten ihnen zunächst mit Mißtrauen, doch nach einiger Zeit gewöhnten sie sich an die Fremden und kamen ihnen freundlich entgegen - die Frauen noch freundlicher als die Männer. Der Schwedenkönig duldete nicht, daß seine Regimenter verlotterten. Die Soldaten mußten mindestens drei Stunden am Tag stramm exerzieren. Trotzdem blieb genügend Zeit für die angenehmen Dinge des Lebens. Jeder Einquartierte erhielt täglich zwei Pfund Brot, zwei Pfund Fleisch, ein halbes Pfund Butter oder Speck und drei Kannen gutes sächsisches Bier. Kein Wunder, daß in den so Herausgefütterten auch andere als kriegerische Gefühle erwachten! 1717 schrieb ein sächsischer Chronist, sich der schwedischen Okkupation erinnernd: »Dass sich die Schweden bey dem Frauenzimmer wohl insinuiren [einschmeicheln] können, solches bezeugen die jungen, nunmehr ins eilffte Jahr gehende Schweden, aus welchen man mit der Zeit etliche Regimenter formiren und sie wider ihre eigenen Väter zu Felde füheren könnte.«

August saß unterdessen in Polen und wartete auf Nachrichten aus der Heimat. Er hatte den Einmarsch der Schweden seit langem befürchtet und Maßnahmen für diesen Fall geplant. Gemeinsam mit dem russischen Verbündeten wollte er dem Heer Karls XII. in den Rücken fallen. Aber ließ sich dieser Plan jetzt noch verwirklichen? Der König hatte seit Fraustadt keine Armee mehr. Er brachte mit Mühe und Not ein paar tausend Reiter zusammen, gerade genug, um in der Rzeczpospolita den Schein einer militärischen Macht aufrechtzuerhalten, doch bei weitem nicht ausreichend, um die Schweden ernsthaft zu bedrohen. Zar Peter schickte ihm 20 000 Mann unter dem Oberbefehl seines Günstlings Alexander Menschikow - eine Hilfe, die für August einen bitteren Beigeschmack besaß. In einer Koalition bestimmt der stärkere Partner die Linie der Politik, und dies bedeutete: Die Möglichkeiten des Königs, nach eigenem Ermessen über seine Angelegenheiten zu entscheiden, verringerten sich in dem Maß, wie seine Abhängigkeit von den Russen wuchs. Ob es nicht an der Zeit war, den aussichtslos gewordenen Kampf um Polen aufzugeben?

Was damals im Innern des Bedrängten vor sich ging, liegt im dunkeln. August redete später nie über diese schwere Zeit, und auch seine wenigen Vertrauten zogen es vor, zu schweigen. Eins scheint dem König von Anfang an klar gewesen zu sein: Ohne Sachsen ließ sich Polen nicht behaupten. Aber vielleicht gelang es ihm, den schwedischen Vetter zu einem Tauschgeschäft zu überreden. Wenn er schon auf den polnischen Königsthron verzichten mußte, so wollte er auch etwas dafür haben. Er beauftragte seinen Sekretär, den Geheimen Referendar Georg Pfingsten, den er für unbedingt zuverlässig hielt, Karl XII. folgendes vorzuschlagen: Falls die Schweden darauf verzichteten, das Kurfürstentum zu besetzen, würde August als König von Polen abdanken, das Bündnis mit Rußland kündigen und sich in seine Erblande zurückziehen. Die Abdankungserklärung, die Pfingsten mitnahm, galt also nur unter der Voraussetzung, daß Sachsen verschont blieb. Lehnte Karl das Tauschgeschäft ab, dann sollten die Waffen entscheiden.

Nun geschah folgendes: Statt sich auf kürzestem Weg in das schwedische Lager zu begeben, selbst auf die Gefahr hin, von Karl XII. abgewiesen zu werden, reiste Pfingsten zunächst nach Dresden und unterrichtete den Geheimen Rat von der Absicht des Königs, die polnische Krone niederzulegen. Der Rat erhielt dadurch die Möglichkeit, die Verhandlungen in seinem Sinn zu beeinflussen. Ob Pfingsten aus Nachlässigkeit verschwieg, daß August nur unter bestimmten Bedingungen abdanken wollte, ob ihn die Mitglieder des Rates überredeten, die Weisungen des Königs anders auszulegen, als sie gemeint waren, oder ob der Referendarius seinen Herrn mit Vorbedacht verraten hat - darüber gehen die Meinungen noch heute auseinander. Die Schweden rückten inzwischen vor und schufen damit vollendete Tatsachen. Am 7. September besetzten sie Reichenbach, am 11. zerschlugen sie in der Nähe von Bautzen zwei sächsische Kavallerieregimenter, am 13. zeigten sie sich in der Umgebung von Dresden.

Das Intrigenspiel um die Mission des Referendars Pfingsten wäre noch schwerer zu durchschauen, wenn sich der Rat nicht schon vorher entlarvt hätte, indem er den Befehl des Königs, das Land zu verteidigen, nicht befolgte. Das Kurfürstentum verfügte über eine kleine militärische Reserve von ungefähr 4 000 Mann - viel zuwenig, um den Vormarsch der etwa 22 000 Schweden aufzuhalten, aber genug, um die schwachen Besatzungen der Festungen zu verstärken und dem Gegner einen zeitraubenden Belagerungskrieg aufzuzwingen. So lange wie das unzureichend befestigte Thorn konnten sich Torgau und Wittenberg ebenfalls halten - und die Belagerung von Thorn hatte die Schweden 1703 volle vier Monate gekostet. Statt dessen wies der Geheime Rat General Schulenburg an, alle noch vorhandenen Soldaten außer Landes zu führen und sie der gegen Frankreich kämpfenden Reichsarmee zu übergeben. Die kleine Truppe erreichte am 23. September Ilmenau, bestand hier ein letztes Gefecht und rettete sich über den Thüringer Wald. Die sächsischen Festungen kapitulierten, ohne einen Schuß abzufeuern.

Dem Geheimen Rat bot sich jetzt die Gelegenheit, durch einige geschickte Schachzüge zu erreichen, wonach er so lange vergeblich gestrebt hatte: die Auflösung der sächsisch-polnischen Personalunion. Der Kurfürst sollte für immer nach Dresden zurückkehren - besiegt, schwach, gedemütigt und folglich unfähig, seine ständefeindliche Politik fortzusetzen. Vorbedingung dafür war, daß die Schweden längere Zeit im Land blieben und August gewissermaßen unter Vormundschaft stellten. Das Vorgehen des Geheimen Rates trug alle Merkmale einer Verschwörung - und wie Verschwörer wurden die beiden sächsischen Unterhändler, die am 11. September endlich im schwedischen Lager eintrafen, von ihrem Herrscher später auch behandelt.

Das schwedische Hauptquartier befand sich zu dieser

Zeit schon in Bischofswerda. Der Premierminister Karls XII., Graf Piper, empfing die Abgesandten so höflich, wie es die Regeln der Diplomatie verlangten, aber er lachte nur, als ihm Georg Pfingsten und sein Begleiter, der Geheime Rat Albrecht von Imhoff, vorschlugen, die Schweden sollten sich der polnischen Krone dadurch versichern, daß sie kehrtmachten und das Land räumten. Seine im Protokoll festgehaltene Gegenforderung lautete, »daß König August zuerst und vor allen Dingen sich der polnischen Krone begebe, allen Ansprüchen darauf entsage und König Stanislaus anerkenne«; der Friedensvertrag, fügte er hinzu, »könne auf keine andere Weise zustande kommen«. Eigentlich waren die Verhandlungen damit zu Ende. Pfingsten und Imhoff besaßen keine Vollmacht, auf dieser Grundlage Frieden zu schließen. Wenn sie sich an die Instruktion ihres Königs hielten, mußten sie die Gespräche abbrechen oder ihren Fortgang wenigstens so lange verzögern, bis aus Polen neue Anweisungen eintrafen.

Die beiden Sachsen taten das Gegenteil: Sie folgten dem schwedischen Hauptquartier auf seinem Marsch nach Westen und verhandelten weiter. Die Schweden dachten nicht daran, von ihren Forderungen abzugehen. Sie spielten ihre Trümpfe aus - und ihr Haupttrumpf war, daß sie inzwischen das ganze Kurfürstentum erobert hatten. Nur zu einem Zugeständnis erklärten sie sich schließlich bereit: August durfte nach seiner Abdankung weiter den Titel eines Königs führen. Nach dreizehn Tagen gaben Pfingsten und Imhoff ihren ohnehin nicht ernstgemeinten Widerstand auf. Am 24. September fuhren sie in die schwedische Feldkanzlei, die sich damals in Altranstädt bei Leipzig befand, und unterzeichneten den Vertrag. Seine wichtigsten Bestimmungen sahen vor, daß August für immer auf die polnische Krone verzichtete, sein Bündnis mit dem Zaren kündigte, alle Gefangenen, darunter die beiden Prinzen Sobieski, freiließ und »alle Überläuffer und Verräther, so in Sachsen gefunden werden, es mögen gleich Schweden oder auß den Schwedischen Landen gebürtig seyn«, auslieferte - »unter denselben nahmentlich Johannes Reinholdus Patkul, welcher biß zur Übergabe in scharffer Verwahrung gehalten werden solle«. Das Kurfürstentum blieb bis auf weiteres besetzt; es mußte für den Unterhalt des schwedischen Heeres aufkommen und dazu noch Kriegsentschädigung zahlen.

August empfing die Nachricht vom Friedensschluß am 15. Oktober in Piotrków. Seine Lage als Herrscher ohne Land war ohnehin schon peinlich genug. Jetzt wurde sie auch noch gefährlich. Die sächsische Kavallerie, in deren Mitte er sich befand, marschierte gemeinsam mit 20 000 Russen des Fürsten Menschikow dem einzigen schwedischen Korps entgegen, das Karl XII. in Polen zurückgelassen hatte. Gesetzt den Fall, der König beteiligte sich an dem bevorstehenden Kampf - wer garantierte ihm, daß die Schweden den Vertrag nicht kündigten und Sachsen aus Rache verwüsteten? August begriff, daß ihm im Augenblick nur eins übrigblieb: Er mußte das Ergebnis von Altranstädt billigen. Der Überbringer der Unglücksbotschaft, kein anderer als der Geheime Referendarius selbst, kehrte unbehelligt nach Dresden zurück. Sein Herr verschob die Abrechnung mit ihm und dem Geheimen Rat auf spätere Zeiten.

Mehr als die Schweden fürchtete der König jedoch die Russen. Wie würden sie sich verhalten, wenn sie erfuhren, daß der Verbündete hinter ihrem Rücken Frieden geschlossen hatte? August kannte Peter gut genug, um zu wissen, daß er nicht auf Milde rechnen durfte, schon gar nicht nach der dunklen Affäre um den Gesandten Patkul. Auch Menschikow war dafür bekannt, daß er mit denen, die er für Verräter hielt, recht unsanft umsprang. Wenn August vermeiden wollte, einige Jahre seines Lebens hinter russischen Festungsmauern zu verbringen, mußte er

Friedenszimmer im Schloß Altranstädt

Kampfentschlossenheit heucheln, während er gleichzeitig versuchte, den Befehlshaber des schwedischen Korps zu warnen. Die Warnung kam noch rechtzeitig, aber der schwedische General schenkte ihr keinen Glauben. Am 29. Oktober stellte er sich bei Kalisch zum Kampf.

Es war die letzte große Schlacht, an der August teilnahm, und sie endete mit einem vollen Sieg der nach außen hin noch Verbündeten. Das etwa 5 000 Mann starke schwedische Korps wurde vernichtet, die unter schwedischem Befehl kämpfende Reiterei des Gegenkönigs Stanislaw Leszczynski in alle Winde zersprengt. Mehr als 2 000 Soldaten und über 100 Offiziere, darunter etliche polnische Magnaten, gerieten in Gefangenschaft. Augenzeugen berichten, daß sich der König meist dort aufhielt, wo es am heißesten zuging, vielleicht in der Hoffnung, daß ihm eine Kugel weitere Schande ersparte. Nach der Schlacht trennte sich August von den Russen und zog mit den ihm verbliebenen Truppen nach Warschau. Die gefangenen schwedischen Offiziere ließ er bald frei. Einige seiner Ratgeber versuchten ihn zu überreden, den Friedensvertrag für null und nichtig zu erklären und den Krieg mit Hilfe der Russen fortzusetzen. Er lehnte ab. Anfang Dezember verließ er die polnische Hauptstadt und kehrte in aller Stille nach Sachsen zurück.

August hatte den Vertrag von Altranstädt noch nicht bestätigt. Er hoffte wohl, daß sich Karl XII. nach einem Gespräch bereit erklären würde, einige Artikel zu mildern. Am 17. Dezember standen sich die beiden Herrscher zum erstenmal gegenüber, ohne daß zwischen ihnen eine Front verlief. Graf Piper, dessen Stabsquartier sich in Günthersdorf bei Leipzig befand, hatte die Begegnung vorbereitet. Nach dem Bericht des in Leipzig studierenden Schweden Anders Alstrin, der die Zusammenkunft aus der Ferne beobachtete, saßen die Vettern »neben einander in comparaison [vergleichsweise] wie ein schöner Kavalier und ein Bauernjunge, der gerade Soldat geworden ist«. Karl trug seine abgeschabte Uniform und gab auch sonst zu erkennen, daß er sich den Gebräuchen des sächsischen Hofes nicht anzupassen gedachte. Es heißt, daß er jedes politische Thema vermied und seinen Gast statt dessen mit einem Referat über die Vorzüge seiner elchledernen Stiefel langweilte. Dieses Verhalten läßt ahnen, welche Gefühle den Schwedenkönig beherrschten, als er seinen alten Feind endlich als Besiegten vor sich sah. Dieser parfümierte Kerl, der den Glauben seiner Väter verraten, seine fromme Frau mit Hurengesindel betrogen und das Königreich Schweden hinterlistig überfallen hatte, sollte den Kelch der Demütigung bis zur Neige leeren!

Karl XII. weigerte sich entschieden, dem Besiegten auch

nur einen Schritt entgegenzukommen. Alle Versuche, ihn zur Milde zu überreden, wies er schroff zurück. Als ihn der Herzog von Sachsen-Gotha bat, König August nicht durch übermäßig harte Maßnahmen zur Verzweiflung zu treiben, fuhr er ihm über den Mund: »Was Augustus! In Polen ist König Stanislaus, und Kurfürst von Sachsen bin ich dermalen!« August blieb keine Wahl: Er mußte den Friedensvertrag am 19. Dezember bestätigen. Wer etwas von Politik verstand, war sich darüber im klaren, daß er ihn bloß so lange zu halten beabsichtigte, wie ihn die Umstände dazu zwangen. Die Schweden würden eines Tages abziehen, und niemand wußte im voraus, was sie in den Wäldern, Sümpfen und Steppen des Ostens erwartete. Bis dahin blieb nur übrig, gute Miene zum bösen Spiel zu machen und den Spott der Zeitgenossen über sich ergehen zu lassen. Liselotte von der Pfalz schrieb damals ihrer Halbschwester, der Raugräfin Luise: »Ich habe in meinem sin mein Leben von nichts abscheülichers gehört, alß den Frieden, so könig Augustus gemacht. Er muß voll undt doll geweßen sein, wie er die articlen eingangen ist; vor so ehrvergeßen hette ich ihn mein leben nicht gehalten. Ich schäme mich vor unßer nation, daß ein teütscher König so unehrlich ist.« So wie die Schwägerin Ludwigs XIV. dachten viele gekrönte Häupter in Europa ...

Graf Piper, der die Situation nüchterner beurteilte als die siegestrunkenen schwedischen Befehlshaber, hielt das rüde Benehmen seines Königs für politisch unklug, ja für gefährlich. Der Nordische Krieg ging nun schon in das achte Jahr, und wie die Dinge lagen, stand der schwedischen Armee ein neuer Feldzug bevor, von dem niemand wußte, wie lange er dauern würde. Was nutzte es, den geschlagenen Gegner zu demütigen, wenn man nicht die Macht besaß, ihm für alle Zeiten die Hände zu binden? Gewiß, der Kurfürst schluckte widerspruchslos hinunter, was ihm Karl XII. an Unverdaulichem vorsetzte, aber was geschah, wenn die Schweden eines Tages aus Sachsen abrückten? Wer garantierte dafür, daß der so tief in seiner Herrscherwürde Verletzte nicht die erste günstige Gelegenheit ergriff, von neuem den Degen zu ziehen? Trotz der Kontributionen, welche die Besatzungsmacht eintrieb, gehörte Sachsen noch immer zu den wohlhabenden Ländern. Der Kurfürst blieb auch nach seiner Niederlage ein politischer Faktor, mit dem man rechnen mußte. Wäre es da nicht besser, auf seine Empfindlichkeiten Rücksicht zu nehmen? Graf Piper predigte tauben Ohren ...

Es war allgemein bekannt, daß Karl XII. keine guten Manieren besaß, aber so rüpelhaft wie im Verkehr mit dem entthronten König von Polen hatte er sich früher doch nur selten benommen. August liebte die Freuden der Tafel. Karl lud ihn mehrmals zu sich nach Altranstädt ein und bot ihm statt der sonst üblichen Delikatessen seine eigenen kargen Lieblingsspeisen an: Butterbrot, kaltes Fleisch und Dünnbier. August legte Wert auf gute Tischsitten. Der Schwedenkönig strich sich in seiner Gegenwart die Butter mit dem Daumen aufs Brot und wischte sich die fettigen Finger an den Haaren ab. Den sächsischen Kavalieren fiel auf, daß Karl bei diesen Mahlzeiten stets einen schmutzigen Uniformrock trug. Da er sonst nicht zu den Unsauberen gehörte, liegt die Vermutung nahe, daß er ihn sich von seinem Reitknecht ausgeborgt hatte - gewissermaßen zur Würze des köstlichen Schmauses.

Auch in politischer Hinsicht behandelte Karl XII. seinen Vetter wie einen Mann, auf dessen Ansehen man keine Rücksicht mehr zu nehmen brauchte. Im April 1707 zwang er August, dem Marionettenkönig Stanislaw Leszczynski einen Brief zu schreiben, in dem er ihm zur Gewinnung der polnischen Krone gratulierte und für seine künftige Regierungstätigkeit Glück wünschte. Der Brief, der die Polen von der Endgültigkeit der Abdankung überzeugen sollte, verfehlte seine Wirkung, die Konföderierten von

Sandomierz kämpften weiter, nun mit russischer Unterstützung, aber der ohnehin schon sehr geringe politische Kredit des Kurfürsten schrumpfte auf ein Minimum zusammen. Er schwand vollends dahin, als man erfuhr, daß Patkul am 6. April den Schweden ausgeliefert worden war. Die Erinnerung an diesen Völkerrechtsbruch verblaßte erst nach vielen Jahren. Der Livländer bezahlte seinen politischen Ehrgeiz mit dem Leben. Karl XII. ließ ihn am 12.Oktober1707 auf grausamste Weise hinrichten.

Sobald es die Umstände erlaubten, zog sich August nach Dresden zurück, das von den Schweden nicht besetzt worden war. Schulenburg schlug ihm damals vor, Karl aus Altranstädt zu entführen und auf den Königstein zu bringen. Er habe, schrieb der General in seinen Erinnerungen, »im Dunkeln mit vier Officieren die Wohnung des Königs recognosciret [ausgekundschaftet] und ... es für etwas Leichtes gehalten, mit einer Abtheilung der in Thüringen cantonnirenden [untergebrachten] sächsischen Reiterei des Königs sich zu bemächtigen, da er nur eine Wache von 24 Trabanten bei sich hatte und öfters nur von ein Paar Pagen begleitet ausritt«. August verweigerte seine Zustimmung - ein Beweis dafür, daß er sich doch etwas gründlicher als früher überlegte, welche Folgen ein solcher Handstreich haben konnte. Er lehnte Entführungen und Attentate nicht etwa grundsätzlich ab. Kurz nach der Schlacht von Fraustadt hatte er einen seiner Vertrauten gebeten, einen berufsmäßigen Meuchelmörder zu dingen, der Karl XII. auf irgendeine Art ins Jenseits beförderte. Aber das Risiko des Ertapptwerdens mußte in einem vertretbaren Verhältnis zum möglichen Nutzen stehen - und in dieser Beziehung ging Schulenburgs Rechnung nicht auf.

Die Zeit, in der sich August blindlings in Abenteuer gestürzt hatte, war endgültig vorbei. Erst jetzt, unter dem Eindruck der Katastrophe von Altranstädt, entwickelte er sich zu einem Politiker von Format - zu einem Staatsmann, der lange nachdachte, bevor er einen Zug wagte, und dabei stets die Möglichkeit einkalkulierte, daß unvorhergesehene Ereignisse sein Schachspiel durcheinanderbrachten. Der Schwedenkönig traute seinem besiegten Vetter nicht über den Weg. Er ließ ihn beobachten und sich über jeden seiner Schritte Bericht erstatten. August lernte, seine wahren Absichten hinter einer Maske zu verbergen, manchmal hinter der Maske eines Harlekins. Er beherrschte die Kunst der Verstellung bald so meisterhaft, daß ihm nach dem glaubwürdigen Zeugnis seiner Vertrauten darin kaum ein anderer Politiker in Europa gleichkam. Oft verstellte er sich selbst vor denen, die bedingungslos auf seiner Seite standen, zum Beispiel vor seinem Minister Flemming, der sich mehrmals über diesen Mangel an Offenheit beklagte.

Die schwedischen Spione meldeten dem Hauptquartier in Altranstädt, daß August mit seiner neuen Mätresse, Anna Constanze von Hoym, der späteren Gräfin Cosel, rauschende Feste feierte und sich auch sonst so benahm, als ob ihm das Schicksal seines Landes nicht die geringsten Sorgen bereitete. Karl XII. fand in diesen Berichten sein negatives Urteil über den Herrn Vetter bestätigt. Er übersah, daß August nach Altranstädt nicht mehr so leichtfertig war wie zu der Zeit, als sein Überfall auf Livland den Nordischen Krieg ausgelöst hatte. Allem Anschein nach dienten diese Feste auch als Tarnung. Der Lärm in den Prunkräumen des Schlosses übertönte die Gespräche im kleinen Kreis. Dort wurde manches beredet, was die Schweden nicht erfahren durften.

August war offenbar schon damals entschlossen, den Kampf um die polnische Krone von neuem aufzunehmen, sobald sich eine günstige Gelegenheit bot. Die vergangenen Jahre hatten ihn vor allem eins gelehrt: Polen ließ sich nicht behaupten, solange im sächsischen Hinterland die Stände regierten. Die Schlußfolgerung lag nahe: Der Ge-

Anna Constanze von Hoym
Gemälde von Friedrich Blochwitz
(nach einem verschollenen Original)

heime Rat, in dem die Vertreter der Stände das Übergewicht besaßen, mußte so rasch wie möglich entmachtet werden.

Schon im Juni 1706, also kurz vor dem Einmarsch der Schweden, ordnete August die Errichtung eines Geheimen Kabinetts an. Hinter dieser Bezeichnung verbarg sich eine Zentralbehörde, die nur vom König Befehle entgegennahm und sich ausschließlich aus Männern seines Vertrauens zusammensetzte. Die Anordnung kam zu spät, um noch den Verlauf des Krieges zu beeinflussen. Der Geheime Rat behauptete seine beherrschende Position bis zum Frieden von Altranstädt. Danach wurden ihm alle wichtigen politischen Befugnisse durch Machtspruch genommen und dem Geheimen Kabinett übertragen. Der Geheime Rat erfüllte fortan lediglich zweitrangige Verwaltungsaufgaben.

Den Vorsitz im Geheimen Kabinett hatte der Oberhofmarschall August Ferdinand von Pflugk, einer der wenigen gebürtigen Sachsen in diesem Gremium. Die auswärtigen Angelegenheiten bearbeitete Flemming, der nach dem Tode Pflugks im Jahr 1712 zum Vorsitzenden aufrückte, das Finanzwesen und die inneren Angelegenheiten der bewährte Adolf Magnus von Hoym. Später kamen noch andere hinzu, zum Beispiel der aus Dänemark stammende Woldemar von Löwendal, ein Günstling der Gräfin Cosel, der sich ein paar Jahre später gerade noch rechtzeitig von seiner Gönnerin trennte und auf die Seite ihrer Gegner überlief, der hochgebildete Mecklenburger August Christoph von Wackerbarth, der von 1695 bis 1728 das Dresdner Oberbauamt leitete, und der für sein loses Mundwerk bekannte Pommer Ernst Christoph von Manteuffel, dem sein Landsmann Flemming 1707 die delikate und auch nicht ganz ungefährliche Aufgabe anvertraute, die geheime Korrespondenz mit den Anhängern Augusts in Polen zu führen.

Im Unterschied zu dem schleppenden Geschäftsgang im Geheimen Rat war die Arbeit im Geheimen Kabinett straff organisiert. Donnerstags und sonnabends versammelten sich die Minister, berieten die laufenden Angelegenheiten und diskutierten darüber, welche Maßnahmen dem Interesse des Staates am besten entsprachen. An den übrigen Tagen saßen sie in ihren Kanzleien, studierten die Akten, zogen Erkundigungen ein und machten sich so mit den Tatbeständen vertraut. Flemming und Hoym zeichneten sich dabei durch besondere Gründlichkeit aus. Von Flemming wird berichtet, daß er nach einer durchzechten Nacht pünktlich in seinen Amtsräumen erschien und sie erst verließ, nachdem er sein tägliches Pensum geschafft hatte. Seine Kanzlei galt als hohe Schule der Diplomatie. Viele ehrgeizige junge Leute drängten sich danach, unter ihm zu dienen.

Die endgültige Entscheidung in allen Staatsangelegenheiten lag beim König. Es stand ihm frei, dem Rat seiner Minister zu folgen oder ihn zu verwerfen. Die Kabinettsmitglieder besaßen zwar das Recht, Gegenargumente vorzutragen, aber wenn der Monarch auf seinem Willen beharrte, mußten sie seine Befehle widerspruchslos ausführen. Auch Flemming, der August von allen Ministern am nächsten stand und sich daher manches erlauben konnte, was andere nicht wagen durften, blieb in einem solchen Fall nur die Kapitulation übrig. Nach einem erfolglosen Versuch, den König von seiner Meinung abzubringen, streckte er ein für allemal die Waffen: »Allein S.M. sind Herr und Meister und können es auch anders ordonnieren [befehlen], als womit wir zufrieden seyn müssen. Ich nehme mir aus allen diesen Dingen eine Lehre vors Zukünftige, und des Königs Worte sind mir allezeit Gesetze.« Die Errichtung des Geheimen Kabinetts war ein weiterer Sieg des Königs im Kampf um die politische Macht in Sachsen. August konnte nun zu Felde ziehen, ohne befürchten zu müssen, daß die Stände auf dem Umweg über den Geheimen Rat seine Maßnahmen durchkreuzten.

Im Mai 1707 ließ der König die beiden Friedensunterhändler Pfingsten und Imhoff in aller Stille verhaften und in sicheren Gewahrsam bringen. Solange die Schweden im Land standen, konnte er es nicht wagen, ihnen den Prozeß zu machen. Auch kostete es Zeit, das Geflecht der Intrige zu entwirren. Die Angeklagten gaben nur zu, was ihnen nachzuweisen war, und bemühten sich, die Mitglieder des Geheimen Rates zu decken, vielleicht in der Hoffnung, von ihnen Hilfe zu erhalten. Das erst am 20. Dezember 1710 gefällte Urteil bestimmte, daß Imhoff »wegen seines begangenen und gestandenen Verbrechens, mit Strafe ewigen Gefängnisses und Einziehung seiner Lehngüter zu belegen sei, auch seien Ihro Königl. Majestät wohl befugt, desselben übriges Vermögen zu confisciren [beschlagnahmen], daß Pfingsten hingegen mit dem Schwerdt vom Leben zum Tode gebracht werden solle«. Die zweite Instanz milderte den Spruch - nachdem sie die Erlaubnis des Königs eingeholt hatte, wie es sich damals bei Hochverratsprozessen von selbst verstand. Imhoff erhielt zehn Jahre Haft, von denen er sieben verbüßte. Pfingsten wurde zu lebenslänglichem Gefängnis begnadigt. Er starb 1735 auf dem Königstein.

Die Schweden trieben indessen Kontributionen ein. Die von ihnen geforderte Summe betrug 625 000 Taler im Monat, wovon 500 000 Taler in bar, 125 000 Taler in Naturalien entrichtet werden mußten. Karl ließ nicht mit sich handeln. Er bestand darauf, daß alle zahlten, auch die sonst steuerfreien Angehörigen der Ritterschaft. Als ihn die Wohledlen untertänigst darauf aufmerksam machten, daß sie von alters her nur das Geld für die Ritterpferde zu entrichten brauchten, herrschte er sie an: »Wo sind Eure Ritterpferde? Hätte die Ritterschaft ihre Schuldigkeit gethan, so wäre ich nicht hier! - Wenn es bei Hofe zu schmausen gibt, da fehlt von den Rittern keiner; wenn's aber für's Vaterland gilt, bleiben sie alle fein still zu Hause. Von Euch, Herren von Adel, allein fordre ich die Contribution; könnt Ihr sie aus der Luft nehmen, so bin ich zufrieden, daß Jedermann befreit bleibt!« Und damit war die Audienz beendet ...

Sachsen zahlte bis zum Weißbluten. Die Schweden hielten Disziplin, aber in diesem Fall bedeutete das nur, daß sie nicht wild und chaotisch wie im Dreißigjährigen Krieg, sondern mit kalter Berechnung und unter Wahrung der Form plünderten. Das kleine Sayda, ein Ackerbürgerstädtchen mit etwa 800 Einwohnern, mußte so insgesamt 10 551 Taler, Marienberg, das noch unter den Folgen des großen Brandes von 1684 litt, 23 483 Taler aufbringen. Leipzig kam etwas besser weg: Zwar forderten die Schweden 70 000 Taler im Monat, aber ein großer Teil des Geldes floß in die Kassen der Leipziger zurück. Waffenhändler, Uniformlieferanten, Gastwirte und Bordellbesitzer hatten damals goldene Zeiten. Am schlimmsten traf es wieder die Oberlausitz. Die Kontribution betrug 40 000 Taler im Monat, und diese Last war so schwer, daß das ohnehin verarmte Land unter ihr fast zusammenbrach. Die Besatzungsmacht trieb ihre Forderungen mit militärischer Gewalt ein, was zur Folge hatte, daß die schwedischen Soldaten hier nie so beliebt waren wie in den weniger mißhandelten Teilen des Kurfürstentums.

Überhaupt fanden die Sachsen nach einiger Zeit Haare in der schwedischen Suppe. Mit den rein schwedischen Regimentern kamen sie nach wie vor gut aus. So behielten die Einwohner von Schneeberg die bei ihnen einquartierten Värmländer in gutem Andenken. Aber nicht jeder, der den blauen Rock trug, war ein Schwede. Ungefähr die Hälfte der Armee Karls XII. bestand aus deutschen Söldnern. Das in der Niederlausitz stationierte Görzsche Regiment, das Taubesche in Großenhain, das Tritzkysche in

Wittenberg - sie alle ließen sich Ausschreitungen zuschulden kommen, welche die Sachsen zunehmend verbitterten. Zwar ordnete Karl an, alle auf frischer Tat Ertappten öffentlich auszupeitschen, doch er konnte nicht überall sein, und die Regimentskommandeure drückten oft ein Auge zu.

Und nun rührte der Schwedenkönig auch noch die Werbetrommel. Tausende strömten zu seinen Fahnen, darunter viele Glücksritter, die ein gutes Geschäft zu machen hofften. Sie nahmen das Handgeld und versuchten dann zu entwischen. Wer ergriffen wurde, hatte keine Gnade zu erwarten. Nicht einmal in den schlimmen Monaten nach Fraustadt, als August die Ordnung in den sächsischen Truppenteilen durch drakonische Strafen wiederherzustellen versuchte, waren in Sachsen so viele Todesurteile vollstreckt worden wie zwischen Januar und September 1707. Anders Alstrin lernte seinen Landesvater von einer neuen Seite kennen. Voller Entsetzen berichtete er nach Hause: »Es ist grauenhaft zu sehen, was für Exekutionen bei allen Dragonerregimentern, die aus Deutschen bestehen, geschehen. Sie desertieren, und da die richtigen schwedischen Regimenter an den Grenzen herum verteilt sind, werden sie geschnappt und alle ohne Gnade aufgehängt; darunter vor einigen Tagen auch ein Pfarrerssohn aus Schonen, direkt neben dem Mustertisch, an dem der König saß.«

Altranstädt wurde für einige Monate zum Wallfahrtsort der europäischen Diplomatie. Vor allem die in den Spanischen Erbfolgekrieg verwickelten Mächte versuchten herauszubekommen, was Karl XII. als nächstes zu tun beabsichtigte. England, Holland und Österreich befürchteten, er werde sich auf die Seite Frankreichs schlagen. Im April 1707 schickten sie einen ihrer berühmtesten Feldherren, den Herzog von Marlborough, als Unterhändler in das schwedische Hauptquartier. Der Sieger von Höchstädt saß dem Sieger von Narwa gegenüber. Die beiden Soldaten fanden rasch eine gemeinsame Sprache. Marlborough konnte die Staatsmänner der Koalition beruhigen: Karl dachte nicht daran, in den westeuropäischen Konflikt einzugreifen. Sein Ziel stand fest: Er wollte mit Rußland abrechnen. Der Engländer hörte aufmerksam zu, als der Schwede davon sprach, wie er den russischen Riesen zu besiegen gedachte, aber er behielt seine Meinung für sich. Wenige Monate nach dieser Unterredung nahm er Schulenburg beiseite und sagte zu ihm, man solle die Schweden ruhig nach Rußland marschieren lassen, denn dort würde Karl XII. »niemals zu einem guten Ende kommen und sich auf eine Weise zugrunde richten, die ihn für alle Zeiten unfähig machen werde, noch etwas Bedeutendes zu unternehmen«. Marlborough, der im Unterschied zu seinem Altranstädter Gesprächspartner ein erfahrener Politiker war, sollte recht behalten.

Andere Botschafter wurden von Karl XII. weniger höflich empfangen als der englische Feldherr. Der Schwedenkönig hatte es sich in den Kopf gesetzt, den unterdrückten schlesischen Lutheranern zu ihrem Recht zu verhelfen. Der kaiserliche Gesandte versuchte, die Verhandlungen in die Länge zu ziehen, aber er mußte klein beigeben, als Karl damit drohte, seine Truppen in Schlesien einrükken zu lassen. Graf Johann Wenzel Wratislaw, der zum erstenmal einem König begegnete, der mit ihm grob verfuhr, schrieb empört nach Wien: »Ich habe es hier nicht zu tun mit einem räsonnablen [verständigen], sondern recht mit einem wilden Menschen, um von einem gesalbten Haupte nicht mehr zu sagen.« Die am 1. September 1707 unterzeichnete Konvention von Altranstädt bestimmte, daß den schlesischen Lutheranern alle seit 1648 von den Katholiken beschlagnahmten Kirchen und Schulen zurückerstattet werden mußten.

Die meisten Regimenter der schwedischen Armee befanden sich zu dieser Zeit schon auf dem Marsch nach

Osten. Vermutlich verließen die Soldaten das sächsische Schlaraffenland nur ungern, aber ihr König wollte es so, und sie wußten, daß es für ihre Rücken und Hälse besser war, wenn sie seinen Befehlen gehorchten. Anders Alstrin, der ihren Abzug beobachtete, hatte wieder einmal Gelegenheit, seinen Angehörigen etwas Interessantes mitzuteilen: »Und es hat hier in diesen Tagen solch ein Elend mit den Frauenzimmern gegeben: weinen und jammern ist zu wenig, sie fallen zu Boden und schwimmen beim Abschiednehmen dahin; und das ist gewiß. So ist es auch in allen anderen kleinen Städten: größere Trauer als man sagen kann, doch nur bei den Frauenzimmern, denn es ist doch unglaublich, welche Freiheit die Schweden in solcher Beziehung sich genommen haben, und wie ein Teil verwöhnt worden ist, wenn auch nicht alle gleich. Kommen sie einmal heim, so bedauere ich die Frauen, die so verwöhnte Männer empfangen sollen ...« Es kamen nur wenige heim, von einem halben Tausend nicht mehr als einer ...

Anfang September brach Karl XII. aus Altranstädt auf und folgte seiner abziehenden Armee. Er konnte mit den Ergebnissen seines Aufenthalts in Sachsen zufrieden sein. Als er im August 1706 in das Kurfürstentum eingefallen war, hatte er etwa 20 000 Soldaten befehligt. Jetzt betrug die Stärke seines Heeres ungefähr 34 000 Mann, und in Polen erwarteten ihn noch 8 000 schwedische Rekruten, dringend benötigter Ersatz für die Eliteregimenter. Alle Soldaten trugen neue Uniformen, neues Schuhwerk und zum Teil auch neue Waffen. In der schwedischen Kriegskasse lagen mehrere Millionen Taler, genug also für einen Feldzug von zwei- oder dreijähriger Dauer. Und dieser Streitmacht, der größten und am besten ausgerüsteten, die Karl XII. je kommandiert hat, ging der Ruf der Unbesiegbarkeit voraus. Wehe dem, der es wagte, sich ihr entgegenzustellen! Zar Peter besaß nach dem Urteil vieler

Militärfachleute kaum eine Chance, mit heiler Haut davonzukommen.

Am 4. September machte Karl XII. in Oberau bei Meißen Station. Am folgenden Tag stattete er seinem Vetter einen Besuch ab. Mit nur sieben Leibtrabanten ritt er nach Dresden, ließ sich von einem Unteroffizier der Stadtwache zum Schloß führen und stand plötzlich vor dem überraschten Kurfürsten. Flemming flüsterte seinem Herrn zu, jetzt sei es an der Zeit, sich des Schwedenkönigs zu bemächtigen, aber August lehnte den verlockenden Vorschlag ab. Er war froh, daß die Besatzungstruppen das Land endlich verließen. Sollte er vielleicht riskieren, daß sie kehrtmachten und sich für die Entführung ihres Herrschers rächten? Noch fühlte er sich nicht stark genug zu einem neuen Waffengang. Er brauchte eine Atempause, und nur der Abzug der Schweden konnte sie ihm verschaffen. Karl und seine Begleiter wurden höflich empfangen und nach einer Stunde mit allen Ehren aus der Stadt geleitet. Als sie am nächsten Tag erfuhren, daß August das Geheime Kabinett zusammengerufen hatte, meinte einer von ihnen lachend: »Ihr werdet sehen, daß sie heute beschließen, was sie gestern hätten thun sollen.«

In der zweiten Septemberhälfte hatten die letzten Schweden das Kurfürstentum verlassen. Die Armee Karls XII. marschierte nach Osten. Ihr Stoß zielte auf das Herz des russischen Reiches, auf Moskau ...

Der zweite Versuch

1706

Als August 1709 berechnete, was die Schweden als Kontribution eingetrieben hatten, kam er auf die enorme Summe von 23 Millionen Talern. Nicht wenige Politiker verglichen die Lage des Landes mit der nach dem Dreißigjährigen Krieg. Karl XII. schien sein Ziel, das Kurfürstentum so zu schwächen, daß es für längere Zeit auf jede selbständige Aktion verzichten mußte, erreicht zu haben.

Es ist erstaunlich, wie rasch Sachsen die Folgen der schwedischen Okkupation überwand. Im Unterschied zu der systematischen Verwüstung des Landes während des Dreißigjährigen Krieges waren die Produktionsstätten diesmal ohne Schäden davongekommen. Nach dem Abzug der Besatzungstruppen erzeugten die Handwerksbetriebe und Manufakturen mehr Waren als vor 1706, einmal, um den großen Nachholbedarf der einheimischen Bevölkerung zu decken, zum anderen, weil sich der für Sachsen so wichtige Exporthandel von neuem belebte. Die Einnahmen aus der Generalkonsumtionsakzise, zuverlässiger Gradmesser der wirtschaftlichen Aufwärtsbewegung, erreichten 1709 fast die doppelte Höhe des Jahres 1705: Sie stiegen auf 307 551 Taler. Die Sachsen hatten wieder einmal bewiesen, daß sie auch mit schweren Rückschlägen fertig wurden. Das Kurfürstentum gehörte nach wie vor zu den ökonomisch am weitesten entwickelten deutschen Territorialstaaten.

Trotzdem hielt es August für zu früh, sich von neuem in die große Politik zu mengen. Der entthronte König besaß weder eine Armee noch ausreichende finanzielle Reserven. Wenn er nicht Gefahr laufen wollte, abermals eine Niederlage zu erleiden, mußte er sich in Geduld üben und die weitere Entwicklung abwarten. Die Konföderierten von Sandomierz forderten ihn auf, unverzüglich nach Polen zurückzukehren, und auch Zar Peter drängte ihn, die Gunst der Stunde zu nutzen und das nur von einem schwachen schwedischen Korps gedeckte Königreich wieder in Besitz zu nehmen. August stellte sich taub. Sein Legationsrat Ernst Christoph von Manteuffel vertröstete die Konföderierten auf eine günstige Gelegenheit, und Flemming zog die geheimen Verhandlungen mit den russischen Sendboten in die Länge. Sechs Jahre lang hatten die Sachsen mit schwindenden Kräften gegen die Armee Karls XII. gefochten, während die Russen auf ihrem Nebenkriegsschauplatz im Baltikum Schlachten gewannen und Städte eroberten. Es war nach Meinung des Kurfürsten nur gerecht, wenn nun das Zarenreich für einige Zeit die Hauptlast des Krieges trug.

Die Anhänglichkeit der Konföderierten von Sandomierz kam nicht von ungefähr. Artikel VI des Friedensvertrags von Altranstädt bestimmte, daß alle von August nach seiner Absetzung im Februar 1704 verliehenen Ämter, Würden und Einkünfte an Stanislaw Leszczynski zurückgegeben werden mußten. Dem neuen König stand es frei, »solche entweder wieder zu nehmen oder dabey zu erhalten«. Dieser Artikel vereitelte eine Versöhnung zwischen den beiden polnischen Gruppierungen. Viele Konföderierte, vor allem die Magnaten, waren nach Altranstädt bereit, die Tatsachen anzuerkennen und ihre Waffen niederzulegen - aber nicht um den Preis eines Verzichts auf alle materiellen Vorteile, die ihnen das Bündnis mit August eingebracht hatte. Stanislaw Leszczynski beharrte auf seinem verbrieften Recht: Die Sandomierzer beantworteten die anmaßende Forderung, sich bedingungslos zu unterwerfen, indem sie den ohne ihre Zustimmung geschlossenen Vertrag von Altranstädt für null und nichtig erklärten und den Kampf fortsetzten. August profitierte wieder einmal von den politischen Fehlern Karls XII.

Es gab noch andere Gründe, die den Konföderierten eine baldige Rückkehr des Wettiners wünschenswert erscheinen ließen. Der Zar unterstützte die Sandomierzer mit Waffen und Geld, doch mit jedem Rubel, der in die Kassen der Konföderierten floß, wuchs deren Abhängigkeit von Rußland. Es war offensichtlich, daß Peter in Polen eigennützige Ziele verfolgte. Dies verriet schon die Tatsache, daß er die Krone der Rzeczpospolita nacheinander dem Prinzen Eugen von Savoyen, dem ungarischen Regenten Ferenc II. Rákóczi und den Brüdern Sobieski anbot. Die Aufgeforderten verspürten wenig Lust, Vasallen des Zaren zu werden, und lehnten dankend ab. Aber wer garantierte, daß sich nicht doch ein Kandidat fand, der schließlich ja sagte? Hatte man gegen die schwedische Marionette Leszczynski gekämpft, um am Ende unter das Joch eines Herrschers von Rußlands Gnaden zu geraten? Nur der legitime, von der Mehrheit des polnischen Adels gewählte König konnte die russischen Pläne durchkreuzen.

August war über die Ereignisse in Polen gut unterrichtet. Flemming und Manteuffel informierten ihn regelmäßig, und was sie nicht wußten, erfuhr er von den Geheimkurieren, welche die Konföderierten nach Dresden schickten. Trotz der immer dringender werdenden Bitten blieb er bei seiner Taktik des Abwartens und Hinauszögerns. Solange er nicht über eine Armee verfügte, die es mit den in Polen verbliebenen Schweden aufnehmen konnte, war jeder Versuch, in die Rzeczpospolita zurückzukehren, zum Scheitern verurteilt. Der Wiederaufbau der Armee kostete Geld. Obwohl das Steueraufkommen wuchs, füllten sich die sächsischen Kassen nur langsam. August half sich, indem er den gegen Frankreich kämpfenden Seemächten England und Holland einen Handel anbot: Gegen Vorauszahlung von 75 000 Talern Ausrüstungsgeld und eine jährliche Unterstützung von 832 848 holländischen Gulden wollte er vier Regimenter Infanterie, zwei Regimenter Dragoner und ein Regiment schwere Reiterei anwerben und sie der gegen den Reichsfeind kämpfenden Koalition zur Verfügung stellen. Die beiden Staaten, die nach der blutigen Schlacht von Ramillies (1706) dringend Ersatz benötigten, stimmten dem Vorschlag zu. Das in aller Eile formierte sächsische Korps kämpfte zunächst in Flandern, aber wenn es die Lage erforderte, konnte es auch nach Polen in Marsch gesetzt werden. Zu Beginn des Jahres 1709 besaß August wieder ein Heer von etwa 15 000 Mann, das nach dem Urteil der Fachleute gut ausgerüstet und leidlich ausgebildet war.

Das Werben um Verbündete erwies sich als ebenso schwierig wie die Neugestaltung der Armee. August galt als unzuverlässiger Partner, und die Furcht vor Karl XII. war noch nicht erloschen. Preußen weigerte sich nach wie vor, in den Konflikt einzugreifen, obwohl ihm nicht nur Sachsen, sondern auch Rußland verlockende Angebote unterbreiteten. Prinz Eugen und der Herzog von Marlborough rieten August, sich wenigstens so lange ruhig zu verhalten, bis zuverlässige Nachrichten aus dem Osten eintrafen. Der Kaiser sicherte dem Kurfürsten zwar wohlwollende Neutralität zu, aber er vermied es, vertragliche Verpflichtungen einzugehen. Von den möglichen Bundesgenossen blieb schließlich nur einer übrig: Dänemark. König Friedrich IV., auch er ein Vetter Augusts, hatte die blamable Niederlage von 1700 nie verwunden. Er war bereit, den Vertrag von Travendal zu zerreißen und noch einen Waffengang zu wagen. Die sächsischen Argumente fielen auf fruchtbaren Boden. Die geheimen Fäden zwischen den Höfen von Kopenhagen und Dresden wurden allmählich zu einem Strick verflochten.

Im Juni 1709 machte Friedrich IV., der von einer Italienreise zurückkehrte, für ein paar Wochen in Dresden Station. August gab zu Ehren seines hohen Gastes glanzvolle Feste, zum Beispiel am 6. Juni ein Damenfest, bei dem die Gräfin Cosel den König von Dänemark als Kavalier erloste, wahrscheinlich mit Hilfe eines mogelnden Hofmarschalls, am 19. Juni ein großes Reiterspiel, das August, der sicher zu Pferde saß und seinen Degen geschickt handhabte, überlegen gewann, und am 25. Juni eine Bauernwirtschaft, bei welcher der Däne in norwegischer Tracht erschien, während sich der Kurfürst und seine Favoritin als französische Landleute kostümiert hatten. Die hierbei entfaltete Pracht widerlegte die Behauptung, daß Sachsen ein von den Schweden zugrunde gerichtetes und verarmtes Land sei. Friedrich IV., an dessen Hof es auch nicht gerade karg zuging, zeigte sich beeindruckt: Wer solche Feste feiern konnte und danach noch genügend Geld übrigbehielt, um eine Armee mit allem Notwendigen zu versehen und zu besolden, mußte die Kraft haben, sich in den Wechselfällen des Krieges zu behaupten. Der Dänenkönig überwand seine letzten Bedenken und schlug ein. Am 28. Juni 1709 wurde ein Vertrag unterzeichnet, der die beiden Bündnispartner bei einem bewaffneten Konflikt zu gegenseitiger Hilfeleistung verpflichtete. Nur der Termin des gemeinsamen Angriffs auf Schweden blieb noch im ungewissen. Die Monarchen wollten abwarten, wie sich die Dinge im Osten entwickelten.

Es sah zunächst nicht so aus, als sollte Marlborough mit seiner Voraussage, Karl XII. werde sich in Rußland ruinieren, recht behalten. Die Schweden rückten immer weiter vor. Sie umgingen die russischen Verteidigungsstellungen am Narew und erreichten nach einem anstrengenden Marsch durch die belorussischen Wälder die Gegend von Mogiljow. Hier lachte ihnen noch einmal das Kriegsglück. Am 4. Juli 1708 griffen sie in der Nähe von Golowtschin eine etwa 28 000 Mann starke russische Heeresabteilung an und nötigten sie zu eiligem Rückzug. Aber je tiefer sie in das Land eindrangen, desto deutlicher zeigte sich, daß ihre Kräfte zu erlahmen begannen, während die Stärke der Russen von Tag zu Tag wuchs. Peter hatte befohlen, alles zu verbrennen, was den Schweden von Nutzen sein konnte. So fanden sie weder Unterkünfte noch Lebensmittel. Zwischen Witebsk und Smolensk stellten sie ihren Vormarsch ein. Sogar der Sieger von Fraustadt, der eiserne Rehnskiöld, erklärte kurz und bündig: »Dieser Weg ist unmöglich und geht nicht an.« Karl XII. befahl seiner Armee, nach Süden abzuschwenken. Er hoffte, bei den ukrainischen Kosaken Unterstützung zu finden. Ihr Anführer Iwan Mazeppa war auf die Seite der Schweden übergegangen.

Während die schwedische Armee den Dnepr überschritt und in die Ukraine marschierte, quälte sich eine riesige Nachschubkolonne - mehrere tausend Wagen mit etwa 10 000 Mann Bedeckung - auf den schlechten belorussischen Wegen ostwärts. Sie stand unter dem Kommando des Generals Adam Lewenhaupt, der sich in den wechselvollen Kämpfen um Kurland bewährt hatte. Es scheint, daß Lewenhaupt die Nachricht vom Abmarsch in die Ukraine zu spät erhielt. Erst am 20. September (1. Oktober nach Gregorianischem Kalender) erreichte er den Dnepr. Die schwedische Hauptmacht war ihm um sieben Tagesmärsche voraus. Die Russen erkannten ihre Chance und griffen die schwerfällige Kolonne am 27. September (8. Oktober) in der Nähe des Dorfes Lesnaja mit überlegenen Kräften an. Die Schweden verteidigten sich mit dem Mut der Verzweiflung. In der Nacht zum 28. September (9. Oktober) führte Lewenhaupt 6 700 Mann aus der Umklammerung heraus. Die Wagen konnte er nicht retten. Der gesamte Nachschub der schwedischen Armee - Munition, Proviant, Winterkleidung und anderes mehr - fiel in die Hände der Sieger.

Die Hoffnungen, die Karl XII. auf Mazeppa gesetzt hatte, erwiesen sich ebenfalls als trügerisch. Der Zar kam den Schweden zuvor: Ein russisches Korps unter dem Befehl Alexander Menschikows rückte am 2. (13.) November vor die Hauptstadt des Kosakenhetmans, Baturin, nahm sie im Sturm und brannte sie nieder. Statt an der Spitze eines Heeres traf Mazeppa als Flüchtling im schwedischen Lager ein.

Und dann kam der Winter, einer der härtesten seit Menschengedenken. Militärhistoriker schätzen, daß die Armee Karls XII. etwa 5 000 Mann durch Erfrierungen verlor, in der Mehrzahl deutsche Söldner, die solche extremen Kältegrade schlechter vertrugen als die abgehärteten Jämtländer und Dalekarlier. Noch mehr als die Menschen litten die Pferde. Fast die gesamte Artillerie mußte aus Mangel an Bespannung aufgegeben werden. Im Frühjahr 1709 verfügten die Schweden nur noch über 4 einsatzbereite Geschütze. Obwohl nahezu alle schwedischen Generale die Ansicht vertraten, daß der Feldzug abgebrochen und die Armee schleunigst nach Polen zurückgeführt werden müsse, beharrte der König auf seinem Entschluß, den Russen eine Entscheidungsschlacht zu liefern.

Es ist fraglich, ob August wußte, in welcher verzweifelten Lage sich die Schweden befanden. Der Krieg spielte sich in Gegenden ab, die im Zeitalter der Postkutsche unvorstellbar weit von Dresden entfernt lagen. Die wenigen Straßen, die Rußland mit dem Westen verbanden, führten durch Wald- und Sumpfgebiete, in denen sich das Gewerbe des Wegelagerers vom Vater auf den Sohn vererbte. Die Berichterstatter bekamen die Nachrichten, die sie weitergaben, meist aus zweiter oder dritter Hand, was zur Folge hatte, daß sie manches Gerücht für wahr und manche Tatsache für ein Gerücht hielten. Die Diplomaten der beiden kriegführenden Länder wußten zwar besser Bescheid, aber wenn es das Interesse ihrer Herren erforderte, bauschten sie Gefechte zu entscheidenden Schlachten auf und würdigten Schlachten zu belanglosen Gefechten herab. Dieses unkontrollierbare Nebeneinander von Tatsachen, Tendenzmeldungen und Gerüchten verwirrte die Politiker Europas. Die meisten von ihnen überschätzten die Möglichkeiten der Schweden und glaubten an einen Sieg Karls XII. Nur wenige sahen voraus, daß in den Steppen der Ukraine eine Entscheidung von weltgeschichtlicher Bedeutung heranreifte.

Seit April 1709 belagerten die Schweden die an der Worskla gelegene kleine ukrainische Festung Poltawa. Im Juni meldeten die schwedischen Vorposten, daß der Zar mit seiner gesamten Armee anrückte. Ihre Stärke betrug etwa 42 000 Mann, die russische Artillerie verfügte über 72 Geschütze. Karl XII. befehligte ungefähr 30 000 Mann, von denen aber nur zwei Drittel voll einsatzfähig waren. Am 20. Juni (1. Juli) überschritten die Russen den Fluß, am 25. Juni (6. Juli) bezogen sie 5 Kilometer nördlich von Poltawa ein verschanztes Lager, das sie durch eine im rechten Winkel vorgeschobene Linie von Erdbefestigungen deckten. Im Morgengrauen des 27. Juni (8. Juli) griffen die Schweden an. Der Plan Karls XII. sah vor, zunächst die Erdbefestigungen zu nehmen, dann mit dem Hauptteil des Heeres nach rechts einzuschwenken und die Russen zu packen, bevor sie ihr Lager verlassen und sich in Schlachtordnung aufstellen konnten. Der Schwedenkönig glaubte, daß sich sein Gegner wie einst bei Narwa überraschen lassen würde, doch diesmal ging seine Rechnung nicht auf.

Die Besatzungen der Erdwerke verteidigten sich hartnäckig. Zwar gelang der Durchbruch, aber sechs schwedische Bataillone wurden abgedrängt und in einem unübersichtlichen Waldgelände von russischer Kavallerie aufgerieben. Die durchgebrochenen Truppenteile hatten sich im Feuer des Gegners aufgelöst und mußten wieder geordnet werden. Das kostete Zeit - und der Zar hatte inzwischen gelernt, was Zeit im Krieg bedeutete. Als die Schweden um neun Uhr morgens zum entscheidenden Schlag ausholten, stand die russische Armee bereit, sie gebührend zu empfangen. Die schwedischen Soldaten wußten, was sie erwartete. Viele umarmten sich und nahmen voneinander Abschied. Sogar Rehnskiöld und Lewenhaupt, sonst erbitterte Feinde, schüttelten sich die Hände und wünschten einander Glück. Die Blauröcke Karls XII. zogen in ihre letzte Schlacht.

Obwohl die schwedischen Regimenter dem Gegner an Zahl und Bewaffnung hoffnungslos unterlegen waren, formierten sie sich zur Linie und griffen an. Die russische Artillerie überschüttete sie mit Granaten und Kartätschen. Der preußische Oberstleutnant David Nathanael von Silten, der als Beobachter an der Schlacht teilnahm, schrieb in seinem Bericht, daß »auch wohl bey menschen dencken nicht ein solches feuer und canonade mag sein erhöret wordten«. Hunderte sanken getroffen zu Boden. Die Überlebenden beschleunigten ihre Schritte, drangen mit gefällten Bajonetten in die russischen Stellungen ein und eroberten mehrere Batterien. Die Truppen des Zaren begannen zu wanken. Noch ein Stoß, und die russische Front zerbrach ...

In diesem kritischen Augenblick warf Peter seine Reserve in die Schlacht - Infanterie aus Nowgorod, in deren Reihen nicht wenige Veteranen von Narwa kämpften. Die

Gegner verkrallten sich ineinander. Das blutige Handgemenge währte eine volle Stunde. Um elf Uhr vormittags waren die Schweden mit ihrer Kraft am Ende und wichen langsam zurück. Jetzt ließ Alexander Menschikow seine Kavallerie auf die Erschöpften los. Ihre ungestümen Attacken verwandelten den Rückzug in eine wilde Flucht. Feldmarschall Rehnskiöld versuchte die Davonlaufenden aufzuhalten und geriet dabei in Gefangenschaft. General Lewenhaupt führte die demoralisierten Reste des Heeres in Eilmärschen zum Dnepr, aber dort wurde er von den Russen eingeholt und am 1. (12.) Juli bei Perewolotschna zur Kapitulation gezwungen. Karl XII. rettete sich in die Türkei.

Der Sieg von Poltawa erhob Rußland in den Rang einer europäischen Großmacht - und August war einer der ersten Fürsten, die das gestiegene Selbstbewußtsein des Zaren zu spüren bekamen. Die Nachricht von der Vernichtung des schwedischen Heeres traf am 24. Juli in Dresden ein. August ließ über vierzehn Tage verstreichen, bevor er den Friedensvertrag von Altranstädt kündigte. Peter, empört über diese Saumseligkeit, sprang mit ihm um wie mit einem Untergebenen. Er stellte ihn vor die Wahl, entweder sofort nach Polen zurückzukehren oder aber ein für allemal auf den polnischen Thron zu verzichten. Der Kurfürst, der zu dieser Zeit noch mit den Konföderierten von Sandomierz über die Bedingungen seiner Rückkehr verhandelte, mußte sich fügen: Am 20. August befahl er seinen Truppen, in die Rzeczpospolita einzumarschieren. Das schwedische Korps, nur 9 000 Mann stark, zog sich durch preußisches Gebiet nach Stettin und Stralsund zurück, die damals zu Schweden gehörten. Der König von Gnaden Karls XII., Stanislaw Leszczynski, floh Hals über Kopf außer Landes.

Auch die persönliche Begegnung mit dem Zaren, die im Oktober 1709 in Thorn stattfand, war für August demütigend. Peter machte seinem Gesprächspartner von Anfang an klar, daß von nun an er die Linie der Bündnispolitik bestimmen würde. August forderte zum Beispiel, daß die russischen Truppen die Rzeczpospolita nach Vertreibung der Schweden räumten. Der Zar, auf Rückenfreiheit bedacht, bestand darauf, daß sie für unbestimmte Zeit im Land blieben - 15 000 Mann stark und kommandiert von Generalen, die lediglich von ihrem eigenen Gebieter, nicht aber von dem Herrscher des Staates, den sie dem Namen nach beschützten, Befehle entgegennahmen. August mußte die bittere Pille schlucken. Er setzte nur durch, daß ihm Peter noch einmal versprach, er werde ihm nach Friedensschluß Livland »nebst allen Städten, so in gedachter Provinz befindlich, die nach dieser Convention occupirt werden sollten, abtretten«. Doch was bedeutete ein solches Versprechen, wenn der König von Polen nicht die Macht besaß, seine Einhaltung zu erzwingen?

Auch die Polen empfingen August nicht mit offenen Armen. Die Rückkehr des Wettiners wurde zwar von vielen begrüßt, aber nicht aus Liebe zu seiner Person, sondern in der Hoffnung, daß die Plünderungen und Brandschatzungen durch fremde Heere nun ein Ende nähmen. Die Rzeczpospolita hatte in den Jahren des Nordischen Krieges furchtbar gelitten. Und schon näherte sich ein neuer, noch schrecklicherer Feind den Grenzen des unglücklichen Landes: Im Baltikum flammte die Pest auf und breitete sich mit der Geschwindigkeit eines Steppenbrands aus. Die Bewohner der an den Durchmarschstraßen gelegenen Dörfer und Städte wurden ihre ersten Opfer. Andere Staaten schützten sich vor der Seuche, indem sie ihr Gebiet militärisch abriegelten und alle Reisenden, die aus verpesteten Landstrichen kamen, zurückschickten. Auch gab es dort Gesundheitsbehörden, die sich um die Erkrankten kümmerten und die Epidemie einzudämmen versuchten. Der Bevölkerung des verwüsteten Polens hingegen blieb nur übrig, sich dem Schutz der Schwarzen Madonna von Czestochowa anzuvertrauen. Angesichts der tödlichen Gefahr, in der die Rzeczpospolita schwebte, war die Wiederkehr des gewählten Königs ein vergleichsweise bedeutungsloses Ereignis.

Nicht einmal die Konföderierten von Sandomierz kamen August so freundlich entgegen, wie er es wohl erwartet hatte. Jetzt, nach der Beseitigung der schwedischen Gefahr, hielten sie ihm seine Sünden vor und verlangten, daß er sich von neuem feierlich verpflichtete, die Verfassung der Republik zu achten. Einige sächsische Minister rieten dem König, sich über diese Forderung hinwegzusetzen, aber er zog es vor, mit seinen alten Verbündeten friedlich übereinzukommen - gab es doch in der Rzeczpospolita einflußreiche Kräfte, die einen Ausweg aus der Krise in einem abermaligen Herrschaftswechsel sahen. Der Unterkanzler von Litauen, Stanislaw Szczuka, schlug zum Beispiel einen Dreistufenplan vor, der viel Beifall fand: Zunächst sollten die beiden Rivalen August und Stanislaw Leszczynski auf die Krone verzichten, dann alle fremden Truppen das Land verlassen und schließlich der Reichstag eine neue Königswahl ausschreiben. Wenn die Konföderierten aus Verärgerung diesem Plan zustimmten, konnte die Lage des gerade erst Zurückgekehrten sehr gefährlich werden.

August verhielt sich zunächst so vorsichtig, daß die mißtrauischen polnischen Magnaten und Schlachtschitzen ihren König kaum wiedererkannten. Er dämpfte die Leidenschaften, bevor sie überkochten, und gab im Bewußtsein seiner Schwäche selbst dort nach, wo er früher jedes Zugeständnis verweigert hatte. Im April 1710 fand in Warschau eine Ratstagung statt, sozusagen ein Reichstag im Kleinformat. August versprach den Delegierten, »alle Streitpunkte zu beseitigen, die ihn per sinistras impressiones ab amore populi [durch schlechte Eindrücke von der Liebe des Volkes] trennten«. Er sicherte ihnen zu, die sächsischen Truppen so rasch wie möglich aus dem Land zu entfernen und sich auch in anderer Beziehung künftig so zu verhalten, wie es die Verfassung der Rzeczpospolita vorschrieb. Jene, welche ihm seine Abdankung von 1706 vorwarfen, beschwichtigte er mit dem feierlichen Gelöbnis, die Interessen des Staates »per omnia extrema [unter allen Umständen] bis zum letzten Augenblick unseres Lebens zu verteidigen und zu wahren«. Dergleichen Schwüre kosteten nicht viel und hinterließen einen guten Eindruck. Bevor die Delegierten auseinandergingen, verkündete der König eine allgemeine Amnestie: Das Gewesene sollte für immer vergeben und vergessen sein ...

Der Krieg ging unterdessen weiter. Wer geglaubt hatte, Schweden werde nach der Katastrophe von Poltawa die Waffen strecken, wurde enttäuscht. Die Defensionskommission, die in Vertretung Karls XII. die Verteidigung leitete, stampfte neue Armeen aus dem Boden und schickte sie an die Front. Schweden blutete aus hundert Wunden, in vielen Dörfern gab es keine wehrfähigen Männer mehr, aber die schwedischen Regimenter schlugen sich so tapfer wie eh und je. In Riga, das seit dem 27. Oktober 1709 eingeschlossen war, wütete die Pest. Trotzdem wiesen die Verteidiger alle Kapitulationsangebote des Zaren zurück und ließen sich auch durch eine schwere Beschießung nicht von ihrem Entschluß abbringen, die Stadt bis zum äußersten zu halten. Erst nach acht Monaten, am 4. Juli 1710, hißten sie die weiße Fahne. Ende 1709 fielen 14 000 Dänen in Schonen ein. Magnus Stenbock, ein General aus der Schule Karls XII., zog ihnen mit 10 000 Mann entgegen und warf sie im Februar 1710 wieder hinaus. Auch der 1711 unternommene erste Versuch der Dänen, Russen und Sachsen, sich der beiden wichtigsten schwedischen Waffenplätze auf deutschem Boden, Wismar und Stralsund, zu bemächtigen, endete ergebnislos. Der Sieg, mit dem die Verbündeten so fest gerechnet hatten, ließ noch lange, sehr lange auf sich warten.

Die politische Lage wurde von Jahr zu Jahr komplizierter. In England kamen 1710 die Torys an die Macht. Ihr Führer Henry Bolingbroke wollte den Spanischen Erbfolgekrieg beenden und verhandelte mit Ludwig XIV. über einen Kompromißfrieden. Zwar zogen sich die Gespräche in die Länge, aber es war offensichtlich, daß die Waffen bald schweigen würden. Damit bekamen jene Mächte freie Hand, welche sich bisher nicht an dem Nordischen Krieg beteiligt hatten, weil ihre Truppen am Rhein und in Flandern kämpften. Das Kurfürstentum Hannover erhob Anspruch auf die schwedischen Besitzungen in Nordwestdeutschland, Bremen und Verden. Preußen wollte sich der schwedischen Teile von Hinterpommern bemächtigen, vor allem der wichtigen Hafenstadt Stettin und der beiden Inseln, die das Oderhaff von der Ostsee trennten, Usedom und Wollin. Es bestand Aussicht, daß sich die genannten Staaten über kurz oder lang der Koalition gegen Karl XII. anschlossen.

Der Zar, der genau wußte, daß seine Großmachtpolitik den meisten deutschen Reichsfürsten Unbehagen bereitete, sah der Erweiterung des Bündnisses mit gemischten Gefühlen entgegen. Obwohl er befürchtete, daß sich die neuen Partner als unzuverlässig erweisen würden, konnte er es sich im Augenblick nicht erlauben, ihre Angebote abzulehnen. 1711 war er nur um Haaresbreite einer Katastrophe entgangen. Karl XII. hatte die Türkei zum Krieg gegen Rußland aufgehetzt. Peter mußte Truppen von der Front im Baltikum und aus Polen abziehen. Die Lage zwang ihn, seinem Verbündeten August etwas mehr Bewegungsfreiheit einzuräumen. Im Vertrag von Jaroslaw, geschlossen am 9. Juni 1711, vertraute er ihm sogar den Oberbefehl über eine russisch-sächsische Armee an, die das in Pommern stationierte schwedische Korps angreifen sollte. Dann brach er an der Spitze eines Heeres nach dem Süden auf, fest entschlossen, mit den Türken ebenso zu verfahren wie mit den Schweden bei Poltawa. Die Russen überschritten den Dnestr, besetzten große Teile Moldawiens und stießen auf Iasi vor.

Diesmal lief Peter in eine Falle. Die Türken wichen einer Entscheidungsschlacht aus, drängten die Truppen des Zaren in vielen kleinen Gefechten an den Prut zurück und schlossen sie dort ein. Das Feuer der türkischen Artillerie verwandelte das russische Lager in ein Inferno aus Blut und Dreck. Peter glaubte sich verloren. Zu seiner Überraschung bestand der türkische Oberbefehlshaber nicht auf der bedingungslosen Kapitulation der Umzingelten, sondern gewährte ihnen freien Abzug mit Waffen und Fahnen - allerdings erst nach Unterzeichnung eines Friedensvertrags, der den Zaren unter anderem verpflichtete, die an der Donmündung gelegene Festung Asow zu räumen. Rußland verlor damit seinen Zugang zum Schwarzen Meer, aber dieser Verlust bedeutete wenig, gemessen an den Möglichkeiten, auf die der Kommandeur der türkischen Streitkräfte ohne zwingende Notwendigkeit verzichtet hatte.

1712 nahm der Nordische Krieg noch einmal eine dramatische Wendung. Das erschöpfte Schweden raffte sich zu einer letzten großen Kraftanstrengung auf. Magnus Stenbock setzte mit 10 000 Mann nach Rügen über und vereinigte sich vor Stralsund mit dem in Pommern kämpfenden Korps, so daß die schwedische Streitmacht an diesem Abschnitt der Front auf etwa 16 000 Soldaten anwuchs. Der General plante, nach Polen durchzubrechen und sich dort so lange zu halten, bis Karl XII. aus der Türkei zu ihm stieß. Die dänische Flotte machte ihm einen Strich durch die Rechnung: Sie schoß das mit Waffen und Munition beladene schwedische Nachschubgeschwader vor der Insel Hiddensee zusammen. Stenbocks

Armee war von ihrer Versorgungsbasis abgeschnitten. Polen lag nun für sie in unerreichbarer Ferne. Aber ihre Kraft reichte noch aus, um die Dänen und Sachsen am 20. Dezember 1712 bei Gadebusch zu schlagen. Die Verbündeten verloren 6 000 Mann, ungefähr ein Drittel ihres Heeres. Flemming mit seinen sächsischen Reitern deckte den fluchtartigen Rückzug. Zum letztenmal in diesem Krieg hatten die Schweden eine Schlacht gewonnen.

1713 starb FriedrichI. von Preußen.Sein Nachfolger Friedrich Wilhelm I.schloß sich sofort der antischwedischen Koalition an und besetzte Stettin, das ihm die Russen als Preis für den Kriegseintritt überließen. Auch der Kurfürst von Hannover gab seine bisherige Zurückhaltung auf. Schweden befand sich in einer hoffnungslosen Lage; es kämpfte nun gegen eine zehnfache Übermacht und hatte nach einem Wort von Clausewitz jenen Punkt erreicht, »über den hinaus das Verharren nur eine verzweiflungsvolle Torheit genannt und also von keiner Kritik gebilligt werden kann«. Trotzdem weigerte sich Karl XII., einer auch jetzt noch möglichen Kompromißlösung zuzustimmen. Viele Politiker versuchten ihm goldene Brücken zu bauen - in erster Linie aus Besorgnis über die stetig wachsende Macht des Zarenreichs. Preußen schlug ihm 1712 sogar ein Bündnis gegen Rußland vor. Es stellte lediglich die Bedingung, daß der schwedische Monarch August als König von Polen anerkannte und sich einer von diesem im voraus gebilligten Gebietserweiterung Preußens auf Kosten der Rzeczpospolita nicht widersetzte. Der Starrkopf aus dem Norden blieb bei seinem schroffen Nein. Der Baumeister Johann Friedrich Eosander, ein gebürtiger Schwede, der im Auftrag des preußischen Hofes mit Karl im Lager von Bender verhandelt hatte, mußte unverrichteterdinge aus der Türkei nach Berlin zurückreisen.

August nahm zu dieser Zeit kaum noch Anteil an dem sich hinschleppenden Krieg. Er vergrößerte seine Armee, die allmählich eine Stärke von 36 000 Mann erreichte, aber es war offensichtlich, daß er sie für künftige Auseinandersetzungen schonte. Mehr als ein Drittel von ihr stand nie im Kampf. Flemming wurde 1711 zum Generalfeldmarschall ernannt. Schulenburg, der sich übergangen fühlte, bat um seinen Abschied. Der König, der ihn entbehren zu können glaubte, ließ ihn gehen. Der alte Berufssoldat trat in die Dienste der Republik Venedig. Die Signoria zahlte ihm 40 000 Taler im Jahr, in Kriegszeiten sogar 70 000 Taler, ungefähr das Dreifache von dem, was er in Sachsen bekommen hatte. 1716 verteidigte er die Inselfestung Korfu gegen eine fünffache türkische Übermacht. Sein Denkmal steht noch heute auf dem Marktplatz der griechischen Stadt, die jetzt Kérkyra heißt.

In Sachsen baute August seine beherrschende Stellung weiter aus. Als die Stände im April 1711 noch einmal versuchten, ihm Zugeständnisse abzunötigen, reagierte er so scharf, daß den Herren die Lust zu solchen Aktionen ein für allemal verging. Die Forderung, den Ständen ein Mitbestimmungsrecht in politischen Fragen einzuräumen, wies er mit den Worten zurück: »Dießes ist absollutes nicht zu gestahtten und leset [läßt] sich koin her leges [Gesetze] vorschreiben; den er schon wießen wird, was zu seinen und der seinigen besten und nutz des landesbesten ist; die es vorherros getahn, haben es nicht verantworten können und ist koin condominium [Doppelherrschaft] zu verstatten.« Der Hinweis auf das von den Ständen beanspruchte Recht zum Widerstand gegen Religionsveränderungen brachte den König noch mehr in Harnisch: »Die Concipienten [Verfasser] haben sich zu schemen, dem Herren solche prejudiciable [spätere Entscheidungen vorwegnehmende] Dinge vor zu tragen, und man ist nicht gesinnt in der Formundschaft zu verharren, wie es mit den Preddecessores [Vorgängern] gegangen.« Dieser Bescheid ließ an Deutlichkeit nichts zu wünschen übrig.

Mit einem anderen Gegner seiner Politik mußte August vorsichtiger umgehen. Die lutherische Geistlichkeit war in Sachsen eine Macht, die sich nicht so ohne weiteres beiseite schieben ließ. In den Dörfern und Städten wurde gläubig hingenommen, was der Pastor von der Kanzel verkündete - und die Herren im Talar sagten nur selten etwas Freundliches über ihren angestammten Landesherrn. Seit seinem Konfessionswechsel verdächtigten ihn die Theologen, finstere Absichten zu hegen. Sie behaupteten, daß er insgeheim plane, die Jesuiten ins Land zu holen und die Anhänger der reinen Lehre Lutheri mit Gewalt zum Katholizismus zu bekehren. Es nutzte nicht viel, daß der König wiederholt versicherte, er werde die kirchliche Verfassung des Kurfürstentums in vollem Umfang respektieren. Der lutherische Klerus sah darin nur ein Ablenkungsmanöver. Er blieb mißtrauisch und verstärkte seine Angriffe.

Die sächsische Geistlichkeit war schon im 17. Jahrhundert wegen ihrer Zanksüchtigkeit verschrien. Sie ließ nicht die geringste Abweichung von der lutherischen Lehre zu und verfolgte alle, die für Toleranz eintraten, mit ihrem Haß. So hatte sie den Philosophen und Staatsrechtler Christian Thomasius, der sich für die Duldung der Kalvinisten einsetzte, aus Leipzig vertrieben und auch anderen berühmten Persönlichkeiten, wie dem Philosophen Gottfried Wilhelm Leibnitz und dem Völkerrechtslehrer Samuel von Pufendorf, den Aufenthalt in Sachsen unmöglich gemacht. Dabei waren viele dieser Verfechter der reinen Lehre alles andere als moralische Vorbilder. Eine Verordnung aus dem Jahr 1705 rügte, daß sie sich schlecht aufführten, ohne Scheu Wirtshäuser besuchten, sich unmäßig dem Trunk ergaben, zu hohe Gebühren bei Trauungen und Taufen, insbesondere bei Taufen unehelicher Kinder, erhoben und zuwenig taten, um ihre Gemeindemitglieder in der christlichen Lehre zu unterweisen.

Ihre eigenen moralischen Gebrechen hinderten die Herren Pastoren nicht, die laxe Moral des Königs scharf zu kritisieren. 1707 wetterte ein Prediger in der Dresdner Sophienkirche von der Kanzel herab: »Der Größte und Vornehmste im Lande hat mit Ehebruch angefangen; einige von den größten Ministris sind ihm in diesem bösen Sündenwerke nach gefolgt. Ist's denn nicht wahr, daß man andern ihre Eheweiber fast mit Gewalt genommen und zu seinen Mätressen gemacht? Ist's nicht wahr, daß man mit denselben, wenn ich als ein Diener Gottes mit der Schrift reden soll, ehebrecherische Hurenkinder gezeuget und dieselben und sogar, welches sonst nicht erhöret, in hiesiger Residenz ganz ungescheut hat lassen geboren werden?« Der König, sonst keineswegs sanftmütig, ahndete diese Majestätsbeleidigung nicht. Er ließ dem Schwarzrock nur ausrichten, daß es für ihn besser wäre, wenn er aus Dresden verschwände.

Einige Minister rieten dem König, die Geistlichkeit etwas härter anzupacken. Die Herren würden schon den Mund halten, wenn sie erst einmal die Kasematten des Königsteins kennengelernt hätten. Auch die Gräfin Cosel forderte von ihrem Liebhaber, daß er die respektlosen Pastoren, die es wagten, sie als »sächsische Bathseba« zu bezeichnen, endlich an die Kandare nähme. Der Papst schaltete sich ebenfalls ein: Er erinnerte den König an seine Pflicht als katholischer Christ und verlangte von ihm, daß er mehr Festigkeit zeige, wenn es darum ging, die wenigen Katholiken in Sachsen vor Benachteiligungen, Beschimpfungen und Tätlichkeiten zu schützen. August wies diese Versuche, ihn zu beeinflussen, mit der Bemerkung zurück: »Die lutherischen Prediger haben in der Woche einmal eine Stunde, wo sie sagen können, was sie wollen, wenn sie außerhalb dieser Stunde etwas sagen, so

August II. um 1713
Gemälde von Heinz Christoph Fehling
oder Adám Mányoki

sollen sie es büßen. Die Kanzel ist mir zu hoch, ich kann nichts machen.« Das Luthertum blieb in Sachsen Staatsreligion. Der lutherische Klerus behauptete seine Monopolstellung im kirchlichen und geistigen Leben des Landes. Katholiken und Kalvinisten standen nach wie vor unter Ausnahmerecht. Der König sah ein, daß er sich mit diesen Gegebenheiten abfinden mußte. Er konnte die eifernden Pastoren nicht zum Schweigen bringen, ohne einen Glaubenskampf zu provozieren - und diesen Preis wollte er nicht zahlen.

In Polen ging August weniger behutsam vor. Es gab hier innerhalb der herrschenden Klasse eine Minderheit, die nicht abgeneigt war, den König bei seinen Versuchen zu unterstützen, die Rzeczpospolita in eine Erbmonarchie umzuwandeln und die Rechte des Adels einzuschränken - vorausgesetzt, daß seine Politik nicht einen bewaffneten Konflikt innerhalb des Landes heraufbeschwor. Einer der Führer der Konföderation von Sandomierz, der Bischof von Kujawien, sagte zu dem preußischen Gesandten in Warschau, was dieser sofort nach Berlin berichtete: »Pohlen hätte sich besser unter den Erbkönigen gehabt und dennoch damahlen ein freyes Volk geheissen. Ihre Freyheit könnte also auch wieder bestehen, wenn sie zur vorrigten Succession [Erbfolge] zurückkehrten. Eine andere Absurdität wäre auch das nie pozwalam oder liberum veto [Vetorecht] auf den Reichstagen und befinde sich England viel besser circa pluralitatem votorum [unter dem Mehrheitswahlrecht] ... und wann ja endlich auch ein Tyran daraus werden sollte, so besser allezeit schon nur einen als viele zu haben.« Hier bot sich August eine Chance, die Rzeczpospolita im Einklang mit bedeutenden Teilen des polnischen Adels allmählich nach seinen Vorstellungen umzugestalten. Er brauchte dazu nur Geduld ...

Warum der König diese Geduld nicht aufbrachte, ist ungewiß. Er hatte damals sein vierzigstes Lebensjahr gerade überschritten und nach menschlichem Ermessen noch längere Zeit vor sich. Vieles spricht dafür, daß er und seine Minister die Situation falsch einschätzten. Sie glaubten wohl nicht mehr daran, daß der polnische Adel noch die Kraft besaß, seine Freiheiten und Privilegien mit Aussicht auf Erfolg zu verteidigen. Die von Krieg und Pest verheerte Rzeczpospolita lag am Boden. Ihre kleine Armee löste sich auf. Die wenigen Soldaten, die bei der Fahne ausharrten, erhielten weder Sold noch Verpflegung, was zu einem raschen Verfall der Disziplin führte. Manche Regimenter unterschieden sich nur dem Namen nach von Räuberbanden. Die Schlachta bot ein Bild der Zerrissenheit. Sie folgte in der Regel dem, der ihr am meisten versprach, und schwankte wie ein Rohr im Wind. In der Partei der Magnaten herrschte ebenfalls Verwirrung. Die Anhänger des gestürzten Stanislaw Leszczynski hofften, daß Karl XII. zurückkehren und den Wettiner abermals vertreiben würde, eine zweite Gruppe verhandelte heimlich mit Türken und Tataren, eine dritte setzte auf die russische Karte, während die vierte und wohl auch größte bereit war, jeden Herrscher zu unterstützen, der ihre Hausmacht respektierte und für Ruhe im Land sorgte. In diesem Chaos gab es lediglich eine Kraft, auf die sich August bedingungslos verlassen konnte: die sächsische Armee.

Der polnische Adel merkte bald, daß der König sein 1710 gegebenes Versprechen, die sächsischen Truppen aus dem Land abzuziehen, nicht zu halten gedachte. Zwar rechtfertigte sich August mit dem Hinweis auf die von Schweden und Türken drohenden Gefahren, aber dieses Argument erinnerte den Adel an die Ausreden, die der König am Vorabend des Nordischen Krieges gebraucht hatte, und überzeugte daher niemanden. Auch andere Anzeichen deuteten darauf hin, daß der Monarch einen Staatsstreich vorbereitete: Die Sachsen besetzten 1713 die wichtigsten Festungen der Rzeczpospolita, legten überall Magazine an und trieben Kontributionen ein, oft in so rücksichtsloser Weise, daß die Polen Vergleiche mit den Plünderungen der Schweden anstellten. Ein dumpfes Grollen ging durch das Land. Noch war es nicht soweit, daß die Bedrohten zu den Waffen griffen, doch sie rückten näher zusammen und setzten den Maßnahmen des Königs passiven Widerstand entgegen. Sogar die meisten Reformwilligen liefen zur Opposition über.

Es scheint, daß sich sowohl der König als auch sein Hauptratgeber Flemming über den Ernst der Lage täuschten. Obgleich sich immer deutlicher abzeichnete, daß die Entwicklung einem Bürgerkrieg zutrieb, hielten sie an ihrem Plan fest, den oppositionellen polnischen Adel mit Gewalt niederzuwerfen. Offensichtlich glaubten sie, daß die in Polen stationierten militärischen Kräfte dazu ausreichen würden. Ein unerwartetes Ereignis brachte ihre Rechnung durcheinander: In der Nacht vom 10. zum 11. November 1714 klopfte ein schlammbespritzter Reiter an das Tribseer Tor der schwedischen Festung Stralsund und gab sich dem Kommandanten als Karl XII. zu erkennen. Der Schwedenkönig war aus der Türkei zurückgekehrt und nahm sofort wieder die Zügel in die Hand. Die Preußen bekamen das als erste zu spüren: Sie verloren die Peenemünder Schanze und mußten die Insel Usedom räumen. Da man Karl XII. zutraute, daß er von neuem mit einem Heer in Polen oder in Livland erschien, marschierten russische, dänische, sächsische und preußische Regimenter in höchster Eile nach Stralsund und schlossen ihn dort ein.

Die Belagerung der Festung zog sich sehr in die Länge. Karl XII. war gewillt, sie bis zum äußersten zu verteidigen, und er ließ sich auch durch die flehentlichen Bitten der Bürgerschaft, ihre Stadt zu schonen, nicht von seinem Vorsatz abbringen. Ein halbes Jahr lang kamen die Verbündeten keinen Schritt voran. Erst im Dezember 1715 gelang es preußischen und sächsischen Infanterieregimentern, die vor dem Frankentor gelegenen Verschanzungen zu erobern und sich dem Hauptwall bis auf Sturmentfernung zu nähern. Am 23. Dezember hißte die Besatzung die weiße Fahne. Karl XII. entkam in einem Fischerboot über den mit Treibeis bedeckten Sund. Vor der Südspitze von Hiddensee nahm ihn eine schwedische Fregatte auf und brachte ihn nach Karlskrona. Drei Jahre später, am 11. Dezember 1718, fand er den Tod. Man weiß bis heute nicht, ob die Kugel, die ihn vor der kleinen norwegischen Festung Frederikshald in die linke Schläfe traf, vom Feind oder aus den eigenen Reihen kam.

Während vor Stralsund noch gekämpft wurde, war das polnische Pulverfaß explodiert. Flemming hatte im Namen des Königs gefordert, einen bedeutenden Teil des sächsischen Heeres in die polnische Kronarmee aufzunehmen und einen Königlichen Rat zu bilden, der größere Befugnisse besitzen sollte als der Sejm. Falls die Aristokratie dem zustimmte, bedeutete dies, daß sie die militärische Besetzung des Landes nachträglich billigte und sich mit ihrer politischen Entmachtung einverstanden erklärte. Die Antwort des Adels war der bewaffnete Aufstand. Die Reste der Kronarmee schlossen sich der Erhebung an. Die voneinander isolierten sächsischen Garnisonen konnten sich des Ansturms nur mit Mühe erwehren. In Galizien und Wolhynien sowie in den Wojewodschaften an der oberen Weichsel erlitten sie schwere Niederlagen, die sie zur Räumung der umstrittenen Gebiete zwangen. In dem befreiten Städtchen Tarnogród nördlich von Jaroslaw bildete sich eine Konföderation, deren Wortführer erklärten, sie wollten sich über die Leichen der Sachsen den Weg zum Sieg bahnen.

Flemming schrieb seinem Herrn am 26. Oktober 1715 einen verzweifelten Brief: »Alle sind gegen uns: Juden und Christen, Adlige und Bürger, Priester und Laien. Ich fürchte, daß die hier anwesenden Minister am Ende kein Mittel mehr haben werden, ihr Ansehen aufrechtzuerhalten; sogar unter den Dienstboten gibt es nur wenige, die nicht gegen uns reden.« Auch August hielt die Lage für sehr ernst. Er ließ seinem Vertrauten am 31. Oktober ausrichten: »Der Herr Feldmarschall möge auch überlegen, ob man sich nicht der Bauern gegen den Adel bedienen kann, wie es in England geschehen ist, aber er sollte nur im Fall der äußersten Notwendigkeit zu diesem Mittel greifen.« Flemming legte den Vorschlag zu den Akten. Er wußte in Polen besser Bescheid als der König, der die Ereignisse aus der Ferne beobachtete und daher manches falsch sah. Der Rat, sich auf die Bauern zu stützen, mutete in der gegebenen Situation wie Hohn an.

Der antisächsische Aufstand breitete sich aus und erfaßte auch jene Schichten der Bevölkerung, welche sich früher meist ruhig verhalten hatten. Der Schlachtruf der Konföderierten von Tarnogród: Hinaus mit den Fremden! setzte die gesamte Rzeczpospolita in Brand. Große Teile der polnischen Bauernschaft griffen zu den Waffen - nicht um der Aristokratie und ihrer »goldenen Freiheit« willen, sondern weil sie es leid waren, sich von uniformierten Banditen ausplündern zu lassen. Jeder Soldat, gleichgültig, ob er der schwedischen, russischen oder sächsischen Armee angehörte, lebte auf Kosten des verelendeten Landvolks. Wenn der konföderierte Adel die Entfernung aller fremden Truppen aus Polen verlangte, so entsprach er damit auch den Wünschen derer, die er ausbeutete. Das gemeinsame Interesse der Unterdrücker wie der Unterdrückten an der Verjagung der Ausländer überlagerte für kurze Zeit den Klassengegensatz. Den Sachsen kam diese Zeit sehr lang vor ...

Wie einst das schwedische Heer nach der Bildung der Konföderation von Sandomierz, so lernte jetzt die sächsische Armee die Kraft des Volkswiderstands kennen.

Flemming zog eilig Reserven heran. Starke Kolonnen durchstreiften das Land und zerstreuten die Rebellenhaufen, die sich ihnen entgegenstellten. Der Feldmarschall meldete seinem König, daß die Truppen Sieg auf Sieg errangen, aber die erwartete Kapitulation der Geschlagenen blieb aus. Die Aufständischen zogen sich in die Wälder zurück und griffen nach ein paar Tagen wieder an, meist dort, wo es die sächsischen Einheiten nicht erwarteten. Was nutzte die Eroberung der Städte, wenn die Streifscharen der Konföderierten die ländlichen Gebiete beherrschten? Was die Vernichtung eines Aufstandherdes, wenn sich an seiner Stelle zwei neue bildeten? Die Guerillataktik der Konföderierten zwang der sächsischen Armee einen Abnutzungskrieg auf, der ihre Kräfte rasch erschöpfte.

Je länger der Aufstand dauerte, desto grausamer wurden die Methoden, mit deren Hilfe Flemming ihn zu unterdrücken versuchte. Augusts Feldmarschall folgte hier dem schlechten Beispiel Karls XII.: Er ließ die gefangenen Rebellen zu Hunderten erschießen oder erhängen. Die Konföderierten übten Vergeltung, indem sie alle Sachsen, die in ihre Hände fielen, erbarmungslos niedersäbelten. Der König schlug der Konföderation Verhandlungen vor, aber die Erbitterung der Aufständischen war so groß, daß sie es ablehnten, sich mit ihm an einen Tisch zu setzen. Der Krieg ging weiter, ohne daß es einer der beiden Parteien gelang, der anderen ihren Willen aufzuzwingen. August sah ein, daß er so rasch wie möglich den Rückzug antreten mußte. Nur dann konnte er seine Krone retten. Er hatte sich durch eigene Schuld in ein Netz verstrickt, aus dem es kein Entrinnen gab, es sei denn, ein Fremder kam ihm zu Hilfe.

Der Zar war über die Lage in Polen gut informiert. Seine Diplomaten, die zu beiden Parteien Beziehungen unterhielten, berichteten ihm regelmäßig, wie sich die Dinge entwickelten. Peter sah mit Genugtuung, daß sich August in einer ausweglosen Situation befand. Im Frühjahr 1716 gab er seine bisherige Zurückhaltung auf: Er bot dem Wettiner an, zwischen ihm und seinen rebellischen Untertanen zu vermitteln. Obwohl der König wußte, daß der Zar in Polen Ziele verfolgte, die mit seinen eigenen in gar keiner Weise übereinstimmten, mußte er den Vorschlag akzeptieren. Er hatte nur die Wahl, sich dem russischen Diktat zu beugen oder den Krieg fortzusetzen - ohne Aussicht, ihn in absehbarer Zeit zu gewinnen.

Im April 1716 reiste August nach Danzig. Der Zar feierte dort die Hochzeit seiner Nichte Jekaterina Iwanowna mit dem Herzog Karl Leopold von Mecklenburg. Schon die ersten vertraulichen Gespräche der beiden Herrscher offenbarten, daß Peter die verzweifelte Lage seines Bundesgenossen auszunutzen gedachte. Das russische Staatsinteresse gebot, daß die Rzeczpospolita ohnmächtig blieb. Die meisten europäischen Politiker beobachteten den Ausdehnungsdrang des Zarenreichs mit äußerstem Mißtrauen. Es gab Anzeichen, daß sich eine antirussische Koalition zu bilden begann - und einige der Fäden, die von den Diplomaten heimlich geknüpft wurden, endeten in Dresden und Warschau. Ein absolutistisch regiertes starkes Polen, Ziel aller Bemühungen des Königs, vergrößerte die Gefahr, in der Rußland schwebte. Schließlich verlief die polnisch-russische Grenze lediglich ein paar Dutzend Kilometer westlich von Smolensk, und die Strecke von Smolensk bis Moskau bewältigte ein diszipliniertes Heer in knapp drei Wochen.

Es war nur folgerichtig, daß der Zar in den entscheidenden Fragen auf der Seite der Konföderierten stand. Er unterstützte ihre Forderungen nach Abzug der sächsischen Truppen und erklärte, daß er keine Einschränkung der Freiheiten und Privilegien des Adels dulden werde. August mochte sich drehen und wenden, wie er wollte: Peter beharrte darauf, daß er sich künftig streng an die Verfassung hielt und seinen absolutistischen Gelüsten ein für allemal entsagte. Lediglich ein Umstand kam dem König zu Hilfe: Es gab unter den Konföderierten verschiedene einflußreiche Gruppen, die sich den Plänen des Zaren widersetzten. Die Anhänger der Sobieski traten zum Beispiel für die Auflösung der sächsisch-polnischen Personalunion und für die Wahl eines neuen Königs ein. Andere hofften, daß sich die Türken in die polnischen Angelegenheiten einmischen und Stanislaw Leszczysnki auf den Thron zurückführen würden. Die Verhandlungen, die im Frühsommer 1716 aus Danzig nach Lublin verlegt worden waren, zogen sich in die Länge. Der Vertrauensmann des Zaren, Fürst Wassili Dolgoruki, berichtete voller Sorge, daß die antirussischen Kräfte allmählich die Oberhand gewannen. Der Hetman von Litauen, der die russische Politik unterstützte, wurde von ihnen mit dem Tod bedroht und konnte sein Leben nur retten, indem er bei Nacht und Nebel floh. Peter entschloß sich, nun auch mit den Konföderierten Fraktur zu reden. Starke russische Truppenverbände rückten in die Rzeczpospolita ein. Die Konföderation, solcherart unter Druck gesetzt, fügte sich dem Willen des Zaren. Der zwischen ihr und dem König am 4. November 1716 geschlossene Warschauer Vertrag beendete den Konflikt.

Mit der Unterzeichnung des Vertrages gab August zu, daß er im Kampf um die Macht eine schwere Niederlage erlitten hatte. Nicht nur die sächsischen Truppen, sondern auch die meisten sächsischen Beamten mußten das Land verlassen. Die deutsche Kanzlei in Warschau, verantwortlich für die Ausfertigung und Beförderung aller Befehle, die der König in seiner Eigenschaft als Kurfürst von Sachsen erteilte, durfte künftig nicht mehr als sechs Mitarbeiter beschäftigen. Es war ihr streng verboten, sich in die inneren Angelegenheiten der Rzeczpospolita einzumischen. Die Freizügigkeit des Monarchen wurde eingeschränkt. Der Vertrag untersagte ihm, sich länger als drei Monate im Jahr aus Polen zu entfernen - es sei denn, Krankheit hinderte ihn daran, rechtzeitig in seine Residenz zurückzukehren. Da den polnischen Aristokraten, die August auf seiner jährlichen Reise nach Sachsen begleiteten, das fröhliche Dresden besser gefiel als das manchmal doch recht langweilige Warschau, nahmen sie es nach einiger Zeit mit dieser Bestimmung nicht mehr so genau. Doch zunächst sahen sie auf die Buchstaben des Vertrags ...

Zar Peter hatte ein gutes Gedächtnis. Er erinnerte sich der antirussischen Kundgebungen im Lager von Lublin und sorgte dafür, daß die Bäume der polnischen Aristokratie nicht in den Himmel wuchsen, sondern ein gewisses Gleichgewicht der Kräfte bestehenblieb. Der Warschauer Vertrag enthielt einige Bestimmungen, die den Magnaten ganz und gar nicht gefielen. So sollte die Armee der Konföderation von Tarnogród aufgelöst und ein neues Heer gebildet werden, dem in Widerspruch zur bisherigen Praxis die Beteiligung an Konföderationen strikt untersagt war. Auch eine andere Waffe wurde den Magnaten aus der Hand genommen: Sie durften das Allgemeine Aufgebot des Adels nur noch mit Genehmigung des Königs mobilisieren - und dies bedeutete, daß sie nicht mehr die Befugnis besaßen, der Schlachta Anweisungen zu geben, die sich gegen die Krone richteten. Im ökonomischen Bereich gewann der König die Verfügungsgewalt über die Krongüter zurück, was seine Einkünfte beträchtlich steigerte und ihm ermöglichte, die Anhänger seiner Politik großzügiger zu belohnen als bisher. Es schien, als sei noch nicht alles verloren: August blieb eine geringe Hoffnung, sich irgendwie aus seiner mißlichen Lage herauszuwinden.

Niemand weiß, was damals im Kopf des Königs vor sich ging, aber die Art und Weise, wie er die in den Jahren des

Bürgerkriegs zerrissenen Fäden neu zu knüpfen und Verbündete zu gewinnen versuchte, läßt vermuten, daß er nun endlich eins begriffen hatte: In Polen sind Reformen nur mit den Polen möglich, nicht gegen sie! Es scheint, daß er jetzt seine Pläne, die Rzeczpospolita mit Waffengewalt zu unterwerfen, für immer aufgab. Mit äußerster Vorsicht, viel Geduld und bemerkenswerter Menschenkenntnis näherte er sich wieder der Schlachta und bot ihr die Hand zur Versöhnung. Nach der Auflösung der Konföderation von Tarnogród waren die alten Gegensätze innerhalb des polnischen Adels von neuem aufgebrochen. Große Teile der Schlachta wandten sich gegen die Magnaten und forderten eine Beschränkung ihrer Machtbefugnisse. August nutzte dies aus, indem er bei jeder sich bietenden Gelegenheit die Verdienste der Schlachta hervorhob und die wenig patriotische Haltung der Hocharistokratie verurteilte. So brachte er es zuwege, daß der Kleinadel allmählich Vertrauen zu ihm faßte und sich an den Gedanken eines Bündnisses mit ihm zu gewöhnen begann. Wäre er von Anfang an so behutsam verfahren, hätte er sich die Niederlage von 1716 erspart.

Der König hütete sich auch davor, die wachsende Zahl seiner Anhänger durch zu hoch geschraubte Forderungen zu verstimmen. Im Unterschied zu früher verlangte er nur, was die Schlachta zu billigen bereit war. Die Rzeczpospolita litt an so vielen Gebrechen, daß es August nicht schwerfiel, jene Probleme hervorzuheben, an deren Lösung der Kleinadel ein ebenso großes Interesse hatte wie die Krone. Die Patrioten unter den Schlachtschitzen empfanden es zum Beispiel als Schande, daß ein so riesiges Land wie Polen eine Armee besaß, die nach dem Urteil alle Militärfachleute zu den am schlechtesten ausgerüsteten und ausgebildeten Truppenverbänden in Europa gehörte. Der Vorschlag des Königs, die Armee von Grund auf zu reorganisieren, fand daher Unterstützung. Aber wer eine schlagkräftige Streitmacht aufbauen wollte, mußte vor allem dafür sorgen, daß die angeworbenen Soldaten ausreichend ernährt und besoldet wurden - und dies setzte voraus, daß auch die Steuerverfassung umgestaltet wurde. August regte an, die von einem Reichstag bewilligten Steuern nicht, wie bisher üblich, für die Dauer von zwei oder drei Jahren, sondern so lange zu erheben, bis ein anderer Reichstag einstimmig neue Festlegungen traf. Wiederum waren große Teile der Schlachta bereit, sich hinter ihn zu stellen.

Als Anfang 1718 der Sejm zusammentrat, zeigte sich, daß August mit seiner Politik der Versöhnung und der vorsichtigen Reformen bedeutende Erfolge erzielt hatte. Die Versuche der Magnaten, ihm für alle Zeiten die Hände zu binden, trafen auf den energischen Widerspruch des Kleinadels - und dank dieser Hilfe besaß die Krone mehr Macht als je zuvor. Die Hocharistokratie mußte den Rückzug antreten. Der Sejm billigte die Heeres- und Steuerreform. Er erklärte sich auch damit einverstanden, daß die besten Regimenter der reorganisierten Armee der Verfügungsgewalt der Hetmane entzogen und dem Kommando des Feldmarschalls Flemming unterstellt wurden. Fürst Wassili Dolgoruki berichtete am 3. Februar nach Moskau, August sei noch nie so selbstbewußt aufgetreten wie auf diesem Reichstag. Und der preußische Gesandte in Warschau kam am 13. Februar zu dem Schluß, der König habe »zu einem absoluten dominio [Herrschaft] ein schönes Fundament gelegt«. Als Kenner der polnischen Szene fügte er allerdings skeptisch hinzu: »Es wird mir aber auch die Frage ankommen, wie lang dieses neue und der Nation Freyheit sehr gefährliche Etablissement [Einrichtung] bestehen werde.«

Der Preuße behielt recht: Die Erfolge des Königs hatten keinen Bestand. Der Zar, von seinen Diplomaten alarmiert, griff sofort ein und erklärte, daß er keine wie immer geartete Revision der polnischen Verfassung dulden werde. Er sorgte wohl auch dafür, daß einige Geheiminformationen durchsickerten. August erfuhr auf diese Weise, daß Peter nicht abgeneigt war, sich auf Kosten des Königs von Polen mit Stanislaw Leszczynski zu verständigen. Vieles deutete damals darauf hin, daß der über die Quertreibereien seiner Verbündeten erbitterte Zar einen Wechsel der Allianzen vorbereitete. Niemand wußte genau, was zum Beispiel auf den Ålandsinseln vor sich ging. Dort verhandelte der russische Diplomat Andrej Ostermann mit einem gewissen Georg Heinrich von Görtz, der als Vertrauter des Königs von Schweden galt. Was geschah, wenn sich Rußland und Schweden verständigten, was durchaus im Bereich des Möglichen lag? Wer konnte ihnen in den Arm fallen, wenn sie sich entschlossen, die Rzeczpospolita in verschiedene Einflußgebiete aufzuteilen? Der Zar hatte viele Mittel, den König von Polen spüren zu lassen, daß er nur noch einen geringen politischen Spielraum besaß.

August versuchte verzweifelt, aus dieser Schlinge herauszukommen. Im Januar 1719 verbündete er sich mit Österreich und England, die ihm für den Fall eines russischen Angriffs auf die Rzeczpospolita Waffenhilfe zusicherten. Im November 1719 löste er faktisch die Allianz mit dem Zaren, indem er mit Schweden einen Waffenstillstand schloß. Die schwedische Königin Ulrike Eleonore, Schwester Karls XII., erkannte ihn als rechtmäßigen König von Polen an; Stanislaw Leszczynski behielt den Titel eines Königs und wurde von August mit einer Million Taler abgefunden. Auch Hannover, Preußen und Dänemark stellten die Kampfhandlungen ein, nachdem sie ihre Beute in Sicherheit gebracht hatten. Nur Rußland setzte den Krieg fort - hartnäckig, zielstrebig und fest entschlossen, sich von niemandem, auch nicht von einer Koalition der europäischen Großmächte, um den Preis seiner gewaltigen

Anstrengungen prellen zu lassen. Im September 1721 mußte Schweden eingestehen, daß es am Ende war. Es trat Ingermanland, Livland, Estland mit den beiden Inseln Ösel und Dagö sowie Südkarelien mit der Stadt Wiborg an Rußland ab. Der Zar gab ihm dafür das schon seit 1714 von russischen Truppen besetzte Finnland zurück.

Ob August in den Tagen seiner zweiten und diesmal endgültigen Niederlage im Kampf um die Macht an die Feste von Rawa zurückdachte? Oder an die Konferenz in Kurland anno 1701, als der Zar nach Narwa mit leeren Händen vor ihm saß, ein Herrscher ohne Armee und, wie es schien, auch ohne Zukunft? Nur wenige glaubten damals, daß Peter noch eine Chance hatte, sich gegen Karl XII. zu behaupten. Aber der Zar war aus einem härteren Holz geschnitzt als die anderen Monarchen Europas. Unbeirrbar trieb er seine Reformen voran, die das russische Reich von Grund auf verwandelten. Er zwang seine Untertanen, sich den Schlaf der Jahrhunderte aus den Augen zu reiben, und lehrte sie auf neuzeitliche Weise kämpfen. Und sie kämpften bald so gut, daß niemand mehr über sie zu spotten wagte. Jetzt stand der Zar als Sieger da und schrieb seinen einst so hochmütigen Nachbarn vor, was sie zu tun und zu lassen hatten. August begriff, daß er sich als König von Polen mit dem Teil der Herrschaft zufriedengeben mußte, den ihm der große Peter zugestand.

Nichts als Ärger mit der Familie

Während August zum zweitenmal um die polnische Krone kämpfte, bereitete die sächsische Opposition einen neuen Angriff vor - und da sie inzwischen Verbündete innerhalb und außerhalb der Grenzen gefunden hatte, standen ihre Chancen gar nicht so schlecht. Adel und Geistlichkeit waren nach wie vor ein Herz und eine Seele: Die sächsischen Aristokraten benutzten jede Gelegenheit, den König der Verletzung des Herkommens und der Vergeudung von Steuermitteln anzuklagen, die Herren im Talar warfen ihm von der Kanzel herab vor, daß er ein unchristlichesLeben führe und seine Glaubensbrüder, die Katholiken, begünstige, und verdächtigten ihn gegenreformatorischer Pläne.

Auch in den Nebenlinien des Kurhauses regte sich Widerstand. Der König hatte seinen Vetter, den Herzog von Sachsen-Weißenfels, schon seit der Beichlingenaffäre in Verdacht, mit den Ständen zu paktieren. Gerüchte besagten, daß der Herzog in die hochverräterischen Pläne des Ministers eingeweiht, mehr noch, daß er zum Nachfolger auf dem Thron ausersehen war, aber da Beichlingen sich mit viel Geschick herausredete und der um sein Ansehen besorgte König die Angelegenheit nicht weiter verfolgte, kam der Weißenfelser damals mit dem Schrecken davon. August ließ ihn seitdem durch Vertrauensleute beobachten - ebenso wie seine beiden Vettern in Merseburg und Zeitz, die gleichfalls gute Beziehungen zu den Ständen unterhielten und kein Hehl daraus machten, daß sie den Glaubenswechsel und das polnische Abenteuer ihres Oberherrn tief mißbilligten. Die Opposition hatte ihre Basis verbreitert und arbeitete daran, neue Anhänger zu gewinnen.

August wollte zunächst nicht glauben, was ihm seine Späher meldeten, aber die Tatsachen, die nach und nach ans Licht kamen, beseitigten die letzten Zweifel: Auch seine Frau und seine Mutter waren zur Opposition übergelaufen. Christiane Eberhardine, die das Sündenbabel Dresden verabscheute, hatte sich mit Erlaubnis des Königs in den kleinen Ort Pretzsch an der Elbe zurückgezogen. Ihre Schwiegermutter, die Kurfürstin Anna Sophie, lebte seit dem Tod ihres Gatten auf Schloß Lichtenburg in Prettin, ein Dutzend Kilometer von Pretzsch entfernt. Die beiden Nachbarinnen fanden rasch Gefallen aneinander. Zwar beanstandete die prinzipienfeste Kulmbacherin, daß Anna Sophie oft mehr trank, als sie vertragen konnte, aber sie beurteilte diese menschliche Schwäche wohl etwas milder als Liselotte von der Pfalz, die der dänischen Königstochter später den Nachruf widmete: »... von (der) alten Churfürstin von Saxsen habe ich allezeit gehört, daß sie sich so sternsvoll gesoffen hatt.« In konfessioneller Hinsicht waren sich Anna Sophie und Christiane Eberhardine einig: Wer vom Glauben Luthers zum Katholizismus übertrat, verlor sein Seelenheil.

Vor allem eins bereitete dem König Sorge: Die beiden Frauen bewachten einen Schatz, dessen er sich unter allen Umständen bemächtigen mußte. Dieser Schatz war der Sohn, den ihm Christiane Eberhardine am 17. Oktober 1696 geboren hatte. Der kleine Friedrich August wuchs am Hof seiner Großmutter Anna Sophie auf. Seine Erzie-

Christiane Eberhardine

hung lag in den Händen von Männern, die samt und sonders zu den Wortführern der Adelsopposition gehörten. In Prettin und Pretzsch gaben die Miltitz, Knoch, Bose, Haugwitz und Gersdorf den Ton an, Politiker, die von einer Wiederkehr der alten Zeiten träumten, als die Kurfürsten noch so tanzten, wie die Stände pfiffen. Der Junge hörte wohl kaum ein gutes Wort über seinen Vater. Wozu all die Mühe um die politische Krone, wenn sich der Kurprinz später weigerte, das Erbe anzutreten? Nur ein Katholik konnte König von Polen werden. Es war höchste Zeit, energisch dazwischenzufahren.

Schon 1704 hatte Johann Friedrich von Wolffsramsdorff, ein sächsischer Adliger, der mit seinen Standesgenossen in Fehde lag, den König gewarnt: »Sehr bedenklich ist es, einem von Adel die Erziehung des Kronprinzen allein zu überlassen, zumal jetzt, wo die Ritterschaft auf den Landtagen sich allen Verbesserungen, die von dem König ausgehen, widersetzt, namentlich der Einführung der Akzise ... Da nun der Kammerherr von Miltitz von Adel und sogar Landstand ist, so darf man nicht daran zweifeln, daß er über dieses Kapitel dem Kronprinzen falsche Grundsätze beibringt, damit er sich nie aus den Ketten, mit welchen der Adel den König seinen Vater und seine Vorfahren gefesselt hat, befreit. Sehr unverzeihlich ist es ferner, daß er gestattet, daß man in Gegenwart des Prinzen so frei und mit so geringer Achtung von dem König und seinen Handlungen spricht.« August, dem damals, nach Klissow, das Wasser bis zum Hals stand, hatte die Warnung überhört. Doch nun, sechs Jahre später, erinnerte er sich ihrer.

Die Lage im Land gebot dem König Vorsicht. Christiane Eberhardine brauchte er nicht zu fürchten: Wenn er ein Machtwort sprach, würde sich seine Angetraute schon fügen. Vor seiner Mutter hatte er jedoch noch immer großen Respekt. Die energische alte Dame ließ sich nicht so leicht beeindrucken, schon gar nicht von ihrem Sohn, dessen schwache Seiten sie besser kannte als jeder andere. Sie wachte über das Seelenheil ihres Enkels, und der König mußte damit rechnen, daß sie sich gegen eine Gewaltmaßnahme wehren würde. Es gab sogar Anzeichen dafür, daß sie insgeheim mit auswärtigen Mächten verhandelte. Eine bewaffnete Intervention der drei protestantischen Staaten Preußen, Hannover und Hessen lag durchaus im Bereich des Möglichen. Auch das Herzogtum Sachsen-Gotha schien mit von der Partie zu sein. August hielt die Situation immerhin für so bedrohlich, daß er den katholischen Kurfürsten Johann Wilhelm von der Pfalz und den Bischof von Münster um militärische Unterstützung ersuchte, falls Hessen und Gotha das Kurfürstentum Sachsen angriffen.

Papst Klemens XI. drängte den König zum Handeln. Jahrelang hatte ihn August auf bessere Zeiten vertröstet, unter anderem mit der Bemerkung: »Es gibt kein Land, wo der Eifer gegen den Katholizismus so stark ist wie in Sachsen; jede Unternehmung zugunsten des Katholizismus ist geeignet, Unruhen zu erregen.« An der Richtigkeit dieses Satzes war nicht zu zweifeln, aber wenn es schon nicht gelang, die störrischen Sachsen zu bekehren - in seiner Familie mußte der König Ordnung schaffen. Der Papst beauftragte seinen Gesandten, August folgendes auszurichten: Falls der Kurprinz nicht zum Katholizismus übertrat, würde sich der Vatikan überlegen, ob es sich noch lohnte, die Politik des Wettiners zu unterstützen. Im Klartext bedeutete dies: Wenn du nicht gehorchst, hetzen wir dir den polnischen Klerus auf den Hals. Und gegen den Willen des Klerus ließ sich Polen nicht behaupten.

Der Kurprinz selbst bereitete dem König die geringste Sorge. Er war ein dicker und phlegmatischer Jüngling, der tat, was man ihm sagte. Seine Mutter und seine Großmutter erwarteten von ihm Standfestigkeit, aber dies bewies nur, daß sie wenig Menschenkenntnis besaßen. Die Katholiken, die seine Bekehrung wünschten, machten sich über ihn keine Illusionen. Der päpstliche Nuntius nannte ihn in einem vertraulichen Bericht »kennntnisarm, indolent [gleichgültig], weichlich, träg, zum Müßiggang geneigt«. Flemming wählte seine Worte etwas vorsichtiger, aber in der Sache stimmte er mit dem vatikanischen Diplomaten überein: »Er liebt die Pracht und den Schmuck und glaubt, Geschmack zu haben. Er liebt die Tafel, die guten Speisen und den Wein, aber ohne Ausschweifung. Er liebt die Musik der Italiener. Er hat die gewöhnlichen Neigungen aller Prinzen: Jagd, Pferde und Hunde ... Abschließend kann man sagen, daß er sehr gute Anlagen besitzt, aber mehr für das Privatleben als für die Regierung.« Wie der Vater seinen Sohn beurteilte, läßt sich nicht mehr nachweisen, doch vieles spricht dafür, daß er Flemmings Meinung teilte.

August entschloß sich, die Opposition zu überrumpeln. Am 24. Mai 1711 führte er seinen Plan aus. Einen Tag später berichtete der Kammerherr Christoph Dietrich von Bose voller Empörung, wie elegant die Prettiner Adelsclique aufs Kreuz gelegt worden war: »Der zur Abfahrt bereite König hob die Tafel auf, verabschiedete sich von der Gesellschaft und befahl dem Prinzen, sich in der Kutsche an seine Seite zu setzen, unter dem Vorwand, ihn nur bis zum Ufer des Flusses mitnehmen zu wollen; Herr von Miltitz sollte zu Pferde folgen. Aber kaum war er hundert Schritt vom Großen Garten entfernt, als er den Wagen verließ, Herrn von Miltitz zu sich rief und ihm sagte, daß er den Prinzen mit sich nehmen werde ... Sie können sich vorstellen, in welche Bestürzung dieser gemeine Streich Herrn von Miltitz und alle anderen versetzt hat.« Als die Opposition zur Besinnung kam, befand sich der Kurprinz schon jenseits der sächsischen Grenze.

Anna Sophie und Christiane Eberhardine schickten dem

Friedrich August II. als Kurprinz
Kupferstich von Johann Martin Bernigeroth

Entführten in höchster Eile ein paar strenggläubige Herren nach, die ihn im Widerstand gegen die Bekehrungsabsichten seines Vaters bestärken sollten, aber der König hatte die Posten des prinzlichen Hofstaats bereits mit Katholiken besetzt. Oberhofmeister war nun der Graf Joseph Kos, ein weltgewandter livländischer Edelmann, der seinem Zögling nicht mit Predigten lästig fiel, sondern ihn von den Freuden der Welt kosten ließ - was dem in dieser

Hinsicht nicht gerade verwöhnten jungen Mann ausnehmend gut gefiel. Auch die Jesuitenpatres, die zu seiner Umgebung gehörten, behelligten ihn nur selten mit theologischen Grundsatzerklärungen. Sie vertrauten auf die werbende Kraft des katholischen Gottsdienstes und führten ihm die alleinseligmachende Kirche in ihrer ganzen Herrlichkeit vor. Der Widerstand des Prinzen erlahmte. Zwar schrieb er seiner Großmutter noch am 19. Februar 1712: »Ich verspreche, daß ich niemals so niederträchtig sein werde, mir eine so unwürdige und ehrlose Sache zuschulden kommen zu lassen, als meine Religion zu wechseln«, aber wer seinen schwachen Charakter kannte, nahm diese starken Worte nicht ernst.

Im November 1712 hielt der König die Zeit für gekommen, mit dem Kurprinzen Fraktur zu reden. Er schrieb ihm einen Brief, der an Deutlichkeit nichts zu wünschen übrigließ: »Ihr wißt, mein geliebter Sohn, daß Ihr meine einzige Hoffnung seid ... Ich sage Euch daher, es ist meine Meinung, mein Rat und mein Wille, daß Ihr den katholischen Glauben annehmt; nur so könnt Ihr gerettet werden, sonst seid Ihr auf ewig verloren. Dies verlangen auch die Gebote der Ehre und die Interessen unseres Hauses, aber darüber will ich jetzt nicht sprechen. Es genügt, wenn Ihr begreift, daß Euer Heil es fordert, Gott es befiehlt und Euer Vater, der König, es mit Leidenschaft wünscht.« Dieser Brief gab den Ausschlag. Am 27. November 1712 trat der Kurprinz während einer Italienreise zum Katholizismus über und legte vor dem Altar den Schwur ab: »Ich will auch, so viel an mir ist, allen Fleiß anwenden, damit dieser Glaube von meinen Untertanen oder von denen, welche meiner Obsorg befohlen sind, gehalten, gelehret und gepredigt werde.« Der Neubekehrte versprach hier mehr, als er später halten konnte: Das Mutterland der Reformation blieb ein Hort der reinen Lehre Luthers.

August hatte sich ausbedungen, daß der Konfessionswechsel seines Sohnes so lange geheimgehalten wurde, bis er selbst die Erlaubnis zur Veröffentlichung gab. Die Diplomaten tappten viele Jahre lang im dunkeln: Die einen glaubten, daß der junge Friedrich August noch evangelisch, die anderen, daß er schon katholisch war. Liselotte von der Pfalz hielt diese Taktik für klug: »Der printz thut woll, sich nicht zu erklären, so lang sein herr vatter lebt; den sollte er könig in Poln (werden), müste er catholisch sein, sonst kan er es nicht sein. Solte er aber churfürst von Saxsen bleiben, wer er seinen unterthanen lieber lutherisch, alß catholisch.«

In Sachsen war zu dieser Zeit der Teufel los. Die Adelsopposition schmiedete verwegene Pläne und schreckte nicht einmal vor Unternehmungen zurück, die das Gesetz als Hochverrat klassifizierte. Einige Heißsporne beabsichtigten zum Beispiel, den Kurprinzen nach England zu entführen. Dort sollte er bleiben, bis sein Vater entweder tot oder entmachtet war. Der englische Gesandte, der seinen Staat nicht in einen internationalen Skandal verwickelt sehen wollte, durchkreuzte das Vorhaben, indem er August rechtzeitig warnte. Wie der König am 23. Juli 1712 dem Grafen Kos mitteilte, lagen schriftliche Beweise vor, daß die Verschwörer die beiden hohen Frauen in Prettin und Pretzsch von dem geplanten Prinzenraub unterrichtet hatten. Die Damen kamen ungeschoren davon. August konnte es sich nicht erlauben, sie auf den Königstein zu schicken, es sei denn, er wollte einen Bürgerkrieg entfesseln. Und dies lag nicht in seiner Absicht ...

Auch so blieb die Situation im Land schwierig genug. Die Agitation der Pastoren beeindruckte das Volk doch mehr, als der König erwartet hatte. Viele Sachsen glaubten im Ernst, daß ihrem Luthertum Gefahr drohte, und was sie in den Kirchen hörten, bestärkte sie in dieser Überzeugung. Die Kanzelredner zogen alle Register ihres oft recht beachtlichen rhetorischen Könnens. Sie malten ihren Gemeinden aus, wie die arme Christiane Eberhardine nun verlassen in Pretzsch saß und mit tränenerstickter Stimme nach ihrem entführten Sohn rief. Sie schilderten die Seelenqualen, die sie erdulden mußte, und erreichten damit, daß alle Welt die Grausamkeit ihres Gatten verurteilte. Wenn sich die Gelegenheit ergab, schlugen sie auch schärfere Töne an. So wetterte der Dresdner Generalsuperintendent Valentin Ernst Löscher, ein Prediger, der weder König noch Teufel fürchtete, von der Kanzel herab: »Ohne die Hohen in der Welt oder auch jemand zu schmähen, der sich zur römischen Kirche bekennt, müssen wir sagen, daß das heutige Rom dennoch die unbetrüglichen Kennzeichen der apokalyptischen Hure trage.« Die wenigen Katholiken, die in Sachsen lebten, trauten sich kaum noch auf die Straße.

Aber der Sturm, der sich nach 1711 erhoben hatte, war ein mildes Lüftchen, verglichen mit dem Orkan, den die Bekanntgabe des Übertritts am 17. Oktober 1717 auslöste. Ein katholisch gewordener sächsischer Adliger, der zum Hofstaat des Königs gehörte, schrieb damals voller Entsetzen nach Rom: »Die hiesigen Stände haben der heiligen Kirche den Untergang geschworen. Sie verlangen vom König Schließung der Kapellen in Dresden und Leipzig. Sie wollen unsern Glauben hier ganz ausrotten. Turbulente Geister hegen sogar Aufstandspläne. Eine Verfolgung ist im Anzuge. Gott gebe uns Kraft zum Widerstand!« Und in einem amtlichen Schriftstück findet sich der Satz: »Alles war Feuer und Flamme, und alles konspirierte auf eine Revolution hin.«

Es gab in der Tat Anzeichen dafür, daß die Stände zum entscheidenden Schlag ausholten. Sie wiesen die Versicherung des Königs, »daß wie in andern also auch in Religions-, Kirchen-, Universitäts- und Schulsachen und allen Annexis [Anhängseln] nichts verändert, sondern alles in Statu quo, wie es vor 1697 gewesen, unverletzt erhalten werde«, als unzureichend zurück und forderten von ihm, daß er die Unverletzlichkeit des Luthertums verfassungsrechtlich verbürgte. Der Kammerherr Christoph Dietrich von Bose regte sogar in einer Denkschrift an, fremde Mächte, zum Beispiel Preußen und Hannover, sollten für die Einhaltung der königlichen Zusagen bürgen, das heißt, er schlug seinen Standesgenossen vor, sich mit auswärtigen Herrschern gegen den eigenen Fürsten zu verbünden. Flemming hatte Mühe, die Annahme dieses Antrags zu verhindern. Bose versuchte sich herauszureden, aber August glaubte ihm kein Wort und merkte sich den Mann für spätere Zeiten: 1729 ließ er ihn »wegen neuer unverantwortlicher, auf Mißtrauen und Mißhelligkeiten zwischen Uns und Unsern getreuen Ständen und Unterthanen, Zerrüttung und Unheil abzielenden Unternehmungen« verhaften und auf die Festung Sonnenstein bei Pirna bringen. Der Kammerherr kam erst nach dem Tod des Königs wieder frei.

Im Sommer 1717 starb die alte Kurfürstin. Ihr Tod brachte die Pläne der Stände durcheinander. Er beraubte sie einer Unterstützung, die sie dringend benötigten. Sie mußten nun handeln, ohne von einer Autorität, die auch beim Volk etwas galt, gedeckt zu sein. Das Volk mißtraute dem König, aber dies bedeutete nicht, daß es die Stände liebte. Im Gegenteil, es wußte aus Erfahrung, daß die Herren stets nur an sich selbst und niemals an jene dachten, welche nicht zu den Privilegierten gehörten. Solange Anna Sophie lebte, hatte sich die Opposition auf ihr Beispiel berufen können: Seht, sogar die Mutter wendet sich gegen den abtrünnigen Sohn! Würde sie dies tun, wenn nicht Höheres auf dem Spiel stünde? Kein Zweifel, diese Argumente machten Eindruck ...

Die Stände brauchten eine neue Galionsfigur und glaubten sie in Christiane Eberhardine gefunden zu haben. Aber die Kulmbacherin war bei weitem nicht so populär wie die alte Kurfürstin und zudem viel zu ängstlich für die Rolle, die sie nach den Vorstellungen des Adels spielen sollte. Sie blieb passiv und begnügte sich damit, alle Welt wissen zu lassen, wie sehr sie darunter litt, daß sich ihr Sohn auf Befehl seines grausamen Vaters von der Lehre Luthers abgewandt hatte. Die Stände warteten vergeblich auf einen geharnischten Protest: Christiane Eberhardine klagte nicht an, sondern betete und lamentierte. Auch damit erwies sie der Opposition einen Dienst: Die »weinende Rahel« in Pretzsch gehörte zum Repertoire aller Redner, welche die Massen aufzupeitschen versuchten - manchmal mit Erfolg. In Leipzig mußte zum Schutz der bedrohten Katholiken Militär aufgeboten werden. Der Anblick der Bajonette beruhigte die pogromlüsternen Radaubrüder.

August bewies in diesen turbulenten Jahren, daß er viel dazugelernt hatte. Obwohl der Sturm länger dauerte und größeren Schaden anrichtete, als von ihm vermutet worden war, ließ er sich nicht zu Gewaltmaßregeln hinreißen, sondern vertraute darauf, daß jede Schlechtwetterperiode einmal endet. Und er behielt recht. Den Ständen ging allmählich die Luft aus. Nicht wenige Adlige bekamen Angst vor ihrer eigenen Courage und traten den Rückzug an. Es fiel Flemming nicht schwer, sie zur Kapitulation zu überreden. Die Parolen der Scharfmacher zündeten nicht mehr. Die Pastoren stellten mit Betrübnis fest, daß der Glaubenseifer ihrer Schäflein zu erlahmen begann. Allmählich kamen auch die Unentwegten zu der Erkenntnis: Wegen eines jungen Mannes, der lieber katholisch als evangelisch sein wollte, nahm der sächsische Bauer den Dreschflegel nicht von der Wand, und auch das Bürgertum war keineswegs bereit, sich um der Weinenden in Pretzsch willen von Soldaten massakrieren zu lassen. Die Heerhaufen der Opposition liefen auseinander, ohne daß ein Schuß abgegeben zu werden brauchte. Die einst so feurigen Streiter für die reine Lehre kehrten friedlich zu ihrer Alltagsarbeit zurück. Sogar Christiane Eberhardine trocknete ihre Tränen ...

Es gibt nicht den geringsten Hinweis, daß August je abfällig über seine Frau gesprochen hat. Er blieb nach außen hin der untadlige Kavalier, der streng darauf achtete, daß niemand Christiane Eberhardine den Respekt versagte, der ihr als Königin zukam. 1725 erfüllte er ihr sogar einen Herzenswunsch: Er finanzierte ein adliges Fräuleinstift, mit dem sich die Schloßherrin von Pretzsch ein Denkmal setzen wollte. Dergleichen kostete nicht viel und machte einen guten Eindruck auf die Frommen im Land. Wenn sich eine persönliche Begegnung nicht vermeiden ließ, wie etwa bei den großen Staatsfesten, behandelte August seine Gattin mit vollendeter Höflichkeit. Er wußte, was die »Betsäule Sachsens« von ihm hielt, und erwiderte ihre Abneigung, ohne sich vor der Welt eine Blöße zu geben. Die seit langem kränkelnde Christiane Eberhardine starb am 5. September 1727 und wurde in der Kirche von Pretzsch beigesetzt. Der König, nun jeder Rücksichtnahme enthoben, gab ihr nicht das letzte Geleit, sondern beauftragte seinen Oberhofmarschall, ihn zu vertreten.

Während die Empörung der Protestanten in Sachsen allmählich abklang, bewarb sich der Kurprinz um die Hand einer habsburgischen Prinzessin - nicht auf eigenen Wunsch und schon gar nicht, weil er für seine Auserwählte entflammt war, sondern auf Geheiß seines Vaters, der diese Verbindung aus politischen Gründen für nützlich hielt. Das Haus Habsburg stand vor einer Krise. Der 1711 gestorbene Kaiser Joseph I. hatte lediglich zwei Töchter hinterlassen, und auch von den Kindern seines Bruders, der ihm als Karl VI. in der Regierung folgte, blieben nur die Mädchen am Leben. Wer sollte die habsburgischen Länder erben? Die älteste Tochter Josephs I., Maria Josepha, oder

Maria Josepha
Gemälde von Louis de Silvestre

die älteste Tochter Karls VI., Maria Theresia? Am 19. April 1713 erließ Karl VI. ein Hausgesetz, das Maria Theresia den Vorrang vor Maria Josepha sicherte. Aber ein solches Hausgesetz, in der Fachsprache der Diplomaten Pragmatische Sanktion genannt, bedurfte der Zustimmung der deutschen Reichsfürsten - und wo existierte ein Reichsfürst, der etwas gab, ohne dafür eine Gegenleistung zu verlangen?

Auf den ersten Blick war die von ihrem Onkel enterbte

Maria Josepha alles andere als eine gute Partie. Auch machte Karl VI. seine Erlaubnis zu ihrer Verlobung mit dem sächsischen Kurprinzen davon abhängig, daß sie zuvor in staatsrechtlich verbindlicher Form auf die Thronfolge verzichtete. August akzeptierte diese Bedingung. Er wußte aus Erfahrung, wie wenig solche Dokumente bedeuteten, wenn der Kampf erst einmal begonnen hatte. Das Papier würde ihn jedenfalls nicht daran hindern, im Namen seiner Schwiegertochter Ansprüche auf das habsburgische Erbe zu erheben. Maria Josepha spielte in seinen Überlegungen die Rolle einer Schachfigur, mit der man die anderen Bewerber vielleicht matt setzen konnte. Zunächst lief alles nach Wunsch: Karl VI. nahm die Werbung des Kurprinzen an. Im September 1719 zog das junge Paar unter Glockengeläut und Kanonendonner in Dresden ein.

Handel und Wandel

Für Sachsen war es ein Glück, daß Zar Peter I. dem König in Polen die Hände gebunden hatte. Das Kurfürstentum brauchte dringend eine Ruhepause. Es konnte seine führende wirtschaftliche Stellung unter den deutschen Territorialstaaten nur behaupten, wenn die Last, die es seit zwei Jahrzehnten trug, drastisch verringert wurde. Der Nordische Krieg hatte das Land zwar nicht erschöpft, aber so weit heruntergebracht, daß nahezu alle Gewerbe über Kapitalmangel klagten. Wohl gab es Wirtschaftszweige, die am Krieg gut verdienten, doch die allgemeine Unsicherheit lähmte den Tatendrang der Unternehmer und verhinderte, daß die Gewinne wieder in die Produktion flossen und ihr Wachstum beschleunigten. Besonders die am weitesten fortgeschrittenen industriellen Unternehmungen, die Manufakturen, benötigten Kapitalhilfe, um über die Schwierigkeiten des Anfangs hinwegzukommen. Allein der Staat konnte ihnen die benötigten Summen vorschießen. Aber seine Kassen waren leer ...

Wie fast alle Herrscher seiner Zeit vertrat August die Ansicht: Ein Staat ist nur reich, wenn er eine aktive Handelsbilanz aufweist. Er trachtete folglich danach, die Ausfuhr zu fördern und die Einfuhr zu bremsen, damit möglichst viel Geld im Land blieb und auf dem Umweg über die Steuern der Staatskasse zugute kam. Die Importe ließen sich jedoch nur verringern, wenn Sachsen die bisher aus dem Ausland bezogenen Erzeugnisse selbst produzierte. Dies bedeutete: Das Warenangebot der sächsischen Wirtschaft mußte so breit gefächert sein, daß es den Inlandsbedarf deckte, und dabei so attraktiv, daß es auch im Exporthandel Chancen besaß. Die Einführung neuer Produktionsverfahren war aber stets mit einem hohen Risiko verbunden. Wer über Kapital verfügte, wie etwa die großen Leipziger Handelshäuser, steckte es nur ungern in Unternehmungen, von denen niemand zu sagen wußte, ob sie Gewinn abwarfen oder mit einem Bankrott endeten. Der Herrscher vermochte Verlust leichter zu verschmerzen als ein Privatmann. Da er viele Gewerbebetriebe finanziell unterstützte, glich das Plus der Erfolgreichen das Minus der Gescheiterten aus. Alles in allem machte er kein schlechtes Geschäft.

Die Manufakturbesitzer brauchten die Hilfe des Königs noch aus einem anderen Grund: Ihre Versuche, moderne Produktionsmethoden einzuführen oder schon vorhandene weiter auszubauen, trafen auf Schranken, die sie aus eigener Kraft nicht überwinden konnten. Das Kurfürstentum Sachsen war ein Feudalstaat, beherrscht von einer Adelsklasse, die nicht das geringste Interesse daran hatte, daß sich das Bestehende veränderte. Auch das in die feudale Struktur des Landes eingegliederte Bürgertum begegnete allen Bemühungen, das Althergebrachte durch Besseres zu ersetzen, mit tiefstem Mißtrauen. Es berief sich zum Beispiel auf die Zunftordnung und machte den freien Unternehmern das Leben zur Hölle. Die Bandwirker von Zschopau brannten 1702 eine mit Wasserkraft betriebene Bandmühle nieder. Der Rat ließ sie gewähren. Die sächsischen Färberzünfte weigerten sich, ein neues Verfahren der Grünfärbung anzuwenden, obwohl die Farbe im Unterschied zur bisher gebrauchten licht- und wasserbeständig war. In solchen und ähnlichen Fällen konnte nur der König helfen. Er allein besaß die Macht, veraltete Bestimmungen außer Kraft zu setzen und dem industriellen Fortschritt wenigstens da und dort freie Bahn zu verschaffen. Ohne seine Unterstützung wären die meisten Manufakturgründungen schon im Keim erstickt worden.

Der Gedanke, das Bürgertum als Klasse zu stärken, lag August dabei fern. Er blieb, was er von Anfang an war: Oberhaupt einer spätfeudalen Monarchie, deren wichtigste Aufgabe darin bestand, das feudale Grundeigentum zu schützen und die unmittelbaren Produzenten, die Bauern, in Abhängigkeit zu halten. Nie versuchte er, die Feudalordnung als Ganzes in Frage zu stellen. Es ging ihm lediglich darum, jene Auswüchse zu beseitigen, welche die Handlungsfähigkeit des Staates als Machtinstrument der herrschenden Klasse beeinträchtigten. Er sah weiter als die Vertreter der Stände, die sich einen möglichst schwachen Staat wünschten. Nach seiner Meinung war allein ein starker Staat in der Lage, die Existenz der feudalen Gesellschaft zu gewährleisten. Aber der Ausbau des Staates zu einer Klassenbastion, die allen Angriffen von unten zu trotzen vermochte, kostete mehr Geld, als Handel und Gewerbe an Steuern aufbringen konnten. Ein Herrscher, der die ökonomische Entwicklung seines Landes vorantrieb, erschloß sich neue Einnahmequellen - und dies wiederum befähigte ihn, die Machtmittel des Staates so zu vervollkommnen, daß vorerst niemand die Privilegien der herrschenden Klasse anzutasten wagte.

Aber es ist eins, was der König beabsichtigt, und ein anderes, was er tatsächlich bewirkt hat. Die Förderung des Manufakturwesens trug objektiv dazu bei, daß sich die kapitalistischen Elemente innerhalb der Feudalgesellschaft in Sachsen etwas rascher entwickelten als in anderen deutschen Fürstentümern, zum Beispiel in dem benachbarten Preußen, wo sie erst ein paar Jahrzehnte später und in weniger ausgeprägter Form Einfluß auf die Geschicke des Landes erlangten. Wenn der König den Erfolg seiner Wirtschaftspolitik nicht in Frage stellen wollte, mußte er bestimmte Wünsche der Manufakturbourgeoisie berücksichtigen - auch auf die Gefahr hin, einige Repräsentanten der herrschenden Klasse vor den Kopf zu stoßen. Der Adel verkaufte zum Beispiel die auf seinen Gütern produzierte Wolle lieber ins Ausland, weil er dort höhere Preise erzielte. Das wollverarbeitende Gewerbe hingegen forderte, daß die Versorgung der einheimischen Betriebe Vorrang haben müsse - und August gab diesem Verlangen nach, indem er ein Wollausfuhrverbot verhängte. Solche kleinen Erfolge stärkten das noch sehr schwache Selbstvertrauen der bürgerlichen Klasse und förderten die Erkenntnis, daß nicht nur sie den Staat, sondern der Staat auch sie brauchte.

Schon in den ersten Jahren seiner Regierung hatte August versucht, die wirtschaftliche Entwicklung des Kurfürstentums durch gelegentliche Kapitalzuschüsse zu beschleunigen, aber seinen Bemühungen fehlte die Stetigkeit, so daß vieles bereits im Ansatz steckenblieb und manches erfolgversprechende Unternehmen nach einiger Zeit eingestellt werden mußte. Der in den Nordischen Krieg verstrickte König hatte weder Zeit noch Lust, sich so um die Dinge zu kümmern, wie es notwendig gewesen wäre. Er begeisterte sich für hochfliegende Projekte - und vergaß sie, sobald sich zeigte, daß sie in absehbarer Zeit nicht verwirklicht werden konnten. 1702 besprach er zum Beispiel im Lager von Sandomierz mit dem berühmtesten Gelehrten Sachsens, dem aus Kieslingswalde bei Görlitz stammenden Mathematiker und Physiker Ehrenfried Walter von Tschirnhaus, die Gründung einer Akademie, deren wichtigste Aufgabe darin bestehen sollte, den technischen und industriellen Fortschritt zu fördern, doch die als Grundkapital vorgesehenen und sogar schon bereitgestellten 30 000 Taler wurden für andere Zwecke ausgegeben - und damit hatte es sein Bewenden. Gottfried Wilhelm Leibniz erging es 1704 nicht besser: Auch sein Projekt einer sächsischen Akademie der Wissenschaften kam über das Stadium der Planung nicht hinaus.

Tschirnhaus, ein welterfahrener Mann, der sich bei Hofe ebenso sicher bewegte wie in den Gelehrtenversammlungen der europäischen wissenschaftlichen Vereinigungen, wußte seinen König zu nehmen. Er trug ihm das Scheitern des Akademieplans nicht nach, sondern unterstützte ihn auch weiterhin mit seinem Rat. Es war wohl sein Verdienst, daß August mit dem 1701 aus Berlin nach Sachsen geflüchteten Apothekergehilfen und Alchimisten Johann Friedrich Böttger nicht so verfuhr, wie damals Souveräne mit erfolglosen und des Betrugs verdächtigen Goldmachern zu verfahren pflegten.

Wie fast alle seine Zeitgenossen glaubte der König an die Möglichkeit, unedle Metalle mit Hilfe eines geheimnisvollen Elixiers in Gold zu verwandeln. Es ist heute leicht, darüber zu spotten, aber damals hielten sogar berühmte Wissenschaftler, Fachleute auf dem Gebiet der Chemie, eine solche Umwandlung für erreichbar. Johann Theodor Jablonski, Verfasser eines »Allgemeinen Lexikons der Künste und Wissenschaften«, das 1721 erschien, gab zwar zu, daß die meisten Goldmacher Betrüger waren, doch auch er bekannte sich zu der Auffassung, daß ein solches Elixier vorhanden sei und darauf warte, von einem Kundigen entdeckt zu werden.

August zögerte nicht, sich des Flüchtlings zu versichern. Er befahl, ihn auf die Albrechtsburg in Meißen zu bringen. Wohl kaum ein Monarch hätte sich eine solche Chance, seine leeren Kassen mit künstlich erzeugtem Gold zu füllen, entgehen lassen. Wer sich als Goldmacher

Ehrenfried Walter von Tschirnhaus
Kupferstich von Martin Bernigeroth

ausgab, lebte gefährlich: Wenn sich herausstellte, daß er die in ihn gesetzten Hoffnungen nicht erfüllte, wartete auf ihn meist der Strick. 1709 ließ König Friedrich I. von Preußen zum Beispiel den italienischen Goldmacher Don Domenico Manuel Caetano hängen, der ihn um einige tausend Dukaten geprellt und sich nicht rechtzeitig in Sicherheit gebracht hatte.

Was Tschirnhaus dazu bewog, sich des eingesperrten Alchimisten anzunehmen, ist ungewiß. Wahrscheinlich hatte er erkannt, daß in dem jungen Mann mehr steckte als in den meisten Abenteurern, die an den Höfen ihr Glück zu machen versuchten. Er wies ihm den Weg zu systematischer wissenschaftlicher Arbeit und setzte ihn auf eine Spur, die er auf Grund eigener Experimente für erfolgversprechend hielt. Seit 1705 beschäftigte sich Böttger nicht mehr mit der Goldmacherei, sondern mit Versuchen, bestimmte einheimische Mineralien wie Ton, Quarz, Alabaster, Marienglas und Kaolin mittels extrem hoher Temperaturen zum Schmelzen zu bringen und auf diese Weise eine porzellanartige keramische Masse herzustellen. August billigte dies - wahrscheinlich hatte ihn Tschirnhaus davon überzeugt, daß auch mit einer solchen Erfindung Gold zu machen war. Zwar experimentierte der Staatsgefangene nach wie vor unter der Drohung: »Tu mir zurecht, Böttger, sonst laß ich dich hängen!«, aber solange ihn der Gelehrte mit seiner in ganz Europa anerkannten Autorität deckte, bestand kaum Gefahr, daß sich der König in seiner Ungeduld zu Gewaltmaßnahmen hinreißen ließ.

Der Schwedeneinfall unterbrach die Arbeit an den Versuchsreihen. August hielt Böttger nun schon für so wertvoll, daß er befahl, ihn unbedingt in Sicherheit zu bringen. Nach dem Abzug der Schweden besserte sich die Lage des Arrestanten. Der König holte ihn nach Dresden und richtete ihm auf der Jungfernbastei ein Laboratorium ein, das großzügiger ausgestattet war als die Räume in der Albrechtsburg. Als Tschirnhaus im Oktober 1708 starb, befand sich sein Schützling kurz vor dem Ziel. Am 28. März 1709 meldete Böttger, daß es ihm gelungen sei, jenes »rothe porcellain« herzustellen, welches dann als Böttgersteinzeug weltberühmt wurde.

Am 23. Januar 1710 gab die königliche Hofkanzlei der

»gantzen Welt« bekannt, »daß durch wohlgeübte Personen aus sächsischen Materialien nicht allein eine Art rother Gefäße, so die indianischen ... weit überträfen, wie nicht minder allerhand colorirte und von diversen Farben künstlich melirte [gemischte] Geschirre und Tafeln ... desgleichen weißes glasirtes und unglasirtes, dem ostindischen an Durchsichtigkeit und in anderen Eigenschaften ganz gleichkommendes Porcellan ... in der Stadt Meißen gefertigt würden«. Dies war die Geburtsstunde der Meißner Porzellanmanufaktur.

Die Ankündigung versprach mehr, als die Manufaktur auf der Albrechtsburg zunächst halten konnte. Erst auf der Leipziger Ostermesse 1713 wurde dem Publikum auch von dem »feinen durchsichtigen weißen Porcellain eine ansehnliche Quantitaet zum freyen Kauff vorgestellet«. Das Böttgersteinzeug verschwand allmählich vom Markt. Nach dem Bericht eines Chronisten aus dem Jahr 1717 waren »die Liebhaber sofort dermaßen auf das weiße gefallen, daß sie hernach das braune polirte und gemuschelte wenig, das geschnittene oder noch kostbarer verfertigte aber gar nicht mehr verlanget«. Der König, in diesem Fall weniger modebewußt als die Besucher der Leipziger Messe, benutzte noch 1730 Geschirr aus Böttgersteinzeug. Sein Gast Friedrich Wilhelm I. von Preußen nahm eine der Tassen, die vor ihm auf dem Tisch standen, prüfte sie und meinte dann: »Der heillose Apothekerbursch hätte wohl auch in meinem Berlin bleiben können, das braune Zeug ist besser, als ich mirs imaginiret [vorgestellt].«

Die Erzeugnisse aus Meißen eroberten sich den europäischen Markt. Zwar griff der König oft störend in die Produktion ein, indem er die Leitung des Betriebs mit Sonderwünschen behelligte und die besten Arbeiten für sich beanspruchte, wobei er häufig die Bezahlung vergaß, auch zeichnete sich Böttger, der die Manufaktur von ihrer Gründung bis zu seinem Tod leitete, nicht durch besondere Geschäftstüchtigkeit aus. Aber nach einem Jahrzehnt des Probierens nahm das Werk einen beispiellosen Aufschwung. Böttger starb am 13. März 1719 - wahrscheinlich an den Folgen einer Vergiftung, die er sich bei seinen Experimenten zugezogen hatte. Seine Nachfolger verbesserten die Arbeitsorganisation und hoben das Niveau der Fabrikate, indem sie bedeutende Künstler zur Mitarbeit verpflichteten, so 1720 den jungen Johann Gregor Höroldt, der, wie es in den Akten heißt, »besonders sauber auf Porcellain malen konte«, 1727 den Bildhauer Johann Gottlob Kirchner, der 1730 für einige Jahre das verantwortungsvolle Amt des Modellmeisters übernahm, und 1731 den genialsten unter den Porzellanplastikern des 18. Jahrhunderts, Johann Joachim Kaendler. Die wirtschaftliche Entwicklung hielt mit der künstlerischen Schritt: 1722 lagen die Einnahmen zum erstenmal höher als die Ausgaben, und von nun an zeigten die Bilanzen steigende Tendenz - bis zu dem Unglückstag im Jahr 1756, als die Preußen in das Kurfürstentum einfielen und die Manufaktur wie eine Kriegsbeute behandelten.

1712 trat der Ökonom Paul Jacob Marperger in sächsische Dienste. August ernannte ihn zum Königlich-Polnischen und Chur-Sächsischen Hof- und Commercien-Rath und vertraute ihm die Leitung der Commercien-Deputation an, einer Behörde, deren wichtigste Arbeit darin bestehen sollte, die wirtschaftliche Entwicklung des Kurfürstentums systematisch zu fördern. Die Commercien-Deputation hatte den Adel und die patrizische Oberschicht in den Städten von Anfang an gegen sich. Die Stände sabotierten ihre Tätigkeit, wo sie nur konnten - meist unter Berufung auf das Herkommen, aber auch mit der verlogenen Begründung, daß »die fremden Negozianten [Handeltreibenden] besorglich auf den Gedanken verleitet werden könnten, als wenn dem Handel und Wandel noch mehr Beschwerlichkeiten zugezogen, auch das Kommerzium

[Geschäftsleben] noch weiter gestopft und gehemmt werden könnte«. Marperger ließ sich durch diese Gegenwehr nicht entmutigen. Im Unterschied zu der früher üblichen Praxis sorgte er vor allem dafür, daß die Mittel des Staates überlegt eingesetzt wurden. Er untersuchte die wirtschaftliche Situation in den einzelnen Gewerbezweigen, bevor er dem König vorschlug, Geld zu bewilligen.

Marperger erkannte als einer der ersten, daß die Hauptproduktivkraft der sächsischen Wirtschaft der sächsische Handwerker war. Er pries der Sachsen »natürliche und angebohrne Fähigkeit, zu allen guten Künsten und Wissenschaften, und folglich auch zu denen Mechanischen, und zu denen Commerciis, als welche beyde ohne einander nicht seyn können, sondern einander die Hände bieten müssen, woraus eben die Menge der Künstler und Handwercker entspringt, die man ... in allen Sächsischen Städten, Flecken und Dörffern antrifft«. Er kam zu dem Schluß: »Wir nehmen dannenhero diese der sächsischen Einwohner Fähigkeit zu denen Commerciis und Mechanischen Künsten wie auch ihre ... Menge billich als eine wichtige Ursache an wodurch die Commercia dieser Landen mächtig können befördert werden.«

Nicht alle waren glücklich darüber, daß es in dem Kurfürstentum so viele geschickte Handwerker und Lohnarbeiter gab. Die Miltärs sahen es zum Beispiel gar nicht gern, wenn der Landesherr die Rekrutenwerbung im Inland beschränkte, indem er ganze Berufsgruppen von der Dienstpflicht befreite. Schon Johann Georg IV. hatte 1692 verfügt: »Ausgenommen von der Werbung sind alle angesessenen Handwerker, Bürger und Bauern, Bergleute und so bei aufgerichteten Manufakturen in Diensten ...« Die von August 1711 erlassene Werbeordnung vergrößerte die Zahl derer, die aus wirtschaftlichen Gründen nicht in die Regimenter eingereiht werden durften. Personen mit akademischen Graden und Studenten, Kaufleute mit einem Jahresumsatz von mehr als 1 000 Talern, Förster und Berufsjäger, Verwalter, Gutspächter und Hofmeister, Apotheker, Goldschmiede, Müller, Bäcker, Brauer, Mälzer, Schmiede, Steinbrecher, Winzer und Schafknechte - sie alle brauchten kein Gewehr in die Hand zu nehmen, weil sie als schwer ersetzbare Fachkräfte in der Wirtschaft des Landes dringender benötigt wurden als in seiner Armee.

Im benachbarten Preußen löste man das Problem des militärischen Ersatzes durch die Rekrutierungsedikte von 1733: Jedes Regiment holte sich seine Rekruten aus einem ihm zugewiesenen Bezirk - fast ausschließlich aus den Reihen der Bauernsöhne und der Handwerksgesellen. Auch in Sachsen überlegten die Generale, ob es nicht möglich wäre, die kostspielige und meist wenig erfolgreiche Werbung durch ein billigeres und wirksameres System der Aushebung zu ersetzen, aber alle ihre Pläne scheiterten daran, daß die hochentwickelte Wirtschaft des Kurfürstentums nicht so viele Leute entbehren konnte, wie die Führung der Armee dies für notwendig hielt. Handwerksgesellen durften zum Beispiel nur ausgehoben werden, wenn sie arbeitslos waren, was in der Zeit des wirtschaftlichen Aufschwungs nach dem Nordischen Krieg verhältnismäßig selten vorkam. Ein Bauernsohn vermochte sich dem Militärdienst zu entziehen, indem er sich bei einem Grundherrn als Tagelöhner verdingte. Das von Wakkerbarth ausgearbeitete Rekrutierungsmandat vom Juni 1729 setzte das Höchstalter der Wehrpflichtigen von 40 auf 30 Jahre herab; die Dienstzeit derer, die erst nach Vollendung ihres 25. Lebensjahres einrückten, wurde auf 6 Jahre begrenzt, so daß sie nicht als verbrauchte Invaliden, sondern als rüstige Männer in ihren Zivilberuf zurückkehrten. Im Unterschied zu Preußen hatten die wirtschaftlichen Bedürfnisse Vorrang vor den Anforderungen des Militärs.

Es war wohl vor allem Marpergers Verdienst, daß Sachsen nach 1712 zum gelobten Land all derer wurde, die in der Technologie und in der Produktion neue Wege zu beschreiten versuchten. Wie es scheint, besaß der Württemberger die seltene Gabe, komplizierte wirtschaftliche Sachverhalte so darzulegen, daß der Laie sie verstand. Der König zeigte zwar guten Willen, aber seine ökonomischen Fachkenntnisse reichten nicht aus, um die Wirtschaft so zu leiten, daß sie auch in schwierigen Zeiten geraden Kurs hielt. Marperger machte ihm begreiflich, daß es in der Wirtschaftspolitik vor allem auf Konsequenz ankam, also darauf, daß die Maßnahmen einander ergänzten. Die Zeit, in der die Zuschüsse nach dem Gießkannenprinzip verteilt wurden, war vorüber. Wer jetzt Staatshilfe beantragte, mußte nachweisen, daß sein Unternehmen dem Land Nutzen brachte.

Das Kurfürstentum hatte gegen Ende des 17. Jahrhunderts eine große Chance verpaßt, seine führende Stellung im Wirtschaftsleben des Heiligen Römischen Reiches weiter auszubauen. Damals, nach der Aufhebung des Edikts von Nantes durch Ludwig XIV. (1685), waren einige Hunderttausend französischer Kalvinisten, Hugenotten genannt, aus ihrer Heimat geflohen, um der Zwangsbekehrung zum Katholizismus zu entgehen. Die meisten von ihnen retteten sich nach Holland und England, aber eine Minderheit von etwa 40 000 Flüchtlingen, vorwiegend Handwerker und Fabrikanten, bat in deutschen Staaten um Asyl. Die protestantischen Herrscher nahmen sie mit offenen Armen auf. Kurfürst Friedrich Wilhelm von Brandenburg gewährte ihnen Privilegien, wie sie mit Ausnahme des Adels keine andere soziale Gruppe in seinem Staat besaß. Nur der von den stocklutherischen Ständen unter Druck gesetzte Kurfürst von Sachsen verweigerte den Andersgläubigen die vollen Bürgerrechte. Dem Kurfürstentum entging auf diese Weise ein beträchtlicher Zuwachs an Kapital und Produktionserfahrung.

Der von Marperger beratene König versuchte, das damals Versäumte nachzuholen. In einem Manifest, veröffentlicht am 21. Juli 1718, versprach er allen Fabrikanten, die sich in Sachsen niederlassen würden, bedeutende Vergünstigungen, unter anderem »Bau-Ergötzlichkeiten an baarem Gelde bei der Generalaccise«, dazu »zehnjährige Befreiung von allen Steuern und Bürgerlichen oneribus [Lasten]«, unentgeltliche Erteilung des Bürgerrechts, Aufnahme in die Zünfte »um ein leidliches« und Erleichterungen bei der Ablegung der Meisterprüfung. Nur eins fehlte in dem Schriftstück: die Zusicherung, daß sich jeder Einwanderer, gleich ob Kalvinist oder Katholik, ungehindert und öffentlich zu seiner Religion bekennen dürfe. Die Nichtlutheraner machten nach wie vor einen Bogen um das Kurfürstentum. Wer trotzdem kam, gab damit zu erkennen, daß er sich im Widerstreit von Geschäft und Glauben für das Geschäft entschieden hatte. Aber die Zahl derer, welche die Bilanz über die Bibel stellten, war zu jener Zeit noch sehr gering.

Viele der im 17. Jahrhundert gegründeten sächsischen Manufakturen verdankten ihre Entstehung dem Luxusbedürfnis des jeweiligen Landesherrn. Sie produzierten, was nur von wenigen Auserwählten benötigt wurde. Die Damastwebereien in Großschönau, seit 1666 nachweisbar, stellten zum Beispiel Stoffe her, die so kostbar waren, daß sie fast ausschließlich bei Hofe Verwendung fanden. Ähnliches galt für die Produkte der seit 1674 in Leipzig ansässigen Seidenmanufaktur, für die Gespinste aus feinem Gold- und Silberdraht, die eine Fabrik in Freiberg seit 1692 auf den Markt brachte, für die geschliffenenen Gläser und Flaschen aus der 1695 gegründeten Glashütte in Pretzsch, für die Fayencen aus Dresden, die Spiegel aus Senftenberg und die Musselingewebe aus Plauen. Manufakturen, die Waren des täglichen Bedarfs produzierten, wurden von den Kurfürsten bei weitem nicht so großzügig gefördert wie jene Betriebe, deren Erzeugnisse den äußeren Glanz des Landes vermehrten. Die Versorgung der Bevölkerung mit Massenartikeln, zum Beispiel mit billigen Textilien, blieb nach wie vor Angelegenheit des Handwerks.

Die Produkte der Luxusmanufakturen waren oft schlechter und teurer als die vor ihrer Gründung aus dem Ausland importierten Waren. Nur wenige Betriebe brachten ihren Eigentümern Gewinne. Die meisten kamen aus den Schulden nicht heraus. In der Regel hatten sie nicht die geringste Chance, sich mit ihren Erzeugnissen auf dem europäischen Markt zu behaupten. Wer kaufte schon Gläser aus Pretzsch, wenn er für dieselbe Summe solche aus Venedig erhielt? Da es August vor allem darauf ankam, die Einfuhr zu drosseln und den Abfluß des Geldes zu verhindern, nahm er die mangelnde Konkurrenzfähigkeit der einheimischen Manufakturen in Kauf. Dies änderte sich erst in den Jahren nach dem Frieden von Altranstädt. Die vom Krieg ausgelaugte Wirtschaft des Kurfürstentums benötigte dringend Kapitalzuschüsse. Sie mußte den Export erhöhen, um auf diese Weise zusätzliches Geld ins Land zu holen. Der Druck, der auf ihr lastete, war so stark, daß er eine Änderung des wirtschaftlichen Profils erzwang. Nicht die Luxusartikel, das Meißner Porzellan einmal ausgenommen, sondern die sächsischen Gebrauchswaren eroberten sich einen festen Platz auf den Märkten Europas.

Um das Jahr 1710 entwickelten zwei Handwerker aus dem nordöstlich von Schwarzenberg gelegenen Flecken Beierfeld ein neues Verfahren zur Herstellung von Blechlöffeln. Bisher waren die Löffel am Feuer geschmiedet und dann mit der Feile geglättet worden. Ein geschickter Arbeiter kam auf etwa zwei Dutzend am Tag. Jetzt wurden die Rohlinge aus einer Schwarzblechplatte geschnitten und durch Hämmern oder Pressen in die gewünschte Form gebracht. Der Preis des Produkts verbilligte sich, während die Produktionsziffern fast um das Dreifache stiegen. Aus den Quellen geht nicht hervor, ob das Werk in Beierfeld noch zu den Handwerksbetrieben oder schon zu den Manufakturen gehörte, aber wie der Fabrikationsprozeß auch organisiert gewesen sein mag - die erzgebirgischen Blechlöffel waren ein Exportartikel ersten Ranges.

Auch bedeutende Teile des sächsischen Textilgewerbes stellten sich auf die Erzeugung von Massenprodukten um. Seit 1713 verarbeiteten die Weber von Glauchau vorwiegend Baumwolle. Sie produzierten Bettzeug, Schürzen und Halstücher aus Kattun - Waren, die wegen ihres niedrigen Preises guten Absatz fanden. Die Strumpfwirker in den Dörfern um Chemnitz, die meist für Verleger arbeiteten, gingen ebenfalls dazu über, Baumwolle zu verwenden. Die Weber in Frankenberg spezialisierten sich auf halbseidene Stoffe. In Leipzig wurde eine Manufaktur gegründet, die billiges Wachstuch auf den Markt brachte. Die Vielzahl der Unternehmungen legt die Vermutung nahe, daß der König auf Vorschlag der Commercien-Deputation die Neuorientierung der sächsischen Wirtschaft planmäßig förderte, indem er vor allem jene Betriebe finanziell und anderweitig unterstützte, deren Erzeugnisse im Unterschied zu den Produkten der Luxusmanufakturen reale Exportchancen besaßen.

Die Entwicklung des Bergbaus und des Hüttenwesens wurde gleichfalls durch aufeinander abgestimmte Maßnahmen vorangetrieben. Da die leicht zugänglichen Vorkommen erschöpft waren, förderten die Silbergruben bei weitem nicht mehr soviel Erz wie in früheren Jahrhunderten. Produktionssteigerungen ließen sich hier nur durch eine Verbesserung des Schmelzverfahrens erzielen. Bisher hatten lediglich jene Erze verhüttet werden können, welche einen verhältnismäßig hohen Metallgehalt aufwiesen. Die 1710 von August ins Leben gerufene General-

Schmelz-Administration sorgte dafür, daß sich dies änderte. Sie reorganisierte das Hüttenwesen und erreichte nach jahrelangen Bemühungen, daß sich die Hütteneigner auf neue Methoden umstellten. Es war nun möglich, auch Erze mit geringerem Metallgehalt in den Produktionsprozeß einzubeziehen, was unter anderem dazu führte, daß die Gruben größere Gewinne erwirtschafteten und mehr Steuern zahlten als in den Jahren vor der Reorganisation.

Trotzdem stieg die Silberausbeute nicht so rasch, wie es die General-Schmelz-Administration anfangs erwartet hatte. Die technische Ausrüstung vieler Bergwerke war veraltet und mußte nach und nach erneuert werden. Die Arbeit in den Gruben des Freiberger Reviers wurde zum Beispiel dadurch behindert, daß es an Aufschlagwasser zum Antrieb der Grubenkunst fehlte, also jener Maschinen, welche die Schächte mit Frischluft versorgten, das eingedrungene Wasser auspumpten und das Fördergut an die Erdoberfläche hoben. Trockene Sommer erschöpften die geringen Wasserreserven und legten den Betrieb lahm. Die General-Schmelz-Administration schuf Abhilfe, indem sie 1726 den mittleren Großhartmannsdorfer und 1728 den Obersaidaer Teich auf Staatskosten ausschachten ließ. Beide Teiche sind erhalten geblieben, ebenso wie die meisten Kunstgräben, die sie mit den Gruben verbanden.

Der Wassermangel war nicht das einzige Problem, das der General-Schmelz-Administration zu schaffen machte. Die Hüttenherren klagten darüber, daß die Holzkohle, mit der sie ihre Hochöfen beschickten, immer teurer wurde und nicht in ausreichender Menge zur Verfügung stand. Die Administration wies sie auf die Möglichkeit hin, die billigere Steinkohle zu verwenden. Der Besitzer eines Messingwerks in Rodewisch ging 1711 mit gutem Beispiel voran, indem er seinen Betrieb auf das neue Feuerungsmaterial umstellte. Die Hütteneigner überwanden ihre Vorurteile nicht so rasch wie der Fabrikant aus dem Vogtland. Es vergingen einige Jahrzehnte, bevor sich die Steinkohle auch in der Silberverhüttung durchgesetzt hatte. Immerhin stieg der Bedarf, so daß die Kohlengruben meist rentabel arbeiteten. 1713 wurde im Steinkohlenrevier des Plauenschen Grundes bei Dresden der erste große Stollen in den Berg getrieben. Er besaß die für damalige Verhältnisse erstaunliche Länge von 800 Metern. Die im Plauenschen Grund geförderte Kohle gelangte auf dem Wasserweg bis nach Lauchhammer, wo 1725 ein Eisenwerk gegründet worden war, Keimzelle der noch heute existierenden weltberühmten Eisengießerei.

Auch die Nebenprodukte des Bergbaus gewannen zunehmend an Bedeutung, vor allem das Kobalt, das damals als Blaufärbemittel verwendet wurde. Sachsen exportierte um 1700 etwa 12 000 Zentner im Jahr. Die Hauptabnehmer waren holländische Textil- und Papiermanufakturen. Wer als erster auf den Gedanken kam, die Rohstoffausfuhr zu beschränken und das Kobalt zur Veredlung der im eigenen Land erzeugten Produkte zu verwenden, läßt sich nicht mehr ermitteln, aber die Tatsache, daß der König den Zusammenschluß der einzelnen Kobaltmanufakturen zu einer Einkaufs- und Vertriebsgesellschaft förderte, indem er zwei Fünftel des benötigten Kapitals zur Verfügung stellte, deutet auf ein starkes persönliches Interesse hin. August tat noch ein übriges: Er verlieh der Gesellschaft das Monopol des Handels mit Kobalt und bedrohte alle, die das Färbemittel illegal exportierten, mit schweren Strafen, unter Umständen sogar mit der Todesstrafe. Der Staat erhielt so die Möglichkeit, die Kobaltausfuhr zu drosseln oder zu fördern, je nachdem, wie es die Rohstoffversorgung der einheimischen Veredlungsbetriebe notwendig machte.

1718 erlosch die Nebenlinie Sachsen-Zeitz. Der Tod des kinderlosen Vetters kam August sehr gelegen. Wertvolle Gebiete im Vogtland und in Thüringen fielen an das Kurfürstentum zurück, darunter das als Waffenschmiede berühmte Suhl. Zwar verdienten die Besitzer der Suhler Gewehrmanufakturen nicht mehr so gut wie in den Jahren des Nordischen Krieges, als sie nicht nur die Sachsen und ihre Verbündeten, sondern auch die Schweden mit Flinten, Musketen und Karabinern beliefert hatten, aber der Zuwachs an Produktionskapazität war trotzdem nicht zu verachten. Erst die Erwerbung von Suhl machte das Kurfürstentum in der Waffenversorgung vom Ausland unabhängig. Zudem waren Qualitätswaffen ein begehrter Exportartikel: Jeder europäische Konflikt füllte die Auftragsbücher der Fabrikanten.

Auch in den anderen Gewerbezweigen schnellten die Produktionsziffern in die Höhe. Es hatte seinen Grund, daß die Werbeordnung von 1711 Steinbrecher vom Militärdienst befreite: Sandstein aus Pirna und Marmor aus Maxen waren auch im Ausland sehr gefragt. Die Geigenbauer aus dem vogtländischen Musikwinkel um Markneukirchen und Klingenthal versorgten halb Europa mit gediegenen und billigen Instrumenten. Die Klingenthaler traten 1716 aus der Markneukirchner Innung aus und gründeten eine eigene Zunft, was darauf schließen läßt, daß die bisherige Organisationsform den gestiegenen ökonomischen Anforderungen nicht mehr genügte. Die Serpentinsteindrechsler aus Zöblitz stellten vor allem Tabaksdosen und Teebüchsen her: Die Raucher und Teetrinker in England, Holland, Skandinavien und Rußland zogen die »grüne Ware« aus dem Erzgebirge sogar dem Porzellan vor. Die meisten Pantoffeln, die in deutschen Landen getragen wurden, kamen aus Groitzsch. Der Erfolg der Pantoffelmacher regte die Schuster in den Nachbarstädten Pegau und Zwenkau an, sich auf die Produktion von preiswertem Schuhwerk zu spezialisieren. In Grimma entstand eine Flanelldruckerei, in Zittau eine Leinwandveredlungsmanufaktur, die mit ihren drei Abteilungen - Bleiche, Färberei und Mangelwerkstatt - nach damaligen Maßstäben schon zu den Großbetrieben gehörte.

Die sächsische Wirtschaft verbreiterte ihre Produktionsbasis, was unter anderem dazu führte, daß nicht nur qualifizierte, sondern auch ungelernte Arbeitskräfte knapp zu werden begannen. Es war nicht allein der klägliche Zustand der Staatsfinanzen, der August 1717 veranlaßte, mehr als die Hälfte seiner Armee nach Hause zu schicken: Das Land brauchte Arbeiter nötiger als Soldaten. In fast allen deutschen Staaten wurden Militärdeserteure mit dem Tod bestraft: Der Kurfürst von Sachsen hielt das in Preußen und anderswo so beliebte Hängen für eine Verschwendung von Arbeitskraft und ordnete 1718 an, daß ergriffene Fahnenflüchtige in Ketten gelegt und als Baugefangene zu schweren Erdarbeiten eingesetzt werden sollten. Auf Landstreicher, Bettler, Trunkenbolde, liederliche Weibspersonen wie überhaupt auf alle, »so zu Müßiggang und Desperation [Verzweiflungstaten] geneigt«, wartete seit 1715 das Zucht- und Arbeitshaus in Waldheim, das nach der barbarischen Sitte der Zeit zugleich als Versorgungshaus für Arme und Waisen diente, zum Beispiel für elternlose Zigeunerkinder, die von den Ortsobrigkeiten aufgegriffen worden waren.

Die Ausbeutung der Waisen ist eins der dunkelsten und schmutzigsten Kapitel in der Wirtschaftsgeschichte des 18. Jahrhunderts. Fast alle größeren sächsischen Waisenhäuser wurden in den Produktionsprozeß einbezogen, indem man ihnen mit ausdrücklicher Billigung des Königs Manufakturen angliederte. Die Ordnung der Dresdner Waisenhausmanufaktur schrieb zum Beispiel folgenden Tagesablauf vor: Die Kinder standen im Sommer um vier, im Winter um sechs Uhr auf, sie erhielten zum Frühstück eine Scheibe Brot mit Salz und begaben sich dann an ihre Arbeit, die sie nur dreimal am Tag unterbrechen durften -

zum Mittagessen, zum Abendbrot und zum Unterricht, der lediglich anderthalb Stunden dauerte. Erst um einundzwanzig Uhr entließ man die Erschöpften in ihre Schlafsäle. Die Kost war im Dresdner Waisenhaus zwar etwas besser als im Zuchthaus von Waldheim - es gab dreimal in der Woche Fleisch und viermal Käse, dazu als Getränk Bier -, aber da die Aufsichtspersonen schon geringe Vergehen wie Schwatzen und Unaufmerksamkeit mit Kostentzug bestraften, kamen wohl nur Musterknaben in den Genuß der vollen Ration. Erst 1751 wurde verfügt, daß »der Lehrer in Begleitung des Zuchtmeisters die Kinder nach Befinden ein- oder zweimal des Jahres außerm Hause spazierenführen und ihnen im Grünen die eine oder andere Wohltat zu genießen geben« solle. Vorher waren die Unglücklichen nie aus ihrem Gefängnis herausgekommen.

Mit der Eigenproduktion wuchs die Bedeutung des Handels und seines Zentrums Leipzig. Die Leipziger Messe lief der Messe in Frankfurt am Main endgültig den Rang ab. Bisher hatten die Leipziger Kaufleute vor allem am Zwischenhandel verdient. Von nun an spielte der Exporthandel mit Landesprodukten eine mindestens ebenso bedeutende Rolle wie die Vermittlung des Warenaustausches zwischen Ost und West. Ein nach Leipzig entsandter Beobachter aus Frankfurt stellte bereits um 1710 resignierend fest: »Es reisten ohne dem schon verschieden aus Franken recta [geradewegs] nach Leipzig, um Waren aus der ersten Hand zu haben, wie dann Sachsenland einen großen Vorzug vor allhier habe, weil sie verschiedene Manufakturen hätten, die wir aus Sachsen müssen kommen lassen; ganz Polen, Ungarn, Schweden, Dänemark, Braunschweig, Holstein, Siebenbürgen und Schlesien machten allda ihren Einkauf und sei ... allda ein weit größer Tun als allhier.«

Die Leipziger Kaufleute gehörten zu den wenigen Sachsen, die mit der Polenpolitik ihres Herrschers ohne Einschränkung einverstanden waren. Zwar hatten auch sie gestöhnt und gejammert, als sie während des Nordischen Krieges mehr als sonst üblich zur Kasse gebeten wurden, aber nun, nach dem Anbruch friedlicherer Zeiten, erwiesen sich die in das polnische Unternehmen gesteckten Gelder als gute Kapitalanlage. Der Handel mit Polen nahm an Umfang zu und brachte doppelten Gewinn: Die sächsischen Manufakturerzeugnisse fanden auf den Märkten des Ostens reißenden Absatz, und auch der Profit aus dem Weiterverkauf der importierten Rohstoffe, welche die sächsische Wirtschaft dringend benötigte, konnte sich sehen lassen. Nach Marperger erwarben die polnischen Messegäste vor allem »feine Tücher, Zeuge, allerhand Seiden- und Kramwaren, teils gegen Bargeld und meist gute Dukaten, teils gegen ihre Landeswaren ..., wie man denn viel polnisch Leder, Wachs, Lamm, Wolle, Juchten, etwas von levantinischen, türkischen und ukrainischen Waren, welche sonderlich die polnischen Juden mitbringen, in Leipzig findet«.

Die Leipziger Kaufleute waren alles andere als Verschwender, sie drehten den Taler dreimal um, bevor sie ihn ausgaben, aber wenn August zur Messezeit seinen Besuch ankündigte, griffen sie tief in die Kasse, um ihrem Landesherrn den Aufenthalt in der Stadt so angenehm wie möglich zu machen. Sie wußten, daß die Anwesenheit des Königs den Umsatz beträchtlich steigerte. August liebte den Messetrubel und fürchtete sich nicht davor, ein Bad in der Menge zu nehmen. Er besuchte, oft nur von einem Kammerjunker begleitet, die Stände der Händler und ließ sich vorlegen, was sie anzubieten hatten. Die Neugierigen folgten ihm in Scharen: Jedes anerkennende Wort, das er äußerte, wurde sofort weitergetragen, jede Ware, deren Qualität er lobte, dem Verkäufer hinterher aus den Händen gerissen. Ein Kaufmann, dem die Ehre widerfuhr, den

König zu seinen Kunden zu zählen, rückte fast automatisch in den Kreis der Erfolgreichen auf. Oft stattete der so Beglückte seinen Dank ab, indem er vergaß, an die Bezahlung zu erinnern.

Wie aufmerksam die Messebesucher das Verhalten des Königs beobachteten und welche Schlußfolgerungen sie daraus zogen, was er für sich und andere kaufte oder, wie in diesem Fall, nicht kaufte, belegt der Brief eines Unbekannten, geschrieben während der Frühjahrsmesse 1712. Damals munkelte man, daß der Stern der Gräfin Cosel im Sinken wäre - und die Tatsache, daß August seine Geliebte nicht mehr so großzügig beschenkte wie in früheren Jahren, gab den Gerüchten neue Nahrung. »Die Hymmen hat nichts als etliche Stücke Stoff bekommen«, heißt es in dem Brief, »obgleich sie 14 Tage ein Paket vom Juden bei sich gehabt, aber sie hat es müssen wieder zurückgeben, worüber sie fast rasend ist ... mit einem Worte kann ich versichern, daß die Liebe sehr zurückgeht und wird wills Gott bald alle werden.« Der Unbekannte hatte die Kaufunlust des Königs richtig gedeutet: 1713 fiel die »sächsische Bathseba« in Ungnade und mußte das Taschenbergpalais in Dresden mit einer weniger komfortablen Wohnung in der Festung Stolpen vertauschen.

August war sich der Propagandawirkung seines Verhaltens als Käufer durchaus bewußt, aber dies bedeutete nicht, daß er in dem Besuch der Messe lediglich eine Pflichtübung sah. Er fühlte sich in Leipzig ausgesprochen wohl. Meist stieg er in dem am Markt gelegenen Haus des Kaufmanns Dietrich Apel ab. Der Ratsmaurermeister Johann Gregor Fuchs hatte es 1706/07 erbaut und auf Wunsch des Besitzers so üppig ausgestattet, daß der König nichts von der gewohnten Pracht vermißte. Apel, einer der reichsten Männer Leipzigs, konnte sich dergleichen leisten. Heute mutet das Gebäude eher karg an - Folge verschiedener Erneuerungen, die auf den historischen Bestand keine

Rücksicht nahmen. Nur der in Resten erhaltene Mittelerker, ein Kamin und eine Stuckdecke mit Rankenornamenten und Blumengehängen erinnern noch an die Zeit, als August hier zu Gast weilte.

Vom Fenster des Apelschen Hauses beobachtete der König das bunte Treiben auf dem Markt, und wenn er Lust bekam, ging er in den Straßen der Stadt spazieren, manchmal sogar mit einer qualmenden Tonpfeife im Mundwinkel, obwohl er es sonst vermied, in der Öffentlichkeit zu rauchen. Nur während der Schwedenzeit, nach dem Frieden von Altranstädt, bereitete ihm der Besuch der Messe keine Freude. Wenn ihm in Leipzig Karl XII. oder der polnische Gegenkönig Stanislaw Leszczynski über den Weg liefen, war ihm der Tag verdorben. Die Frühjahrsmesse 1707 verließ er eher als gewöhnlich.

Auch andere Tatsachen belegen, daß der König an der wirtschaftlichen Aufwärtsentwicklung seines Landes lebhaften Anteil nahm und sie durch sein persönliches Beispiel förderte. Er versäumte kaum eine Gelegenheit, seine Gäste auf die Qualität der sächsischen Produkte hinzuweisen. Es ist zum Beispiel verbürgt, daß er die Brüsseler Spitzen, die seine Kleidung verzierten, demonstrativ durch solche aus dem Erzgebirge ersetzen ließ. Wer bei ihm in Gnaden bleiben wollte, tat es ihm nach. So manches Fest, das in Dresden gefeiert wurde, begann oder endete mit einer Messe im kleinen. Kaufleute aus allen Teilen des Kurfürstentums schlugen ihre Buden auf dem Altmarkt oder im Hof des Zwingers auf und boten den Geladenen ihre Waren an. Blieb die Kauflust der Gäste hinter den Erwartungen zurück, dann regte der König sie an, indem er selbst verschiedene Dinge erwarb und sie den noch Zögernden schenkte. Die meisten verstanden den Wink und zückten ihre Börsen.

Zuweilen wendete August gröbere Methoden an. 1715 untersagte er den sächsischen Kaufleuten bei Strafe,

Monturstoffe aus dem Ausland einzuführen. Das Geld sollte im Land bleiben und die einheimische Textilproduktion beleben. Die gesamte Armee erhielt Uniformen aus sächsischem Tuch - nicht zur Freude der Soldaten, denn die Röcke, Westen und Hosen liefen bei Regen ein und waren danach nur schwer wieder in ihre vorschriftsmäßige Form zu bringen. Auch die Farbechtheit der Stoffe ließ noch einiges zu wünschen übrig. Da die sächsische Infanterie damals rote Röcke, blaue Westen und weiße Hosen trug, kam es bei schlechtem Wetter oft zu recht eigenartigen Farbkombinationen.

Es gab in Sachsen nach dem Nordischen Krieg manches, was die ökonomische Entwicklung behinderte und daher dringend einer Verbesserung bedurfte. Viele Straßen befanden sich in einem miserablen Zustand. Der »Marterweg« durch den Keilbusch bei Meißen war ebenso gefürchtet wie die Chaussee zwischen Oschatz und Wurzen. Nach dem Zeugnis eines Reisenden fluchten sich hier die Fuhrleute »in die Hölle hinein«. 1706 hatte August angeordnet, daß die Hauptstraßen des Kurfürstentums auf den geraden Strecken 10 Ellen (5,50 Meter), in den Kurven 18 Ellen (9,90 Meter) breit sein sollten. Zwei Fuhrwerke konnten so aneinander vorbeifahren, ohne sich zu berühren, es blieb sogar noch ein schmaler Fußweg für den Fuhrmann übrig. Aber was nutzten Anordnungen, wenn das Geld zu ihrer Verwirklichung fehlte? Erst nach dem Erlöschen des Nordischen Krieges ließ sich das Programm der Straßenverbreiterung realisieren, und zwar mit Hilfe der Ämter und Gemeinden, die zunächst über die zusätzliche finanzielle Belastung stöhnten, aber bald begriffen, daß die Beschleunigung des Personen- und Warenverkehrs auch ihnen Vorteile brachte.

Ein weiteres Übel war die unzureichende Ausstattung des Landes mit steinernen Brücken. Die hölzernen Stege hielten dem Eisgang nicht stand. Das an vielen Orten noch übliche Durchfurten der Flüsse kostete Zeit und führte bei Hochwasser zu einer Wertminderung der transportierten Waren. Welche Bedeutung August dem Brückenbau beimaß, ergibt sich daraus, daß er vier von den insgesamt elf Brücken, die er nach 1715 zu bauen befahl, von seinem Oberlandbaumeister Matthes Daniel Pöppelmann errichten ließ, den er sonst nicht gern mit Aufgaben in der Provinz betraute. Die Pöppelmannbrücken in Grimma und Nossen sind erhalten geblieben - wenn auch in verstümmelter Form. So wurde in Grimma der mittlere Teil durch eine Stahlkonstruktion ersetzt.

Mit dem kursächsischen Postwesen ging es nach dem Nordischen Krieg ebenfalls aufwärts. 1697 hatte August den Fehler gemacht, seinen Günstling Flemming zum Generalpostmeister zu ernennen. Der mit Arbeit überhäufte Minister, in dessen Kanzlei die Fäden der auswärtigen Politik zusammenliefen, kümmerte sich nicht um seinen neuen Aufgabenbereich; er ließ die Beamten schalten und walten, wie es ihnen beliebte, und begnügte sich damit, die nicht unbeträchtlichen Gewinne einzustreichen. Im Jahr 1700 kaufte der König das Amt für 150 000 Taler zurück. Aber auch die Nachfolger Flemmings erfüllten nicht die in siegesetzten Erwartungen. Erst in dem Oberpostkommissar Christian Leonhardi, der das Postwesen von 1712 bis 1715 leitete, und in dem Hofrat Paul Vermehren, der Leonhardis Erbe antrat, fand August die Fachleute, nach denen er so lange vergeblich gesucht hatte. Sie machten der bisher üblichen Schlamperei ein Ende und erreichten nach wenigen Jahren, daß die sächsische Post als besonders schnell, pünktlich und zuverlässig galt. Da viele wirtschaftliche Entscheidungen vom rechtzeitigen Eintreffen bestimmter Nachrichten abhingen, trug auch dies dazu bei, den ökonomischen Aufstieg Sachsens zu beschleunigen.

Die an den alten Schlendrian gewöhnten Postbeamten erlebten nach 1712 schlimme Wochen und Monate. Die Postillione wurden durch drastische Disziplinarmaßnahmen zur Einhaltung der Fahrpläne gezwungen, die mit der Beförderung von Briefen und Paketen Betrauten für den Verlust oder die Beschädigung von Sendungen materiell verantwortlich gemacht. Die Tatsache, daß die der sächsischen Post übergebenen Mitteilungen und Güter fast immer ihr Ziel erreichten, sprach sich rasch herum. Da die kleinen deutschen Fürstentümer meist kein eigenes Postsystem besaßen, sondern sich des Postwesens der benachbarten größeren Staaten bedienten, entstanden auch außerhalb der Landesgrenzen kursächsische Poststationen - zum Ärger der Konkurrenzunternehmen, die ihre Kunden in hellen Scharen davonlaufen sahen. Der Personenverkehr mit dem Ausland brachte ebenfalls Gewinn. Wer von Leipzig nach Breslau wollte, benutzte die sächsische Post, nicht die österreichische: Die Sachsen bewältigten die Strecke in vier Tagen, während die Österreicher fast fünf benötigten.

1709 hatte August befohlen, in allen Städten und auch an einigen wichtigen Straßenknotenpunkten außerhalb der Städte Postmeilensäulen mit verbindlichen Angaben von Fahrzeiten der Postkutschen aufzustellen. Die Kosten mußten die Gemeinden tragen - zum Mißvergnügen der Steuerzahler, die nicht einsahen, warum sie etwas finanzieren sollten, wovon sie, wie sie meinten, keinen Nutzen hatten. Die ersten Säulen waren daher meist aus billigem Holz. 1722 erging ein zweiter Befehl. Diesmal ließ der König keine Ausflüchte gelten: Die hölzernen Säulen mußten abgerissen und durch solche aus Stein ersetzt werden. Die Steinmetzen der Gemeinden wurden verpflichtet, sich an einen Musterentwurf zu halten, von dem es hieß, er sei nach von »Königlicher Majestät selbst hierzu gegebenen Zeichnungen und vielfältigem hohen Unterricht« geschaffen worden. Zahlreiche dieser Säulen haben die Jahrhunderte überdauert.

Es waren nicht nur ästhetische, sondern vor allem praktische Gründe, die eine Erneuerung der Postmeilensäulen notwendig machten. Bei der Neuvermessung des Landes zeigte sich, daß die Entfernungsangaben auf den Holzsäulen in vielen Fällen zu groß oder zu klein waren.

Die Zahl derer, die nach Sachsen reisten, um dort Geschäfte anzubahnen oder abzuwickeln, nahm ebenso zu wie der Warenverkehr, der um 1720 wieder den Vorkriegsstand erreicht und auf einigen Gebieten bereits überschritten hatte. Damit wuchs der Bedarf an zuverlässigen Landkarten. Die alten Karten genügten den Ansprüchen nicht mehr, sie wiesen viele Ungenauigkeiten auf, besonders in der Wegführung und in den Entfernungsangaben, die meist nicht mit der Wirklichkeit übereinstimmten.

1721 ernannte August den ehemaligen Pfarrer Adam Friedrich Zürner zum königlichen Geographen und beauftragte ihn mit der Vermessung und karthographischen Darstellung des Kurfürstentums. Zürner machte sich an die Arbeit. Er bereiste das gesamte Land und korrigierte, was sich bei der Neuaufnahme als fehlerhaft erwies. Dabei bediente er sich unter anderem eines Meßwagens mit Zählwerk, das die zurückgelegte Entfernung exakt anzeigte. Der König belohnte ihn, indem er ihm ein wertvolles Privileg erteilte: Der Geograph erhielt das Recht, seine große Postkarte der sächsischen Lande sowie die Spezialkarten der Ämter Dresden und Großenhain für eigene Rechnung stechen zu lassen und zu vertreiben. Als er 1742 starb, war er ein wohlhabender Mann.

Die vielfältigen Bemühungen des Königs und der Commercien-Deputation trugen Früchte. Sachsen zählte 1722 etwa 1,65 Millionen Einwohner - 350 000 mehr als 1683. Dresden und Leipzig beherbergten in den zwanziger Jahren des 18. Jahrhunderts doppelt so viele Menschen wie um 1695. Die steigenden Steuereinkünfte führten zur beträchtlichen Verringerung der Staatsschuld: 1732 waren drei Fünftel von ihr getilgt. Die 1697 verpfändeten Landesteile wurden nach und nach eingelöst und wieder dem Kurfürstentum angegliedert. Die Gläubiger mußten nicht mehr auf ihre Zinsen warten: Der kursächsische Schuldendienst zahlte pünktlich und in voller Höhe. Sächsische Schuldverschreibungen, einst weit unter dem Nennwert gehandelt, stiegen im Kurs und galten als sichere Anlage. August brauchte nicht zu bitten oder mit Zwangsanleihen zu drohen, wenn er eines Kredits bedurfte. Im Gegenteil, er konnte sich das günstigste Angebot aussuchen.

Es gibt keinen besseren Beweis für den ungewöhnlichen wirtschaftlichen Aufschwung Sachsens nach dem Nordischen Krieg als die Tatsache, daß der Nachbar im Norden Gegenmaßnahmen ergriff, um den Ausdehnungsdrang der sächsischen Wirtschaft einzudämmen. Schon im Oktober 1717 hatten die preußischen Minister ihren Herrn gewarnt: »Der König in Polen und der Kurfürst von Sachsen können unmöglich größer und mächtiger werden, ohne daß Preußen und Brandenburg dabei verlieren.« 1718 ordnete Friedrich Wilhelm I. an, die Ausfuhr von Wolle, Eisen, Holz und Leder nach Sachsen einzustellen und den Import von sächsischen Fertigwaren so drastisch zu beschränken, daß der Handelsverkehr zwischen beiden Staaten praktisch zum Erliegen kam. Die Preußen sperrten auch die Elbe, indem sie auf ihrem Gebiet neue Zollstätten errichteten und die sächsischen Erzeugnisse mit so hohen Durchgangszöllen belegten, daß sich der Handel mit dem Küstengebiet kaum noch lohnte. Unter den europäischen Diplomaten ging sogar das Gerücht um, Friedrich Wilhelm I. wolle die wirtschaftliche Macht Sachsens notfalls mit Waffengewalt brechen.

Von August angebotene Verhandlungen blieben ergebnislos. Selbst der diplomatischen Kunst Flemmings gelang es zunächst nicht, Friedrich Wilhelm I. zum Einlenken zu bewegen. Im Gegenteil, die Preußen verschärften den Konflikt, indem sie ihre Zolltarife 1721 noch einmal erhöhten und auch den sächsischen Handel mit den nördlichen Wojewodschaften der Rzeczpospolita zu behindern begannen. In Frankfurt an der Oder, der wichtigsten Zwischenstation auf dem Weg von Leipzig nach Posen und Danzig, standen die sächsischen Kaufleute unter Ausnahmerecht: Sie mußten höhere Abgaben zahlen als andere und wurden von den preußischen Behörden auf jede nur erdenkliche Weise schikaniert. Die planmäßig betriebene Abwerbung von Fachkräften nahm einen Umfang an, der die Wirtschaft des Kurfürstentums in der Substanz bedrohte.

Sachsen hatte dem wenig entgegenzusetzen. Die Drohung, die preußischen Besucher der Leipziger Messe mit ebenso hohen Abgaben zu belegen, wie sie die Leipziger in Frankfurt an der Oder entrichten mußten, ließ sich nicht ausführen: Jede Beschränkung der Handelsfreiheit traf die auf den Export ihrer Produkte angewiesene sächsische Wirtschaft ungleich härter als die vorwiegend für den Binnenmarkt produzierende Wirtschaft des Nachbarlands. Der in seiner Entwicklung Zurückgebliebene war hier im Vorteil gegenüber dem, der mehr Waren erzeugte, als er selbst verbrauchen konnte. August schlug seinem Widersacher erneut Verhandlungen vor. Friedrich Wilhelm I. willigte ein - nicht aus Liebe zum Frieden, sondern weil die Auswirkungen des Wirtschaftskriegs sein Aufrüstungsprogramm gefährdeten. Die preußischen Manufakturen produzierten noch nicht so viele Gewehre und Uniformstoffe, wie die ständig wachsende Armee benötigte. Gewiß, auch andere Länder boten Waffen und Tuche an, aber nicht so preiswert wie Sachsen. Und Friedrich Wilhelm rechnete mit dem Pfennig ...

Trotz dieser einen Kompromiß begünstigenden Interessenlage schwelte der Konflikt weiter. Es nutzte nicht viel, daß Flemming nach Berlin reiste und den Preußenkönig zu einer Vereinbarung überredete, die der sächsischen Wirtschaft einige Erleichterungen verschaffte. Die Tinte auf dem Dokument war kaum getrocknet, als schon von überallher Beschwerden über den Bruch der Konvention einliefen. Erst 1728 kam ein Vertrag zustande, der den Wirtschaftskrieg beendete. Der freie Handelsverkehr zwischen den beiden Staaten wurde wiederhergestellt, allerdings nicht in vollem Umfang. Die preußischen Unterhändler setzten durch, daß bestimmte Waren wie Rohwolle, Glas und Messingdraht von dieser Regelung ausgenommen blieben. Das preußische Exportverbot für Rohwolle traf die sächsische Wirtschaft an einer ihrer empfindlichsten Stellen. Viele Wolltuchfabrikanten mußten ihre Manufakturen und Handwerksbetriebe auf die Verarbeitung der andersartigen polnischen und schlesischen Wolle umstellen, was in einigen Fällen nicht so rasch gelang, wie es der sich verschärfende Konkurrenzkampf auf den Exportmärkten erforderte.

August sah ein, daß er Preußen unterschätzt hatte, und bemühte sich nun, seinen Fehler zu korrigieren. Es war nicht allein der sächsisch-preußische Gegensatz, sondern auch der zu erwartende Kampf um das Erbe der österreichischen Habsburger, der ihn 1728/29 dazu veranlaßte, seine Armee zu reorganisieren und um das Doppelte zu verstärken, aber der Gedanke, daß es an der Zeit sei, dem Nachbarn im Norden besser gerüstet entgegenzutreten, spielte dabei wohl auch eine Rolle. Nicht ohne Nebenabsichten lud er Friedrich Wilhelm I. 1730 ein, als Gast an der großen Heerschau im Lager von Zeithain teilzunehmen, und er bemerkte mit Genugtuung, daß sich der preußische Soldatenkönig von der Qualität der sächsischen Regimenter beeindruckt zeigte. Sachsen war auf kommende Auseinandersetzungen vorbereitet - besser als je zuvor.

»... nach Ihro Koeniglicher Majestät Aller Höchsten Gedancken«

Auf den Zeichnungen der sächsischen Baumeister finden sich oft Bemerkungen wie »von Ihro Koeniglicher Majestät selbst inventiret [erfunden]«, »nach Ihro Koeniglicher Majestät Eigen gemachten Desseins [Zeichnungen]«. Die Bestände der Archive widerlegen den Verdacht, daß die Architekten dem König mit solchen Randnotizen schmeicheln wollten. Es gibt viele Skizzen von Augusts Hand, darunter manche, welche die Gestaltung des Bauwerks entscheidend beeinflußt haben. Die Terrassen rund um das Jagdschloß Moritzburg gehen mit Sicherheit auf einen Entwurf des Königs zurück - ebenso wie die Idee, die kleinen Teiche zu einem See zu vereinigen.

In Europa wurde damals viel gebaut - mehr als in den vorherigen Epochen. Fast alle Fürsten des Barocks versuchten, sich als Bauherren einen Namen zu machen, und oft nahm ihre Bauleidenschaft groteske Züge an, besonders in den deutschen Kleinstaaten, deren Potentaten meist nur über sehr geringe Mittel verfügten. Herzog Ernst August von Sachsen-Weimar, der von 1728 bis 1748 über ein paar Quadratmeilen thüringischen Landes herrschte, ließ zehn Schlösser errichten - alle zwei Jahre eins. Handwerker und Lieferanten, die um Bezahlung ihrer Rechnungen baten, bedrohte er mit Krummschließen und Auspeitschen. In den Residenzen anderer Kleinfürstentümer, zum Beispiel in Gotha, Rudolstadt und Weißenfels, entstanden Schlösser, deren Abmessungen der Wahnwitz diktiert zu haben scheint.

Auch August wurde zuweilen von der Fürstenkrankheit Maßlosigkeit befallen, aber in einer Hinsicht unterschied er sich vorteilhaft von vielen anderen Bauherren des Barocks: Der Schüler Wolf Caspar von Klengels verstand etwas vom Bauen. Er konnte mitreden, wenn es um technische oder künstlerische Fragen ging, deren Beantwortung Fachwissen erforderte. Die Architekten fanden in ihm einen Partner, der im Dialog manche gute Idee zur Lösung der Probleme beisteuerte - und dazu einen Souverän, der es mit seiner fürstlichen Würde für vereinbar hielt, sich im Zweifelsfall der besseren Einsicht derer zu beugen, die letztlich die Verantwortung trugen. In Dresden wurden künstlerische Konflikte nicht durch königliche Machtsprüche, sondern durch fast kollegiale Diskussionen beigelegt. Baumeistertragödien, wie sie sich im benachbarten Preußen ereigneten, waren im augusteischen Sachsen unbekannt. Nur einmal riß August die Geduld: 1701 jagte er den Vizedirektor des Oberbauamts davon - nicht wegen einer Meinungsverschiedenheit, sondern weil der Intrigant mit seinen nachweislich unwahren Anschuldigungen den Arbeitsfrieden gestört hatte.

Noch eins beeindruckte die Architekten: Der König wußte, was er wollte. Er hatte eine klare Vorstellung, wie das künftige Dresden beschaffen sein sollte, und verstand es, die Künstler für seine originellen Ideen zu begeistern. Das alte Dresden wandte dem Strom gleichsam den Rücken zu. Sogar das Schloß, ein klobiger Renaissancebau, zog sich vor ihm zurück, als ob es ihn fürchtete. August dachte an sein geliebtes Venedig: Wie herrlich hoben sich dort Paläste und Kirchen von der Wasserfläche ab! Die Fach-

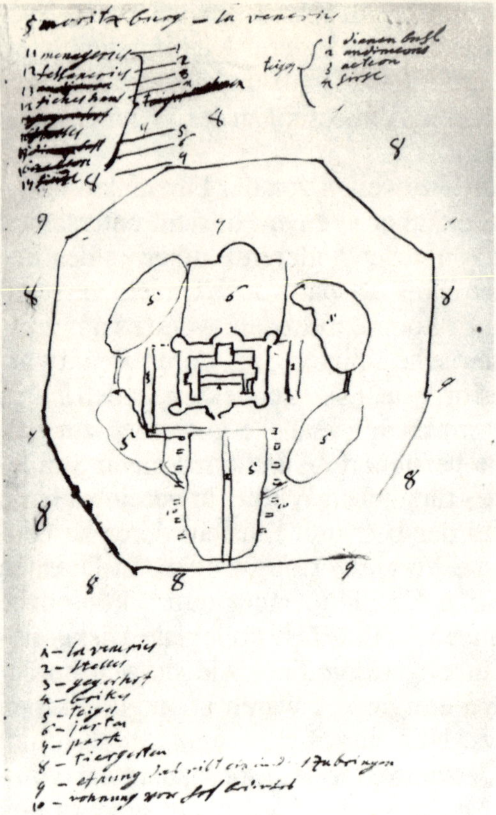

Eigenhändige Skizze Augusts II. zu Schloß Moritzburg

leute erklärten, daß es in der Welt nichts Schöneres und Vorbildlicheres gäbe als die kalte Pracht in der weiten Ebene südwestlich von Paris, aber was immer sie behaupteten: Er jedenfalls wünschte sich am Ufer der Elbe kein sächsisches Versailles, sondern eine Stadt, die ihn im Gesamtbild wie in ihren Einzelheiten an seine fröhliche Jugendzeit erinnerte. Und deshalb befahl er Dresden eine Kehrtwendung zum Strom.

Der Befehl des Königs nahm wenig Rücksicht auf so profane Dinge wie Preise und Löhne. Zum Bauen gehörte Geld, Geld und nochmals Geld, doch die Steuern, die in die königlichen Kassen flossen, wurden zum größten Teil auf den Schlachtfeldern des Nordischen Krieges verpulvert, und was übrigblieb, reichte kaum zur Deckung der Kosten, welche die nach wie vor aufwendige Hofhaltung verursachte. Die Künstler mußten damals wie so viele andere den Gürtel enger schnallen. Sie warteten oft jahrelang auf ihre Gehälter. Die Bautätigkeit kam fast zum Erliegen. Der Wiederaufbauplan für das 1685 abgebrannte rechtselbische Altendresden, den noch der alte Klengel entworfen hatte, blieb in der Schublade. Obendrein fiel 1701 der Georgenbau des Schlosses einer Feuersbrunst zum Opfer. Die Ruine erinnerte den König daran, welche Aufgaben seiner noch harrten, aber der Krieg ging weiter und verschlang von Jahr zu Jahr größere Summen. Erst nach 1710 konnte mit der Umgestaltung Dresdens begonnen werden.

Die Zeit, die seit dem Ausbruch des Nordischen Krieges nutzlos verstrichen war, ließ sich nicht mehr aufholen. Auch erwies es sich als unmöglich, den Geldmangel so rasch zu beheben, wie es der ungeduldige König wünschte. August sah sich genötigt, auf einige seiner Vorhaben zu verzichten, zum Beispiel auf den Plan eines Schloßneubaus, den er im Februar 1718 endgültig aufgab. In anderen Fällen half er sich aus der Verlegenheit, indem er das Privatvermögen seiner Minister in Anspruch nahm. Flemming baute für ihn das Holländische Palais, Vorläufer des 1727 begonnenen Japanischen Palais, und das elbabwärts gelegene Lustschloß Übigau, das Johann Friedrich von Eosander entwarf. Wackerbarth erwarb 1715 ein

Hügelgelände südöstlich von Dresden und legte dort den Park von Großsedlitz an. Die Minister machten dabei kein schlechtes Geschäft: Sobald der König wieder über größere Summen verfügte, erstattete er ihnen die vorgeschossenen Gelder mit Zinsen zurück. Flemming, raffgieriger als Wackerbarth, der sich meist mit dem in solchen Fällen üblichen Gewinn von etwa 20 Prozent begnügte, nahm August 1726 für Schloß Übigau sowie für zwei Häuser in der Stadt 100 000 Taler ab - ungefähr das Doppelte von dem, was die Bauten tatsächlich gekostet hatten.

Der König war alles andere als gutmütig. Im Gegenteil, er konnte bösartig werden, wenn er merkte, daß jemand seine Großzügigkeit ausnutzen wollte. Trotzdem akzeptierte er die reichlich unverschämte Forderung seines Günstlings - allerdings mit dem stillschweigenden Vorbehalt, ihm das Geld bei passender Gelegenheit wieder abzunehmen. Er zahlte, weil Schloß Übigau in seinen Plänen eine wichtige Rolle spielte - ebenso wie das elbaufwärts gelegene Schloß Pillnitz, dessen Wasserpalais Matthes Daniel Pöppelmann schon 1721 vollendet hatte. Die beiden Schlösser bereiteten jeden, der den Wasserweg benutzte, auf das außerordentliche Erlebnis vor, das ihn in der Residenz erwartete. Von hier an rückten die Bauten enger zusammen, ihr Reichtum nahm mit jedem Kilometer zu, und wenn man eine Steigerung kaum noch für möglich hielt, glitt das Boot in die Stadt hinein. Nun verschlug es auch denen den Atem, die sich sonst nicht so leicht beeindrucken ließen. »Es ist keine Kunst in der Welt zu finden«, urteilte Johann Michael von Loen, »davon man nicht hier ausnehmende Meisterstücke sieht.« Und er meinte, ein Fremder habe »fast ein paar Monate zu tun, wenn er alles, was dieser Ort Schönes und Prächtiges hat, in Augenschein nehmen will«.

Es war vor allem die Umgestaltung der beiden Ufer-

Wasserpalais in Pillnitz

zonen, welche die Besucher zu überschwenglichen Lobeshymnen veranlaßte. Viele Städte lagen an Strömen oder Flüssen, aber nur wenige Bauherren hatten die Gunst der Lage zu nutzen verstanden. Wien, einst Residenz der Habsburger, zieht sich vor der Donau in einen Ausläufer der Ostalpen, den Wienerwald, zurück. Prag preßt sich zwar in die Umarmung der Moldau, doch die Bauten, die im Barock das Gesicht der Stadt bestimmten, befanden sich oben auf dem Hradschin oder dort, wo man das Wasser nicht mehr sehen, sondern nur noch ahnen konnte. Die Berliner wußten mit ihrer Spree nie etwas Gescheites anzufangen. Sie war bereits damals ein Fluß, den Rück- und Seitenfronten säumten. Allein das barocke Dresden wandte sein Antlitz dem Strom zu.

Die zweite Aufgabe, bei deren Lösung sich August als Bauherr bewährte, war die Umgestaltung des rechtselbischen Altendresden. Der Brand von 1685 hatte eine Siedlung zerstört, die mit ihren verwinkelten Straßen und ihren Fachwerkhäusern noch ganz mittelalterlich anmutete. Da es der Einwohnerschaft, die in der Mehrzahl aus Ackerbürgern, Handwerkern und Tagelöhnern bestand, an Mitteln fehlte, hing das künftige Schicksal des Ortes davon ab, ob der König den Bauwilligen Zuschüsse gewährte. August ließ sich in solchen Fällen nicht lumpen, er gab Beihilfen, die bis zu dreißig Prozent der veranschlagten Baukosten betrugen, und verringerte zudem noch die Steuerlast, aber er forderte dafür auch eine Gegenleistung: Jeder, der eine Unterstützung erhielt, mußte sich verpflichten, den Anordnungen der königlichen Behörden widerspruchslos zu folgen. Niemand durfte bauen, wo und wie es ihm gefiel. Der Bauplatz wurde den Bauwilligen zugewiesen - meist ohne Rücksicht auf die von alters her überkommenen Grundstücksgrenzen -, die Höhe der Gebäude, ja sogar die Höhe der Stockwerke von der Bauaufsicht vorgeschrieben. Erst diese Beschränkung der persönlichen Entscheidungsbefugnis erlaubte, den Prinzipien der barocken Stadtbaukunst in der Praxis Geltung zu verschaffen.

In einigen Fällen regte sich Widerstand. Die lutherische Geistlichkeit protestierte zum Beispiel gegen den Abbruch der alten Dreikönigskirche, für die an benachbarter Stelle ein von Pöppelmann und dem Ratszimmermeister George Baehr entworfener und vom König finanzierter Neubau errichtet werden sollte. Der Generalintendant Graf Wakkerbarth, der viel Humor besaß, schrieb damals nach Warschau: »Die geistliche Schererei nehme wieder ihren

Goldener Reiter

Anfang, und wenn dieses so fortdauern sollte, ist außer allem Zweifel zu setzen, Leib und Seele werden solchergestalt gereinigt werden, daß hierzu keines Fegefeuers vonnöthen ...« Obwohl es der König sonst vermied, sich mit den ebenso strenggläubigen wie rechthaberischen Herren Pastoren anzulegen - hier sprach er ein Machtwort. Das alte Gotteshaus, das den Blick vom Schwarzen Tor zur Elbbrücke verstellte, wurde 1731 abgerissen, das neue 1732 dort begonnen, wo es der Bebauungsplan vorsah. Die Dreikönigskirche steht noch heute auf dem Platz, den August für sie ausgesucht hat.

Die städtebaulichen Leitsätze des Barocks folgten im Grunde demselben Prinzip, das auch in allen anderen Bereichen des gesellschaftlichen Lebens Gültigkeit hatte. Dieses Prinzip hieß Subordination, Unterordnung des einzelnen unter den Willen des Herrschers, der nach der Vorstellung der Zeit die Sonne war, um die sich alles drehte, das Zentrum der Macht, von dem aus die Geschicke der Klassen, Gruppen und Individuen gelenkt wurden. Die Hauptstraßenzüge fast sämtlicher barocker Städte verknüpfen die Außenbezirke mit dem Schloß, sie führen ohne die geringste Abweichung von der Geraden dorthin, wo einst die Entscheidungen fielen. Es kam vor, daß die örtlichen Gegebenheiten die Baumeister zwangen, von diesem Schema abzuweichen. Aber auch dann hielten sie an dem Grundsatz fest, daß sich alles, was das Gesicht der Stadt prägte, zu unterwerfen hatte - wenn nicht dem Schloß, so einem anderen Symbol der absoluten Herrschaft, wie etwa dem Goldenen Reiter auf dem Neustädter Markt an der Elbbrücke. Lediglich den Kirchen erlaubte man, diese Regel zu mißachten - eine städtebauliche Schlußfolgerung aus dem damals nur von wenigen bezweifelten Glaubenssatz, daß der Fürst allein Gott und sonst niemandem für seine Taten verantwortlich war.

Innerhalb dieser Ordnung herrschte eine disziplinierte

Mannigfaltigkeit. Die Stellung der Häuser im Gefüge der Stadt und ihre äußere Erscheinung spiegelten die soziale Gliederung der feudalen Gesellschaft wider. Wer zur herrschenden Klasse gehörte, durfte dem Zentrum der Macht näher sein und das Haus, in dem er wohnte, aufwendiger ausstatten als jemand, der sich seinen Lebensunterhalt in einem bürgerlichen Beruf verdiente. Das Haus des Kaufmanns oder des Advokaten unterschied sich von dem des Handwerkers, und jeder Schuhmachermeister wäre entrüstet gewesen, wenn ihm die Behörden einen Bauplatz in den Außenbezirken zugewiesen hätten, also dort, wo die Quartiere der Tagelöhner lagen. Städtebaulich bedeutete dies, daß der Reichtum der Randbebauung zunahm, je mehr sich die Straßen ihrem Ziel näherten. Nichts blieb dem Zufall überlassen, alles war so geregelt, wie es der Grundsatz verlangte, die Eindrücke allmählich zu steigern.

Der wachsende Umfang der Bautätigkeit machte eine Reorganisation des Bauwesens erforderlich - und auch hier war August die treibende Kraft. Wer dem absolutistischen Prinzip des unbedingten Gehorsams in der Architektur Geltung verschaffen wollte, benötigte Organe, welche die Ausführung der königlichen Befehle überwachten, Widerspenstige zur Ordnung riefen und dazu noch eine Fülle von technischen und organisatorischen Problemen bewältigten. Die kursächsischen Behörden waren für ihre Schlampigkeit bekannt. Auch in dem Dresdner Oberbauamt, der wichtigsten Kommandozentrale des sächsischen Bauwesens, gab es manches, was dringend einer Verbesserung bedurfte. Die Rechnungsführung lag im argen, die Kompetenzen überschnitten sich, was oft zu Streitereien führte, die Disziplin der Mitarbeiter ließ zu wünschen übrig, und ob die Gehälter der Angestellten pünktlich ausgezahlt wurden, hing auch in Friedenszeiten von Zufällen ab.

Das Reglement von 1718 machte dieser Unordnung ein

Ende. Der König sorgte vor allem für eine klare Trennung der Befugnisse. Johann Friedrich Karcher, ein Schüler von André Le Notre, dem Schöpfer des Parks von Versailles, war für die Gestaltung der Gärten verantwortlich, Matthes Daniel Pöppelmann für alle Schloßbauten innerhalb und außerhalb der Residenz, der Franzose Raymond Leplat, der seit 1698 in sächsischen Diensten stand, für die gesamte Innenausstattung - wobei sich der König vorbehielt, ihn gelegentlich mit Sonderaufgaben zu betrauen, zum Beispiel mit der Mission, im Ausland Kunstwerke aufzukaufen.

Der Geschäftsgang wurde straff organisiert. Die gemütliche Zeit, da manche ihre Dienststelle wochenlang nicht betraten, war vorüber. Das Reglement verpflichtete alle Mitarbeiter des Oberbauamts, einmal in der Woche Rechenschaft über die von ihnen geleistete Arbeit abzulegen: »Soll das Ober Bau Amt so offt es nöthig befunden, auf Erfordern des Vorsitzenden und sonst ordentliche wöchentlich einmahl ... zusammen kommen, das, was die vorige Woche gearbeitet worden ist, bemercken, was dabey zu remarquiren [anzumerken] und zu verbessern, veranstalten, und ... ein ordentliches Protocoll durch den Oberbauamts Secretarium halten lassen.« Der Generalintendant und seine drei Abteilungsleiter unterzeichneten das Protokoll und verbürgten sich so für die Richtigkeit aller darin enthaltenen Angaben.

Auch das leidige Finanzproblem wurde gelöst. Im Unterschied zu anderen Behörden, deren Haushaltsplan von der Höhe der eingegangenen Steuern abhing, verfügte das Oberbauamt nun über einen festen Jahresetat von 20 000 Talern. 12 950 Taler wurden für Gehälter und Honorare ausgegeben. Der Rest diente zur Finanzierung von Reparaturarbeiten an Schlössern und anderen Repräsentationsbauten. Die zum Teil beträchtlichen Baukosten brauchten nicht aus dem Etat bestritten zu werden. Das Reglement bestimmte: »Wenn auch Ihro Königl. Maj. bey Festivitaeten und dergleichen extraordinairen Fällen, zu Lustbarkeiten eines und das andere zu fertigen und zu erbauen anordnen werden, wollen dieselbe auch extraordinaire Gelder darzu in die Bau Casse geben lassen ...« Ähnliches galt, wenn der König aus eigener Machtvollkommenheit einen neuen Mitarbeiter verpflichtete: Auch dann mußte er »das hierzu erforderte Bedürffnis aus anderen Cassen« herbeischaffen.

Es war in der Vergangenheit wiederholt vorgekommen, daß das Oberbauamt Forderungen der Handwerker ungeprüft akzeptiert und nicht genügend darauf geachtet hatte, ob die Qualität der Arbeiten den vertraglich festgesetzten Bedingungen entsprach. Das Reglement von 1718 schärfte den Mitarbeitern des Oberbauamts ein, »auf die tüchtige Verfertigung ihrer Arbeiten ein wachsames Auge« zu haben, und bestimmte darüber hinaus, daß alle, die sich um Bauaufträge bewarben, genaue Kostenvoranschläge einreichen mußten. Das günstigste Angebot erhielt dann den Zuschlag. Dies führte zu einem Sinken der Verdienstspanne, was die Dresdner Handwerker zu Protesten veranlaßte. Sie machten geltend, daß sie sich finanziell besser standen, wenn sie für private Bauherren arbeiteten, aber der König ließ sich von diesem Argument nicht beeindrucken: Er wußte, daß der sich verschärfende Wettbewerb die meisten Kleinbetriebe zwang, seine Bedingungen anzunehmen. In der Regel zahlte er niedrigere Löhne als seine Untertanen.

Der Wiederaufbau von Altendresden machte nach 1718 bedeutende Fortschritte. Zwei breite Achsen verbanden nun den Rundplatz am Schwarzen Tor mit der Elbbrücke und dem Holländischen Palais. Es stellte sich jedoch bald heraus, daß jedes gelöste Problem neue Fragen aufwarf, darunter viele, die das Oberbauamt nicht allein, sondern nur im Einvernehmen mit dem König beantworten konnte. Die Hauptachse, heute Hauptstraße, und die Zufahrt zur Elbbrücke trafen zum Beispiel im stumpfen Winkel aufeinander, was die Brücke als Blickpunkt entwertete, weil die Achse seitlich an ihr vorbeiführte. Die Regeln der barocken Stadtbaukunst forderten, daß hier eine Schranke errichtet werden mußte, die den Abfluß des Raumes ins Leere verhinderte, aber wie diese Schranke beschaffen sein sollte - darüber hatte allein der König zu entscheiden. August entschloß sich nach einigem Hin und Her, eine Militärwache erbauen zu lassen. So entstand das Blockhaus, ein Werk des Franzosen Zacharias Longuelune.

Ein ähnliches Problem ergab sich bei der zweiten Achse, die jetzt Königsstraße heißt und in den Augustusplatz, den früheren Palaisplatz, mündet. Am Südwestrand des Platzes stand zwar das von Pöppelmann entworfene Holländische Palais, das der König 1717 Flemming abgekauft hatte, aber das Gebäude war zu niedrig und nicht breit genug, um den vor ihm liegenden weiten Raum zu beherrschen. Nach 1727 wurde das Holländische Palais zum Japanischen Palais umgebaut und dabei um mehr als das Vierfache vergrößert. Jetzt erst besaß die Achse einen Blickpunkt, der ihrer Bedeutung entsprach. 1732 befahl August, das inzwischen nahezu vollendete Altendresden in Neue Königstadt umzubenennen, was die Dresdner dann im Lauf der Zeit zu Neustadt verkürzten. Er bekundete damit, daß er diese städtebauliche Schöpfung als Denkmal seiner selbst gewertet wissen wollte.

Die Arbeitslast, die das Oberbauamt zu bewältigen hatte, wuchs mit jedem Tag - und es war nicht etwa die Tätigkeit am Reißbrett oder auf dem Bauplatz, sondern die Schreibtischarbeit, die den größten Teil der Zeit beanspruchte. Die Architekten und die Bauleiter, die Kondukteure, verbrauchten mehr Tinte als Ausziehtusche. Nach einer Anordnung aus dem Jahr 1720 mußten die Pläne aller Neubauten in Dresden dem Oberbauamt vorgelegt und von diesem überprüft und genehmigt werden. Dabei

Neumarkt zu Dresden
Gemälde von Bernardo Bellotto, genannt Canaletto (Ausschnitt)

ergaben sich oft Konflikte. Nur wenige Bauherren konnten aus dem vollen schöpfen. Die meisten waren genötigt, mit dem Pfennig zu rechnen. Sie hatten daher kein Verständnis dafür, daß die Architekten im Interesse des Ganzen die Einhaltung bestimmter technischer und künstlerischer Normen forderten. Schon die Bauzoneneinteilung gab zu endlosen Streitigkeiten Anlaß. Sie schrieb für alle breiten Straßen und Plätze die Errichtung von dreigeschossigen Häusern vor und legte eine Stockwerkshöhe von mindestens 8 Ellen (4,40 Metern) fest. Auch die Forderung des Königs, »daß in der ganzen Stadt, so viel möglich, alle Stockwerke nach den Gassen zu, in einer gleichen Höhe aufgeführet, und einander gleich abgeputzet werden sollen«, wurde von vielen Bauwilligen als Schikane oder wenigstens als unzumutbar empfunden. Sie wehrten sich, indem sie das Oberbauamt mit einer Flut von Gesuchen und Beschwerden überschwemmten.

Die Bestimmung, daß sämtliche fertigen Häuser vom

Oberbauamt überprüft werden mußten, führte ebenfalls zu Auseinandersetzungen. Es war die Ausnahme, nicht die Regel, daß die Bauten in allen Einzelheiten den vorher eingereichten Rissen entsprachen. Manche Bauherren hatten die vorgeschriebene Stockwerkshöhe von 8 Ellen eigenmächtig verringert und so die Zahl der Geschosse von drei auf vier oder fünf vergrößert, um mehr Raum für Mietwohnungen zu gewinnen. Fast alle übertraten die wegen der Brandgefahr erlassene Bestimmung, daß in Mansardenwohnungen keine Heizkörper vorhanden sein durften. Wenn die Mitarbeiter des Oberbauamts diese Verstöße rügten, stellten sich die Hausbesitzer taub. Es nutzte auch nicht viel, ihnen mit Zwangsmaßnahmen zu drohen. Der König sah es gar nicht gern, wenn die Baulust seiner Untertanen durch Strafen oder schwer erfüllbare Auflagen gedämpft wurde.

Da sich die Verstöße gegen die Bauordnung häuften und die Bauwilligen immer lauter zu murren begannen, entschloß sich August zu einem Kompromiß: Die Vorschriften blieben zwar in Kraft, aber das Oberbauamt erhielt die Erlaubnis, in der täglichen Praxis milde zu verfahren. Von nun an drückten die mit der Abnahme beauftragten Architekten und Kondukteure beide Augen zu, wenn sie in den Mansardenwohnungen Öfen entdeckten. Und sie ließen auch mit sich reden, wenn der Bauherr die Zahl der Stockwerke ohne Erlaubnis vermehrt hatte - vorausgesetzt, daß das Haus wenigstens in der Gesimshöhe mit den Nachbarhäusern übereinstimmte. Daran allerdings hielt August beharrlich fest: Kein Gebäude durfte aus der Reihe tanzen. Die Kompromißbereitschaft des Oberbauamts endete dort, wo eine lässige Handhabung der Vorschriften die Einheitlichkeit des Straßenbilds beeinträchtigt hätte. Ob das Haus nun drei, vier oder fünf Geschosse besaß - die festgelegte Gesimshöhe mußte von dem Bauherrn unter allen Umständen eingehalten werden.

Wallpavillon des Zwingers

Wenn es ums Geld ging, zeigte sich August weniger verständigungsbereit. Das Oberbauamt war manchmal genötigt, sich mit Eigentumsfragen zu beschäftigen, und zwar überall dort, wo die bestehenden Grundstücks- und Hausgrenzen nicht mehr mit dem neuen Bebauungsplan übereinstimmten. Der König hatte schon 1716 verfügt, »an Stelle von zwei kleinen Häusern, die schmal sind, besser ein ansehnliches zu logiren [zum Wohnen] bequemes Gebäude aufzuführen«. Dies bedeutete, daß bestimmte Häuser und Grundstücke aufgekauft werden mußten. Die betroffenen Eigentümer wollten natürlich einen möglichst hohen Preis herausschlagen, während es im Interesse des Oberbauamts lag, die Summe in Grenzen zu halten. Die Verhandlungen waren deshalb oft schwierig. Da die Widerstrebenden aber wußten, daß der König mit seiner ganzen Autorität hinter dem Oberbauamt stand und den Streit notfalls durch einen Befehl beenden konnte, blieb ihnen schließlich nichts anderes übrig, als sich mit dem angebotenen Kaufgeld zu begnügen.

Ob sich die Architekten des Oberbauamts glücklich schätzten, wenn der König sie mit der Aufgabe betraute, für ihn selbst zu bauen, ist zumindest zweifelhaft. Zwar entrannen sie auf diese Weise der täglichen Fron und konnten zudem noch mit Sonderhonoraren rechnen, aber dafür erwarteten sie Plackereien anderer Art. August war ein ungeduldiger Bauherr, der von seinen Architekten oft Unmögliches verlangte. Er wurde zum brutalen Antreiber, wenn ein Werk zu einem bestimmten Termin vollendet sein sollte - wie der Zwinger zur Hochzeit des Kurprinzen im September 1719. Je näher dieser Termin rückte, desto hastiger wurde gebaut - unter Vernachlässigung der elementarsten Sicherheitsvorkehrungen und ohne Rücksicht darauf, daß die benötigten Gelder viel später eintrafen, als es das Finanzierungsprogramm vorsah.

Seit dem Herbst 1718 mußte auch nachts und bei Schneetreiben oder Glatteis gearbeitet werden. Die Folge war, daß sich die Arbeitsunfälle häuften. Mehrere Handwerker stürzten sich zu Tode. Andere verunglückten so schwer, daß sie zeit ihres Lebens Krüppel blieben. Sogar der leitende Architekt des Zwingerbaus, Matthes Daniel Pöppelmann, erlitt Verletzungen, die ihn einige Wochen lang ans Bett fesselten. Die Unzufriedenheit der Arbeiter nahm zu. Im Winter 1718/19 legten die Maurer für einige Tage die Arbeit nieder. Genaues läßt sich nicht mehr ermitteln, doch es scheint, daß Pöppelmann seinen Bauherrn überredete, die Aufbegehrenden nicht zu bestrafen, sondern mit Lohnzulagen zu besänftigen. Der im Umgang mit Menschen aus allen Klassen und Schichten erfahrene Architekt wußte besser als der König, daß Zwangsmaßnahmen oft das

Gegenteil von dem bewirken, was sie erreichen sollen. August besaß zwar die Macht, die Streikenden mit Gewalt zur Arbeit treiben zu lassen, aber er konnte sie nicht zwingen, rasch und gut zu arbeiten - und gerade darauf kam es dem Architekten an.

Die auf dem Zwingerbauplatz Beschäftigten hatten noch andere Gründe, sich über ihren Bauherrn zu beklagen. Sie litten zum Beispiel auch darunter, daß sie ihren Lohn nur selten pünktlich und noch seltener in vollem Umfang ausgezahlt bekamen. 1719 erreichten die Lohnrückstände die für damalige Verhältnisse beträchtliche Höhe von 21 610 Talern - mehr als vierzehn Prozent der Gesamtbausumme, die das Oberbauamt im August desselben Jahres mit 147 917 Talern berechnete. Wieder griff Pöppelmann vermittelnd ein. Er machte den König darauf aufmerksam, daß es unter den Wartenden »viele blutarme Leute« gab, »nicht imstande, eine Woche lang ihren Lohn bei diesen teueren Zeiten zu entbehren«, und erreichte, daß August die Geldforderungen der Handwerker ausnahmsweise einmal rascher befriedigte als sonst.

Ob sich auch andere Architekten eine so freie Sprache hätten erlauben dürfen, ohne daß der König ihnen seine Gunst entzog? Wahrscheinlich nicht. Nach allem, was wir wissen, stand allein Pöppelmann August so nahe, daß er manches sagen durfte, was von anderen wohl nicht so ohne weiteres hingenommen worden wäre.

Der gebürtige Westfale lebte schon seit 1680 in Dresden. Er arbeitete zunächst als Hilfskraft ohne Gehalt, angewiesen auf die gelegentlichen Zuwendungen derer, die ihn beschäftigten. Erst 1686 wurde er fest angestellt. Kurfürst Johann Georg IV. ernannte ihn 1691 zum Baukondukteur und bewilligte ihm ein Jahreseinkommen von 208 Talern - zum Leben zuwenig und zum Sterben zuviel. Wann der König zum erstenmal auf ihn aufmerksam wurde, ist nicht sicher. Wir wissen lediglich, daß er ihn 1705 zum Landbaumeister beförderte und sein Gehalt auf 364 Taler, 1708 sogar auf 600 Taler im Jahr erhöhte. 1710 entschloß er sich, den nun schon fast Fünfzigjährigen zur Vorbereitung auf seine künftigen Aufgaben nach Italien zu schicken, um dort »sich der itzigen Arth des Bauens so wohl an Palasten alsz Gärthen zu ersehen«. Eine Anfrage des Grafen Wackerbarth, wie hoch die Reisespesen des Landbaumeisters bemessen werden sollten, beantwortete er mit dem eigenhändig niedergeschriebenen Satz: »ein tausend Dahler sohl ihm auss den bau amte deputat zur Reisze gegeben werden.« Gemessen an den Summen, die andere erhielten, war dies eine großzügige Ausstattung. Dem Bildhauer Benjamin Thomae ließ August 1715 nur 300 Taler anweisen.

Die Gunst des König fiel Pöppelmann nicht in den Schoß. Sie war das Ergebnis einer Zusammenarbeit, die wohl kurz vor 1705 begann und sich über Jahrzehnte erstreckte. Der Architekt verstand es, Anregungen seines Bauherrn aufzugreifen und in die vorliegenden Entwürfe einzufügen, aber er hatte auch die Courage, Widerspruch anzumelden, wenn sich eine bestimmte Idee nicht oder nur zum Schaden des Ganzen verwirklichen ließ. Bauherr und Baumeister saßen oft stundenlang über Plänen, manchmal über solchen, von denen sie wußten, daß sie höchstwahrscheinlich Papier bleiben würden. Der König liebte das freie Spiel der Phantasie, er berauschte sich an seinen Einfällen und verlor dabei häufig die Fakten aus den Augen. Pöppelmann hingegen hatte ein ausgeprägtes Gefühl für die tatsächlichen Möglichkeiten der Baukunst, er dachte praxisbezogen und erkannte sofort, welche Idee mit den vorhandenen Mitteln realisiert werden konnte und welche unausgeführt bleiben mußte. Wenn er August etwas versprach, so hielt er es auch.

Wie hoch der König die Fähigkeiten Pöppelmanns einschätzte, ergibt sich aus einem Briefwechsel, den er wahrscheinlich um 1725 mit dem Grafen Wackerbarth führte. Der Generalintendant hatte vorgeschlagen, einen begabten jungen Architekten zur weiteren Ausbildung nach Italien zu schicken, und er begründete seine Anregung mit dem Hinweis, »Euer Majestät fände in ihm einen würdigen Schüler, um eines Tages den Platz Pöppelmanns zu ersetzen, der von Tag zu Tag mehr altert«. August lehnte den Vorschlag ab. Er diktierte seinem Sekretär die Antwort in die Feder: »anstatt ihn nach Italien zu schicken, wird es besser sein, daß er bei Pöppelmann bleibt, der dafür sorgen wird, ihn in einer Menge Sachen geschickt auszubilden ...«

August fand bei seinem Regierungsantritt einige hervorragende Architekten vor, wie Pöppelmann und Karcher. Als nach dem Nordischen Krieg die Bauaufgaben wuchsen, nahm er weitere berühmte Künstler in seinen Dienst. Der alte Johann Friedrich Karcher, seit 1683 Mitarbeiter des Oberbauamts, litt an vielen Krankheiten und Gebrechen, aber seiner Pflicht als Intendant der königlichen Gärten kam er bis zur letzten Stunde nach. Das barocke Achsennetz des Großen Gartens ist sein Werk. Nach seinem Tod rückte Zacharias Longuelune in die nun frei gewordene Planstelle eines Oberlandbaumeisters auf. Longuelune war 1713 aus Berlin nach Dresden gekommen. Die Alteingesessenen begegneten ihm zunächst mit Mißtrauen. Es erwies sich als unbegründet. Zwar sagte der Franzose freiheraus, daß er die in seiner neuen Heimat herrschenden Kunstanschauungen für veraltet hielt, doch er gehörte nicht zu denen, die im Streit der Meinungen ihre Ellenbogen gebrauchten - im Unterschied zu seinem Schüler Johann Christoph Knöffel, der jeden rücksichtslos beiseite stieß, welcher sich seiner Karriere in den Weg stellte. Longuelune verabscheute Ränke und Ohrenbläsereien, er trat bescheiden zurück, wenn seine Argumente ihre Wirkung verfehlten. Daher kam er mit allen gut aus - auch mit dem König, der sich gern mit dem charaktervollen Franzosen unterhielt und ihn in schwierigen Fällen oft um Rat fragte.

Der Schwede Johann Friedrich von Eosander hatte ebenso wie Longuelune in preußischen Diensten gestanden und für die geistreiche Königin Sophie Charlotte Schloß Charlottenburg, für König Friedrich I. Schloß Niederschönhausen erbaut. Als 1713 Friedrich Wilhelm I. den preußischen Thron bestieg, ein junger Mann, der in allem das genaue Gegenteil seines prachtliebenden Vaters war, mußte der gefeierte Architekt wie die meisten anderen Hofbediensteten sein Bündel schnüren. Der neue Monarch fand, daß es in Preußen zu viele Schmarotzer gab - wozu er nicht nur Zeremonienmeister, Hofmarschälle und Kammerjunker, sondern auch Künstler und Gelehrte rechnete. August, stets darauf bedacht, den Glanz seines Hofes zu vermehren, ließ sich diese Chance nicht entgehen: 1722 holte er Eosander nach Dresden. Aber der Schwede wurde in Sachsen vom Pech verfolgt. Eine Kasematte, für deren Schußfestigkeit er sich verbürgt hatte, brach beim ersten Treffer zusammen - und seitdem heftete sich der Gassenwitz an seine Fersen, so daß er schließlich resignierte und sich bis zu seinem Tod im Jahr 1729 nie wieder um einen Auftrag bewarb. Schloß Übigau ist das einzige Beispiel seiner Kunst in Dresden.

1728 siedelte auch Jean de Boldt, Franzose wie Longuelune, in die sächsische Residenz über. In Berlin zeugten unter anderem das Palais Schwerin am Molkenmarkt und das Palais Podewils in der Klosterstraße von seinem Können. An seiner neuen Wirkungsstätte entwarf er gemeinsam mit Pöppelmann und Longuelune die Pläne für das Japanische Palais. Er wurde der Nachfolger des Grafen Wackerbarth, der nach seiner Ernennung zum Generalfeldmarschall und Oberkommandierenden der

August Christoph von Wackerbarth

Armee um Entlassung von seinem Amt als Generalintendant gebeten hatte.

Der König ließ Wackerbarth nur ungern gehen, doch er sah ein, daß der nun schon Sechsundsechzigjährige die Bürde mehrerer Funktionen nicht mehr zu tragen vermochte. Dreißig Jahre hatte der Berufssoldat August Christoph von Wackerbarth das sächsische Bauwesen geleitet - als Nachfolger der beiden Berufssoldaten Wolf Caspar von Klengel, der es bis zum Generalwachtmeister brachte, und Johann Georg Starke, der 1695 als Generalquartiermeister starb. Da auch der Festungsbau zum Aufgabenbereich des Oberbauamts gehörte, war es seit langem üblich, Militärs als Generalintendanten einzusetzen.

Wackerbarth war Lauenburger von Geburt - was seine Karriere insofern beschleunigte, als der König den Angehörigen des einheimischen Adels aus Erfahrung mißtraute - und schon 1686 aus Dänemark nach Sachsen gekommen, wo er zunächst im Ingenieurkorps Johann Georgs III. Dienst tat. Während des Nordischen Krieges setzte ihn August überall dort ein, wo es militärtechnische Spezialaufgaben zu lösen galt. Wackerbarth leitete zum Beispiel 1715 die Belagerung von Stralsund und bewies dabei soviel organisatorisches und taktisches Geschick, daß er sich die Anerkennung des in militärischen Dingen sehr anspruchsvollen Friedrich Wilhelm I. erwarb. Auch als Diplomat machte sich der Lauenburger einen Namen, unter anderem als Gesandter am kaiserlichen Hof in Wien. Der Präsident des Hofkriegsrats, Prinz Eugen von Savoyen, der oft mit ihm verhandelte, nannte ihn einen klugen und kundigen Gesprächspartner, der im Unterschied zu anderen nie die Beherrschung verlor, sondern seine angeborene Lebhaftigkeit hinter »einstudierter Gelassenheit« verbarg. Von allen, die sich nach dem Ableben Starkes um das Amt des Generalintendanten bewarben, brachte Wackerbarth die besten fachlichen und charakterlichen Voraussetzungen mit.

Es fehlte nicht an Versuchen, den Generalintendanten zu Fall zu bringen oder wenigstens aus der Gunst des Königs zu verdrängen. Ein sächsischer Adliger warf Wackerbarth zum Beispiel vor, er mache sich mit kleinen Leuten wie Architekten und Dienern gemein. Der Vizedirektor des Oberbauamts, der intrigante Niederländer Lambert Lambion, den August 1701 schließlich davonjagte, beschuldigte ihn, »er were des Conducteurs und Oberbauschreibers Patron, fuchszte Selben wohl gar die Weiber und läge also unter einer Decke«. Allem Anschein nach ging der Generalintendant mit seinen Untergebenen behutsam um - viel zu behutsam nach der Meinung derer, für die der Mensch erst beim Baron anfing. Er behandelte sie in der Regel wie Kollegen und kehrte den Chef nur dann heraus, wenn es im Interesse der Sache unumgänglich war. So gelang es ihm, die Gegensätze im Oberbauamt auszugleichen.

Die Architekten waren durchaus nicht ein Herz und eine Seele. Longuelune und Eosander vertraten eine andere und wie sie glaubten, modernere Kunstauffassung als Pöppelmann und Karcher. Ihr Barock trug klassizistische Züge, und die Theorien, denen sie folgten, liefen darauf hinaus, den Bauten jene »noble simplicité« (vornehme Einfachheit) zu geben, welche im Frankreich Ludwigs XIV. als Gipfel des guten Geschmacks galt. Was August vor ihrer Ankunft hatte bauen lassen, wurde von ihnen als Verirrung gewertet - oder zumindest als grober Verstoß gegen Regeln, an deren Berechtigung nur zweifelte, wer nichts von Kunst verstand. Auf den hochbegabten Knöffel, der dem Oberbauamt seit 1709 angehörte, war im Kampf der Meinungen kein Verlaß: Er hielt es stets mit der im Augenblick stärkeren Fraktion und schwankte wie ein Rohr im Wind. Wackerbarth erstattete dem König über die Spannungen Bericht, und dieser löste das Problem, indem er die Parole ausgab: Laßt die Streithähne miteinander wetteifern - in der Praxis, nicht in der Theorie!

Von nun an bestand die wichtigste Aufgabe Wackerbarths darin, eine Art Architektenwettbewerb zu organisieren. Die Vertreter der beiden Fraktionen, meist Pöppelmann und Longuelune, legten dem Generalintendanten ihre Entwürfe vor. Dieser entschied nach gründlicher Aussprache, bei der keiner dem anderen etwas schenkte, und stets im Einvernehmen mit dem König, wer von ihnen das Problem am besten gelöst hatte. Dabei stellte sich oft heraus, daß die Lösungen einander ergänzten und folglich miteinander verbunden werden konnten. Manchmal kostete es Wackerbarth Mühe, die Widersacher zu gegenseitigen Zugeständnissen zu bewegen, aber da er ein guter Diplomat war und zu allen Mitarbeitern kollegiale Beziehungen unterhielt, meisterte er die schwierige Situation. Die feindlichen Brüder rauften sich allmählich zusammen.Pöppelmann begriff, daß sich von den erst später nach Sachsen Gekommenen manches Neue lernen ließ, und den Fremden wurde klar, daß sie ihre Auffassungen der sächsischen Tradition anpassen mußten, wenn sie im augusteischen Dresden Erfolg haben wollten.

Auch die Bildhauer fanden in Wackerbarth einen verständnisvollen Vorgesetzten. Der bedeutendste unter ihnen, Balthasar Permoser, ein gebürtiger Bayer, war schon 1689 nach Dresden gekommen, wo er rasch zu einer stadtbekannten Persönlichkeit wurde - nicht wegen seines Könnens, sondern wegen seines stattlichen Vollbarts, der mehr Aufsehen erregte als die monumentalen Heraklesfiguren, die er um 1690 für den Großen Garten schuf. Die Mode schrieb damals Bartlosigkeit vor, aber der urwüchsige Bayer lachte nur, wenn ihm jemand wohlmeinend riet, sich seines Witze provozierenden Männlichkeitssymbols zu entledigen. So selbstbewußt, wie er seinen Vollbart trug, trat er auch denen gegenüber auf, für die er arbeitete. Der König respektierte seine derbe Art, weil er genau wußte, daß es unter den deutschen Bildhauern keinen gab, der es mit Permoser an Talent, Fleiß und Erfindungsgabe aufnehmen konnte. Was wäre der Zwinger, wenn neben dem Westfalen Pöppelmann nicht dieser bajuwarische Kraftkerl gestanden hätte?

Die Bildhauerkunst spielte im Barock eine viel bedeutungsvollere Rolle als heutzutage. Es gibt kaum ein Bauwerk aus dieser Zeit, zu dem die Bildhauer nicht das Ihre beigetragen haben - als Gehilfen des leitenden Architekten, der ihnen die Stellen anwies, die durch plastischen Schmuck hervorgehoben werden sollten, und doch insofern gleichberechtigt, als ihnen der Architekt sowohl in der Wahl der Motive als auch in der Art ihrer Ausführung ein Mitspracherecht einräumte. Wer vermag vor dem Wallpavillon des Zwingers zu sagen, was auf einen Einfall Pöppelmanns und was auf eine Idee Permosers zurückzuführen ist? Die Unvergleichlichkeit der Anlage beruht letztlich darauf, daß der geniale Baumeister dem künstlerisch ebenbürtigen Bildhauer überall dort Freiheit gewährte, wo es das Gesetz des Werkes erlaubte.

Die Arbeitslast war zeitweilig so groß, daß neben Permoser noch zwei weitere Bildhauer lohnende Beschäftigung fanden: Johann Christian Kirchner und Benjamin Thomae. Auch sie und ihre Werkstätten unterstanden dem Oberbauamt. Von ihnen stammen zum Beispiel die Kinderfiguren auf der Balustrade, die sich rings um das Schloß Moritzburg zieht, und die Jagdhornbläser, welche die Auffahrt flankieren. Die reiche Phantasie, die in der Wahl der Bewegungsmotive zum Ausdruck kommt, wie die Gediegenheit der Ausführung sind bewunderungswürdig. Und dabei handelt es sich im Unterschied zu den Schöpfungen Permosers um Dutzendware - um Arbeiten von Meistern, die nicht zu den überragenden Persönlichkeiten der Kunstgeschichte, sondern nur zu den Mittelmaßtalenten gehören. Das Durchschnittsniveau lag damals eben höher als in späteren Perioden ...

Neben den Architekten, die für den König arbeiteten, gab es auch solche, die in den Diensten des Rates standen. In der Regel kamen diese Meister aus dem einheimischen Handwerk. Sie wurden daher von den meist in Italien oder Frankreich ausgebildeten Mitarbeitern des Oberbauamts nicht für voll genommen. Hofarchitekt und Ratsmaurermeister - die soziale Kluft war zu breit, als daß sie von Kollegialität hätte überbrückt werden können. Die Bürger der stockprotestantischen Stadt wiederum beäugten alles, was vom Hof ihres Landesherrn kam, erst mißtrauisch, bevor sie es akzeptierten. Wackerbarth bemühte sich redlich, den Argwohn zu zerstreuen, aber da ihm das Baureglement bindend vorschrieb, sämtliche Entwürfe, also auch die der Ratsbaumeister, überprüfen zu lassen, konnte er nicht verhindern, daß es mitunter zu Streitigkeiten kam.

Wenn es um den Kirchenbau ging, nahmen die Auseinandersetzungen heftige Formen an. Die lutherische Geistlichkeit hatte dem König nie verziehen, daß er um der Krone Polens willen zum Katholizismus übergetreten war. Sie wehrte sich gegen alle Versuche, die Selbständigkeit der Kirche zu beschränken - und sei es auch nur auf dem Gebiet der Kunst. Im Bürgerhausbau gab es kaum Komplikationen. Der Ratsmaurermeister Johann Gottfried Fehre, der zum Beispiel das in der Neustadt gelegene Haus Rähnitzgasse 19 schuf, hatte daher weniger Ärger mit dem Oberbauamt als sein Kollege, der Ratszimmermeister George Baehr, der als Fachmann für Kirchenbauten galt. Gewöhnlich mischte sich der König nicht in die inneren Angelegenheiten der Gemeinden ein. In Dresden blieb ihm keine andere Wahl, es sei denn, er hätte den Plan aufgegeben, seine sächsische Residenz nach barocken Grundsätzen umzugestalten. Auch die Kirchen mußten sich in das neue Gefüge der Stadt einordnen. Am liebsten wäre August wohl gewesen, wenn der Rat und die Geistlichkeit auf ihr Mitspracherecht verzichtet hätten. Aber dazu erklärten sich die Argwöhnischen aus Furcht, vom König übertölpelt zu werden, nicht bereit. So begann ein endloses und für den Ratszimmermeister demütigendes Hin und Her von Entwürfen und Gegenentwürfen.

George Baehr war ein selbstbewußter Mann, der sich nicht einfach beiseite schieben ließ, sondern darauf pochte, daß er das Vertrauen des Rates und der Bürgerschaft besaß. Die Dreikönigskirche in der Neustadt baute er gemeinsam mit Pöppelmann, und wie es scheint, kamen die beiden leidlich miteinander aus. Unerfreulich war die Zusammenarbeit mit dem ehrgeizigen und in der Wahl seiner Mittel wenig zimperlichen Knöffel, den Wackerbarth damit beauftragt hatte, die Pläne für die Frauenkirche am Neumarkt zu überprüfen. Baehr mußte sich nach hitzigen Debatten mit Korrekturen einverstanden erklären, die nicht in jedem Fall eine Verbesserung bedeuteten. Mit Mühe rettete er die steinerne Kuppel, bis zum Februar 1945 die Stadtkrone von Dresden. Das gelang nur, weil sich der König auf seine Seite stellte - wohl in Erinnerung an die Kirche Santa Maria della Salute in Venedig, die ihn einst so tief beeindruckt hatte. 1726 wurde der Bau begonnen. Als 1732 Geldmangel den Fortgang der Arbeiten behinderte, ließ August kurzerhand die 28 366 Taler beschlagnahmen, welche die sächsischen Lutheraner für ihre aus Salzburg vertriebenen Glaubensbrüder gesammelt hatten - eine Handlungsweise, die Valentin Ernst Löscher als frechen Raub charakterisierte.

Der persönliche Anteil des Königs an dem, was auf den Bauplätzen geschah, war groß. Er beanspruchte das Recht, den Architekten Weisungen zu erteilen, ohne den Generalintendanten davon zu unterrichten, was diesen 1719 zu der bitteren Klage veranlaßte, »daß bisher mehrmals Gebäude mit großen Unkosten angefangen, welche nachgehends liegen geblieben und durch Witterung vernichtet oder auch gar wieder weggerissen, statt dessen was anderes erbaut, auch dieses wiederum abgetragen und abermals an dessen Stelle was neues vorgenommen worden«. Dadurch habe man »considerable [beträchtliche] Summen Geldes« vergeudet, »ohne daß hiervon etwas nutzbares, commodes [bequemes] oder zur Zierde und Ansehen gereichendes jemahls vollständig dargestellt«.

Der Generalintendant predigte tauben Ohren. Nur einmal hatte er versucht, den freien Verkehr des Königs mit seinen Architekten zu beschränken, aber es war ihm nicht gut bekommen. August, unwillig darüber, daß ihn ein Untergebener zu bevormunden wagte, wies ihn am 16. November 1711 höflich, aber bestimmt zurecht: »Nun ist es an dem, dass wir in der Civil- und Militair-Baukunst Uns öffters delectiren [vergnügen], dahero hierinnen verschiedene desseins Selbsten inventiret, zu Pappier gebracht und solche Unseren Land- Baumeistern oder anderen Subalternen [Untergeordneten] des Obristen Bau Amts ungesäumt in Execution [Ausführung] zu bringen, immediate [unter Umgehung des Dienstwegs] allergnädigst anbefohlen. Auf dass wir hierinnen desto mehrere facilitaet [Willfährigkeit] finden und Unseren Zweck desto leichter erreichen mögen, haben wir uns die speciale dependenz [besondere Abhängigkeit] expresse [ausdrücklich] vorbehalten. Dann ob wir auch schon die Ober-Inspection nach Uns mit diesem Umbstande euch aufgetragen, dass Niemand ausser euch hierinnen befehlen, oder die Subalternen weder mündl. noch schrifftl. Verordnung von jemand anders annehmen sollen, so ist doch Unsere Intention [Absicht] keineswegs dahin gegangen, dass wir denen Subalternen ohne Euer Vorwissen nicht solten befehlen oder die inventirte desseins zu bauen nicht anordnen mögen.«

Wackerbarth merkte sich die Lektion und versuchte nie wieder, Anordnungen des Königs eigenmächtig aufzuheben.

August war mit den Leistungen seiner Architekten so zufrieden, daß er ihre Gehälter mehrmals erhöhte. Pöppelmann wurde 1718 zum Oberlandbaumeister befördert und erhielt seitdem 1 200 Taler im Jahr - wozu noch kam, was ihm der König gelegentlich schenkte, zum Beispiel ein Wald in der Nähe von Frauenstein, dessen Wert nach amtlichen Schätzungen 3 428 Taler betrug. Der sparsame Westfale hinterließ seinen Erben ein Barvermögen von 4 000 Talern, dazu 9 000 Taler in Schuldverschreibungen und 2 000 Taler in goldenen und silbernen Schmuckstücken. Longuelune, der mit 400 Talern angefangen hatte, erreichte 1728 ebenfalls das Höchstgehalt von 1 200 Talern. Knöffel rückte 1722 zum Landbaumeister auf und bekam 600 Taler im Jahr. Gewiß, die Gräfin Cosel strich in vier Wochen mehr ein, als alle Baumeister Sachsens in zwölf Monaten verdienten - und dennoch bezahlte August Künstler besser als die meisten anderen deutschen Potentaten. Joseph Effner, Hofarchitekt des Kurfürsten Maximilian Emanuel von Bayern, mußte sich mit 900 Talern zufriedengeben, der ältere Johann Boumann, der unter anderem für Friedrich Wilhelm I. das Holländische Viertel in Potsdam entwarf, sogar mit 400 Talern.

In den zwanziger Jahren des 18. Jahrhunderts nahm das neue Dresden allmählich Gestalt an - viel zu langsam für den ungeduldigen König, der noch vollendet sehen wollte, was auf sein Geheiß begonnen worden war. Schon im unfertigen Zustand erregte die sächsische Residenz die Bewunderung aller, die sie besuchten. Selbst der nüchterne Friedrich Wilhelm I. zeigte sich von ihr beeindruckt. »Sonst ist die hiesige Magnificence [Pracht] so groß, daß Ich glaube, sie habe bei Louis XIV. ohnmöglich größer seyn können«, schrieb er am 16. Januar 1728 nach Potsdam, das sich damals neben Dresden wie ein tristes Militärlager ausnahm.

Im Februar 1945 wurde das augusteische Dresden durch Bomben ausgelöscht. Was ist von der Frauenkirche geblieben, diesem Wunderwerk protestantischer Kirchenbaukunst? Was von dem Taschenbergpalais, das Pöppelmann nach 1707 für die Gräfin Cosel baute? Was von dem Kurländer Palais? Von dem Palais Wackerbarth? Von der Rampischen und der Wilsdruffer Gasse? Nichts als die Erinnerung ...

Wenn man von der Dreikönigskirche und einigen kleineren Gebäuden wie dem Blockhaus absieht, so sind von dem reichen künstlerischen Erbe aus der Zeit Augusts nur der wiederaufgebaute Zwinger und das Japanische Palais auf uns gekommen. Beide verkörpern den Geist ihrer Epoche, wenngleich in sehr unterschiedlicher Weise. Im Zwinger ist alles heiter, locker und graziös, er war ein Festplatz, der sich mitunter auch dem Bürger öffnete, eine Stätte unbeschwerten Genusses und liebenswürdiger Repräsentation. Die Kunst hat das Pomphafte veredelt, so daß es den Betrachter nicht einschüchterte. August verzichtete hier auf die große herrscherliche Gebärde. Im Gegensatz dazu wirkte die strenge Gliederung des Japanischen Palais abweisend und betonte so den Machtanspruch des absoluten Fürsten.

Mit den Schlössern und Gärten in der Umgebung Dresdens ist die Geschichte glimpflich umgegangen. Sie überstanden den Krieg nahezu unversehrt. Das Wasser- und das Bergpalais in Pillnitz, beide von Pöppelmann, wurden im Juni 1725 eingeweiht. Anlaß war die Hochzeit einer Tochter des Königs und der Gräfin Cosel mit einem sächsischen Grafen. Damals stand im Südosten noch das alte Schloß, ein klobiger Renaissancebau, den der Klassizis Christian Friedrich Schuricht dann im ersten Viertel des

19. Jahrhunderts durch das Neue Palais ersetzte. Der Park von Großsedlitz, eine der schönsten Barockanlagen in Sachsen, blieb unvollendet.

Ursprünglich sollte auf der Höhe oberhalb des Wasserbeckens ein Sommerschloß errichtet werden, doch nur die von Knöffel entworfene Obere Orangerie kam 1720 tatsächlich zustande. So fehlt dem Garten das architektonische Zentrum, Ausgangspunkt der Achsen, die das Hügelgelände aufteilen und gliedern. Es scheint, daß der aufwendige Umbau von Moritzburg auch die für Großsedlitz bestimmten Summen verschlang.

Von allen Schlössern im Weichbild der sächsischen Residenz hat August das Jagdschloß Moritzburg am häufigsten besucht, einmal, weil er ein leidenschaftlicher Jäger war, zum anderen, weil ihn hier alles an seine stürmische und vergnügliche Jugendzeit erinnerte. Sein ältester illegitimer Sohn trug nicht zufällig den Namen Moritz. In Moritzburg war die schöne Schwedin Aurora von Königsmarck 1695 endlich in seine Arme gesunken, ein Ereignis, das natürlich gefeiert wurde, und zwar glanzvoller als 1693 die Hochzeit mit der ungeliebten Christiane Eberhardine. Später hatten auch andere Favoritinnen das Jagdschloß besucht - und dabei wohl gelegentlich ihre Verwunderung darüber geäußert, daß ein so großer Monarch wie August noch immer Gefallen daran fand, in einem Gemäuer aus dem 16. Jahrhundert zu hausen. Schon 1703 plante der König, Moritzburg umbauen zu lassen, doch erst 1723 begannen die Arbeiten.

Für die Umgestaltung des alten Jagdschlosses in eine Anlage, die den gestiegenen Ansprüchen des Königs genügte, war Pöppelmann verantwortlich, der hier besonders eng mit seinem Bauherrn zusammenarbeitete. August steuerte zu diesem Werk viele Ideen bei, wie mehr als ein Dutzend Skizzen von seiner Hand beweist. Der ebenfalls an der Planung beteiligte Longuelune kümmerte sich vor allem um die Gestaltung der Gärten, der Innenarchitekt Raymond Leplat um die Ausstattung der Säle und Kabinette, ungefähr zweihundert an der Zahl. Bis 1733 waren etwa 60 000 Taler verbraucht worden - nicht viel, bedenkt man, daß die bebaute Grundfläche 2 900 Quadratmeter beträgt, und ein Beweis dafür, daß Pöppelmann auch sparsam zu wirtschaften verstand, wenn das Geld einmal nicht so reichlich floß wie in den Jahren, als er den mehr als doppelt so teuren Zwinger errichtete.

Das Beispiel des Königs weckte die Baulust des sächsischen Adels. Es war vor allem Knöffel, der die von den Mitarbeitern des Oberbauamts entwickelten künstlerischen Ideen in die Provinz trug. Für den Grafen Wackerbarth baute er den Alterssitz »Wackerbarths Ruhe« in der Niederlößnitz und Schloß Zabeltitz in der Nähe von Großenhain, für Heinrich von Brühl Schloß Nischwitz nördlich von Wurzen, für Heinrich von Bünau Schloß Dahlen am Südrand der Dahlener Heide. Auch Schloß Rammenau bei Bischofswerda ist wahrscheinlich von ihm entworfen worden. Sein Lehrer Longuelune hingegen hat nur in Lichtenwalde bei Flöha, das den Grafen Watzdorf gehörte, eine Spur hinterlassen: Dort schuf er den Park, neben Großsedlitz eine der großartigsten Schöpfungen der sächsischen Gartenkunst im frühen 18. Jahrhundert. Pöppelmann arbeitete auch in der Provinz fast ausschließlich für den Hof, zum Beispiel in Graditz bei Torgau, wo er 1722 das Gutshaus des kurfürstlichen Gestüts errichtete, und in Christiane Eberhardines Residenz Pretzsch.

In Polen traf die Bauleidenschaft des Königs auf Hindernisse, die nicht beseitigt, sondern nur umgangen werden konnten. Zum Erwerb von Grund und Boden brauchte er hier die Erlaubnis des Reichstags - und in der Regel weigerte sich der Sejm, Maßnahmen zuzustimmen, die das Ansehen der Krone erhöhten. Wieder einmal dachte sich

Schloß Moritzburg

August verschiedene Tricks aus und gelangte so auf verschlungenen Wegen doch zum Ziel. Er überredete zum Beispiel einige polnische Magnaten, ihm ihre Schlösser zu verpachten, und bedang sich im Pachtvertrag das Recht aus, sie nach seinem Geschmack zu verändern und einzurichten. Durch diese Hintertür kam er in den Besitz der damals vor den Toren Warschaus gelegenen Schlösser Wilanów und Ujazdów, die ihm als Sommerresidenz dienten. In anderen Fällen schob er einen Strohmann vor: Dieser kaufte das Objekt und überließ es dann dem König, der nach außen hin nur als Mieter in Erscheinung trat. 1713 erwarb er so das Morsztyn-Palais, an dessen Stelle später das von den Faschisten 1944 zerstörte Sächsische Palais entstand, und 1724 Schloß Mariemont, das dem Prinzen Konstantin Sobieski gehörte, der - vermutlich in Erinnerung an seine widerrechtliche Gefangennahme im Jahr 1704 - einen besonders hohen Preis forderte. Das Königsschloß in Warschau war Eigentum der Rzeczpospolita und daher weder zu pachten noch zu kaufen.

Ursprünglich hatte August wohl geplant, die in Dresden tätigen Architekten auch in Warschau einzusetzen. Pöppelmann weilte wiederholt in der polnischen Hauptstadt, aber diese Reisen kosteten viel Zeit und konnten dem mit Arbeit überlasteten Meister höchstens einmal im Jahr zugemutet werden. So wurde 1715 das Warschauer Bauamt gegründet, dem zunächst Johann Christoph Naumann und seit 1721 Joachim Daniel Jauch vorstand. Beide gehörten dem Offizierskorps der polnischen Kronarmee an, wie denn überhaupt Offiziere in der Warschauer Baubehörde eine viel größere Rolle spielten als im Dresdner Oberbauamt. Der König, auch hier um einen Trick nicht verlegen, entlastete auf diese Weise seine Kasse: Offiziere erhielten ihren Sold von der Rzeczpospolita, nicht von der Krone, die in Polen über weit geringere Einkünfte verfügte als in Sachsen. In der Regel verdienten die in Warschau arbeitenden Architekten weniger als ihre Kollegen in Dresden. August bemühte sich, diese Differenz auszugleichen, indem er ihnen von Zeit zu Zeit Geld aus anderen Kassen überweisen ließ, zum Beispiel aus der polnischen Generalkasse, die sein alter Vertrauter Jan Jerzy Przebendowski verwaltete. Przebendowski nahm es mit seiner Pflicht, dem Sejm über alle Ausgaben Rechenschaft abzulegen, nicht so genau ...

Das Warschauer Bauamt hatte von Anfang an mit großen Schwierigkeiten zu kämpfen. Die Organisation des Bauwesens steckte noch in den Kinderschuhen. Es gab in Warschau weder einen Bauhof, in dem das benötigte Material gestapelt werden konnte, noch einen Fuhrhof, der für den Transport zum Bauplatz verantwortlich war. Das angeflößte Holz lagerte irgendwo an der Weichsel. Oft mußte man lange suchen, bevor man es endlich fand. Die wenigen Ziegeleien lieferten Backsteine von sehr unterschiedlicher Qualität, darunter auch solche, die schon zerbrachen, wenn man sie bloß in die Hand nahm. Vor allem fehlte es an geschulten Bauhandwerkern. Da nach den in der Rzeczpospolita gültigen Gesetzen ein Bauernsohn nur dann in die Stadt ziehen und bei einem Meister als Lehrling eintreten durfte, wenn der Feudalherr dazu seine Einwilligung gab, litten die Werkstätten unter Nachwuchsmangel. Sie schrumpften zusammen, statt sich zu vergrößern, und hatten genug damit zu tun, die gelegentlichen Aufträge des katholischen Klerus und der in Warschau ansässigen Magnatenfamilien auszuführen.

Dem König blieb keine andere Wahl: Er mußte sächsische Handwerker ins Land holen - auch auf das Risiko hin, die seit den bösen Erfahrungen von 1715/16 nicht besonders sachsenfreundlichen Polen zu verstimmen. Das Warschauer Bauamt erhielt die Anweisung, qualifizierte Fachleute, die sich in der polnischen Hauptstadt niederließen, finanziell zu unterstützen. In der Regel bekamen alle Handwerker, die der Baubehörde von Nutzen sein konnten, feste Jahresgehälter von 100 bis 150 Talern ausgezahlt - nicht viel, wenn man bedenkt, daß das Leben in Warschau teuer war, aber doch genug, um den Einwanderern über die Schwierigkeiten des Anfangs hinwegzuhelfen. Auch die Tatsache, daß die Richtsätze, nach denen Spezialarbeiten bezahlt wurden, in Warschau höher lagen als in Dresden, regte die Wanderlust der Sachsen an. Nicht alle fanden, was sie suchten, manche kehrten nach einiger Zeit enttäuscht in ihre Heimat zurück, aber viele, sehr viele blieben und verschmolzen allmählich mit der polnischen Bevölkerung. Der berühmte polnische Historiker Joachim Lelewel, war der Enkel eines um 1720 eingewanderten Sachsen, der sich ursprünglich Löllhöffel schrieb.

Der König hatte eine gute Wahl getroffen, als er 1721 die Leitung des Bauamts dem gerade zum Major beförderten Joachim Daniel Jauch anvertraute. Jauch war ein hervorragender Organisator, der die Dinge bald in den Griff bekam, und somit der richtige Man n für diesen Posten. Aber August wußte auch, daß sein Baudirektor als Künstler nicht zu den Begabtesten gehörte. Es blieb das Problem, wer in Warschau die Rolle übernehmen sollte, die in Dresden der alte Pöppelmann spielte. Der Niederländer Tylman van Gameren, Lieblingsarchitekt des Königs Jan Sobieski, lebte nicht mehr. Die in der polnischen Hauptstadt ansässigen Italiener leisteten im Kirchenbau Vortreffliches. Die 1717 vollendete Paulinerkirche in der Ulica Nowomiejska, entworfen von Giuseppe Piola und Giuseppe Simon Bellotti, legte dafür ebenso Zeugnis ab wie die 1712 geweihte Piaristenkirche in der Ulica Dluga, ein Werk von Jósef Fontana. Doch auf dem Gebiet der weltlichen Architektur und des Städtebaus fehlte den Südländern nach Meinung der sächsischen Fachleute die Erfahrung.

Das Problem löste sich auf eine überraschende Weise. 1724 siedelte der junge Baukondukteur Carl Friedrich Pöppelmann, ein Sohn des mit Kindern reichlich gesegneten Oberlandbaumeisters, auf Befehl des Grafen Wackerbarth nach Warschau über. August hatte den Nachwuchsarchitekten schon seit langem beobachtet und gefördert. 1717 bewilligte er ihm ein Jahresgehalt von 237 Talern - ungewöhnlich viel für einen Anfänger, der damals erst zwanzig Lenze zählte. 1718 schickte er ihn zur weiteren Ausbildung für ein paar Monate nach Wien. 1722 gewährte er ihm eine Gehaltszulage, so daß das Jahreseinkommen des inzwischen zum Leutnant Ernannten nun 400 Taler betrug. Carl Friedrich Pöppelmann genoß im Oberbauamt offensichtlich einige Privilegien - wir wissen nicht, ob auf Grund eigener Verdienste oder weil der König im Sohn den Vater ehren wollte.

In Warschau machte der junge Pöppelmann eine Blitzkarriere. Schon 1725 beförderte ihn der König zum Hauptmann. 1729 übersprang er den Majorsrang und rückte zum Oberstleutnant auf. Auch Jauch erhielt damals das Oberstleutnantpatent; denn es ging nicht an, daß der Leiter des Bauamts einen niedrigeren Rang besaß als der ihm unterstellte Architekt. Zunächst hatte Pöppelmann vor allem die Aufgabe, »die Koeniglichen Erfindungen, Deßeins und Projecte so dann ins Reine und zu Execution« zu bringen. Doch schon bald bekam er Gelegenheit zu selbständiger Arbeit. Als der König 1725 das Mädchen, das er während des Nordischen Krieges mit der Warschauer Weinwirtin Henriette Renard gezeugt hatte, als seine Tochter anerkannte und zur Gräfin Orzelska erhob, war es Pöppelmann, der für die so plötzlich aus dem Nichts aufgetauchte junge Dame ein standesgemäßes Palais entwarf - das Blaue Palais in der Ulica Senatorska, das heute, nach einem klassizistischen Umbau, freilich ganz anders aussieht als zur Zeit seiner Entstehung. Der damals knapp Dreißigjährige hielt sein Werk für so gut, daß er den Grafen Wackerbarth bat, die Risse auch seinem Vater, dem gestrengen Herrn Oberlandbaumeister, vorzulegen.

Ob der Alte über diese Talentprobe glücklich war? Sein Sohn hatte sich der klassizistischen Richtung des Barocks angeschlossen und stand somit Longuelune künstlerisch näher als ihm selbst. Auch ließen die Entwürfe für das Blaue Palais erkennen, daß er nicht zu den Genialen gehörte, denen die Ideen nur so zuflogen. Der sonst viel anspruchsvollere König sah über diesen Mangel an schöpferischer Eigenwilligkeit hinweg. Carl Friedrich Pöppelmann stand bei ihm in so hoher Gunst, daß er ihn in sein persönliches Gefolge aufnahm und sich fast täglich mit ihm beriet. Sogar in seinen letzten Lebenstagen befahl er ihn zu sich. In der Personalakte des Architekten ist ausdrücklich vermerkt, er sei »bey dem Höchstseel. Könige Glorwürdigsten Andenckens in so besondere Gnade« gewesen, »daß Ihro Majt. in Dero letzten Kranckheit denselben so wohl Tages als Nachts bey und um Dero Person behalten, da er dann mit Vorlesen, inventiren, Projecten und Desinien [Zeichnungen] Seine Königl. Majt. biß an Höchst deroselben erfolgtes Absterben, beständig zu amusiren die Hohe Genade Genoßen«.

Der begabteste Architekt des Warschauer Bauamts, der Kondukteur im Leutnantsrang Johann Sigismund Deybel, hatte es schwer, sich neben dem Günstling Carl Friedrich Pöppelmann zu behaupten. Deybel, dessen Geburtsort und -datum unbekannt sind, lebte schon seit 1712 in der polnischen Hauptstadt. Da er im Unterschied zu den meisten anderen sächsischen Baumeistern die Landessprache beherrschte, öffneten sich ihm Türen, die Sachsen sonst verschlossen blieben. Die kunstverständige Elzbieta Sieniawska, der Schloß Wilanów gehörte, war die erste, die ihm einen Auftrag gab, und ihrem Beispiel folgten andere politische Magnaten. Für die Familie Przebendowski baute

Schloß Wilanów bei Warschau
Gemälde von Bernardo Belletto, genannt Canaletto (Ausschnitt)

Deybel das Palais in der Aleja Swierczewskiego für den Krongroßhetman Jan Klemens Branicki eine mächtige Dreiflügelanlage in der Ulica Miodowa, für den Wojewoden von Trock, Jan Fryderyk Sapieha, das Stadtschloß in der Ulica Zakroczymska. Auch außerhalb Warschaus, in Bialystok, Choroszcz, Pulawy und Krakau, findet man Werke, die auf Deybel zurückgehen. Die Magnaten zahlten gut, jedenfalls weit besser als der König, der dem Kondukteur nur ein Jahresgehalt von 220 Talern bewilligte und ihn zudem noch fast zwei Jahrzehnte warten ließ, bevor er ihn 1730 endlich zum Hauptmann beförderte.

Ein anderer bedeutender Architekt wurde von Zar Peter I. abgeworben. Burchard Christoph Münnich, Oldenburger von Geburt, war einer jener abenteuernden Berufsoffiziere, welche auf der Suche nach Ruhm und Geld von Land zu Land zogen und sofort zugriffen, wenn sich ihnen eine Chance bot. Da er schon vorher einige Proben seines Könnens abgelegt hatte, nahm ihn August gern in seine Dienste - zum Ärger Flemmings, der in dem weltgewandten Oldenburger wohl einen Konkurrenten witterte und ihm daher bei jeder Gelegenheit ein Bein zu stellen versuchte. In Warschau entwarf Münnich unter anderem das Palais Mniszech in der Ulica Senatorska, das später ebenso wie das benachbarte Blaue Palais klassizistisch umgestaltet wurde - und dieses Schlößchen gefiel dem russischen Botschafter so gut, daß er dem Zaren dringend empfahl, sich des begabten Offiziers zu versichern. 1721 siedelte Münnich aus Polen nach Rußland über und leitete dort den Bau des Ladogakanals, der die Newa mit dem Wolchow verband. Unter den Nachfolgern Peters I. zeichnete er sich in den Kriegen gegen die Türken aus. Er rückte zum Generalfeldmarschall auf und galt lange Zeit als der mächtigste Mann im russischen Reich - bis ihn eines Tages das Schicksal so vieler Zarengünstlinge ereilte und er sich im tiefsten Sibirien wiederfand. Erst als Achtzigjähriger kehrte er aus der Verbannung zurück.

In einer Beziehung waren das alte Dresden und Warschau miteinander verwandt: Auch die polnische Hauptstadt lag an einem großen Strom und kehrte dem Wasser den Rücken zu. Nicht einmal bei dem Königsschloß, einem verwinkelten und wenig repräsentativen Gemengbau aus dem 16. und 17. Jahrhundert, hatte man den günstigen Standort am Steilufer der Weichsel künstlerisch genutzt. Der König plante, es auf eigene Kosten umbauen zu lassen. Das Gebäude sollte beträchtlich vergrößert, die Verbindung zur Weichsel durch eine Folge von Treppen und Gärten hergestellt werden. Der Sejm gab seine Zustimmung und erklärte sich sogar bereit, einen Zuschuß von 80 000 Talern aus dem Reichsschatz beizusteuern. Der antisächsische Aufstand von 1715 machte August einen Strich durch die Rechnung. Die der Baukasse schon überwiesenen Gelder, alles in allem etwa 130 000 Taler, wurden nun für militärische Zwecke benötigt. »Die Anno 1715 eingetretene Confoederation aber verhinderte alle fernern Consilia [Beratungen] und gute Gedancken und hat folglich damahln Eine gaentzliche Verstoerung dieses Schoenen Werckes gleichwie zu Jerusalem nach sich gezogen«, heißt es in dem Bericht eines Zeitgenossen.

Nach 1715 fesselte August ein anderes Projekt: der Umbau des 1713 erworbenen Palais Morsztyn zum Sächsischen Palais, das nach dem Willen des Königs alles übertreffen sollte, was bisher in Warschau gebaut worden war. Jauch, Deybel und natürlich Carl Friedrich Pöppelmann beteiligten sich an der Planung. Auch die Mitarbeiter des Oberbauamts in Dresden reichten Vorschläge ein, die oft berücksichtigt wurden. Der Garten des Sächsischen Palais, der noch heute Ogród Saski (Sächsischer Garten) heißt, geht zum Beispiel auf einen Entwurf von Matthes Daniel Pöppelmann zurück, ebenso wie der später abgerissene Große Salon, den ein Kunstsachverständiger noch 1775 »eines der besten und ansehnlichsten Gebäude Warschaus« nannte. Bereits 1724 oder 1727 wurde dem Publikum erlaubt, den Garten zu betreten. Wie es scheint, fühlte sich August durch die Warschauer, die auf den schnurgeraden Alleen promenierten, nicht im mindesten belästigt. Warum er den Park öffnete, ist ungewiß. Vielleicht dachte er daran, daß seine politischen Gegner, die polnischen Magnaten, ihre Gärten meist verschlossen. Die Warschauer sollten sehen, daß ihr König nicht zu denen gehörte, die sich alle Nichtadligen vom Leibe hielten.

Das Sächsische Palais kam nicht so rasch zustande wie der Sächsische Garten. Es gab viele Planänderungen, die den Bauablauf beträchtlich verzögerten. Auch herrschte zuweilen Geldmangel, was unter anderem dazu führte, daß verschiedene Bauteile nur aus Holz errichtet werden konnten. Die Phantasie des Königs eilte der Wirklichkeit wieder einmal weit voraus: Während sich seine Architekten noch mit allen möglichen organisatorischen, technischen und künstlerischen Problemen herumplagten, entwarf er schon die Ausstattung der Säle und Kabinette. Besonders ein Raum lag ihm am Herzen: die Galerie, die nach ihrer Vollendung die Bildnisse der schönsten Frauen von Warschau aufnehmen sollte. Mit eigener Hand trug er in den Entwurf ein, welche er für die Schönsten hielt: chatorskin (Czartoryska), denhofen (Denhoff), techen (Fürstin von Teschen), fitztümen (Vitzthum), princesse martein (Morsztyn), brasnitzgen (Branicka), bessenvalen ne belinsga (Besenval geb. Bielinska), lubomirsgen (Lubomirska). Was die Teschen und die Denhoff betrifft, so kann man ihm gründliche Kenntnisse nicht absprechen.

Als August starb, waren die Arbeiten am Sächsischen Palais noch immer nicht abgeschlossen. Auch das zweite große Projekt des Königs, die Sächsische Achse (Os Saska), blieb Stückwerk. Diese Achse sollte das südwestlich der Altstadt gelegene Gebiet nach barocken Grundsätzen gliedern und so Ordnung in das Chaos bringen, das die regellose Bautätigkeit des 17. Jahrhundert hinterlassen hatte. Die Planung erstreckte sich auf das gesamte Areal zwischen der Ulica Krakowskie Przedmiescie und der heutigen Ulica Chlodna. Sächsisches Palais und Sächsischer Garten bildeten das Zentrum der großartigen städtebaulichen Komposition. Solche Vorhaben sind nicht in wenigen Jahren zu verwirklichen. Sie setzen voraus, daß die folgende Generation das einmal Begonnene zielstrebig weiterführt. Und daran fehlte es in Warschau ...

Die Jahre forderten ihren Tribut. Der König war alt geworden, und die Ungewißheit, ob es seinem Sohn gelingen würde, sich auf dem polnischen Thron zu behaupten, lähmte seine Entschlußkraft. Er nahm nur noch solche Projekte in Angriff, bei denen sich ausrechnen ließ, daß sie in absehbarer Zeit vollendet werden konnten. In Wilanów, einem an der Südgrenze von Warschau gelegenen großen Sommerschloß aus der Zeit des Königs Jan Sobieski, das er 1730 gepachtet hatte, begnügte er sich zum Beispiel mit dem Ausbau des Südflügels. In Ujazdów, das sich seit 1720 in seiner Verfügungsgewalt befand, kam noch weniger zustande. Allein der von Münnich angelegte Piaseczynski-Kanal, Hauptachse des geplanten Barockgartens, erinnert noch an die Sachsenzeit.

Nur bei einem seiner polnischen Bauvorhaben zeigte der König die alte Energie. Im Juni 1731 meldeten die alle vierzehn Tage erscheinenden »Dresdener Merckwürdigkeiten«: »Weilen in Karge, so ein Orth an der Polnischen Gräntze und dem Herrn Cammer-Herrn von Unruh gehörig ist, Ihro Kgl. Maj. ein großes Palais erbauen zu lassen decretiret [befohlen], worzu auch bereits Holz und Steine in ziemlicher Menge herbeigeschaffet worden; Als ist in diesem Monath ein großer Numerus von Mäuern, Zimmerleuten, Handlangern und anderen Handwerckern von hier dahin abgegangen, umb den Bau noch in itzigen Jahr zu völligen Stand zu bringen.« Und vier Monate später hieß es: »In nur gedachten Kargowa wird dem Vernehmen nach der neue Schloßbau noch beständig fortgesetzet und dürfte bald völlig etliche 100 Arbeiter an solchen unermüdet Hand angeleget.«

Der König sah voraus, daß sein Sohn in der Rzeczpospolita einen schweren Stand haben würde. Man mußte damit rechnen, daß ihn die Opposition der Magnaten aus Warschau vertrieb. Die neue Residenz in Karge sollte ihm die Möglichkeit geben, den Kampf um die Krone auch dann noch fortzusetzen, wenn sich die Hauptstadt in der Gewalt seiner Gegner befand. Der Ort lag damals nur wenige Kilometer von der preußischen und der österreichischen Grenze entfernt. Aus dem Kurfürstentum Sachsen herbeibefohlene Truppen konnten ihn in zwei bis drei Tagesmärschen erreichen. Ein Thronkandidat, der sich hier festsetzte, behielt sozusagen den Fuß in der polnischen Tür. Das Schloß in Karge war ein Brückenkopf, gleich tauglich zur Verteidigung wie zum Angriff.

August spürte wohl, daß ihm nicht mehr viel Zeit blieb. Zwar meinte Friedrich Wilhelm I. im Dezember 1732: »Alle sagen, daß er so wohll und gesundt ist als ein junger neuer Adeler«, aber der König wußte besser als andere, wie es um ihn stand. Wenigstens dieses Schloß wollte er noch vollendet sehen. Die Überschüsse der Porzellanmanufaktur und die Reinerträge der Generalkonsumtionsakzise wurden der Baukasse zur Verfügung gestellt. Wegen Wuchers und Unterschlagung Angeklagte konnten sich durch Bußgelder freikaufen, die ebenfalls nach Karge flossen. Der mit der Bauleitung beauftragte Knöffel brauchte nicht zu sparen. Die Lieferanten wurden prompt bezahlt, die Handwerker erhielten ihre Löhne pünktlich, und denen, die besonders rasch arbeiteten, winkten zudem noch Prämien. Kein anderer Bau ist von August so zielstrebig gefördert worden wie die neue Residenz an der polnischen Grenze.

Trotzdem verlor der König den Wettlauf mit der Zeit. Auch Karge blieb unvollendet. Polnische Aufständische, die für den nach Polen zurückgekehrten Stanislaw Leszczynski kämpften, brannten 1735 die schon fertiggestellten Teile der Anlage nieder, so daß heute nur noch einige Reste an das große Vorhaben erinnern. Wer den Komplex entworfen hat, ob Knöffel oder ein anderer Mitarbeiter des Oberbauamts, bedarf noch der Klärung. Die Pläne lassen jedenfalls erkennen, daß hier etwas Einzigartiges entstanden wäre - in deutlicher Anlehnung an das Klosterschloß El Escorial bei Madrid, allerdings mit dem Unterschied, daß nicht Bauten der Kirche, sondern

Verwaltungsgebäude und Kasernen den fürstlichen Wohnsitz umgaben. Am Ende seines Lebens hatte sich August noch einmal Spaniens erinnert ...

Neben dem Oberbauamt in Dresden und dem Bauamt in Warschau gab es eine dritte Baubehörde: die Akzisbaudirektion. Sie war von August 1711 gegründet worden und hatte die Aufgabe, sich um die Verteilung der Baukostenzuschüsse zu kümmern. Seit 1711 wurde ein bedeutender Teil der Einnahmen aus der Generalkonsumtionsakzise, in der Regel etwa 100 000 Taler im Jahr, zur Förderung der kommunalen und privaten Bautätigkeit verwendet. Die Bauordnung sah vor, daß jeder, der einen Baukostenzuschuß beantragte, seine Entwürfe der Akzisbaudirektion zur Prüfung vorlegen und sie von ihr korrigieren lassen mußte. In Dresden überschnitten sich die Kompetenzen: Das Oberbauamt wehrte sich dagegen, daß die neue Behörde vieles an sich zu ziehen versuchte, was bisher von dem Generalintendanten und seinen Mitarbeitern in eigener Verantwortung erledigt worden war. Der König sorgte für Ordnung, indem er die Befugnisse der Akzisbaudirektion auf das Gebiet außerhalb der Residenz beschränkte. Doch dieses Gebiet erstreckte sich von Zittau bis zum Thüringer Wald und von Plauen bis Wittenberg ...

Mit dem verglichen, was sich Tag für Tag in den Räumen der Akzisbaudirektion abspielte, ging es im Oberbauamt fast gemächlich zu. Nach dem Nordischen Krieg stieg die Bautätigkeit sprunghaft an, und kaum ein Bauwilliger verzichtete darauf, sich bis zu dreißig Prozent der Baukosten zurückerstatten zu lassen. Aus allen Teilen Sachsen trafen Baupläne ein. Viele von ihnen waren so beschaffen, daß sie erst nach größeren Korrekturen zur Ausführung freigegeben werden konnten. In einigen Fällen mußte die Akzisbaudirektion Gegenentwürfe anfertigen - zum Ärger der Betroffenen, die sich oft bitter darüber beklagten, daß die Beamten ihre Entwürfe einfach vom Tisch wischten. Die Bürger von Langensalza hatten sich ihr neues Rathaus ganz anders vorgestellt, aber wenn sie nicht auf den Zuschuß verzichten wollten, blieb ihnen nur übrig, sich zu fügen. Die Akzisbaudirektion kannte da keine Rücksicht ...

Wenn die Bürger auch über die Auflagen und Forderungen murrten - die Arbeit der neuen Behörde brachte die sächsische Baukunst ein gutes Stück voran und bewirkte, daß sich der Qualitätsabstand zwischen der höfischen und der bürgerlichen Architektur allmählich verringerte. Was wußten die in den kleinen Provinzstädten tätigen Ratsmaurermeister schon von Pöppelmann, Longuelune und Knöffel? Die Akzisbaudirektion zwang sie, sich mit dem, was auf den Bauplätzen der Residenz erarbeitet worden war, auseinanderzusetzen, und regte so ihren Ehrgeiz und ihre schöpferischen Fähigkeiten an. In vielen Städten des ehemaligen Kurfürstentums finden wir Bürgerbauten, deren Pläne von den Mitarbeitern der Akzisbaudirektion beeinflußt worden sind. Das Bortenreuther-Haus in Schneeberg, das alte Gasthaus am Platz der Jugend in Zittau, das Siegertsche Haus in Chemnitz, das Haus des Damastgroßhändlers Christian Ameis in Görlitz, das Rathaus in Bautzen, dazu die reichen Fronten in den Straßen rund um den Hauptmarkt - sie alle bezeugen, daß die bürgerliche Barockbaukunst im augusteischen Sachsen nach wenigen Jahrzehnten eine sehr hohe Qualität erreicht hatte. Und auch die Quantität konnte sich sehen lassen: Allein in den Kurlanden, also in den Gebieten westlich der Elbe, wurden zwischen 1720 und 1731 7 378 neue Häuser errichtet - und diese Zahl berücksichtigt lediglich die Neubauten in den Städten, nicht die in den Dörfern und Marktflecken.

Im Unterschied zu den meisten Mitarbeitern des Oberbauamts war der Leiter der Akzisbaudirektion kein

Ausländer, sondern ein gebürtiger Dresdner. Johann Christoph Naumann diente schon seit 1686 in der sächsischen Armee. 1704 entdeckte der König, daß der begabte Ingenieuroffizier auch als Architekt Beachtliches leistete. Zunächst setzte er ihn in Warschau ein, aber ob es nun an den polnischen Verhältnissen oder daran lag, daß der ehrgeizige Jauch mit aller Macht nach oben drängte - der Major atmete jedenfalls auf, als ihn der König zur Akzisbaudirektion nach Dresden abkommandierte. Das feste Jahresgehalt betrug zwar nur 400 Taler, doch wer fleißig war, kam schon zu seinem Geld. Dem Direktor stand ein Prozent der bewilligten Baubegnadigungen zu, so daß die tatsächliche Höhe seines Einkommens davon abhing, wie rasch er die Anträge bearbeitete. August wollte auf diese Weise vermeiden, daß die Bauwilligen monatelang auf eine Entscheidung warten mußten. Das Verfahren bewährte sich. Das neue Amt arbeitete so zügig, daß Naumann in manchem Jahr über 1 000 Taler verdiente.

Diese Arbeitsleistung war um so erstaunlicher, als es sich bei der Akzisbaudirektion um eine Zwergbehörde handelte. Ihr Leiter kam zwar im Rang einem Oberlandbaumeister gleich, aber ihm unterstanden lediglich zwei Kondukteure und zwei Schreiber. August hatte wieder einmal den richtigen Mann auf den richtigen Posten gestellt. Als Architekt gehörte Naumman nur zu den zweitklassigen Kräften, doch als Organisator und auch als Vermittler neuer künstlerischer Ideen leistete er mehr als andere. Wie sehr der König seinen Akzisbaudirektor schätzte, ergibt sich daraus, daß er ihn 1724 außer der Reihe zum Oberst beförderte. Und als man bei einer Revision 1731 entdeckte, daß in der Kasse 3 000 Taler fehlten, ließ er ihn entgegen seinen sonstigen Gewohnheiten mit einem blauen Auge davonkommen: Naumann mußte die verschwundene Summe zwar nach und nach ersetzen, aber zur Überraschung derer, die ihn um seine Vertrauensstellung beneideten, blieb er im Amt.

Neben der Architektur galt das Interesse des Königs vor allem der angewandten Kunst. An der Entwicklung der anderen Künste nahm er nur gelegentlich Anteil - fast immer zum Schaden derer, die neue Wege zu beschreiten versuchten. 1716 berief er zum Beispiel Louis de Silvestre als Hofmaler nach Dresden. Der Franzose, ein Schüler der Königlichen Akademie in Paris, malte mit gleichem Geschick Porträts, Altarbilder und mythologische Szenen; seine Werke entsprachen dem höfischen Geschmack der Zeit, sie erhoben sich jedoch nicht über das künstlerische Durchschnittsniveau. Der hochbegabte ungarische Porträtist Adám Mányoki, seit 1713 in sächsischen Diensten, hatte neben ihm einen schweren Stand. Obwohl er das Charakteristische seiner Modelle besser herausarbeitete, vermochte er sich nicht in der Gunst seines Brotherrn zu behaupten und kehrte 1724 verbittert nach Ungarn zurück.

Die gelegentlichen Begegnungen des Königs mit der zeitgenössischen Poesie endeten stets mit einem Fiasko. Johann Christian Günther, eins der stärksten Talente der deutschen Literatur im frühen 18. Jahrhundert, fand keine Gnade vor seinen Augen - was insofern nicht weiter verwunderlich war, als August den Unterschied zwischen einem Dichter und einem Hofnarren nie so recht begriffen hatte. Er las mit Vorliebe seichte französische Romane. Zuweilen ergötzte er sich auch an den gereimten Zoten, die sein Hofpoet Johann Ulrich König zum besten gab.

Augusts Liebe zur angewandten Kunst kostete wahrscheinlich noch mehr als seine Liebe zur Architektur. Ungefähr zwei Drittel der Schätze, die das Grüne Gewölbe beherbergt, sind von ihm in Auftrag gegeben oder aus fremdem Besitz erworben worden. Von allen Künstlern, die er beschäftigte, verdiente der Goldschmied Johann Melchior Dinglinger am meisten. Neben den 58 485 Talern, die er für seinen »Hofstaat zu Delhi am Geburtstag des Großmoguls Aureng-Zeb« bekam, mutet das Jahresgehalt Pöppelmanns wie ein Trinkgeld an - auch wenn man von dieser Summe die hohen Materialkosten abziehen muß. Der aus Biberach stammende Württemberger, der seit 1698 für August arbeitete, war einer der reichsten Männer Dresdens und sah in seinem Haus in der Frauenstraße oft Monarchen zu Gast, unter anderen Peter I., der während seines zweiten Aufenthalts in der sächsischen Residenz 1711 stundenlang in der Werkstatt des Goldschmieds saß und ihm bei der Arbeit zuschaute.

Einer der Vorfahren des Königs hatte 1560 die Dresdner Kunstkammer gegründet. Sie war halb Museum, halb Kuriositätenkabinett und enthielt neben vielen kostbaren Werken der Gold- und Silberschmiedekunst auch Gemälde und Skulpturen, dazu Merkwürdiges aus aller Herren Ländern - Seemuscheln, Korallen, Kokosnüsse, Straußeneier, Narwalstoßzähne, Walroßhauer und anderes mehr. August brachte Ordnung in das Sammelsurium: Die kunsthandwerklichen Gegenstände wurden zu einer eigenen Sammlung zusammengefaßt, die sich im Lauf der Jahre mehr als verdoppelte - zum kleineren Teil durch Ankäufe, zum größeren durch Arbeiten, die der König anfertigen ließ, manchmal in so bedeutender Zahl, daß die Meister in Schwierigkeiten gerieten. Dinglinger beschäftigte vierzehn Gesellen, zwei Söhne und zwei seiner Brüder gingen ihm zur Hand: Trotzdem mußte er oft um Terminverlängerung bitten. Der Hofjuwelier Johann Heinrich Köhler klagte ebenfalls über Zeitmangel, und auch Balthasar Permoser fühlte sich wohl nicht gerade glücklich, wenn ihn ein Befehl des Königs zwang, seine gewohnte Arbeit zu unterbrechen und der Dinglingerwerkstatt Elfenbeinfigürchen zu liefern. Das »Bad der Diana« ist das berühmteste unter den vielen Werken, die Dinglinger und Permoser gemeinsam geschaffen haben.

Zahlreiche Arbeiten Dinglingers sind in den Jahren des Nordischen Krieges entstanden - neben dem »Bad der Diana« auch der »Hofstaat zu Delhi«, das Goldene Kaffeeservice, der Rhinozeroshorn-Pokal und die Drachenschale. Hatte der König damals keine andere Sorge als die Vervollständigung seiner Schatzkammer? Zar Peter fand das Verhalten seines Verbündeten jedenfalls verantwortungslos und äußerte zu seinen Vertrauten, August solle sich lieber um seine Regimenter statt um solche Spielereien kümmern. Für den König hingegen waren die Kostbarkeiten, mit denen er sich umgab, auch Mittel der Politik - in der verzweifelten Situation nach der verlorenen Schlacht von Klissow sogar eins der wenigen Mittel, welche die schwankenden Polen davon überzeugen konnten, daß ihr Herrscher nach wie vor über unerschöpfliche finanzielle Reserven verfügte. Zudem besaßen diese kleinen Dinge den Vorteil, daß sie in eine Reisetruhe paßten. Sie begleiteten den König, wenn er wieder einmal die Flucht ergreifen mußte, und verliehen der Hoftafel im dürftigsten Feldquartier fürstlichen Glanz.

Auch nach dem Krieg folgte August dem Grundsatz: Schätze bringen ihrem Besitzer nur dann Nutzen, wenn sich die Öffentlichkeit durch Augenschein davon überzeugen kann, daß sie tatsächlich vorhanden sind. Seit dem 16. Jahrhundert gab es im Dresdner Residenzschloß eine »Geheime Verwahrung«. Der grün angestrichene feuersichere Raum, zu dem später noch zwei weitere Gelasse kamen, diente als Depot für Staatspapiere, Geldvorräte, Kleinodien und andere Wertgegenstände. 1723 befahl der König, hier ein Museum einzurichten und in ihm die besten Stücke aus den kunstgewerblichen Sammlungen des Hauses Wettin zur Schau zu stellen. 1727 wurden dem Museum noch vier Räume angegliedert, dazu ein Vorraum, in dem sich die Wache aufhielt. So entstand das Grüne Gewölbe, eine Schatzkammer, zu der jeder Zutritt hatte - vorausgesetzt, daß er gut gekleidet war und die Mittel besaß, um der Aufsicht ein gehöriges Trinkgeld in die Hand zu drücken. Reisende berichteten, daß sich die Türen erst von einem Taler aufwärts öffneten. Trotz dieses hohen Eintrittsgelds galt es unter den Gebildeten schon bald als unentschuldbares Versäumnis, in Dresden gewesen zu sein und die Schätze des Grünen Gewölbes nicht gesehen zu haben.

Ebenso leidenschaftlich wie Erzeugnisse des Kunsthandwerks sammelte August Porzellan. Nach seinen eigenen Worten gehörte er zu denen, »die niemals finden, daß sie davon genug haben, und die immer mehr davon haben wollen«. Nur selten erwarb er Einzelstücke. In der Regel kaufte er ganze Sammlungen auf - und wenn der Besitzer aus irgendwelchen Gründen die Annahme von Geld verweigerte, gab er auch Wertvolleres her. 1717 regte Friedrich Wilhelm I. an, Porzellan gegen Soldaten zu tauschen. Da sich in der preußischen Sammlung einige meterhohe chinesische Vasen befanden, die als besonders kostbar galten, schlug August ein: 600 Dragoner, jeder von ihnen mit 20 Talern bewertet, mußten die sächsische Uniform ablegen und die preußische anziehen. Die »Dragonervasen« sind Prunkstücke der heutigen Porzellansammlung im Zwinger. Solche Tauschgeschäfte waren im Zeitalter des Absolutismus nicht ungewöhnlich. Zar Peter überließ dem Preußenkönig ebenfalls mehrere hundert Soldaten, darunter einige Zweimetermänner, die in die Potsdamer Riesengarde eingereiht wurden. Der Unterschied bestand darin, daß Friedrich Wilhelm I. diese Menschenlieferung nicht mit Porzellan, sondern mit politischen Zugeständnissen bezahlte.

Die Porzellansammlung des Königs war schon um 1710 die bedeutendste in Europa. Als nun auch noch die Manu-

Goldenes Kaffeeservice
von Johann Melchior Dinglinger

faktur in Meißen zu arbeiten begann, vergrößerte sie sich um ein Vielfaches, so daß nicht einmal mehr ihre wertvollsten Stücke der Öffentlichkeit vorgestellt werden konnten. Das Porzellan brauchte eine Heimstatt. Wieder einmal begnügte sich August nicht mit dem Erreichbaren, sondern schmiedete Pläne, die ins Phantastische gingen. Er war von dem Gedanken besessen, das Japanische Palais zu einem Porzellanschloß auszubauen. Da er befürchtete, daß seine Bestände nicht ausreichten, die Säle, Kabinette und Galerien zu füllen, gab er neue Werke in Auftrag, darunter jene lebensgroßen Tierfiguren, welche jetzt im Blauen Saal des Zwingers aufgestellt sind - erste Talentproben des jungen Modelleurs Johann Joachim Kaendler. Den Erzeugnissen aus Meißen sollte das gesamte obere Stockwerk vorbehalten sein. Das Porzellanschloß kam wie so vieles andere nie zustande - zum Bedauern der Zeitgenossen, die endlich einmal sehen wollten, was August an Schätzen zusammengetragen hatte. Die heutige Ausstellung im Zwinger gibt zwar einen Überblick, aber in den Depots steht mehr als in den Vitrinen ...

Die Auflösung der alten Kunstkammer förderte manches zutage, was in Vergessenheit geraten war. Der König sah mit Erstaunen, was alles nach und nach ans Tageslicht kam. Dieser wiederentdeckte Reichtum sollte nicht abermals in einem dunklen Raum verschwinden, sondern dazu beitragen, den Ruhm des Hauses Wettin zu mehren. 1720 erging der Befehl, »alle Bibliothequen, Medaillen, Antiquen, Kupferstiche, Physic-, Anatomie- und Mathematischen Instrumenten Cabinetter, auch überhaupt alle vorrätige zu Künsten und Wissenschaften gehörige Raritaeten, sowohl zu Unserm eigenen Vergnügen als zum gemeinsamen Besten« in eine gehörige Ordnung zu bringen und zu Spezialsammlungen zusammenzufassen. Raymond Leplat kümmerte sich vor allem um die Gemälde, unter denen sich Werke von Albrecht Dürer und Lucas Cranach befanden. Johann Heinrich Heucher, Leibarzt des Königs, katalogisierte die Kupferstiche und Holzschnitte, die man zu Hunderten unter dem alten Wust hervorgeholt hatte.

Heucher war es auch, der August auf den Gedanken brachte, den Zwinger, der ja nur gelegentlich als Festplatz benutzt wurde, in ein Königliches Palais der Wissenschaften umzuwandeln. 1728 siedelten das Naturalienkabinett, das Kupferstichkabinett und die Bestände an mathematisch-physikalischen Instrumenten in ihre neue Heimstatt über. Das Naturalienkabinett, nach dem Urteil der Fachleute eine der bedeutendsten Sammlungen in Europa, nahm damals fast zwei Drittel der Räume ein. Im Unterschied zum Kupferstichkabinett, dessen Pforte sich dem Fremden nur mit besonderer Erlaubnis des Königs öffnete, konnte es von jedermann besichtigt werden - natürlich auch hier unter der Voraussetzung, daß der Besucher nicht mit Trinkgeld knauserte. Die unzureichend besoldeten Aufseher waren auf solche milden Gaben angewiesen ...

Der wachsende Umfang der Sammlungen und ihre fortschreitende Aufgliederung in verschiedene Spezialgebiete machten es notwendig, einen Gesamtverantwortlichen zu ernennen. August wäre es wohl am liebsten gewesen, wenn sein Leibmedikus dieses Amt übernommen hätte, aber der mit Arbeit überlastete Heucher bat ihn, einen anderen mit der Aufgabe zu betrauen. Die Wahl des Königs fiel auf den pommerschen Grafen Ernst Christoph von Manteuffel, der seit 1715 dem Geheimen Kabinett angehörte und mit Recht als einer der klügsten Männer Sachsens galt. Er war einer der wenigen aus dem Kreis um August, die über eine gediegene Allgemeinbildung verfügten, und somit der richtige für den Posten eines »Directeur-General Unserer Bibliothequen und Cabinetter«.

Die Reorganisation des Sammlungswesens gehört zu den bedeutendsten Leistungen des Königs auf dem Gebiet der Kultur. Dresden kam damals in den Ruf einer Kunststadt, die man gesehen haben mußte, wenn man in Europa mitreden wollte. Rund zwanzig Jahre nach Augusts Tod schrieb Johann Joachim Winckelmann, der Begründer der neueren Kunstwissenschaft: »Und man muß gestehen, daß die Regierung des großen August der eigentliche glückliche Zeitpunkt ist, in welchem die Künste, als eine fremde Kolonie, in Sachsen eingeführt worden.«

»Sein größtes Vergnügen war die Liebe«

»Der Hof dieses Fürsten war damals der glänzendste in Deutschland. Die Pracht grenzte an das Uebertriebene, alle Vergnügen herrschten dort, man konnte ihn mit Recht die Insel der Cythere nennen, denn die Frauen waren sehr liebenswürdig und die Höflinge sehr höflich. Der König unterhielt eine Art von Serail der schönsten Frauen seines Landes. Als er starb, berechnete man, daß er von seinen Maitressen 354 Kinder gehabt habe. Der ganze Hof richtete sich nach seinem Beispiele. Man athmete dort nur Wollust, und Bachus und Venus waren die beiden Modegottheiten.«

Hier ist wohl alles beisammen, was die sehr moralische Nachwelt über Augusts Unmoral zu wissen meinte. Als sächsischer Herkules, der fast so viele Kinder zeugte, wie das Jahr Tage hat, als Sultan von Dresden, der allnächtlich eine andere Gespielin zu sich befahl, als Herr eines Hofes, an dem es noch liederlicher zuging als an anderen europäischen Höfen - so lebte er im Gedächtnis späterer Generationen fort.

In Wahrheit hat die preußische Prinzessin Wilhelmine, der wir diese Schilderung verdanken, das augusteische Dresden nie und den König bloß ein einziges Mal gesehen

- im Mai 1728, als er ihrem Vater, Friedrich Wilhelm I., einen Besuch abstattete. Wer will es einer im nüchternen Potsdam aufgewachsenen Neunzehnjährigen verdenken, daß sie beim Anblick des Skandalumwitterten ihrer Phantasie die Zügel schießen ließ? Daß sie begierig aufnahm, was man sich hinter der vorgehaltenen Hand zuflüsterte, ohne viel danach zu fragen, ob es den Tatsachen entsprach? Die 354 illegitimen Sprößlinge des Königs gehören ebenso in das Reich der Fabel wie der Harem, den die spätere Markgräfin von Bayreuth August angedichtet hat.

Im Unterschied zu der kleinen Klatschbase aus Potsdam kannte Jakob Heinrich von Flemming seinen Herrn seit vielen Jahrzehnten. Die Königsmarck, die Lubomirska, die Cosel, die Denhoff - sie alle waren an ihm vorübergezogen, und da bei der Wahl einer Staatsmätresse auch politische Gesichtspunkte berücksichtigt werden mußten, hatte ihn der König oft um Rat gefragt, bevor er sich für eine der Damen entschied. August fand Gefallen daran, als unwiderstehlich zu gelten, er hörte es gern, wenn man ihn mit Jupiter verglich, mit dem Göttervater, dem die Frauen und Töchter der Sterblichen gleich dutzendweise in die Arme sanken, aber das scharfe Auge seines Ministers vermochte er nicht zu täuschen. Flemming durchschaute das Spiel. 1722 brachte er seine respektlosen Gedanken über August als Liebhaber zu Papier - wir wissen nicht, zu welchem Zweck und aus welchen Gründen.

»Sein größtes Vergnügen war die Liebe, obwohl er nicht soviel Spaß an ihr fand, wie er andere glauben machen wollte. Er hat geliebt, um Aufmerksamkeit zu erregen, jedoch auch gern geheimnisvoll, besonders am Anfang. Er war, wie er selbst sagte, nicht der Kühnste in Liebesdingen, und so hat er sich nicht oft der Gefahr ausgesetzt, abgewiesen zu werden. Er hat mehrere Abenteuer bestanden, die meisten harmloser Natur, doch hat er dabei immer Schwierigkeiten sich entwickeln lassen, um sie romanhaft zu machen. Er hat getan, als ob er eifersüchtig sei. In Wahrheit ist er in seinen Amouren nicht gerade der Delikateste gewesen. Gewöhnlich bevorzugte er Frauen, die schon durch andere Hände gegangen waren. Auch Bürgermädchen bis hinab zu den gewöhnlichsten hat er nicht verschmäht.«

Es war damals selbstverständlich, daß regierende Herren Geliebte hatten. Nicht einmal das Volk nahm Anstoß daran. »Nun fehlt unserem Fürsten Nichts mehr, als eine schöne Mätresse!« rief ein Bürger aus, als er den Fürsten seines Ländchens mit der soeben angetrauten jungen Gemahlin vorüberfahren sah. Und der Erzähler dieser Anekdote fügte hinzu: »Er war es an dem Vater und Großvater des Fürsten so gewohnt gewesen und dachte, das gehöre zur rechten fürstlichen Würde.« Sogar die Rechtsgelehrten billigten das Mätressenwesen. Die juristische Fakultät von Halle gab gegen Ende des 17. Jahrhunderts die Erklärung ab: »Das odium in concubinas [strafrechtliche Verfolgung der Beischläferinnen] muß bei großen Fürsten und Herren cessiren [aufhören], indem diese den legibus privatorum poenalibus [zivilen Strafgesetzen] nicht unterworfen, sondern allein Gott von ihren Handlungen Rechenschaft geben müssen ...«

Die Mätresse bekleidete ein öffentliches Amt, sie nahm an allen Staatsakten, Empfängen und Festlichkeiten teil - auch dann, wenn die Gattin des Fürsten anwesend war. Wer ohne offizielle Geliebte auskam, wie etwa der Preußenkönig Friedrich Wilhelm I., galt als verdächtiger Sonderling - ebenso wie ein Herrscher, der sich weigerte, seine Mätresse standesgemäß auszustatten. »Meine Huren kosten mich nicht viel; die Ihrige kostet Sie Tausende, die Sie wesentlich besser anwenden könnten«, fauchte Zar Peter 1716 den entsetzten Dänenkönig Friedrich IV. an. Der dänische Hof war sich einig, daß bloß ein Barbar so reden konnte ...

Fürstenkinder - und nicht nur diese - heirateten, wen die Eltern für sie ausgesucht hatten, und die Eltern trafen ihre Wahl nach politischen und ökonomischen Gesichtspunkten. Ob sich die Verkuppelten liebten, ob sie wenigstens miteinander auskommen konnten, spielte in den Überlegungen der Ehestifter überhaupt keine Rolle. Vornehmlichster Zweck der Fürstenehe war, die Thronfolge zu sichern. Unfruchtbarkeit der Frau galt sogar in katholischen Häusern als Scheidungsgrund. Der Papst ließ in solchen Fällen mit sich reden. Fürstinnen taten gut daran, sich mit der ihnen zugewiesenen Mutterrolle zu begnügen, sonst liefen sie Gefahr, von ihrem Gatten zur Ordnung gerufen zu werden. Nicht alle Herren waren so brutal offen wie Karl XI. von Schweden, der seine Ulrike Eleonore mit den Worten zurechtwies, er habe sie geheiratet, »nicht um Uns Ratschläge in Staatsangelegenheiten zu erteilen, sondern um Uns Kinder zu gebären«. Aber alle dachten so wie er ...

Trotzdem gab es kaum eine Prinzessin, die sich nicht glücklich schätzte, wenn sich ein Prinz um ihre Hand bewarb. Die unverheirateten jungen Damen von Geblüt wurden meist sehr knapp gehalten. Die Heirat öffnete ihnen eine Tür ins Freie: Sie bekamen ein ansehnliches Jahrgeld, einen eigenen kleinen Hofstaat und die Erlaubnis, sich ihr Leben so einzurichten, wie es ihnen gefiel. In den meisten Fällen stellte sich bald heraus, daß die Eheleute nicht zueinander paßten. Gewöhnlich gingen sich die Partner fortan aus dem Weg, sie sahen sich lediglich bei offiziellen Anlässen - und beide waren damit zufrieden. Je weniger sich der Fürst um seine Gemahlin kümmerte, desto mehr Freiheiten konnte sich diese herausnehmen, manchmal sogar auf erotischem Gebiet - hier allerdings unter der stillschweigenden Voraussetzung, daß sie von ihrer Freizügigkeit mit äußerster Diskretion Gebrauch machte. Ein öffentlich gehörnter Fürst hätte seine ungetreue Frau schon um seines Ansehens willen hart bestrafen müssen. Sophie Dorothea von Hannover, Geliebte des Grafen Philipp Christoph von Königsmarck, büßte ihren Fehltritt mit lebenslänglichem Gefängnis.

Aber solche Skandale waren die Ausnahme. Meist lebten die fürstlichen Eheleute nebeneinanderher, ohne sich in die Quere zu kommen. Schwierigkeiten gab es nur, wenn sich die Fürstin aus irgendwelchen Gründen als unfähig erwies, bei Staatsakten und hohen Besuchen würdevoll zu repräsentieren. Christiane Eberhardine fühlte sich in dem ihr ungewohnten Milieu des Dresdner Hofes von Anfang an unbehaglich. Sie machte eine schlechte Figur - im Unterschied zum König, der selbst im größten Trubel stets Herr der Situation blieb. Die Königsmarck und die Lubomirska fanden sich auf dem glatten Parkett des Hofes besser zurecht als die schüchterne und linkische Prinzessin aus Kulmbach, der man schon von weitem ansah, daß sie ihren Pflichten als Fürstengattin nur mit Widerwillen nachkam.

Für die Damen, die sich um die Gunst eines Fürsten bewarben, war die Liebe ein Spiel mit hohem Einsatz. Gelang es ihnen, ihren Liebhaber längere Zeit an sich zu fesseln, so hatten sie meist für den Rest ihres Lebens ausgesorgt. Aber nicht alle erreichten dieses Ziel. Manche machten sich verhaßt, weil sie ihre Raffgier nicht zu zügeln verstanden. Die Mecklenburgerin Christine Wilhelmine von Grävenitz, Mätresse des Herzogs Eberhard Ludwig von Württemberg, plünderte das Land so gründlich aus, daß es Jahrzehnte brauchte, um sich von diesem Aderlaß zu erholen. 1731 mußte sie bei Nacht und Nebel über die Grenze fliehen. Andere versuchten ihre Macht zu beweisen, indem sie den Fürsten gegen seine Familie aufhetzten. Auch dies wurde als grober Verstoß gegen die guten Sitten gewertet. Einige trieben auf eigene Faust Politik und verscherzten sich so das Wohlwollen der Minister.

Die Gräfin Cosel, bei der es August am längsten aushielt, hatte am Ende ihrer Laufbahn das gesamte Geheime Kabinett gegen sich. Überall lauerten Klippen, an denen das Schifflein der Mätresse scheitern konnte.

Die Wahl einer Mätresse war ein öffentliches Schauspiel, das nach bestimmten dramaturgischen Regeln ablief. Jeder der Beteiligten hielt sich an seine Rolle. Der Fürst machte kein Hehl aus seiner Leidenschaft. Die Dame mußte zunächst die Spröde spielen; denn eine Festung, die sich schon beim ersten Angriff ergab, brachte dem Eroberer wenig Ruhm ein. Der Fürst verdoppelte seine Anstrengungen und erreichte damit, daß ihm seine Auserwählte nach und nach einige Freiheiten gewährte. Die Rolle schrieb der Dame nun vor, daß sie so tat, als ob sie ihre Liebe zu dem Fürsten nicht länger zu bezwingen vermochte. Schritt für Schritt wich sie vor seiner Werbung zurück und gab am Ende des letzten Aktes schließlich ihre Tugend preis. Eine kluge Mätresse verbarg möglichst lange, daß sie an etwas so Profanes wie den Erwerb irdischer Güter dachte. Sie ließ höchstens durchblicken, womit der Fürst sie erfreuen könnte. So gab sie ihrem Liebhaber Gelegenheit, sich als großzügig zu erweisen - und Großzügigkeit gehörte zu seiner Rolle.

Als August 1694 um Aurora von Königsmarck warb, ging das Schauspiel zum erstenmal über die Bühne. Die intelligente Schwedin verstand es, sich in Szene zu setzen. Sie kam als Hilfeflehende nach Dresden - und schon dies schürte die Flamme im Herzen des für Romantik so empfänglichen jungen Herrschers. Jedermann wußte, daß sie einer alten und vornehmen Familie entstammte: Sie war also kein Emporkömmling, der sich in die Nähe des Thrones zu drängen versuchte, sondern eine Dame, der die Türen fast aller europäischen Höfe offenstanden. Zudem besaß sie Geist und verstand witzig zu plaudern. Das 1712 erschienene Büchlein »Hoch- und Wohlgelahrtes teutsches Frauenzimmer« lobte sie in den höchsten Tönen: »Ist in der Poesie sehr wohl erfahren, und in den Sprachen vortrefflich, denn sie redet ihr Französisch, Italienisch, versteht einen lateinischen Autoren, sogar, daß sie auch die lateinischen Poeten lieset, und komponieret einen guten Vers.« Selbst der nüchterne Flemming gab zu, daß sie zu den Frauen gehörte, in deren Gesellschaft man sich niemals langweilte. Natürlich bewarben sich auch noch andere Damen um das Amt der Mätresse. Der sächsische Adel bot dem Kurfürsten einige hübsche Komtessen zur Auswahl an. Aurora schlug ihre Nebenbuhlerinnen mühelos aus dem Feld ...

Wie fast alle Mätressen Augusts so hatte auch die Schwedin ein paar Flecke in ihrer Biographie. Im Haus Königsmarck ging es seit der großen Güterreduktion Karls XI. dürftig zu. Trotzdem führte Aurora ein recht üppiges Leben. Wer bezahlte den Luxus, mit dem sie sich umgab? Eingeweihte wußten, daß sie zwei Liebhaber gleichzeitig ausbeutete - den alten Herzog Anton Ulrich von Braunschweig-Wolfenbüttel, der ihr viele zärtliche Briefe schrieb, und den damals erst siebzehnjährigen Herzog Friedrich Wilhelm von Mecklenburg-Schwerin, der seine zärtlichen Gefühle wohl mehr mit der Tat bewies. Die Herzogin von Celle hielt die Lebensführung der Königsmarck jedenfalls für so bedenklich, daß sie ihren Töchtern und Hofdamen den Verkehr mit ihr untersagte.

Die Schwedin war eine Abenteurerin von Format, die ihre Möglichkeiten kühl berechnete. Sie wollte mit aller Macht heraus aus ihrer Misere, ob auf geraden oder auf krummen Wegen, danach fragte sie nicht viel. Da sie 1694 schon auf die Dreißig zuging, war Dresden wahrscheinlich die letzte Chance, die sich ihr bot. Aurora wußte, daß ihre Zeit als offizielle Mätresse früher oder später ein Ende haben würde. Um so zielstrebiger arbeitete sie daran, sich möglichst viele einflußreiche Freunde zu schaffen. Nie mischte sie sich in die Politik: So gewann sie die Gunst der Minister. Flemming bekannte später: »Ich habe mich oft mit den Mätressen gestritten, wenn sie sich in die Geschäfte mengen wollten; nur die beiden obengenannten Damen habe ich geachtet ...« Die eine Dame war die Königsmarck, die andere die Lubomirska. Aurora brachte sogar das Kunststück fertig, Christiane Eberhardine und die gestrenge Kurfürstinmutter Anna Sophie für sich zu gewinnen. Die kurfürstliche Familie rechnete es ihr hoch an, daß sie niemals versuchte, sich über sie zu erheben, sondern im Gegenteil darauf drang, daß August seine Angehörigen mit Achtung behandelte. Die Schwedin hatte in Dresden keine Feinde - nicht einmal unter den sächsischen Adligen, die alle Landfremden in der Umgebung des Kurfürsten mit äußerstem Mißtrauen beobachteten.

Habgier, Laster fast aller Mätressen, schien Aurora fremd zu sein. Sie nahm die Geschenke des Kurfürsten dankbar entgegen, aber sie behelligte ihn nie mit Geldforderungen. Wenn sie ihn gelegentlich um etwas bat, so handelte es sich meist um Anliegen, deren Erfüllung August wenig Mühe bereitete. Mätressen lebten auch in finanzieller Hinsicht ziemlich gefährlich. Es kam verhältnismäßig häufig vor, daß der Liebhaber den Geldhahn zudrehte, nachdem er seiner Geliebten überdrüssig geworden war - und womit sollte die Abgedankte dann ihren Lebensunterhalt bestreiten? Anders lagen die Dinge, wenn es der Favoritin gelang, sich einen Altenteil außerhalb des fürstlichen Machtbereichs zu sichern. Sachsen besaß zum Beispiel die Schutzherrschaft über das reichsunmittelbare Frauenstift Quedlinburg. Der Kurfürst hatte bei der Wahl der Äbtissin ein Wort mitzureden. Diesen Umstand machte sich Aurora zunutze. Sie schmeichelte August die Zusage ab, ihre Kandidatur für das hochbezahlte Amt zu unterstützen. Der Kurfürst hielt sein Versprechen. Das unter Druck gesetzte Kapitel des Frauenstifts wählte die Schwedin zwar nicht zur Äbtissin, sondern nur zur Koadjutorin, also zu ihrer Stellvertreterin, aber auch deren Einkünfte waren schließlich nicht zu verachten.

Im zweiten Jahr ihrer Beziehung zu August erwartete Aurora ein Kind. Da Christiane Eberhardine zu dieser Zeit ebenfalls ihrer Entbindung entgegensah, verließ die Schwedin Dresden und zog sich in das stille Goslar zurück. Die kurfüstliche Familie wertete auch dies als einen Beweis von Taktgefühl. In Goslar brachte Aurora am 28. Oktober 1696 - elf Tage nach der Geburt des Kurprinzen - einen Sohn zur Welt, der in der Taufe den Namen Moritz erhielt. Sie selbst erschien im Kirchenbuch nicht als Gräfin Königsmarck, sondern nur als »vornehme Frau«, aber sie war viel zu bekannt, um sich hinter einem Inkognito verbergen zu können: Ein paar Wochen später wußten die europäischen Höfe Bescheid. Liselotte von der Pfalz kommentierte das Ereignis mit dem Satz: »Man hatt so lang gesagt, er bekomme keine Kinder, hatt also auff einmahl zwey söhne daher gesetzt.« Ende 1696 kehrte Aurora nach Dresden zurück - und hier bestand sie ihre Meisterprüfung in Mätressentaktik.

August hatte 1696 in Wien eine Gräfin Esterle kennengelernt und sie ihrem Gatten, einem österreichischen Kammerherrn, abgekauft, wie es hieß, für eine Jahresrente von 20 000 Talern. Jedermann erwartete, daß Aurora ihren Platz nicht kampflos räumen, daß sie den Kurfürsten mit Vorwürfen überhäufen und der neuen Mätresse das Leben zur Hölle machen würde. Die Gräfin Esterle erfreute sich keines guten Rufes, sie galt als herrschsüchtig, habgierig und verschlagen. In Dresden sah man ihrer Ankunft mit gemischten Gefühlen entgegen, und viele bedauerten die so schnöde Verlassene. Zur Überraschung aller verhielt sich Aurora nicht wie eine Frau, die sich mit Recht gekränkt fühlt, sondern wie eine große Dame, die über menschliche Schwächen vornehm hinwegsieht: Sie empfing August freundlich wie in alten Tagen und begegnete sogar der Wiener Gräfin mit ausgesuchter Höflichkeit. Der Kurfürst dankte es ihr: Die kluge Schwedin blieb seine Freundin, auch als sie nicht mehr seine Geliebte war. Und der Sohn sorgte dafür, daß sich die Bande nicht lokkerten ...

August hatte nicht viel Glück mit seinen Söhnen. Allein Moritz machte eine Ausnahme. Er sah dem Vater sehr ähnlich und war ihm auch im Charakter so nahe verwandt wie kein anderer unter den legitimen und illegitimen Sprößlingen. Die Bücher lockten ihn ebensowenig wie einst den jungen Prinzen Friedrich August. Nur in den ritterlichen Künsten stellten ihm seine Lehrer ein gutes Zeugnis aus: Schon als Dreizehnjähriger focht, schoß und ritt er wie ein alter Haudegen. Bei jeder Gelegenheit lag er seinem Vater in den Ohren, er möge ihn doch Soldat werden lassen. 1709 erfüllte ihm August diesen Wunsch - allerdings nicht ganz so, wie es sich der Jüngling vorgestellt hatte. Statt hoch zu Roß zog Moritz als Infanterist in den Spanischen Erbfolgekrieg. »Ich will«, wies der König den General von der Schulenburg an, »daß Sie den Patron schütteln, wie er es nötig hat und ohne alle Rücksicht, das wird ihn abhärten. Lassen Sie ihn gleich zum Anfang bis Flandern zu Fuß marschieren.«

Die Mutter schwebte in tausend Ängsten, aber Moritz war aus hartem Holz geschnitzt und bestand die Prüfung - nach seinen eigenen Worten mit einem Dutzend Blasen an den Füßen. Schulenburg berichtete nur Gutes nach Dresden, unter anderem, daß sich der junge Herr vor Tournai tapfer geschlagen habe. August gab etwas auf das Urteil des erprobten Generals. Im Mai 1711 entschloß er sich, Moritz öffentlich als seinen Sohn anzuerkennen. Er verlieh ihm den Titel eines Grafen von Sachsen und schenkte ihm das Rittergut Schkölen bei Eisenberg, das einen Wert von 55 000 Talern besaß. Im September 1713 ernannte er

Moritz von Sachsen
Gemälde von Maurice Quentin de Latour

ihn zum Oberst und vertraute ihm ein Regiment an. Im März 1714 verheiratete er ihn mit einer sächsischen Adligen, deren Vermögen auf etwa 500 000 Taler geschätzt wurde.

Moritz ging mit dem Geld noch verschwenderischer um als sein Vater. Die Mitgift seiner Frau brachte er in wenigen Jahren durch. Nur mit Mühe rettete die Gräfin von Sachsen einen Rest ihres Vermögens, indem sie sich 1721 scheiden ließ. Mehr als einmal mußte Aurora den König bitten, die Schulden des Sohnes zu begleichen. August zahlte - zunächst 6 000 Taler, dann 10 000 Taler und 1726 sogar 60 000 Taler. Ermahnungen blieben ebenso erfolglos wie die wiederholten Versuche, Moritz unter die Vormundschaft einiger finanzkundiger Geheimer Räte zu stellen. August drohte dem Leichtsinnigen sogar mit dem Königstein. Er erreichte damit nur, daß sich der Graf grollend auf seine Güter zurückzog und erst nach Jahr und Tag wieder bei Hof erschien.

1726 bewarb sich der ehrgeizige junge Mann um den Thron des Herzogtums Kurland. Der Handstreich schien zu glücken: Die kurländischen Stände wählten ihn mit großer Mehrheit zum Nachfolger der noch regierenden Herzogin Anna. Aber Kurland gehörte staatsrechtlich zur Rzeczpospolita, und die Magnaten, die den Reichstag beherrschten, sahen es gar nicht gern, daß sich dort oben in Mitau ein Sproß des Hauses Wettin festsetzte. Sie weigerten sich, die Wahl anzuerkennen, und drohten mit dem Einmarsch der polnischen Kronarmee. Auch die Russen mischten sich in das Spiel: Sie hatten schon lange ein Auge auf das Herzogtum geworfen und wollten sich nun die Beute nicht vor der Nase wegschnappen lassen. Der König, von zwei Seiten unter Druck gesetzt, mußte sich gegen seinen Sohn stellen. Doch Moritz dachte nicht daran, seinem Vater zu gehorchen. Die beiden stießen heftig zusammen.

August bemühte sich vergeblich, seinen außer Rand und Band geratenen Liebling zur Räson zu bringen. »Wir befehlen Ihnen auf's Ernstlichste«, schrieb er ihm am 11. Oktober 1726, »das Gebiet Curlands zu verlassen, um den Einwohnern jede Aussicht zu benehmen, unter Ihrem Einflusse den Rechten Unserer Krone zuwider etwas unternehmen zu können; ferner die, zu Ihren Gunsten, Behufs der Nachfolge in der Regierung des Herzogthums ausgefertigte Urkunde und alle darauf Bezug habende Verhandlungen an Uns einzusenden ... und den ganzen Vorfall als ungeschehen zu betrachten. Ueberzeugt von Ihrer Uns schuldigen Ergebenheit, glauben Wir nicht nöthig zu haben, diesem Befehle, für den Fall des Ungehorsams, die Strafandrohung Unserer Ungnade beizufügen.« Moritz erwiderte am 23. Oktober: »Mit großem Schmerze sehe ich mich in die Nothwendigkeit versetzt, Ihnen, Sire, ungehorsam zu sein« - und blieb in seinem Herzogtum, bis ihn im August 1727 russische Regimenter vertrieben.

Der König und Aurora von Königsmarck haben den Aufstieg ihres Sohnes zu einem der bedeutendsten Feldherren seines Jahrhunderts nicht mehr erlebt. Aurora starb in der Nacht vom 15. zum 16. Februar 1728. Ihr Leichnam ruht in der Gruft der Stiftskirche zu Quedlinburg, die sich unter dem südlichen Seitenschiff befindet.

Moritz stand 1728 schon in französischen Diensten. 1734 wurde er zum Generalleutnant befördert. Während des Österreichischen Erbfolgekriegs kommandierte er das Korps, das im November 1741 Prag eroberte, und 1745 die Armee, die bei Fontenoy den Engländern und Hannoveranern entgegentrat. Hier erlebte der Comte de Saxe seine große Stunde: Er gewann die Schlacht, die der französische König schon für verloren gehalten hatte, indem er im Augenblick der Krise alle verfügbaren Reserven zu einer Stoßkolonne formierte und mit ihr die Stellung des Feindes im Zentrum durchbrach. Die Engländer brauchten Monate, um sich von dieser schweren Niederlage zu erholen. Flandern, Brabant und die südlichen Provinzen der Niederlande fielen bis zum Friedensschluß in die Hände der Franzosen.

Als Marschall von Frankreich kehrte Moritz 1748 aus dem Krieg zurück. Ludwig XV. schenkte ihm Schloß Chambord und bewilligte ihm eine Jahrespension von 120 000 Livre. Die Marquise de Pompadour, allmächtige Mätresse des Monarchen, hatte eine Schwäche für den Sieggewohnten und sah ihn gern in ihrem Salon - was einen Pariser Spötter zu der Bemerkung veranlaßte: »Oh seht sie beide: des Königs Schwert - und seine Scheide!« In Chambord hielt der Comte de Saxe Hof - glänzender als so mancher regierende Fürst jenseits des Rheins. Seine Küche war ebenso berühmt wie seine Schauspieltruppe, die er mit Vorliebe Molière spielen ließ. Aber das Glück währte nur kurze Zeit. Am 30. November 1750 starb der Sohn der Aurora. Seine letzten Worte lauteten: »Das ist das Ende eines schönen Traums.«

Die Nachfolgerin der Königsmarck, die Gräfin Esterle, fiel bald in Ungnade. Ob sie ihren Liebhaber tatsächlich mit einem polnischen Magnaten betrogen hat, wie Gerüchte besagten, läßt sich nicht beweisen. Auf alle Fälle war die Wienerin in Warschau fehl am Platz. Als König von Polen brauchte August eine polnische Mätresse. Seine Wahl fiel auf die blutjunge Frau des Kronkämmerers Jerzy Dominik Lubomirski. Die Minister billigten diese Entscheidung, weil sie wußten, daß die Dame über ausgezeichnete Verbindungen zur polnischen Hocharistokratie verfügte, auch zu jenen Kreisen, welche den Sachsen und seine Politik ablehnten. Vielleicht gelang es sogar, den mächtigen Kardinalprimas Michal Radziejowski, Führer der Partei des Prinzen Conti, zum Einlenken zu bewegen: Das Oberhaupt der katholischen Kirche in Polen würde seiner Nichte gewiß nicht die Tür weisen, wenn sie ihm Vergleichsvorschläge unterbreitete. Der Papst ließ sich nach einigem Hin und Her bewegen, die Ehe der Lubomirskis für nichtig zu erklären. Der Kämmerer wurde, wie in solchen Fällen üblich, großzügig abgefunden.

Ursula Katharina Lubomirska war die Tochter eines aus Frankreich nach Litauen eingewanderten Edelmanns und von Geburt her halb Französin, halb Polin. Ihre Eifersucht und ihr stürmisches Temperament machten dem König oft schwer zu schaffen. Sie pochte auf ihre Rechte und verlangte für Leistungen auch Gegenleistungen. Im Unterschied zur Königsmarck stellte sie Forderungen und konnte bösartig werden, wenn August diese nicht sofort erfüllte. Aber sie erwies ihrem Liebhaber manchen guten Dienst, vor allem in den schweren Jahren nach der Schlacht von Klissow, als Teile des polnischen Adels zu den Schweden übergingen und sich für Stanislaw Leszczynski erklärten. Die Konföderation von Sandomierz wäre ohne sie wohl nicht so rasch zustande gekommen. August hat ihr das nie vergessen: Er ließ sie 1704 vom Kaiser zur Fürstin von Teschen erheben und bewilligte ihr nach ihrer Verabschiedung ein Jahresgehalt von 20 000 Talern - zum Ärger ihrer Nachfolgerin, der Gräfin Cosel, die den nach wie vor großen Einfluß der Abgedankten mehr fürchtete als die Intrigen der Herren Minister.

Die Lubomirska kannte keine Prüderie. Sie besaß Humor und nahm es nicht übel, wenn jemand darauf anspielte, womit sie ihren Lebensunterhalt verdiente. Als sie 1704 mit dem General Friedrich Wilhelm von Kyau durch einen Wald ritt, sagte sie scherzhaft, sie wünsche sich alle diese Bäume zu Brettern zersägt und auf jedem Brett so viele Dukaten, wie nebeneinandergelegt werden könnten. Kyau erwiderte, damit würde er nicht zufrieden sein. Er wünsche sich in jedes Brett ein Loch neben dem anderen gebohrt, und in jedem Loch müßte soviel Geld stecken, wie die gnädige Frau Fürstin im Jahr vom König erhalte. Die

Lubomirska lachte und ließ dem General die freche Bemerkung durchgehen.

Im August 1704 gebar die Polin dem König einen Sohn, der in der Taufe den alten Wettinernamen Johann Georg empfing und als Chevalier de Saxe legitimiert wurde. Auch er schlug später die militärische Laufbahn ein. Der König vertraute ihm 1724 ein Dragonerregiment an, das in der Niederlausitz stationiert war. Während des Österreichischen Erbfolgekriegs und des Siebenjährigen Krieges zeichnete sich der Chevalier de Saxe nicht aus. Nach dem Urteil von Militärfachleuten gehörte er zu jenen Generalen, welche sich nur schwer zu einer Tat entschlossen und im Zweifelsfall lieber dort blieben, wo sie sich gerade befanden. Trotzdem brachte er es bis zum Generalfeldmarschall. Er lebte von allen Söhnen des Königs am längsten und starb erst 1774.

Der Chevalier de Saxe war nicht das einzige Kind des Königs, das in den Jahren des Nordischen Krieges das Licht der Welt erblickte. Die Lubomirska hatte Grund zur Eifersucht. August zog mit seiner Armee im Land umher, und das Freiluftleben im Feldlager bekam ihm offenbar so gut, daß er sich damals in Hochform befand. Im Spätsommer 1701 bändelte er zum Beispiel mit einer Türkin namens Fatime an, die, wie es heißt, als Kriegsbeute nach Polen gekommen war und nun im Haus des Kronschatzmeisters Jan Jerzy Przebendowski lebte. Die hübsche Orientalin ließ sich nicht lange bitten: Im Juni 1702 schenkte sie einem kleinen Friedrich August das Leben. August erkannte diesen Sohn 1724 an und verlieh ihm den Titel eines Grafen Rutowski.

Was ursprünglich nur wie eins der vielen belanglosen Abenteuer des Königs aussah, hatte einen erstaunlich langen Bestand. Es muß etwas an dieser Türkin gewesen sein, das August bewog, immer wieder zu ihr zurückzukehren - allen Eifersuchtsausbrüchen der Lubomirska zum Trotz.

1706 brachte Fatime eine Tochter zur Welt, Katharina mit Namen, die der König 1724 ebenfalls zur Gräfin Rutowski erhob und 1728 mit dem polnischen Grafen Michal Bielinski verheiratete, dem Bruder jener Gräfin Denhoff, welche 1713 die Nachfolge der Cosel angetreten hatte. So blieb gewissermaßen alles in der Familie. Das Lebensschifflein der Fatime war inzwischen längst im sicheren Hafen gelandet. Der König gab sie 1706 seinem Kammerdiener Johann Georg Spiegel zur Frau und verlieh dem Ehepaar den erblichen Adel. In Dresden rechneten es sich viele zur Ehre an, von der noch immer schönen Frau von Spiegel empfangen zu werden.

Ihr Sohn, der Graf Rutowski, entschied sich ebenfalls für den Soldatenberuf. Er diente zunächst im Heer des Herzogs von Savoyen, dann auf ausdrücklichen Wunsch seines Vaters in der preußischen Armee, die damals als die am modernsten bewaffnete und am besten ausgebildete galt. Es erwies sich jedoch, daß ein guter Exerziermeister nicht unbedingt ein fähiger Feldherr sein muß. Das sächsische Heer erlitt unter der Führung des Grafen Rutowski Niederlage auf Niederlage - die blamabelste im Dezember 1745 bei Kesselsdorf in der Nähe von Dresden, wo 31 000 Sachsen und Österreicher, die eine fast uneinnehmbare Stellung besetzt hielten, von 30 000 Preußen überwältigt wurden, die schwerste im Oktober 1756 am Fuß des Liliensteins, wo die gesamte sächsische Streitmacht, 17 000 Mann stark, in preußische Gefangenschaft geriet, weil ihre Führung versäumt hatte, sich rechtzeitig mit den Österreichern zu vereinigen. Der Nachfolger Augusts duldete nur Mittelmäßigkeiten in seiner Umgebung. Das Angebot des Comte de Saxe, den Oberbefehl über die sächsische Armee zu übernehmen, war von ihm 1741 in schroffer Form abgelehnt worden.

Kurz vor dem Frieden von Altranstädt hatte August noch ein Abenteuer mit einer Französin namens Henriette

Renard, Wirtin einer Weinschenke in der Warschauer Altstadt, in der vorwiegend sächsische Offiziere verkehrten. Wenig später mußte er Warschau verlassen, wie es schien, für immer, und als ihm Henriette 1707 eine Tochter gebar, hieß der König von Polen Stanislaw Leszczynski. Nach der Schlacht von Poltawa wendete sich das Blatt: August kehrte in die Rzeczpospolita zurück, aber ob er sich nun der flüchtigen Begegnung nicht mehr erinnerte oder ob die Mutter es nicht verstand, sich bemerkbar zu machen - das Mädchen Anna Katharina wuchs jedenfalls in recht dürftigen Verhältnissen auf. Sie mußte achtzehn Jahre warten, bevor der König sie öffentlich als seine Tochter anerkannte und ihr den Titel einer Gräfin Orzelska verlieh.

Mit dem Frieden von Altranstädt endete die Zeit der Lubomirska. Der König hatte auf den polnischen Thron verzichten müssen. Was sollte ihm nun eine Mätresse aus dem polnischen Hochadel? Schon 1705 sah er sich nach einer Nachfolgerin um. Sein Blick fiel auf die Frau seines Finanzministers Adolf Magnus von Hoym, eine attraktive Brünette, die mit ihrem Mann in Scheidung lebte. Die Akten lagen seit Januar 1705 bei dem für Ehesachen zuständigen Oberkonsistorium in Dresden. Die Anklage lautete auf böswillige Verweigerung der ehelichen Gemeinschaft. Warum Frau von Hoym die Tür ihres Schlafzimmers verschlossen hielt, liegt im dunkeln. Sie selbst wollte zunächst nicht geschieden werden und verteidigte sich mit der Behauptung, sie sei von einem Dienstmädchen behext worden. Nach dem Sühnetermin im März 1705 änderte sie ihre Taktik. Jetzt begehrte auch sie die Trennung - und dies beweist, daß sich ihr in dem kurzen Zeitraum zwischen Januar und März neue Perspektiven eröffnet hatten.

Warum die Ehe der Hoyms in die Brüche gegangen war, läßt sich heute nicht mehr feststellen. Im Grunde hatte das nicht allzu begüterte holsteinische Edelfräulein Anna

Constance von Brockdorf eine glänzende Partie gemacht, als sie 1699 den sächsischen Finanzfachmann heiratete. Gewiß, der Bräutigam stand schon in den Dreißigern und entsprach wohl auch sonst nicht den Idealvorstellungen einer Neunzehnjährigen, aber es gab wahrlich Schlimmeres als die Ehe mit einem wohlhabenden Beamten, der sich in den Zahlenkolonnen des Staatshaushalts besser auskannte als in dem Seelenleben seiner jungen Frau. Hoym beklagte sich später oft über die »höllische Bosheit« seiner Verflossenen, er beschuldigte sie auch der Trunksucht, doch solche nachträglich gefällten Urteile besagen nicht viel, schon gar nicht, wenn man weiß, daß die zweite Auserwählte des Finanzministers, ein Fräulein von Friesen, nach fünfjähriger Ehe ebenfalls das Weite suchte. Nur eins ist sicher: Die Krise begann, lange bevor der König Frau von Hoym kennenlernte.

Das Oberkonsistorium in Dresden hielt sich an den Buchstaben des Gesetzes und fand, daß den Mann keine Schuld traf. Aber die Herren wollten sichergehen und baten daher die juristische Fakultäten von Halle, Jena und Tübingen, Zusatzgutachten anzufertigen. Auch Christian Thomasius wurde um eine Stellungnahme ersucht. Alle befragten Juristen kamen zu dem gleichen Ergebnis. Das Endurteil vom 8. Januar 1706 lautete daher, »daß Frau Beklagte nunmehr gestallten Sachen nach für eine bösliche Verlasserin ihres Herrn Gemahls zu erkennen, inmaaßen Wir sie hiermit dafür erkennen und erklären, Klägers Herrn Principal aber der Ehe von ihr gänzlich entbinden, auch ihm als dem unschuldigen Theil an andere Wege sich christlichen zu verehelichen gestatten und nachlassen«. Frau von Hoym hatte zwar ihre Freiheit wieder, doch der Urteilsspruch des Oberkonsistoriums verbot ihr, noch einmal eine Ehe einzugehen.

Als das Urteil verkündet wurde, saß die schöne Anna Constance bereits fest im Sattel. Während der Herbstmesse

1705 rief August seinen Finanzminister zu sich und erklärte ihm, »es dependire [anhänge] Dero Leib und Leben von dieser Creatur Besitz und sei es Ihm, als wenn Sie bezaubert wären«. Hoym bat den König, sich die Sache noch einmal zu überlegen. Er hielt seine Frau wegen ihrer Herrschsucht nicht für geeignet, die Nachfolge der Lubomirska anzutreten. Auch Flemming hatte Bedenken, aber er sah, daß August in dieser Frage nicht mit sich reden ließ. Der König wollte die Frau nun einmal haben, und die Maßnahmen, die er ergriff, um sie zu gewinnen, bewiesen Flemming zur Genüge, daß sein Herr im Augenblick nicht bei Vernunft war. In Polen standen die Dinge so schlecht wie noch nie zuvor, Sachsen kratzte seine letzte Armee zusammen, aber 30 000 Taler, ungefähr ein Drittel der russischen Hilfsgelder, flossen in die Taschen der neuen Favoritin - nicht etwa heimlich, nein, Patkul erhielt den Befehl, der Dame die Summe persönlich auszuhändigen. Zar Peter schäumte, als er davon erfuhr ...

Frau von Hoym verstand es, die Leidenschaft des Königs auszunutzen. Sie dachte nicht daran, sich an ihre Rolle zu halten. Ihre Eigenwilligkeit brachte die ganze Regie durcheinander. August redete von Liebe und ewiger Treue, sie von Geld und Sicherheiten. In langen Verhandlungen setzte sie es durch, daß ihr der König ein Jahresgehalt von 100 000 Talern versprach - ungefähr das Doppelte von dem, was die Lubomirska bekommen hatte. Auch das Gut in Pillnitz mitsamt dem alten Schloß, nach Schätzungen etwa 60 000 Taler wert, ging in ihren Besitz über. Pöppelmann erhielt den Auftrag, ein neues Palais zu entwerfen, das Taschenbergpalais, das damals noch den Namen Türkisches Haus trug: Nach seiner Fertigstellung 1711 diente es der Mätresse als Residenz.

Die Favoritin drang auf eine Standeserhöhung: Auf Bitten des Königs verlieh ihr der Kaiser im Februar 1706 den

Titel einer Gräfin Cosel. Als sie später den Rang einer Fürstin begehrte, lehnte das Oberhaupt des Reiches ab: Schließlich war die Dame keine Magnatin wie die Lubomirska, sondern eine simple Landadlige. August mußte seiner Geliebten ferner schriftlich versichern, »daß Wir in Kraft eines ehelichen Eydes versprechen und halten wollen, dieselbe herzlich zu lieben und beständig treu zu verbleiben, dahero wollen Wir solches hiermit vor Unserm Geheimen Rath declariren [erklären] und die mit Unserer geliebten Gräfin von Cosel künftig erzeugenden Kinder männ- und weiblichen Geschlechts vor Unsere rechte natürliche Kinder kraft dieses erkennen«. Der König ließ sich sogar bewegen, eine Art Ehekontrakt zu unterschreiben: Falls Christiane Eberhardine stürbe, sollte die Gräfin Cosel ihre Nachfolgerin werden.

Die neue Favoritin war eine Schönheit, mit der sich Staat machen ließ. Ihre Repräsentationspflichten erfüllte sie mindestens ebensogut wie früher die Lubomirska. Auch besaß sie viel Witz - und sie benutzte ihn, um sich Respekt zu verschaffen. Es gab in Dresden viele, die ihre spitze Zunge fürchteten und darum lieber nicht mit ihr anbanden. Die Kunst, den König an sich zu fesseln, beherrschte sie besser als ihre Vorgängerinnen. August war fast täglich mit ihr zusammen. Er fühlte sich in ihrer Gesellschaft ausgesprochen wohl - was allerdings nicht bedeutete, daß er auf Seitensprünge verzichtete: Das Abenteuer mit Henriette Renard fällt in die Zeit, als seine Liebe zu der schönen Holsteinerin noch in voller Blüte stand. Daß die Gräfin nur über eine Durchschnittsbildung verfügte, war in den Augen des Königs eher ein Vorzug als ein Nachteil. Belesene Frauenzimmer erfreuten sich damals nirgendwo großer Beliebtheit, und für fast alle europäischen Souveräne traf zu, was ein britischer Publizist sarkastisch über König Georg I. von England schrieb: »... er habe bei allen seinen Liebschaften mit der größten Sorgfalt darauf gesehen, daß er nicht die überlegenen Erörterungen einer gelehrten Dame zu ertragen brauchte.«

Die Gräfin Cosel gebar dem König drei Kinder: 1708 die Tochter Auguste Constantine, 1709 eine zweite Tochter, die Friederike Alexandrine getauft wurde, und 1712 einen Sohn, der wie der Sohn der Fatime ebenfalls den Namen Friedrich August erhielt. Die Älteste heiratete 1725 den Kabinettsminister Heinrich Friedrich von Friesen; sie starb schon 1728. Die Zweitälteste, seit 1730 Gattin des polnischen Grafen Anton Moszynski, lebte von allen Kindern des Königs am längsten. Als sie 1784 das Zeitliche segnete, regierte bereits der Urenkel ihres Vaters. Der Sohn brachte es bis zum General der Kavallerie. Von ihm ist sonst nur zu berichten, daß er nach 1762 das Coselpalais an der Frauenkirche erbauen ließ, von dem noch die beiden zweigeschossigen Seitenflügel stehen.

Es scheint, daß sich die Gräfin Cosel mehrere Jahre lang ihrer Stellung völlig sicher fühlte. Der König gab ihr zwar gelegentlich Grund zur Eifersucht, aber er kehrte von seinen Ausflügen stets zu ihr zurück - manchmal sogar reumütig, was bei ihm sonst nur selten vorkam. August hatte offensichtlich Respekt vor seiner Geliebten. Er sah über ihre manchmal recht unbequemen Eigenheiten hinweg - und lange Zeit auch darüber, daß die negativen Züge ihres Charakters immer deutlicher zutage traten. Erst 1711 lokkerte sich die Verbindung. Im Juni dieses Jahres hielt es die Gräfin für geboten, einen bedeutenden Teil ihrer Schätze in Sicherheit zu bringen. Sie gab vor, ihre Eltern in Holstein besuchen zu wollen, und nahm auf die Reise 31 große Kisten mit, die sie Hamburger Kaufleuten zur Aufbewahrung anvertraute. Wie sich später herausstellte, bestand ihr Inhalt aus Schmuck, Silbergeschirr und kostbaren Stoffen. Die Gegner der Mätresse witterten Morgenluft. »... der Gräfin C. geschwinder Aufbruch, da sie zumal so eine große Bagage [Gepäck] mitgenommen, causirt [ruft hervor] allerhand Nachdenken«, heißt es in dem Brief eines Zeitgenossen.

Die Cosel hatte von Anfang an mehr Feinde als Freunde. Viele beklagten sich über ihre Habgier. Obwohl sie 100 000 Taler im Jahr bekam, erschloß sie sich zusätzliche Geldquellen, indem sie in ultimativer Form Geschenke forderte, zum Beispiel von den Landständen, die im März 1710 ein ansehnliches »Gevatterpräsent« herausrükken mußten. Der Erbmarschall war der Meinung, daß »es bei dem statu [Zustand] der jetzigen Zeit rathsamer sei, ein Präsent de propriis [aus eigenem] zu thun«, aber sein Vorschlag traf bei den Abgeordneten auf wenig Gegenliebe: Die geforderten 4 000 Taler wurden der Steuerkasse entnommen. Der sächsische Adel fand, daß es die Holsteinerin entschieden zu weit trieb - und die Herren Pastoren pflichteten dieser Ansicht aus vollem Herzen bei.

Die Kanzelkampagne gegen die »sächsische Bathseba« wäre wohl ohne Ergebnis geblieben, wenn Adel und Geistlichkeit nicht Verbündete gefunden hätten. Die Gräfin Cosel entwickelte politischen Ehrgeiz - und damit kam sie den Ministern in die Quere. August lachte zunächst, als er aus Flemmings Mund erfuhr, wie seltsam sich die Welt im Kopf seiner Geliebten widerspiegelte. Sie riet ihm, sich von den Russen zu trennen? Herzlich gern, nur wie denn, meine Dame? Sie ließ ihm ausrichten, dem Haus Habsburg sei nicht zu trauen? In der Politik, meine Liebe, durfte man niemandem trauen. Sie wollte, daß er Pommern eroberte? Und die Preußen verscheucht die Schöne dann mit ihrem Taschentuch ... Aber das Lachen verging ihm, als er davon Kenntnis erhielt, daß die Cosel seine Polenpolitik zu hintertreiben versuchte. Hier hörte der Spaß auf ...

Die ehrgeizige Dame wußte, daß Flemming ihre unbeholfenen Gehversuche auf dem politischen Parkett schon seit langem halb amüsiert, halb mißtrauisch beobachtete.

Allem Anschein nach wollte sie ihn für sich gewinnen. Am 29. November 1710 hatte sie eine Unterredung mit ihm, die der Minister für so wichtig hielt, daß er unmittelbar danach ein Gedächtnisprotokoll anfertigte. Die Gräfin kam rasch zur Sache: Sie meinte, daß der polnische Adel ja närrisch sein müßte, wenn er nach einer so unglücklichen Regierung wie der des Königs noch einmal einen Sachsen wählte, und forderte Flemming auf, den Bemühungen Augusts, seinem Sohn die Nachfolge in Polen zu sichern, ebenso energisch entgegenzutreten wie sie selbst. Die Cosel beendete die politische Privatvorlesung mit einem Appell an das Gewissen ihres Gesprächspartners. Flemming erwiderte trocken, er sei nicht Minister des Gewissens, sondern Staatsminister, und brach die Unterhaltung ab.

Ob die Holsteinerin ahnte, daß sie im Begriff war, Hochverrat zu begehen? Oder wie sollte man es sonst nennen, wenn die Frau, die August am nächsten stand, sich mit jenen Kräften verbünden wollte, welche die Politik des Wettiners prinzipiell ablehnten? Der König hatte Grund zu der Annahme, daß die sächsische Opposition einen neuen Angriff vorbereitete. Die lutherischen Kanzelredner reizten das Volk offener denn je zum Ungehorsam auf, der Adel sabotierte die Rekrutenwerbung, indem er denen, die sich den Werbern entziehen wollten, auf seinen Gütern Asyl gewährte, die Stände verzögerten die Ablieferung der Steuern, und sogar die Familie schmiedete Ränke. Nun sah es so aus, als ob die Gräfin Cosel mit den Unzufriedenen gemeinsame Sache machte. August reagierte gereizt, als er davon erfuhr ...

Es war nicht der politische Einfluß seiner Geliebten, den der König fürchtete. Wer nahm diese Amateurdiplomatin schon ernst? Nur eins bereitete August Sorge: Was geschah, wenn die Gräfin zu schwatzen begann? Wenn sie in ihrem Bestreben, sich bei der Opposition anzubiedern, Geheimnisse preisgab, von deren Wahrung sehr viel abhing, vielleicht sogar der Bestand der sächsisch-polnischen Personalunion? Schließlich gehörte die Dame zum engsten Kreis, sie hatte bisher als vertrauenswürdig gegolten und daher manches erfahren, was unter gar keinen Umständen nach außen dringen durfte. Gesetzt den Fall, die Gräfin plauderte aus, was sie über die geheimen Pläne des Königs wußte, zum Beispiel über seine Absicht, den polnischen Adel mit Waffengewalt zur Unterwerfung zu zwingen - der Gedanke daran ließ August nicht zur Ruhe kommen. Trotzdem schreckte er noch davor zurück, die Dame seines Herzens so hart anzupacken, wie sie es nach Meinung der Minister verdiente. Die Cosel blieb, aber fast alle am Hof wußten, daß sich ihre Zeit dem Ende näherte. Nur sie selbst scheint nicht begriffen zu haben, daß sie von nun an ihr Amt als offizielle Mätresse lediglich auf Abruf versah. Sie hätte sich sonst wohl vorsichtiger benommen ...

In Flemmings Charakteristik von 1722 findet man einige Sätze, die sich offensichtlich auf das Verhältnis des Königs zur Gräfin Cosel beziehen: »Seine Mätressen glauben, daß er sie so liebt, wie er es ihnen versichert. Er hat sie aber nur zum Vergnügen, und da diese Leidenschaft in ihm vorherrschend ist, kann er viel ertragen, um seines Vergnügens nicht verlustig zu gehen. Wenn jedoch das, was er von seinen Mätressen auszustehen hat, das erträgliche Maß übersteigt, wenn sie, seiner Liebe sicher (was er sehr wohl bemerkt), unverschämt zu werden beginnen, verläßt er sie vernünftigerweise. Dann klagt man ihn an, daß er die Abwechslung liebt.«

Zurückhaltung war der Gräfin Cosel fremd. Sie drängte sich in die Nähe des Königs, auch wenn dieser keine Lust verspürte, sie zu sehen, und fiel ihm damit zunehmend lästig. Augenzeugen berichten, daß sie sogar eines Nachts in sein Zimmer stürmte und ihn aus tiefstem Schlaf weckte: Angeblich hatte sie geträumt, daß sich August in Gefahr befand, aber der spottlustige Flemming traf wohl das Richtige, als er meinte, sie tue dies nur, »um ihre Leidenschaft zu beweisen«. Auch benahm sich die Holsteinerin nach wie vor anmaßend. Sie ließ sich zum Beispiel »Princesse de Saxe« nennen - und dies war ein Titel, der allein den Mitgliedern der königlichen Familie zukam. So trug sie selbst viel dazu bei, daß die Gefühle ihres Liebhabers allmählich erkalteten.

Mit den Ministern hatte es die Gräfin Cosel gründlich verdorben. Es gab im Geheimen Kabinett nicht eine einzige Stimme, die zu ihren Gunsten sprach. Alle waren sich einig: Die Frau muß weg! Nur über das Wie gingen die Meinungen noch auseinander. Flemming vertrat die Auffassung, daß ein offener Skandal vermieden werden sollte. Er riet, der Favoritin goldene Brücken zu bauen: Vielleicht ließ sie sich auf diese Weise bewegen, ihren Posten widerstandslos zu räumen. August stimmte ihm zu: Auch er hielt es für das beste, die Angelegenheit gütlich zu regeln - vor allem im Hinblick auf das Eheversprechen, das er seiner Geliebten unbedacht gegeben hatte. Wenn die Gräfin dieses kompromittierende Dokument freiwillig auslieferte, wollte er ihr eine finanzielle Entschädigung zugestehen, die ihr ein bequemes Leben ermöglichte.

Der Oberhofmarschall Waldemar von Löwendal, ein ehemaliger Günstling der Cosel, war anderer Meinung: Er gehörte zu denen, welche von Anfang an darauf drangen, die Gräfin hinter Schloß und Riegel zu bringen. »Mit der Frau Gräfin von Cosel scheint es wohl aus zu sein«, schrieb ein Kammerherr am 4. Juli 1713 seinem Freund Flemming, »der Herr Oberhofmarschall bezahlt sie am allerbesten, er ist derjenige, der sie am allermeisten verfolgt, es ist keine Extremität, wozu er dem König nicht rathet, man weiß noch nicht eigentlich das Ende von ihrem Sort [Schicksal], bis dato heißt es, daß sie ihr gehabtes

Tractement [Gehalt] behalten soll und kann leben wie wird wollen, allein kein Commercium [Verbindung] will man nicht mehr mit ihr haben«. Das Schreiben beweist, daß der König entschlossen war, sich von seiner Mätresse zu trennen. Von Festungshaft jedoch, wie sie Löwendal vorschlug, wollte er nichts wissen.

Die Gräfin saß unterdessen in Dresden und wartete auf Nachricht aus Warschau. Als sie endlich erfuhr, was dort vor sich ging, beschloß sie, den König zur Rede zu stellen. Aber die Nachricht, daß sie sich auf dem Weg nach Polen befand, kam rascher an als sie selbst. So blieb den Ministern Zeit, Gegenmaßnahmen zu treffen. Sie überredeten August, der Dame ein paar Kavalleristen entgegenzuschicken. In Widawa, einem Städtchen in der Nähe von Lodz, überbrachte das Kommando der Gräfin den Befehl, unverzüglich nach Dresden zurückzukehren. Und hier erwartete sie eine weitere Demütigung: Flemming gebot ihr im Namen seines Herrn, das Taschenbergpalais sofort zu räumen und sich nach Pillnitz zu begeben. Am 23. Dezember 1713 traf sie dort ein.

Kein Zweifel, der König hatte sich in diesem Fall wenig königlich verhalten. Wenn er seine Mätresse verabschieden wollte, was sein Recht und nach den politischen Extravaganzen der Gräfin sogar notwendig war, dann durfte sie von ihm erwarten, daß er selbst das entscheidende Wort sprach - und sich nicht hinter seinen Dienern versteckte. Dennoch handelte die Verlassene unklug, als sie auf Rache sann. Wie die Dinge nun einmal lagen, blieb ihr nur übrig, sich mit ihrem Schicksal abzufinden. Wenn sie es gescheit anstellte, gab es für sie noch eine Chance, wieder in Gnaden zu kommen - nicht als Geliebte, wohl aber als Freundin und Vertraute wie die Königsmarck und die Lubomirska. Sie hatte mit ihren drei Kindern, von denen eins noch in der Wiege lag, bessere Trümpfe in der Hand als ihre Vorgängerinnen. Doch die Holsteinerin gehörte nicht zu den Gescheiten. Das Drama nahm seinen Lauf ...

Im Juli 1714 schickte August zwei Unterhändler nach Pillnitz. Sie sollten erkunden, welche finanziellen Forderungen die Gräfin stellte, und versuchen, sie zur Herausgabe des Eheversprechens zu bewegen. Was sie zu hören bekamen, übertraf die schlimmsten Erwartungen: Die ehemalige Mätresse verlangte eine Abfindung von 200 000 Talern, aber sie verweigerte jede Gegenleistung, ja, sie erklärte rundheraus, sie lasse sich von den Herren Geheimräten nicht für dumm verkaufen und werde ihre wirksamste Waffe niemals freiwillig ausliefern. Nun schaltete sich Flemming ein. Er redete der Gräfin zu, sich dem Willen des Königs zu beugen, doch auch er mußte unverrichteterdinge nach Dresden zurückkehren. Die Verabschiedete hatte sogar gewagt zu drohen: Wenn man fortfahre, sie so unwürdig zu behandeln, könne sie unter Umständen zur »babillarde«, zur Schwätzerin, werden. Flemming nahm die Drohung ernst. Trotzdem riet er dem König, es weiterhin im guten zu versuchen.

Der antisächsische Aufstand von 1715 verzögerte den Fortgang der Verhandlungen. August kämpfte in Polen um seine Existenz, und auch Flemming, Oberkommandierender der sächsischen Armee, fand wenig Zeit, sich um die Dame in Pillnitz zu kümmern. Erst im November 1715 wurde der Gräfin ein neuer Vergleichsvorschlag unterbreitet. Der König machte seiner früheren Geliebten ein großzügiges Angebot: Falls sie sich schriftlich verpflichtete, Sachsen nicht zu verlassen, sollte sie ihre Jahrespension von 100 000 Talern behalten und dazu noch 200 000 Taler bekommen - allerdings nur unter der Bedingung, daß sie auf einige ihrer Eigentumsrechte verzichtete. Vor allem Pillnitz wollte August wieder in seinen Besitz bringen. Die Gräfin sagte nicht ja und nicht nein. Sie zog die Verhandlungen absichtlich in die Länge.

In welcher Stimmung sich die Gräfin Cosel damals befand, geht aus einem Brief hervor, den sie am 14. November 1715 ihrer Mutter schrieb: »Der König wird nach Polen gehen, wenn seine ganze Suite mitgeht, werde ich wohl bald nach Dresden kommen, wo aber das Weibervolk bleibt, muß ich hier bleiben, denn sie sich vor mich fürchten als vor dem Teufel und kommt all mein Leiden umb ihrenthalben, weil sie alles wollen von mir besitzen und sich beständig besorgen, daß ich ihnen die Schuhe austrete.« Inhalt und Tonfall des Briefes lassen erkennen, daß die Verstoßene noch immer fest entschlossen war, ihren Feinden die erlittenen Demütigungen heimzuzahlen. In dieser Stimmung tat sie einen verhängnisvollen Schritt: Am 12. Dezember 1715 floh sie außer Landes - und wurde damit zu einer Gefahr.

Die Nachricht von der Flucht der Cosel schlug in Dresden wie eine Bombe ein. Der Oberhofmarschall alarmierte sofort die umliegenden Garnisonen, aber seine Weisung, man solle die Gräfin »zu amüsiren suchen, bis Befehle eingingen und Disposition treffen, daß sie sich nicht entfernen könne«, kam zu spät: Die Geflohene hatte die sächsische Grenze bereits überschritten. August hielt sich zu dieser Zeit in Warschau auf - und auch dort war man bestürzt. Nach einem zeitgenössischen Bericht fürchteten die Minister vor allem »die giftige und gefährliche Zunge der C., ihren unternehmenden und kühnen Geist, der zu allem fähig sei und schon Mittel finden werde, Zwietracht und Streit zwischen Herrschern zu stiften, die sonst gut miteinander auskamen«. Der König ordnete an, sie zum Schweigen zu bringen, bevor sie mit ihren Indiskretionen Unheil anrichtete.

Wenn die Flucht der Gräfin schon eine Torheit war, so kann man es nur eine doppelte Dummheit nennen, daß sie ausgerechnet in Berlin Zuflucht gesucht hatte. Friedrich Wilhelm I. hielt nicht viel von Mätressen, schon gar nicht von abgedankten, die über keinen Einfluß mehr verfügten, und er zeigte auch wenig Interesse daran, daß die Entlaufene zu plaudern begann. Das Haus Hohenzollern bewarb sich nicht um die polnische Krone, und was die geheimen Pläne der ständischen Opposition in Sachsen betraf - nun, darüber wußte er vermutlich besser Bescheid als die Dame, die sich ihm als Informantin anbot. Aber vielleicht konnte sie ihm anderweitig von Nutzen sein. Freiwillig gab er sie jedenfalls nicht heraus, es sei denn, sein Nachbar August machte ihm eine gute Offerte. Dann würde er möglicherweise mit sich reden lassen ...

Im August 1716 erhielt der kursächsische Gesandte Ernst Christoph von Manteuffel den Befehl, die Auslieferung der Gräfin zu verlangen. Manteuffel fühlte sich nicht wohl in seiner Haut. Wie er seinem alten Freund Flemming schrieb, verabscheute er es, zum Unglück eines anderen beizutragen. Aber die Order des Königs ließ ihm keine Wahl. So gab er das Auslieferungsbegehren weiter, ohne damit vorerst mehr zu erreichen als die unverbindliche Zusicherung, man werde sich die Sache gründlich überlegen. Im Oktober gelang es dem Gesandten, den preußischen Herrscher zu bewegen, die Gräfin, die zu dieser Zeit in Halle weilte, arretieren zu lassen - ein Ergebnis, bei dem es bis November blieb.

In dem kleinen Halle sprach sich rasch herum, wer die Gefangene war. Die Studenten strömten zusammen, um sie zu sehen. Unter ihnen befand sich auch der junge Johann Michael von Loen, der seine Eindrücke später in die Worte faßte: »Sie gehörte unter die bräunlichen Schönen, sie hatte große schwarze lebhafte Augen, ein weißes Fell, einen schönen Mund und eine fein geschnitzte Nase. Ihre ganze Gestalt war einnehmend und zeigte etwas Großes und Erhabenes. Es muß dem König nicht leicht gewesen sein, sich von ihren Fesseln loszumachen.«

Im November ließ Friedrich Wilhelm I. die Katze aus dem Sack: Er bot August an, die Gräfin auszuliefern, aber nur unter der Bedingung, daß Sachsen das Asylrecht für preußische Militärdeserteure aufhob. Ferner verlangte er, daß ihm der König von Polen schriftlich versicherte, er betrachte die Übergabe der Gefangenen lediglich als einen Akt nachbarlicher Gefälligkeit, der keinen Rechtsanspruch für künftige Zeiten begründe. August stimmte den preußischen Vorschlägen zu, was viele Unglückliche, die sich nach Sachsen gerettet hatten, das Leben kostete: Fahnenflüchtige erwartete in Preußen der Strick. Am 22. November nahm ein sächsisches Militärkommando die Gräfin in Empfang und brachte sie in die kleine Festung Stolpen, etwa 30 Kilometer östlich von Dresden.

Der Kommandant der Festung war über den hohen Gast nicht gerade erfreut. Die Instruktion des Königs vom 23. Dezember 1716 stellte ihn vor eine schwierige Aufgabe. Einerseits sollte er dafür sorgen, daß die Gefangene nicht entfloh und mit niemandem unbemerkt Kontakt aufnahm, andererseits schrieb ihm der Befehl vor: »Was die Gräfin nöthig hat oder verlangen möchte, soll ihr Alles verabfolgt und zugesendet werden, damit ihr nichts abgeht ... Man muß der Gräfin allemal mit Civilität [Anstand] und Höflichkeit entgegengehen und begegnen.« Beides ließ sich nur schwer miteinander vereinen. Doch gnade Gott dem Offizier, wenn er es aus Gründen der »Civilität« mit seinen Bewacherpflichten nicht so genau nahm, wie es der weniger großzügige Teil der königlichen Order vorschrieb.

Die Haftbedingungen der Gräfin waren erträglich - auf alle Fälle weit besser als die der Staatsgefangenen auf dem Königstein. Niemand verlangte von ihr, daß sie sich die Finger schmutzig machte. Fünf Dienstboten - Kammermädchen, Küchenmagd, Koch, Tafeldecker und Stubenheizer - nahmen ihr jede Arbeit ab. Sie konnte 2 000 Taler im Jahr verbrauchen - wenig genug für eine Dame, die über Hunderttausende verfügt hatte, aber doch so viel, daß sie davon bequem zu leben vermochte. Auf ihrem Tisch stand Silbergeschirr, kein Blechnapf, und ob sie sich reich oder bescheiden kleidete, ob sie Schmuck anlegte oder auf ihn verzichtete, blieb allein ihr überlassen. Der König wollte seine ehemalige Geliebte nur isoliert, nicht vernichtet sehen. Auch ihr Vermögen - alles in allem 624 934 Taler - tastete er nicht an. Er setzte lediglich eine Kommission ein, die es für sie verwaltete. Die Gräfin weigerte sich zunächst, mit dieser Kommission zusammenzuarbeiten. Sie lehnte es rundweg ab, über ihre Besitztümer Auskunft zu geben, und schrieb: »Ich declarire hierdurch, daß ich dergleichen Procedere nie nicht werde approbiren [gutheißen] noch agnosciren [anerkennen] und wenn gleich die Mäuse in meiner Gefangenschaft mit meinem Sqelette sollten herumlaufen ...« Als sich dann herausstellte, daß die Kommission zur Not auch noch ohne sie auskam, besann sie sich eines Besseren. Wahrscheinlich hatte sie sich inzwischen davon überzeugt, daß die beiden Hofräte, die mit ihr verhandelten, ehrliche Leute waren. Nur in einer Beziehung ließ sie nicht mit sich reden: Nach wie vor verweigerte sie die Herausgabe des Gutes Pillnitz. Am 25. August 1719 beschloß der König, es auch ohne ihre Erlaubnis wieder an sich zu nehmen. Pöppelmann arbeitete schon an den Plänen für das Wasserpalais. Der Ertrag des Gutes, immerhin etwa 2 300 Taler im Jahr, sollte der Gräfin bleiben, bis sie sich zum Verkauf oder Tausch entschloß.

Das Vermögen der Gefangenen kam in vollem Umfang ihren Kindern zugute, die der König in der Familie seines Oberhofmarschalls erziehen ließ. Die beiden Töchter erhielten bei ihrer Heirat je 100 000 Taler als Mitgift ausgezahlt, der Rest, weit über 400 000 Taler, fiel dem Sohn zu. Dankbarkeit aber gehörte offenbar nicht zu den Charaktereigenschaften der Coselsprößlinge. Sie kümmerten sich wenig um ihre Mutter und statteten ihr lediglich ein paar Pflichtbesuche ab. Wenn die Gräfin etwas benötigte, was in dem kleinen Stolpen nicht zu beschaffen war, wandte

Coselturm in der Festung Stolpen

sie sich nicht an sie, sondern an ihre alten Feinde, die Minister. Bei ihnen fand sie mehr Entgegenkommen als bei ihren Angehörigen.

Vor allem Flemming und Wackerbarth erwiesen der Cosel manche Gefälligkeit. Beide waren wohl der Meinung, daß August nicht gerade klug gehandelt hatte, als er seine ehemalige Geliebte zu strenger Isolationshaft verurteilte. Von Paris bis St. Petersburg zerriß man sich die Mäuler - und der König spielte in diesem Spektakel die Rolle des Bösewichts. Jedenfalls gaben die beiden ihrem Herrn in vorsichtigen Wendungen zu verstehen, daß sie eine Haftentlassung für die beste Lösung hielten. Am 23. November 1723 ließ das Geheime Kabinett August ein Schreiben zugehen, in dem es unter anderem hieß: »... es seien dem treugehorsamsten Ministerio die eigentlichen Ursachen, warum die Gräfin mit Arrest belegt, so genau und zuverlässig nicht bekannt, es wisse aber auch nicht, daß sie etwas Criminelles oder so etwas Enormes begangen, weshalb sie mit etwaigem Gefängniß bestraft zu werden verdiene. Wenn sie etwa darum gefangen säße, daß man derselben wegen ihres gegen verschiedene Leute unternommenen ungebührlichen Bezeigens und anderer dergleichen Dinge willen gleichsam einen Zaum anlegen wolle, so könnte diese Bestimmung auch bei Kräften bleiben bei ihrer Befreiung, wenn man sie genüglich einschränke.« Der König sagte weder ja noch nein, er schob die Entscheidung hinaus.

Die Holsteinerin nahm sie ihm ab. Im August 1724 kam heraus, daß sie allen Warnungen zum Trotz eine geheime Korrespondenz mit dem Ausland führte. Zwar enthielten die beschlagnahmten Briefe nur geschäftliche Mitteilungen, aber niemand wußte, was in den nicht abgefangenen Schreiben gestanden hatte. Den Boten Melchior Johann Helm, Leutnant der Festungsgarnison, kostete die Affäre beinahe das Leben. Der König ließ ihn mit einem blauen

Auge davonkommen, indem er verfügte, daß der von einem Kriegsgericht zur Enthauptung Verurteilte »zwar zum Tode präparirt, auch auf öffentlichen Richtplatz geführt, ihm aber dann die Gnade, daß ihm das Leben geschenkt und er 6 Jahre auf den Festungsbau gebracht werden solle, verkündet werde«. Die Schlußfolgerung aus dem Vorfall ergab sich von selbst: Wenn die Gräfin nicht einmal durch mehr als sieben Jahre Haft zu der Einsicht gebracht werden konnte, daß sie den Mund zu halten und sich dem Willen des Königs zu fügen hatte, dann mußte man sie weiterhin hinter Schloß und Riegel verwahren. Von nun an weigerte sich August, Ministern, die zur Milde rieten, Gehör zu schenken.

Die Cosel blieb in Stolpen. Der Nachfolger des Königs hob zwar die Isolationshaft auf, indem er ihr gestattete, nach Belieben Briefe zu schreiben und Besucher zu empfangen, aber obwohl sie nach so vielen Jahren keinen Schaden mehr anrichten konnte, weigerte er sich, ihr die Freiheit zu geben. Und als sich ihr später die Chance bot, Stolpen zu verlassen, wollte sie nicht mehr weg. Der Fürst Charles de Ligne, der ihr 1762 seine Aufwartung machte, fand, daß die alte Dame in der langen Haft ein wenig wunderlich geworden war. Sie erklärte dem erstaunten jungen Freigeist, sie habe sich nach reiflicher Überlegung für die jüdische Religion entschieden, und bemühte sich, ihn für die althebräische Mystik zu begeistern. Drei Jahre später, am 31. März 1765, starb sie. Ihr letzter Wunsch, außerhalb des Gefängnisses bestattet zu werden, blieb unerfüllt. Das Kirchenbuch von Stolpen vermerkt, daß ihr Leichnam am 4. April in der Festungskirche beigesetzt wurde. Eine schlichte Grabplatte erinnert an ihr Schicksal und an ihren einsamen Tod.

Es scheint, daß August nach seiner Trennung von der Gräfin Cosel wenig Lust verspürte, sich wieder fest an eine Frau zu binden. Flemming riet ihm, die in Ungnaden

Verabschiedete möglichst rasch durch eine Nachfolgerin aus dem polnischen Hochadel zu ersetzen, er hatte auch schon eine passende Kandidatin parat, aber der König zögerte lange, bevor er dem Drängen seines Ministers nachgab und die hübsche Maria Magdalena von Denhoff, Tochter des polnischen Großmarschalls, zu seiner offiziellen Mätresse erhob. Mit dem Herzen war er diesmal nicht dabei, und auch seine Freigebigkeit hielt sich in Grenzen: Die neue Favoritin bekam ein Jahrgeld von 28 233 Talern, dazu in unregelmäßigen Abständen Geschenke, die jedoch nie die Höhe der früher an die Gräfin Cosel gezahlten Summen erreichten. Nach ein paar Jahren duldete der König seine Geliebte nur noch aus Gewohnheit um sich.

Die Minister bedauerten sehr, daß sich August nicht so recht für die Gräfin Denhoff erwärmen konnte. Nach ihrer Meinung war die Polin eine Mustermätresse: Sie zeigte nicht das geringste Interesse für Politik und hatte auch sonst wenig Ehrgeiz. Wenn sie sich nicht mit ihrer Garderobe beschäftigte, spielte sie mit ihren Affen und Papageien. Ihre geistige Trägheit ging so weit, daß sie nicht einmal Beleidigungen übelnahm. Johann Michael von Loen berichtet, daß Flemming während eines Gartenfestes auf sie zutorkelte, ihr um den Hals fiel und sie in Gegenwart des Königs, der ebenso betrunken war, »du kleine Hure« nannte. Sie lachte und hielt sich den Schwankenden vom Leibe. Dergleichen hätte sich die Cosel nie und nimmer bieten lassen ...

Flemming stimmte seinem Freund Manteuffel jedenfalls aus vollem Herzen zu, als dieser ihm im Dezember 1718 schrieb: »Da die Gräfin sich uns gegenüber sehr gut benimmt, so glaube ich, daß man versuchen muß, sie, wenigstens für jetzt, zu halten. Die Gräfin ist wie ein Kind, das nicht allein laufen kann, und das auf die Nase purzelt, sobald man aufhört, es zu führen ... ich glaube, es liegt in unserem gemeinsamen Interesse und in dem des Königs

Maria Magdalena von Denhoff
Gemälde von Adám Mányoki

selbst, uns an diese zu halten, Gott weiß, in welche Hände wir nach ihrer Entlassung fallen könnten ...« Die Bemühungen der beiden Politiker waren vergeblich. Die Denhoff wurde 1719 in Gnaden verabschiedet und heiratete noch im selben Jahr den Fürsten Jerzy Ignacy Lubomirski.

Wenn es nach dieser Trennung überhaupt eines Trostes bedurfte, so fand ihn August in den Armen der Damen von Oper und Ballett. Der preußische Gesandte in Dresden berichtete am 8. August 1719 nach Berlin: »Bei solchen Gelegenheiten wird wahrgenommen, daß Ihre Königliche Majestät ein besonders complaisantes [gefälliges] und gnädiges accueil [Empfang] denen italienischen und französischen Virtuosinnen geben, die zu den Opern und Comoedien hier employret [beschäftigt] werden, die S. M. nicht allein würdigen, wenn Sie deren in Umstand gewahr werden, gütigst anzureden und dazu wohl vom Pferd absteigen, sondern suchen auch wohl das Vergnügen mit einer und der anderen sich bey andern Gelegenheiten aparte [allein] zu divertiren [belustigen], zumal Sie jezo mit einem einzelnen Frauenzimmer an Dero Hof zu Ihrer Ergötzlichkeit nicht wie sonst versehen. Und nach diesem hohen Exempel richtet sich auch der Herr Graf von Sachsen ...« Moritz erwies sich also in dieser Beziehung ebenfalls als echter Sohn seines Vaters.

Der König ließ ein Jahr verstreichen, bevor er sich eine neue Mätresse nahm. Die Auserwählte war ein sächsisches Edelfräulein namens Erdmuthe Sophie von Dieskau. Sie wurde August von ihrer Mutter zugeführt, einer ehrgeizigen Dame, die wohl von einer großen Karriere träumte. Loen, der die Dieskau mehrmals sah, schrieb über sie: »Die Augen blitzten von einem Feuer, das mehr Unschuld als Üppigkeit zeigte.« Aber der König hatte nie Gefallen daran gefunden, sich mit Unschuldigen zu vergnügen. Er verglich seine Neuerwerbung mit einem »Schneeballen, welcher in der Hand schmilzt, ohne daß man sich daran wärmen kann«, und gab ihr schon nach einem Jahr den Abschied. Auch diese Mätresse fiel weich, als sie aus dem königlichen Bett stürzte: Sie heiratete den Hofmarschall Johann Adolf von Loß, der bald nach der Hochzeit zum Oberstallmeister aufrückte und später als sächsischer Gesandter nach Paris ging.

Die letzte in der Reihe der offiziellen Gespielinnen war Henriette von Osterhausen, ebenfalls Sächsin von Geburt. Loen fand, daß sie alle anderen Mätressen an Schönheit übertraf, und meinte, »daß sie das Herz des Königs bis an sein Ende behauptet haben würde, wenn die Triebe der Buhlerei sich nicht mit den zunehmenden Jahren des Königs erschöpft und ihn in dieser Sache kaltsinniger gemacht hätten, darin er sonst ein so großer Held als großer König war«. Liselotte von der Pfalz, wie immer geradeheraus, faßte denselben Gedanken in die Worte: »... den ein herr, der sein Leben so abscheülich desbeauchirt [lasterhaft verbracht] hatt, wie dießer, muß mehr im 50 jahr verschließen sein, alß ein ander in 70.« Womit die Pfälzerin wohl wieder einmal den Nagel auf den Kopf getroffen hatte ...

Das Fräulein von Osterhausen war schon verabschiedet, als der Sohn der Türkin Fatime, Graf Rutowski, dem König in Warschau die Tochter der Wirtin Henriette Renard vorstellte. Was damals in August vor sich ging, darüber gibt es nur Vermutungen. Es scheint, daß er sich noch einmal heftig verliebte, diesmal in sein eigen Fleisch und Blut. Er legitimierte die bildschöne Achtzehnjährige, erhob sie zur Gräfin Orzelska und überschüttete sie mit kostbaren Geschenken. Die Potsdamer Klatschbase Wilhelmine wußte natürlich sofort, warum der König so handelte, und da es ihr auf eine kühne Behauptung mehr oder weniger nicht ankam, dichtete sie der Orzelska nicht nur blutschänderische Beziehungen zu ihrem Vater, sondern auch zu ihren Halbbrüdern an. Andere zeitgenössische Autoren, selbst jene, welche sonst nicht gerade sanft mit August umgingen, wissen nichts von einem solchen Inzest. Und die Forschung hat bisher keinen Beweis erbracht ...

Die Wahrheit war so einfach, daß sie der auf Sensationen erpichten Wilhelmine nicht genügte. Der alternde König fühlte sich einsam. Mit seiner Familie hatte er kaum noch Kontakt. Christiane Eberhardine lag krank in Pretzsch und bereitete sich in frommer Ergebung auf den Tod vor. Der legitime Sohn residierte mit seiner häßlichen Frau, die ein Kind nach dem anderen bekam, meist in dem abgeschiedenen Hubertusburg und ließ sich von Schmeichlern schon Majestät titulieren. Moritz, der Liebling, ging seine eigenen Wege, die ihn immer weiter vom Vater entfernten. Graf Rutowski tat Dienst bei den Preußen, der Chevalier de Saxe kam nur zu August, wenn er Geld brauchte, die Kinder der Cosel erinnerten ihn an die Mutter, die nun in Stolpen saß, die alten Kumpane Flemming und Wackerbarth wurden mit jedem Tag hinfälliger - nein, es machte alles keinen Spaß mehr.

Da tauchte plötzlich, wie vom Himmel gesandt, ein Mädchen auf, das wieder Fröhlichkeit in das triste Dasein brachte - ein Mädchen, jung, schön, temperamentvoll, lachlustig und somit Labsal für das Herz eines Mannes, der einst das Leben in vollen Zügen genossen hatte. Wenn die Tochter um ihn war, fühlte sich der König so frisch wie in alten Tagen. Er nahm sie mit auf die Jagd, hinaus nach Moritzburg oder in die Dresdner Heide: Sie ritt fast so tollkühn wie er selbst und schreckte vor keinem Hindernis zurück. Er wollte sie auch nicht missen, wenn am Abend der Becher kreiste - und sah mit Vergnügen, wie sie so manche ergraute Exzellenz unter den Tisch trank. Er lachte nur, wenn sie am Spieltisch Tausende verlor, und falls es sich ergab, daß er gegen sie spielen mußte, ließ er sie absichtlich gewinnen. Von allen Frauen hat August wohl nur diese, seine Tochter, wirklich geliebt. Er tat für sie noch mehr als für den Grafen von Sachsen.

Gräfin Orzelska
Gemälde von Rosalba Carriera

Der König mißtraute seinem legitimen Sprößling, dem Kurprinzen. Es war ihm nicht verborgen geblieben, daß dieser sehr moralische Herr seine Halbgeschwister bei jeder sich bietenden Gelegenheit mit Nichtachtung strafte. Auch der preußische Gesandte in Warschau bemerkte, daß es in der königlichen Großfamilie starke Spannungen gab. Am 23. August 1727 erstattete er darüber Bericht: »Die stete Gegenwart um und bey dem König seiner 5 natürlichen Kinder ... verursachet, daß der Printz und die Printzessin gar selten mit von des Königs Compagnie und partie des plaisirs [Vergnügungen] sind, wan sothane [solche] natürliche Kinder, wie fast allemahl geschiehet, sich dabey befinden, weil der Printz und die Printzessin selbige nicht so admittiren [anerkennen] wollen, welches dan auch wohl im Grunde an beyden Seiten nicht ohn alles Misvergnügen ist ...« Die Gräfin Orzelska bekam die Abneigung des Thronerben besonders deutlich zu spüren: Wenn sie auf einem Ball erschien, zog sich das Kurprinzenpaar sofort zurück.

August begriff, daß etwas geschehen mußte. Wenn er die Augen schloß, bevor die Tochter standesgemäß versorgt war - dann wehe der Schutzlosen. Es gab viele, die sich um die Hand der schönen Gräfin bewarben. Die Wahl des Königs fiel auf den Herzog Karl Ludwig von Holstein-Beck, einen jungen Herrn, der aus einem regierenden Haus stammte. Der Herzog machte eine glänzende Partie, er heiratete eine der reichsten Frauen Sachsens. August schenkte seiner Tochter Landgüter im Wert von 300 000 Talern, dazu eine Mitgift von 80 000 Talern, und um sie gegen alle Wechselfälle des Lebens zu sichern, setzte er ihr noch eine Jahresrente von 8 000 Talern aus. Der Kurprinz und seine Gemahlin mochten sich nun benehmen, wie es ihnen beliebte: Die junge Herzogin von Holstein-Beck war auf ihr Wohlwollen nicht angewiesen.

Die letzten Jahre seines Lebens verbrachte der König

ohne Bettgefährtin - ein Liebhaber im Ruhestand, der von seinen Erinnerungen zehrte. Der Drang, Frauen zu erobern und sie dann wie eine Kriegsbeute dem staunenden Europa vorzuführen, war in ihm erloschen. Er hatte genug für seinen Ruf als unwiderstehlicher Kavalier getan. In dieser Beziehung übertraf er nach dem Urteil seiner Zeitgenossen sogar Ludwig XIV., von den deutschen Potentaten mit ihren meist recht hausbackenen Affären ganz zu schweigen. Niemand zweifelte an seiner Fähigkeit, Festungen im Sturm zu nehmen. Warum sollte er sich also noch einmal die Mühe machen, der Welt zu beweisen, was sie ohnehin für wahr hielt? August genoß seinen Ruhm als der galanteste unter den Königen seiner Epoche - und das war die letzte Gunst, die ihm die Frauen gewährten.

Lust und Last der Feste

»Dresden scheint ein bezauberndes Land, welches sogar die Träume der alten Poeten noch übertrifft. Man kann hier nicht wohl ernsthaft sein, man wird in die Lustbarkeiten und Schauspiele hineingezogen. Hier gibt es immer Maskeraden, Helden- und Liebesgeschichten, verirrte Ritter, Abenteuer, Wirtschaften, Jagden, Schützen- und Schäferspiele, Kriegs- und Friedensaufzüge, Zeremonien, Grimassen, schöne Raritäten u. dergl. m. Alles spielt; man sieht zu, spielt mit und läßt mit sich spielen.«

Es war vor allem der Dresdner Karneval, der dem weit in der Welt herumgekommenen und sonst recht nüchtern urteilenden Johann Michael von Loen diese Worte der Begeisterung entlockte. Der Karneval hatte in Dresden Tradition: Schon der Großvater des Königs, Kurfürst Johann Georg II., feierte ihn mit soviel Aufwand, daß die Landstände über die Ausgaben, welche die Opernaufführungen, Maskenumzüge, Schlittenquadrillen und Feuerwerke verursachten, mehr als einmal Klage führten. Obwohl es Johann Georg sonst vermied, sich mit dem sächsischen Adel anzulegen - in dieser Beziehung ließ er ebensowenig mit sich reden wie später sein Enkel. Der Karneval mußte festlich begangen werden - das verlangte schon sein Ruf als einer der mächtigsten Fürsten des Reiches.

Von Juli bis Dezember weilte August meist in Warschau. Die Karnevalszeit verbrachte er in Dresden. Nicht einmal wichtige Staatsgeschäfte hielten ihn dann in der Rzeczpospolita zurück. Es kam vor, daß er die Magnaten, mit denen er gerade verhandelte, bat, ihn in seine sächsische Residenz zu begleiten - und die stolzen Herren folgten der Aufforderung hocherfreut. Es hatte sich herumgesprochen, daß es den Januar und Februar über in Dresden viel lustiger und freier zuging als in den streng abgeschlossenen Adelskreisen der polnischen Metropole. Die Sapieha, die Poniatowski und die Radziwill lagen mit ihrem Monarchen oft in Fehde, aber den Dresdner Karneval wollten sie auf keinen Fall versäumen, schon gar nicht, wenn August als Gastgeber sozusagen die Garantie übernahm, daß sie sich königlich amüsieren würden.

Der Barock war die große Zeit der Feste. Überall in Europa, vom Manzanares bis zur Newa, wurden Unsummen vergeudet, um dem Geburtstag oder der Hochzeit eines Herrschers festlichen Glanz zu verleihen - und nicht wenige der so Gefeierten sprachen nach dem Verlöschen der Lichter wie einst Karl II., der letzte Habsburger auf dem spanischen Thron: »Drei Millionen hat es mich gekostet, und drei Minuten hat es mich unterhalten.« Aber ein paar Monate später begann alles von vorn: Sänger wurden angeworben, Ballettmeister verpflichtet, Dekorationen gezimmert, Theatermaschinen konstruiert, Feuerwerkskörper angehäuft - und wieder rauschte ein Fest vorüber. So mancher kleine Fürst ruinierte sein Ländchen, um wenigstens einmal im Leben zu glänzen wie die Mächtigen.

Spätere Generationen haben dieses Taumeln von Fest zu Fest mit der Vergnügungssucht der Herrscher zu erklären versucht. Aber war es wirklich immer ein Vergnügen, an solchen offiziellen Lustbarkeiten teilzunehmen?

Der mit Edelsteinen besetzte Rock, den August 1719 bei der Hochzeit seines Sohnes trug, wog ungefähr 30 Pfund. Man mußte schon ein sächsischer Herkules sein, um unter dieser Last nicht zusammenzubrechen. Die Stöckelschuhe erlaubten lediglich gemessene Bewegungen, die in die Kleider eingenähten dicken Roßhaarpolster erschwerten das Atmen, der Schweiß, der unter der Allongeperücke hervorbrach und über das Gesicht rann, verwischte die Schminke - nein, das Pläsier des Herrschers während solcher Feste hielt sich mit Sicherheit in Grenzen.

Der Widerhall, den diese Staatsaktionen fanden, entschädigte für die Strapazen. Die Gesandten der fremden Mächte hatten strenge Anweisung, den Ablauf der Feste genau zu schildern - mit allen Einzelheiten und, wenn möglich, auch mit Angabe der Kosten des Spektakels. Der politische Kredit des Staates hob sich, wenn der Fürst seine Einkünfte mit vollen Händen ausgab. Ein sparsamer Monarch geriet leicht in den Verdacht, daß es ihm an Mitteln fehlte - und dies setzte seine Bündnisfähigkeit herab. Sogar der haushälterische preußische Soldatenkönig Friedrich Wilhelm I. griff zuweilen tief in die Kasse, um der Welt zu beweisen, daß er nicht zu denen gehörte, die sich Feste aus Mangel an Bargeld versagten. Als August 1728 Potsdam besuchte, ging es im Stadtschloß hoch her: Der Sachse sollte nicht denken, daß er bei einem Hungerleider zu Gast weilte.

Der Gedanke, daß der Luxus der Höfe das Elend des Volkes vermehrte, war damals nicht nur den Fürsten, sondern auch jenen fremd, welche sie in ökonomischen Fragen berieten. Im Gegenteil, die Wirtschaftstheoretiker warnten die Herrscher davor, den Staatsschatz über Gebühr anwachsen zu lassen, und redeten ihnen zu, möglichst viel Geld unter die Leute zu bringen. Sie verlangten nur, daß die Summen im Land blieben und die Ausgaben den Einnahmen nicht davonliefen. So schrieb der Ökonom Wilhelm von Schröder in seiner »Fürstlichen Schatz- und Rentkammer« (1686): »... allzu große Sparsamkeit eines Fürsten, der viel Geld vom Lande nimmt, ruiniert das Volk, und der Monarch kann sein Konto nicht wie ein Privatmann einrichten, die Sicherheit seiner Lande und Person, der Glanz der Majestät, der Beamtenapparat und anderes erfordert hohe Ausgaben. Aber den Ausgaben sollen wie dem Ansammeln eines fürstlichen Schatzes feste Grenzen gesetzt werden ...« Nach dieser Anschauung, der damals lediglich einige Außenseiter wie der Staatsrechtslehrer Christian Thomasius widersprachen, handelte August weise, als er einen bedeutenden Teil der Steuereinkünfte für den Glanz seiner Majestät verschwendete.

Die Bürger der Residenz waren mit ihrem Herrscher jedenfalls sehr zufrieden. Das Dresdner Handwerk lebte vom Hof. Wenn ein großes Fest vorbereitet wurde, mußten die Meister Hilfskräfte einstellen, um die vielen Aufträge termingerecht erfüllen zu können. Sie verdienten dann in einem Monat mehr als sonst in einem Jahr. Die Hochzeit des Kurprinzen mit der Kaisertochter Maria Josepha im September 1719 kostete ungefähr 2 Millionen Taler. Mindestens die Hälfte davon blieb in Dresden. Zimmerleute, Tischler, Stukkateure, Kulissenmaler, Putzmacher, Schneider, Haarkünstler, Juweliere und Gastwirte erlebten goldene Zeiten. Auch die Kaufleute verbuchten Gewinne, die sich sehen lassen konnten, manchmal das Drei- bis Vierfache von dem, was sie in ruhigen Zeiten verdienten. Die Bestellungen des Hofes und die Einkäufe der Fremden, die aus aller Herren Ländern zusammenströmten, füllten ihre Kassen. Wenn es nach den Dresdnern gegangen wäre, hätte August in jedem Monat ein solches Staatsschauspiel veranstalten können.

In der Provinz dachte man darüber anders. Ob Görlitz, Bautzen, Döbeln, Chemnitz oder Plauen - hier arbeiteten nur sehr wenige für den Bedarf des Hofes. Die Steuern, welche die Handwerker und Kaufleute entrichteten, flossen nicht in Form von Aufträgen und Bestellungen an sie zurück. Der Hof benötigte Luxuswaren: Wer Gegenstände des täglichen Bedarfs produzierte, wie die erzgebirgischen Blechlöffelstanzer und die Kattunweber von Glauchau, ging leer aus. Die Prediger, die von der Kanzel herab gegen die Verschwendungssucht des Königs wetterten, sprachen den meisten Kirchgängern aus der Seele - besonders 1719, als im Land infolge von Mißernten Hungersnot herrschte. Höchstens die Damastweber von Großschönau und die Goldlitzenwirker von Freiberg, für die gelegentlich ein paar Brosamen von dem großen Kuchen abfielen, beurteilten ihren Landesvater etwas milder. Die geplagte Provinz sah verdrossen auf die Feste ...

August nahm davon keine Notiz. Warum sollte er sich versagen, worauf sonst keiner, der eine Krone trug, verzichtete? Es mußte ja nicht immer ein so aufwendiges Spektakel sein wie das von 1719. Jahrmärkte, Tierhetzen, Maskeraden, Ritterspiele, Bauernwirtschaften und Schützenfeste kosteten nur einen Bruchteil der für die Hochzeit des Sohnes aufgewendeten Summe - und sie bereiteten ihm mehr Vergnügen als jene Veranstaltungen, bei denen ihm seine Rolle als Gastgeber vorschrieb, würdig zu repräsentieren und auch das Langatmigste und Ödeste mit guter Haltung hinzunehmen. Wenn alles tanzte, spaßte und lachte, wollte er mittanzen, mitspaßen und mitlachen - nicht wie ein Götzenbild von oben auf das bunte Treiben hinabschauen. In seinem Dresden sollte es vergnügter zugehen als in Versailles, wo sich die Langeweile hinter Feierlichkeit verbarg.

August war zu lebenslustig und zu temperamentvoll, um an dem in Versailles üblichen Kult Gefallen zu finden. Zwar gab es auch in Dresden Festlichkeiten, die in Aufbau und Gliederung dem französischen Muster folgten, aber der König sorgte dafür, daß das Gravitätische nicht überhandnahm. Dem repräsentativen Fest des Mars am 12. September 1719 auf dem Altmarkt folgte acht Tage später ein fideler Jahrmarkt im Zwinger, über den der preußische Gesandte folgenden Bericht erstattete: »Nach geendigter Taffel begab sich die Gesellschaft nach der mitten auf dem Platz angelegten foire [Kirmes], auf welcher nicht nur die Boutiquen [Buden], sondern auch 12 in der Mitten stehende große Pyramiden nebst allen herumbgehenden Gallerien und Salons mit unzehlichen Lampen, Fackeln und Lichtern überauß wohl illuminiret [erleuchtet] waren. Die Boutiquen an sich waren mit allerhand Galanterie-Wahren zum Verkauf versehen; in der Mitten aber präsentirte sich wiederumb zwischen den illuminirten Pyramiden eine Partie von frantzösischen Comoedianten und Däntzern.« Das Vorbild, von dem sich der königliche Regisseur hier leiten ließ, hieß nicht Versailles, sondern Venedig ...

Die Eindrücke, die August einst in der Lagunenstadt gewonnen hatte, hafteten bis ins Alter. Vor allem eins war ihm dort bewußt geworden: Jedes Fest verarmte, wenn man jene, welche nicht zur Hofgesellschaft, ja nicht einmal zur guten Gesellschaft gehörten, von der Teilnahme ausschloß. Während des venezianischen Karnevals mischten sich die Nobili unter das Volk, und das Volk behandelte sie unter dem Schutz der Maske wie seinesgleichen. Ludwig XIV. machte sich niemals mit seinen Untertanen gemein, im Gegenteil, die Nichtprivilegierten durften die königliche Pracht höchstens von fern bestaunen. August ließ seine Dresdner mitspielen, wann immer sich Gelegenheit dazu bot. Mehrere zeitgenössische Autoren berichten, daß es ihm gar nicht recht war, wenn Übereifrige die Menge von ihm fernzuhalten versuchten. So schrieb der Leipziger Privatdozent Adam Friedrich Glafey 1721:

»Er beraubte Sich viehlmal der Commoditäten [Bequemlichkeiten] und offerirte [bot an] selbige anderen und war überhaupt so geartet, daß Er kein Divertissement [Vergnügen] gern vor Sich alleine behielt, sondern andere überaus gerne derselben theilhaftig werden ließ, gestalten denn zu Seinen Redouten, Opern, Comödien und andern Lustbarkeiten jedermann, Hoch und Niedrig, so viel nur der Platz leiden und fassen wollte, zugelassen wurde. Ja Er ließ alles dabey darauf anlegen, daß jedermann accommodiert [zufriedengestellt] werden konnte und durch solche Veranstaltungen gleichsam darzu eingeladen wurde, gestalten denn die Erfahrung gegeben, daß Er Sich mißvergnügt bezeiget, wenn die Plaisir-Häuser und Plätze nicht voll genug gewesen und die Wachten in Abhaltung der Leute etwan allzu sorgfältig sich erwiesen hatten.«

Mag sein, daß einiges in dieser Schilderung geschmeichelt ist - der Herr Privatdozent wollte schließlich Karriere machen. Aber auch dem preußischen Gesandten fiel auf, wie ungezwungen August mit seinen Untertanen verkehrte und wie wenig er sich zuweilen darum kümmerte, was die höfische Etikette einem Monarchen vorschrieb. Die Inspektion der Dresdner Bürgerwehr am 26. August 1719 endete zum Erstaunen des Diplomaten mit einem fröhlichen Trinkgelage: »Vergangenen Mittwoch haben die drei Bataillons von der Bürgerschaft in ihrer propren auf eigne Kosten angeschafften Montur sich dem Könige vor der Stadt bei der dort aufgerichteten Ehren-Pforte als ihrem angewiesenen Posten präsentirt und das Vergnügen gehabt, Seiner Majestät so wohl zu gefallen, daß, da die OberOfficiers davon folglich den Nachmittag von ihrem Führer, dem Gouverneur der Stadt, Herrn Grafen von Wackerbarth, unter aufgeschlagenen Zelten stattlich tractirt worden, der König selbst dabei erschienen und kräftige Räusche Ihnen zutrinken lassen ...« August hatte wohl ebensoviel Spaß an dieser Fidelitas wie die als Soldaten verkleideten Gevatter Schneider und Handschuhmacher.

Es steht zu vermuten, daß der König noch aufrecht saß, während die Offiziere der Bürgerwehr schon unter den Tischen lagen. August war dafür bekannt, daß er Unmengen in sich hineinschütten konnte, ohne die Beherrschung zu verlieren. Sein tägliches Quantum betrug zwei bis drei Flaschen Wein, aber wenn ihm die Gesellschaft zusagte, brachte er es auch auf sechs bis sieben Flaschen. Wer an seinen Gelagen teilnahm, wachte anderntags mit Kopfschmerzen auf, doch mehr als der Kater quälte ihn die Frage, ob er sich in der Trunkenheit nichts Respektwidriges hatte zuschulden kommen lassen. Meist sah der König über solche Entgleisungen hinweg. »In der Ausschweifung nimmt er nichts übel«, schrieb Flemming 1722, »aber sehr vieles mißfällt ihm, und wenn er auch völlig betrunken ist, so entgeht ihm doch nichts.« Manche waren jedenfalls so vorsichtig, sich gefärbtes Wasser statt Wein einschenken zu lassen.

Der Wein löste nicht nur die Zunge, sondern brachte auch Grobianisches zum Vorschein. Der König neigte in der Trunkenheit zu sehr derben Späßen, und einige von ihnen überschritten weit die Grenzen des guten Geschmacks. Johann Michael von Loen wurde am 12. Mai 1718 Zeuge eines solchen Vorfalls: »Man trank stark, wo der König war. Die Damen, die Gesandten und diejenigen Herren, welche auf diesem Kampfplatze keine Helden waren, hatten sich davon gemacht. Einige polnische Magnaten, denen hier die Deutschen wacker zugesetzt hatten, fanden sich übermannt ... allein die Wache schützte vor, daß sie Befehl hätte, niemand den Ausgang zu verstatten. Einige darunter sahen so blaß aus wie der Tod; ihre Köpfe wackelten auf ihren Schultern, und ihre Füße taten ungewisse Tritte ... Ein polnischer Herr erweckte bei mir ein Mitleiden, das Wasser tropfte ihm durch die Unterkleider herunter; er tat nicht anders, als ob er den Geist aufgeben wollte. Ein anderer Pole wurde wild. Er schwur bei dem deutschen Teufel, daß, wo man ihn nicht würde hinaus lassen, so würde er der Natur in des Königs Gegenwart ihren Lauf lassen. Als man seinen Ernst sah, ließ man ihn gehen.« Den Magnaten blieb wohl keine gute Erinnerung an diesen Abend ...

Nur den Preußenkönig Friedrich Wilhelm I. vermochte August nicht unter den Tisch zu trinken. Der kleine Dicke hielt allen Attacken unerschütterlich stand und ging gelegentlich sogar zu Gegenangriffen über. Mit einem Feind, den man nicht besiegen kann, muß man sich verbünden: So entstand während des Karnevals 1728 die Société des antisobres, eine Gesellschaft zur Bekämpfung der Nüchternheit. Die Ausgepichten der Dresdner Hoftafel und des Potsdamer Tabakskollegiums reichten sich die Hände und schworen, sich von niemandem im Alkoholkonsum übertreffen zu lassen. Präsident der Société war der preußische Minister Friedrich Wilhelm von Grumbkow. Die Monarchen begnügten sich mit den Ehrenämtern des Patrons und des Mitpatrons. Jedes Mitglied erhielt einen Spitznamen: Grumbkow, Pommer von Geburt, wurde zum Beispiel Biberius cassubiensis [kaschubischer Saufaus] gerufen.

Auch bei anderen Gelegenheiten ging es am Dresdner Hof nicht gerade fein zu. Herzog Moritz Wilhelm von Naumburg-Zeitz schrieb einem Vertrauten: »Seine Majestät erzählten mir unter andern, daß, wann Sie lustig sein wollten, der beiden Narren ihre Hintern herhalten müßten.« Einer dieser Spaßmacher war Georg Ehrenfried von Lüttichau, ein heruntergekommener Adliger, Spezialist für Zoten und ähnliche Unflätigkeiten, ein anderer Joseph Fröhlich, für den der König am Neustädter Ufer dicht neben der Elbbrücke das Narrenhäusel erbauen ließ. Der häßliche kleine Kerl bewegte sich mit viel Geschick auf dem schmalen Grat zwischen noch Erlaubtem und schon Verbotenem. Die Hofschranzen fürchteten seine spitze

Zunge, und auch August bekam von ihm manches zu hören, was sonst wohl niemand auszusprechen gewagt hätte. Hinter der breiten Stirn des Gnoms verbargen sich rebellische Gedanken: In seiner Schrift »Politischer Kehraus, süß und sauer, wie mans halt nimmt«, die erst nach seinem Tod veröffentlicht wurde, rief er die Kleinen auf, fest zusammenzuhalten, um der Willkür der Großen besser widerstehen zu können. Es hat schon seine Richtigkeit, daß ihm in unseren Tagen ein Denkmal gesetzt worden ist - dort, wo sich früher das Narrenhäusel befand.

Im Grunde gehörte auch der Hofpoet Johann Ulrich von König zu den Hofnarren. Niemand nahm diesen Verseschmied ernst. Zwar rühmte er sich, »nicht nur verschiedener, mit soviel Kenntniß als Geschmack begabter Grossen des sächsischen Hoffes, sondern auch seines allergnädigsten Königes hohen Beyfall« erhalten zu haben, aber August folgte wohl nur einem lästigen Brauch, wenn er sich gelegentlich ein paar Verse aus den langatmigen Heldenepen vorlesen ließ. Zum Glück lieferte der Herr Hofrat auch schärfer Gewürztes - und damit traf er den Geschmack seines Brotgebers besser als mit Huldigungsgedichten. Gereimte Zweideutigkeiten standen damals hoch im Kurs. August lachte schallend, als sein Hofpoet nach einem Preisschießen lauthals verkündete, der Bolzen des Königs treffe stets ins Schwarze, und Graf Moritz von Sachsen stimmte ein, als es von ihm hieß, er liebe die ungeräucherten Schinken, jedoch nur, wenn zwei an einem Pflock hingen. Der Hofpoet ließ dergleichen auch drucken - sicher nicht gegen den Willen seines Herrn und Meisters.

An der Tafel ging es ebenfalls oft hoch her. Wenn man bedenkt, daß August in seinen besten Tagen über 2 Zentner wog, kann man sich vorstellen, welche Unmengen dort vertilgt wurden. Drei Vertraute des Königs ließen sich am 2. Dezember 1727 vor und nach dem Essen wiegen: Sie stellten fest, daß jeder von ihnen 5 Pfund zugenommen hatte. Die Ärzte sahen es gar nicht gern, daß August schwere, fette und stark gepfefferte Speisen in sich hineinstopfte, aber ihre Versuche, ihn zu einer gesünderen Lebensweise zu überreden, blieben ergebnislos. Schon 1694 klagten sie, daß »Ihr. Churf. Durchl. ... die darzu benöthigte, so gar stricte Diaet, bevorab in die Dauer, schwerlich halten« würde. Damals wie später redeten die Mediziner in den Wind ...

August prahlte gern mit seiner ungewöhnlichen Körperkraft - und die beste Gelegenheit dazu gab ihm die Jagd. In den Moritzburger Revieren lief ihm so leicht niemand den Rang ab, hier war er unbestritten der Stärkste und Gewandteste. Johann Michael von Loen beobachtete ihn, als er wehrhaften Sauen mit der blanken Waffe entgegentrat: »Die größte Jagdkurzweil begann darauf mit den wilden Schweinen, deren über einhundert geschlagen wurden. Der König ließ hierbei seine weltbekannte Fertigkeit, sowohl mit dem Fangeisen, als mit dem Hirschfänger recht bewundernswürdig sehen; niemand, ausgenommen der Graf Moritz, konnte ihm solches nachtun. Da aber gleichwohl auch andere sich dessen unterfingen, bekamen die Zuschauer etwas zu lachen, wenn diese ungeschickten Helden von den Schweinen über den Haufen gepurzelt oder sonst mit ihren Fangeisen herumgetrieben wurden.« Wer jemals einem ausgewachsenen Keiler oder einer groben Bache in freier Wildbahn begegnet ist, wird der Courage des Königs seine Achtung nicht versagen.

August gehörte in der Tat zu den kräftigsten Männern seiner Zeit. In dieser Beziehung trägt er den Beinamen »der Starke« zu Recht. Es ist verbürgt, daß er Taler verbiegen, silberne Kannen zusammendrücken, Kanonenrohre mit einer Hand hochheben und Stieren den Kopf mit einem Hieb vom Rumpf trennen konnte. 1711 ließ er ein von ihm zerbrochenes Hufeisen der Dresdner Kunstkammer überweisen. Und damit die Nachwelt erfuhr, was es mit diesen unansehnlichen Metallstücken auf sich hatte, mußte der Kunstkämmerer Tobias Beutel ein Protokoll anfertigen: »Inliegendes Huf Eisen haben S: Königl: Majt: in Pohlen und Chur-Fürstl: Durchl: zu Sachßen mit Dero Eigenen Hohen Händen am 15. Febr. 1711 im 41. Jahre Ihres Alters, voneinander gebrochen, und dasselbe durch Dero Ober-Aufseher Herrn von Zieglern in die Kunst Kammer verwahrlich beyzulegen mir einhändigen lassen. Geschehen zu Dreßden am 16. Februar A° 1711.«

Einige Kraftakte des Königs endeten mit einem Debakel. In Venedig rutschte ihm eine schwere Marmorplatte aus der Hand und zerquetschte die große Zehe seines linken Fußes. Eine zweite Zehe verletzte er sich im Januar 1697 bei einem Reiterspiel: Er war wieder einmal zu forsch gewesen, so daß sein Pferd stürzte. Noch übler erging es ihm 1716 in Polen, als er einem zahmen Bären mit der rechten Hand »in den Rachen fuhr und bei der Zunge von Sich wegschlenkern wollte«: Das mißhandelte Tier biß kräftig zu und beschädigte den Mittelfinger so schwer, daß er steif blieb. Seitdem überlegte sich August vorher, an wem er seine Kräfte erproben wollte. Freistilringkämpfe mit Bären wurden aus dem Programm gestrichen.

Der König liebte die Sauhatz mit der blanken Waffe und auch die Hetzjagd zu Pferd hinter der Hundemeute, die Parforcejagd, aber nur wenige seiner Gäste teilten diese Neigung. Die hochgestellten Damen und Herren wollten sich ohne Risiko amüsieren: Das Spiel mit der Gefahr, von einem wütenden Keiler aufgeschlitzt zu werden oder in vollem Galopp aus dem Sattel zu stürzen, hatte für sie nichts Anziehendes. Es war doch viel angenehmer, sich das Wild vor die Flinte treiben zu lassen und es dann aus der sicheren Hut eines überdachten Standes auf kurze Entfernung abzuschießen. Die Tiere besaßen bei dieser

Jagdart kaum eine Chance, dem Gemetzel zu entrinnen. Treffsichere Schützen brachten es manchmal auf eine Strecke von mehreren Dutzend Hirschen. Aber da bei weitem nicht alle so gut mit dem Gewehr umzugehen verstanden wie etwa die Gräfin Cosel, überwog die Zahl der krankgeschossenen Tiere, die nach dem Ende des blutigen Schauspiels von den Treibern und Jägerknechten aufgespürt und getötet werden mußten.

Die Bauern in den Dörfern rings um den Moritzburger Forst betrachteten die Hofjagden mit gemischten Gefühlen. Die Jagdfrondienste belasteten sie schwer, aber die oft recht beträchtliche Verminderung des Hirsch- und Wildschweinbestands rettete ihre Felder. Zwar hatte August 1728 angeordnet, »daß die Verzäunung und Abscheuchung des Wildes, wenn sie, der Jagdordnung gemäß, auf eine der Wildbahn unschädliche Art geschehe, Keinem verwehrt werde«, doch die Entscheidung darüber, was der Jagdordnung gemäß war, fiel in die Zuständigkeit des Oberhofjägermeisters - und dem lag mehr daran, einen hohen Wildbestand zu erhalten als die Wünsche des Landvolks zu befriedigen. Im Zweifelsfall zahlte er denen, die sich über Wildschäden beschwerten, lieber eine Entschädigung: Sie betrug nach dem in Kursachsen gültigen Gewohnheitsrecht lediglich eine Metze Hafer oder zwei Groschen im Jahr!

Bei den Tierhetzen, die der König gelegentlich veranstaltete, ging es ebenso roh zu wie bei den großen Rotwildgemetzeln. Die Zuschauer jubelten, wenn der Stier den Bären auf die Hörner nahm oder wenn der Bär dem Stier mit einem Prankenhieb die Bauchdecke aufriß, so daß die Gedärme herausquollen. Die meisten Menschen waren damals daran gewöhnt, Blut fließen zu sehen. Nur wenige wandten sich schaudernd ab, wenn ihnen etwas Grausiges vor Augen kam. Öffentliche Exekutionen hatten den Charakter von Volksfesten. Am 8. März 1715 versammelten sich 20 000 Menschen vor dem Schwarzen Tor der Neustadt, um der Hinrichtung des berüchtigten Räubers Lips Tullian und vier seiner Spießgesellen beizuwohnen. Der Dresdner Hofadel ließ sich dieses makabre Schauspiel ebensowenig entgehen wie die Tierhetze auf dem Altmarkt. Die Damen saßen bequem in ihren Wagen, während die Kavaliere die Arbeit des Henkers vom Pferderücken aus verfolgten. Der Chronist zählte 144 Kutschen und über 300 Berittene.

Auch die weniger blutigen Akte der Justiz trugen zur allgemeinen Belustigung bei. Während des Karnevals wimmelte es in Dresden von Taschendieben, aber die Langfinger gingen ein hohes Risiko ein: »... die feinen Künstler und Taschenspieler, welche bei dieser Kurzweil Uhren, Tabaksdosen und Schnupftücher ihren Besitzern zu entwenden die Geschicklichkeit, aber zu entkommen die Ungeschicklichkeit hatten, mußten, wenn man sie ertappte, den andern Tag als Spitzbuben von Verdienst in ihren Maskenkleidern auf dem hölzernen Esel reiten« - zum Gaudium der Menge, die sie mit allem möglichen Unrat bewarf. Die Strafe war nicht so harmlos, wie man es nach dieser Schilderung des Herrn von Loen vermuten könnte. Der Übeltäter saß auf einem dreieckigen Holzgestell mit scharfen Kanten, und an seinen Beinen hingen schwere Gewichte ...

Die »Wirtschaften« und die »Königreiche« bereiteten August fast ebensoviel Vergnügen wie die Jagd. Bei den Wirtschaften verkleidete er sich als Bauer, und auch seine Gäste trugen bäuerliche Tracht. Sogar Liselotte von der Pfalz, die dem Treiben in Dresden sonst wenig Geschmack abgewann, ließ diese Art von Festen gelten. »... wenn er nur wirdtschaften hilte, würde ich ihn nicht zu alt dazu finden; denn ein König wie ein ander mensch kan nicht allezeit serieux [ernst] sein, muß sich woll nach seinen großen geschäfften ein wenig divertiren [zerstreuen]; aber zur gallanterie findt ich ihn zu alt«, schrieb sie am 27. März 1721.

Wenn es das Wetter erlaubte, fanden die Wirtschaften im Freien statt, zum Beispiel im Großen Garten oder im Park von Pillnitz, wo genügend Raum für Spiele, Tänze und andere Vergnügungen zur Verfügung stand. In der Regel stellte der König den Wirt dar, aber es kam auch vor, daß er diese Rolle anderen übertrug, so 1714 seiner ehemaligen Geliebten Aurora von Königsmarck - möglicherweise weil die Gräfin inzwischen beträchtlich zugenommen hatte und folglich von der Figur her die besten Voraussetzungen für ihre Partie mitbrachte. Ein Zeitgenosse, der sie damals sah, rühmte ihre »gute, dicke und ansehnliche Taille«. August begnügte sich in diesem Fall mit der Rolle des Kellners, während der Sohn der Wirtin, Graf Moritz von Sachsen, den tölpelhaften Hausknecht spielte.

Nach den Berichten von Teilnehmern bewirtete der König seine Gäste mit »Bauern-Tractamenten« - genauer gesagt, mit dem, was er für bäuerliche Speisen hielt. Bei der Wirtschaft zu Ehren Friedrichs IV. von Dänemark, die am 25. Juni 1709 im Großen Garten stattfand, wurden unter anderem Mandeln, Rosinen, Südfrüchte, geröstete Kastanien und Konditorwaren gereicht: Diese Speisenwahl läßt den Schluß zu, daß der Gastgeber die wahren Lebensumstände seiner bäuerlichen Untertanen nicht einmal vom Hörensagen kannte. Kohl, Brei und Roggenbrot, die gewöhnliche Nahrung des Landvolks, kamen jedenfalls ebensowenig auf den Tisch wie Dünnbier und Buttermilch. Manchmal nahmen auch einige wirkliche Bauern an den Wirtschaften teil - nicht zum eigenen Vergnügen, sondern um die Geladenen mit Spielen und Tänzen zu belustigen.

Der Gedanke, die Landleute zu verspotten, lag dem König wohl ebenso fern wie die Absicht, ihr Leben zu romantisieren. Der Bauer galt allgemein als täppischer und ungeschliffener Geselle, der nur an derben Belustigungen Gefallen fand. Ein Herrscher, der Bauerntracht anlegte, gab seinen Gästen zu verstehen, daß er die strengen Regeln der Hofordnung für kurze Zeit außer Kraft setzte. Ungezwungenes Benehmen war bei den Wirtschaften Pflicht. Wer sich nicht mit seinem Nebenmann verbrüderte oder an den oft recht grobschlächtigen Späßen Anstoß nahm, kam leicht in den Ruf eines Spielverderbers. Die meisten dieser Feste endeten damit, daß die ihrer Sinne nicht mehr mächtigen Herren unter die Tische sanken und die schwankenden Damen von Lakaien zu ihren Kutschen geleitet wurden. Manche mußten auch getragen werden ...

Neben den Bauernwirtschaften gab es noch Wirtschaften der Nationen. Sie erforderten mehr Aufwand als die ländlichen Gelage im Großen Garten oder in Pillnitz. Der preußische Gesandte in Dresden nahm im September 1719 an einem solchen Fest teil und berichtete darüber nach Berlin: »Es bestund die gantze Masquerade auß 12 Partien oder Nationen inclusive deren, die zur eigentlichen Wirtschaft gehöreten, wie dann der König selbsten in einem sehr kostbaren Habit [Kleid] von Juwelen den Wirth und die Königin die Wirthin vorstellte, denen die Polnischen Magnaten als Marschälle, derselben Frauen aber nebst einigen andern als Schließerinnen ... zur Hand giengen. Die Nationes bestunden aus Persianern, bei welchen der ChurPrintz und deßen Gemahlin die Chefs waren, sodann aus Türcken, Sinesern, Mohren, Americanern, Spaniern, Frantzosen, Deutschen, Polen, zu welcher Bande ich angewiesen war, Ungarn und Moßkowittern, jedwede Partie aber auß 9 bis 10 Paaren. Jede Nation versamlete sich bei der Dame, die Chef von derselben war, und begab man sich sodann nach Hoffe, allwo jeder Bande ein besonderes Zimmer solange angewiesen wurde, biß sie insgesamt in des Königs Vorgemächern zusammen kamen.« So ausgelassen wie bei den Bauernwirtschaften ging es bei dieser Gelegenheit jedenfalls nicht zu ...

Wahrscheinlich machte die Vorbereitung eines solchen Festes dem König mehr Spaß als das Fest selbst. Zwar gab es am Dresdner Hof einen Directeur des Plaisirs - und Johann Siegmund von Mordax, der dieses Amt bis 1727 bekleidete, war ein anerkannter Fachmann auf dem Gebiet höfischer Lustbarkeiten. Trotzdem mußte er sich mit der Rolle eines Assistenten begnügen. August ließ sich die Regie nicht aus der Hand nehmen. Er entwarf die Ausstattung und die Kostüme, er bestimmte den Ablauf des Geschehens und bereitete die Effekte so sorgfältig vor, als ob es sich um Staatsangelegenheiten von höchster Wichtigkeit handelte, er sah auch die Listen der Eingeladenen durch und sorgte dafür, daß sie passende Tischnachbarn bekamen. Wenn sein Ruf als genialer Regisseur auf dem Spiel stand, begnadigte er sogar Kriminelle: Der 1701 wegen Unterschlagung zu lebenslänglichem Gefängnis verurteilte italienische Ballettmeister Angelo Constantini wurde 1708 aus der Haft entlassen und wieder in sein Amt eingesetzt. König Friedrich IV. von Dänemark, dessen Besuch man erwartete, galt als Freund des Balletts - im Unterschied zu August, der mehr ein Freund der Balletteusen war.

Die »Königreiche«, den Wirtschaften nahe verwandt, blickten in Dresden auf eine lange Tradition zurück. Schon 1609 hatte der Italiener Giovanni Maria Nossèni ein solches Spektakel inszeniert. Nossèni lebte seit 1575 in der sächsischen Residenz. Er stand bei Hofe in hoher Gunst, weil er nicht nur ein begabter Architekt und Bildhauer, sondern auch »ein ziemlicher Erfinder von allerhand lustigen artlichen Inventionen [Einfällen] zu Maskeraden, Triumphen und dgl.« war. 1609 fuhr Kurfürst ChristianII., als römischer Imperator verkleidet, durch die Straßen der

Stadt - an der Spitze eines langen Maskenzugs, dessen Hauptbestandteil die Vertreter der von Rom unterworfenen Völkerschaften Europas, Asiens und Afrikas bildeten. Daß auch Chinesen, Inder, Polen und Tataren in dem Zug mitmarschierten, also Angehörige von Völkern, die niemals das römische Joch getragen hatten, störte damals wohl nur einige gelehrte Pedanten.

August setzte diese Tradition fort - mit mehr Phantasie und weit größerem Aufwand als seine Vorgänger. Während des Karnevals 1696 sahen ihn die Dresdner im Kostüm eines Sultans. Die Frage, ob der ehrgeizige junge Mann bei dieser Gelegenheit etwas von seinen Wunschträumen preisgab, läßt sich heute nicht mehr beantworten. Vieles spricht dafür, daß er damals im Scherz vorwegnahm, was er sich von der Zukunft erhoffte. Schließlich stand das Heer, das in Ungarn gegen die Türken kämpfte, unter seinem Oberbefehl. Es bedurfte nur eines entscheidenden Sieges, der die Militärmacht der Osmanen zertrümmerte - und der Orient lag zu seinen Füßen. Die blutige Schlacht an der Bega machte ihm einen Strich durch die Rechnung ...

Neben den Königreichen erfreuten sich auch die Götterfeste und die Feste der vier Elemente großer Beliebtheit. Am 12. September 1719 präsentierte sich August seinen Untertanen als römischer Kriegsgott Mars - nicht gerade die glücklichste Maske für einen Mann, der in seinem Leben mehr Schlachten verloren als gewonnen hatte. Drei Tage später führte der König im Zwinger jene Gruppe an, welche das Feuer versinnbildlichte. Der preußische Gesandte schenkte den prächtigen Kostümen mehr Aufmerksamkeit als den Reiterspielen, mit denen dieses Fest der Elemente endete: »Die vom Feuer hatten roht und gold und wurde das Element durch viele guldene Feuerflammen, welche die Trabanten in Händen trugen und auch auf den Pferden festgemachet waren, vorgestellet ... Bei dem

Wasser war der ChurPrintz Chef und die Kleidung blau und silber. Die Trabanten zu Pferde trugen Hamen [Fangnetze] mit Fischen, die zu Fuß aber allerhand Sorten von Fischen auf ihren Piquen, deßgleichen auch auf den Casquets [Helmen]; auf den Handpferden aber waren rohte Corallen-Zincken vest gemachet. Die von der Erde waren grün gekleidet und trugen die Trabanten zum Zeichen Fruchtkörbe auf den Köpfen und Eichenzweige mit allerhand Früchten in den Händen. Die Luft war auch blau und silber, die Ritter aber alle geflügelt, und trugen die Trabanten allerhandt Arten von Vögeln auf den Köpfen und in Händen, dergleichen auch auf den Handpferden zu sehen waren.«

Bei den Reiterspielen mußten die Kavaliere beweisen, daß sie ihr Pferd beherrschten und mit der Waffe umzugehen verstanden. Sie ritten zum Beispiel in vollem Galopp die Bahn entlang und schlugen mit ihren Säbeln lebensgroßen Puppen die Köpfe ab. Die polnischen Edelleute waren Meister in solchen Künsten. Nur wenn sich August an dem Wettbewerb beteiligte, stand ihr Sieg in Frage. Die sächsischen Adligen gingen gewöhnlich leer aus, es sei denn, die Polen ließen sie aus Höflichkeit auch einmal gewinnen, damit sie nicht vollends den Mut verloren. In der Regel wurde ehrlich gekämpft. Der König hatte keine Freude an sportlichen Triumphen, die er lediglich der Rücksichtnahme seiner Untergebenen verdankte - oder der Mogelei eines Schiedsrichters, der sich bei ihm einschmeicheln wollte.

Manchmal beteiligten sich auch die Damen an solchen Wettbewerben - natürlich weder hoch zu Roß noch mit dem Säbel, sondern in einer Weise, die sie nicht der Gefahr von Prellungen, Blutergüssen und Knochenbrüchen aussetzte. Bei dem großen Ringrennen am 6. Juni 1709 saßen die Schönen in zweispännigen Wagen, die von ihren Kavalieren gelenkt wurden, und stachen mit langen

Lanzen nach Ringen. Ein Stoß, der ins Zentrum traf, brachte dem Paar drei Punkte ein; Treffer im oberen oder im unteren Teil des Ringes bewerteten die Unparteiischen mit zwei Punkten oder mit einem Punkt. Die Kunst der Kavaliere bestand darin, den Wagen so zu führen, daß die Damen das Ziel in aller Ruhe anvisieren konnten. Die Gräfin Cosel gewann den ersten Preis. Kein Wunder, ihr Kutscher war der König von Dänemark - und so weit, daß man den hohen Gast sich blamieren ließ, ging die Fairneß nun doch nicht.

Große Feste klangen gewöhnlich mit einem Feuerwerk aus - wobei man damals unter diesem Begriff etwas anderes verstand als das heute übliche phantasielose Emporschießen von einigen hundert Raketen. Bei dem großen Feuerwerk aus Anlaß der Hochzeit Kaiser Leopolds I. mit der spanischen Prinzessin Margarita Teresa im Jahr 1666 stiegen 73 000 »Lustkugeln« in die Höhe, dazu noch ein paar Dutzend »Triumphkugeln«, die »sich in der Luft mit etlichen tausend Schlägen und Handgranaten hören« ließen, und am Nachthimmel erschienen die Buchstaben V A V H und V L V M, was, wie jedermann wußte, Vivat Austria, Vivat Hispania und Vivat Leopoldus, Vivat Margarita bedeutete.

Louis de Rouvroy, Herzog von Saint-Simon, beschrieb in seinen Memoiren ein Feuerwerk, das er um 1700 in Spanien sah: Es dauerte zwei Stunden und stellte den Kampf einer Malteser Galeere mit einem türkischen Kaperschiff dar. Das Feuerwerk, das 1701 zu Ehren Ludwigs XIV. in Grenoble stattfand, hatte die antike Sage von der Gründung Delphis zum Thema.

Als der sächsische Kurprinz 1719 die österreichische Erzherzogin Maria Josepha heiratete, verstand es sich von selbst, daß auch ein Feuerwerk zum Programm der Hochzeitsfeierlichkeiten gehörte. Thema dieser Feueroper war die Beschießung eines Kastells durch die Flotten zweier

Aufzug zum Damenringrennen vor dem Dresdner Schloß
Deckfarbenblatt von C.H. Fritsche

verbündeter Mächte. Die Gesellschaft versammelte sich am Abend des 10. September in dem Garten, der sich zwischen dem Japanischen Palais und der Elbe erstreckte. Der preußische Gesandte hatte ebenfalls eine Einladung erhalten, und wie schon bei anderen Gelegenheiten schickte er auch diesmal einen Bericht nach Berlin: »Mittlerweile wurde die Illumination von dem bei dem Feuerwercke vorgestellten Kastell angezündet, welche unter allerhand Farben von Feuern einen sehr guten Effekt that, nicht weniger als die auf beiden Seiten auf der Elbe rangirten [aufgestellten] Flotten, wovon die Segelstangen gleichfalls mit Lampen illuminirt waren. Der Anfang geschahe mit einer Salve auß 50 Canons von der Vestung und von der hinter der Maschine postirten Mousqueterie [Musketenschützen]. Währendem Feuerwerck wurden die Canons auf denen Schiffen beständig gelöset und auf kleinen Fahrzeugen viele Lustfeuer angezündet, auch dann und wann Feuerkugeln auß Mörseln geworffen, worunter viele schwere Raqueten in die Höhe stiegen. Die beiden Nahmen der Printzessin Maria Josepha brannten zwischen 4 Pyramiden in einem doppelten gelben und blauen Feuer und wurde endlich das Werck wiederumb mit 50 Canonschüssen beschlossen.«

Am 10. August 1719 hielten die Gitter des Parks die nach Tausenden zählende Zuschauermenge fern. Aber bei anderen Feuerwerken ließ sich das Volk nicht zügeln und drängte sich so nahe an die Gerüste und Abschußvorrichtungen heran, daß den Verantwortlichen angst und bange wurde. Eine Verstärkung der Wachen nutzte nicht viel: Die Neugierigen schoben die Soldaten einfach beiseite. In solchen Fällen zeigte sich, daß August seine Dresdner zu nehmen verstand. Er sprach sie in gemütlichstem Sächsisch an und brachte sie zur Vernunft: »Wenn hingegen bei angestellten Feuerwerken und andern solchen Lustbarkeiten, wobey ein unzeitiger Vorwitz einen Zuschauer in Schaden bringen kann, das Volk, wie es in dergleichen

Gräfin Cosel und Friedrich IV. von Dänemark beim Damenringrennen
Kupferstich von Johann Georg Wolfgang

Fällen zu geschehen pfleget, aus Neugierigkeit durch allzu heftiges und unbescheidenes Herzudringen einer Gefahr sich exponirte [aussetzte], war Er derjenige, so die Leute selbst mit freundlichsten Worten dafür warnte und ihnen die Gefahr, darein sie sich begäben, vorhielte, damit auch mehr ausrichtete, als wenn Er sie durch die Wachten mit Gewalt hätte davonstoßen und schlagen lassen.« Da andere zeitgenössische Autoren ähnliches berichten, dürfen wir Adam Friedrich Glafey in diesem Fall wohl glauben.

Das originellste Fest, das August je inszeniert hat, war das Bergwerkfest am 26. September 1719. Es fand nicht in der Residenz statt, sondern in dem Plauenschen Grund, einem Felsental südwestlich von Dresden, in dem seit 1713 Steinkohle abgebaut wurde. 1 500 Bergleute, die meisten aus dem Erzgebirge, nahmen an der Aufführung teil. Sie stiegen, Lichter und Fackeln in den Händen, von der Höhe herab und legten den hohen Herrschaften, die in einer

Grotte nahe der Brücke über die Weißeritz saßen, die Ergebnisse ihres Fleißes zu Füßen. Brennende Pechpfannen erhellten den Grund, auf den Gipfeln flammten Holzstöße, künstliche Vulkane spien Raketen in den Himmel, und von der Felswand gegenüber der Grotte stürzte eine feurige Kaskade ins Tal. Das Schauspiel dauerte mehrere Stunden und endete mit einem großen Ball, zu dem eine Kapelle aufspielte. Die Erzgebirgler durften dem Ball nur von fern zuschauen: Im Unterschied zu August, der stets viel Spaß hatte, wenn es um ihn herum bunt und ungezwungen zuging, legten der Kurprinz und seine hochmütige Habsburgerin Wert darauf, daß das Volk Abstand hielt.

Der König feierte die Feste, wie sie fielen - auch als er schon wußte oder wenigstens ahnte, daß seine Lebenszeit nur noch knapp bemessen war. Die alte Liselotte von der Pfalz behielt mit ihrer Prophezeiung recht: »Man stirbt wie man gelebt hatt; der König in Polen hatt all sein Leben die despence [Aufwand] undt divertissementen geliebt; daß wirdt er vor seinem todt nicht endern.« Im November 1732 besuchte August die Leipziger Messe und beging das Hubertusfest in Moritzburg so fröhlich wie in alten Tagen. Dann stürzte er sich noch einmal in den Wirbel des Karnevals. Am 10. Januar 1733 reiste er nach Polen zurück. Er sah sein geliebtes Dresden nicht wieder.

Der Nachfolger fand kein Gefallen daran, sein Vergnügen mit anderen zu teilen. Auch er feierte Feste, aber die Dresdner blieben draußen vor der Tür. Es gab keine Jahrmärkte mehr, keine Wirtschaften, keine Turniere, keine Damenrennen, keine Feuerwerke; selbst der einst so berühmte Dresdner Karneval war nun langweilig. Der Zwinger verödete, die Damen und Herren amüsierten sich nur noch im engsten Kreis. Viele Handwerker, vor allem jene, welche von den Aufträgen des Hofes gelebt hatten, packten ihre Siebensachen und zogen davon. Die Zeit der großen Feste war vorüber ...

Der letzte Traum

Als der Kurprinz die Österreicherin heiratete, stand August kurz vor der Vollendung seines 50. Lebenjahrs. Johann Michael von Loen, der ihn 1718 zum erstenmal aus der Nähe sah, war von der Erscheinung des Königs tief beeindruckt: »Der Bau seines Leibes ist stark, untersetzt und wohlgewachsen. Alle Gliedmaßen an demselben haben ein abgemessenes Verhältnis. Die Züge seines Gesichts formieren eine solche Bildung, die mit einmal etwas Großes und Erhabenes ausdrückt. Man findet darin nichts als männliche Zeichen, einen großen Mund, starke Lefzen und Augenbrauen, eine hohe Stirn und breite Kinnbacken. Nur die Augen mischen in ihr lebhaftes Feuer einen Blick, der huldreich und freundlich ist.« Anderen Beobachtern fielen besonders die »blitzenden schwartzen und mit sehr starken Wimpern von gleicher Farbe umgebenen Augen« des Königs auf, dazu sein »schwartzbräunliches Angesichte, so Er erhaben trug«.

Kein Zweifel, August war eine imponierende Gestalt - als Mann, nicht als König von Polen. Gewiß, er hatte sich schließlich auf dem polnischen Thron behauptet. Doch um welchen Preis? Riesengroß lag der Schatten des Zaren über der Rzeczpospolita, und neben Rußland reckte sich Preußen immer kräftiger empor. Peter I. gebot in der Endphase des Nordischen Krieges über 150 000 Bajonette, die Stärke der Armee Friedrich Wilhelms I. betrug damals etwa 60 000 Mann. Was bedeuteten daneben die 15 000 Soldaten, die nach der Verringerung des sächsischen Heeres im Jahr 1717 übriggeblieben waren? Flemming versuchte seinen Herrn davon zu überzeugen, daß diese kleine Streitmacht in friedlichen Zeiten ausreichte. Die Ereignisse gaben ihm unrecht: Sachsen und Polen wurden in die Zange genommen, so daß sie sich nicht mehr rühren konnten.

Der Preußenkönig Friedrich Wilhelm I. hatte lange gezögert, bevor er sich mit dem Zaren verbündete. Die wachsende Macht des russischen Reiches flößte auch ihm Furcht ein. Die Truppen Peters waren bis nach Holstein vorgedrungen, und es gab Anzeichen dafür, daß er sich im Norden Deutschlands festzusetzen gedachte, vielleicht in Mecklenburg, wo sich sein angeheirateter Neffe, Herzog Karl Leopold, nur mit russischer Hilfe gegen die widerspenstigen Landstände behauptete. In Berlin regte sich jedenfalls der Verdacht, Karl Leopold habe sich die Gunst des Zaren »durch die gänzliche Sacrificirung [Opferung] seiner Lande« erkauft. Und dieser Verdacht erhielt neue Nahrung, als der kommandierende General der russischen Truppen im Juli 1716 die Repräsentanten der aufsässigen mecklenburgischen Ritterschaft kurzerhand verhaften ließ. Zwar kamen die Festgenommenen bald wieder frei, doch wer garantierte, daß sich solche Vorfälle nicht andernorts wiederholten?

Die preußischen Minister drängten ihren Herrn, sich zu entscheiden. Sie wiesen darauf hin, daß die politischen Interessen der beiden Mächte in vieler Hinsicht übereinstimmten - besonders was Sachsen und Polen betraf. Das Kurfürstentum Sachsen mußte geschwächt werden, damit das Haus Wettin in Polen ohnmächtig blieb - darin waren sich Preußen und Rußland einig. Wenn es nicht gelang, den Ehrgeiz des sächsischen Augustus zu dämpfen, bestand Gefahr, daß er die Krone der Rzeczpospolita seinem Sohn vererbte. Das konnte gefährlich werden - für das arme Preußen mit seinen geringen Menschenreserven noch gefährlicher als für das Zarenreich, das über fast unerschöpfliche Potenzen verfügte. Der preußische Soldatenkönig hielt nicht viel von seinen Diplomaten, den »Federfuchsern« und »Blackscheißern«, doch diesmal leuchteten ihm ihre Argumente ein: »Und was demnechst die Crohn Pohlen belanget, da dienen E. K. M. in selbigem Königreiche keine solche Könige, die vor Sich selbst viel Macht und große eigene Erblande haben, sondern diejenigen Könige, so auß dem schlechten Pohlnischen Adel zu Königen erwehlet werden, sind vor Sie und Ihr Haus allemahl die besten gewesen.« 1717 erklärte sich Friedrich Wilhelm mit den Vorschlägen des Zaren einverstanden. Und ein knappes Jahr später begann der preußisch-sächsische Wirtschaftskrieg ...

Für August und Flemming stand fest: Der sonst übervorsichtige Preußenkönig hätte nie gewagt, mit Sachsen anzubinden, wenn er nicht der russischen Unterstützung sicher gewesen wäre. Es kam folglich darauf an, den Einfluß des Zaren zurückzudrängen. Falls dies gelang, würde sich Preußen dreimal überlegen, ob es sich lohnte, um der polnischen Erbfolge willen das Risiko eines bewaffneten Konflikts einzugehen. In einer Beziehung stimmten fast alle europäischen Mächte überein: Sie trauten Peter nicht über den Weg. Ihr Argwohn schien berechtigt zu sein: Die russischen Diplomaten traten viel selbstbewußter auf als früher und führten oft eine Sprache, die den an sanftere Töne gewöhnten europäischen Souveränen grell in den Ohren klang. 1716 berichtete der holländische Gesandte in St. Petersburg nach Amsterdam: »Es ist, als ob man hier unterstellt, daß die ganze Welt gut russisch sein muß und daß niemand sich unterstehen darf, etwas Nachteiliges zu melden.« Auch andere Botschafter machten die Erfahrung, daß Zar Peter nicht mit sich spaßen ließ - schon gar nicht, wenn er glaubte, daß ihn die fremden Mächte zu übervorteilen versuchten. Der König von Polen sah eine Chance, sich aus der russisch-preußischen Zange herauszuwinden.

Bereits im Sommer 1718 knüpften August und Flemming die ersten Fäden. Der Premierminister hielt sich damals häufiger in Wien als in Dresden auf. Wer ihn nach dem Anlaß seiner Reisen fragte, bekam zur Antwort, daß die Heirat des Kurprinzen mit der Kaisertochter Maria Josepha schließlich sorgfältig vorbereitet werden müsse. Sonderbar war nur, daß Flemming zu diesem Zweck mit dem Präsidenten des Hofkriegsrats, Prinz Eugen von Savoyen, und später auch mit dem englischen Botschafter in Wien verhandelte. Aber noch ahnte man an der Newa nicht, was hier gespielt wurde. Erst am 5. Januar 1719 kam es ans Licht: Österreich und England verpflichteten sich im Wiener Allianzvertrag, Polen unverzüglich zu Hilfe zu eilen, falls es von Rußland angegriffen würde. Peter hatte eine schwere diplomatische Niederlage erlitten.

Während die Österreicher die weitere Entwicklung der Dinge abwarteten, setzten die Engländer den Zaren unter Druck. Die Russen hatten sich schon daran gewöhnt, die Ostsee als ihr Meer zu betrachten. Die Seestreitkräfte des Inselreichs trieben ihnen diese Illusion aus. Im Mai 1720 lief ein britisches Geschwader in den Finnischen Meerbusen ein und kreuzte mehrere Tage lang vor Reval. Peter verstand den Wink. Sollte er seine junge Flotte der Gefahr aussetzen, von den weit überlegenen Engländern zusammengeschossen zu werden? Und was geschah, wenn Österreich seine Armee marschieren ließ, dieses kampferprobte Heer, das unter der Führung des Prinzen Eugen Sieg auf Sieg an seine Fahnen geheftet hatte? Nein, Polen war es nicht wert, daß er sich in ein solches Abenteuer stürzte. Der russische Druck auf die Rzeczpospolita ließ allmählich nach. Und Friedrich Wilhelm besann sich auf den besseren Teil der Tapferkeit, der Vorsicht heißt: Ein Krieg gegen die Mächte der Wiener Allianz stand nicht auf seinem Programm.

Das Wiener Verteidigungsbündnis war ein glänzender Erfolg der sächsischen Diplomatie. In der Regel liefen solche Bündnisse darauf hinaus, daß der Stärkste auch den größten Gewinn einheimste. Hier verhielt es sich genau umgekehrt: Das schwache Sachsen bekam mehr, als es seinen Alliierten zu geben vermochte. Diese Großzügigkeit hatte ihre Gründe: Nur wenn Polen Rußland den Weg versperrte, bestand Aussicht, den Vormarsch des Zaren nach Westen zu stoppen. Peter I. mischte sich schon jetzt in die inneren Angelegenheiten der deutschten Fürstentümer ein, wie das Beispiel Mecklenburg bewies. Sollte das Haus Habsburg tatenlos zuschauen, wie sich das Haus Romanow im Heiligen Römischen Reich breitmachte? Was wurde aus dem englischen Ostseehandel, wenn die Fahne mit dem Andreaskreuz nicht nur über Reval und Riga, sondern auch über Danzig, Rostock und Lübeck wehte? Der Hilferuf des Königs von Polen kam den beiden Großmächten sehr zupaß. Und August nutzte die Zwangslage seiner neuen Partner meisterhaft aus ...

Kaum hatte sich der Wettiner aus der Schlinge herausgewunden, als er auch schon neue Pläne zu schmieden begann. Er war im Lauf der Jahre vorsichtiger geworden und setzte seine Mittel mit mehr Überlegung ein als früher, aber er hegte noch immer die alten Träume. Polens glaubte er sich sicher zu sein. Zwar gab es in der Rzeczpospolita eine starke Partei, die nie wieder einen Sachsen auf dem Thron sehen wollte, doch er hoffte, sie überspielen zu können, vielleicht mit Hilfe der Schlachta, deren Vertreter bereits mehrmals angedeutet hatten, daß sie sich eventuell mit einem zweiten Wettiner als König von Polen abfinden würden. Und wenn die Schlachta wider Erwarten Schwierigkeiten machen sollte, bestand als letztes die Möglichkeit, die Stimmen, die der Sohn am Wahltag brauchte, mit sächsischem Geld zu erkaufen. Flemming und Przebendowski verfügten schließlich über gewisse Erfahrungen ...

Die sächsischen Minister erschraken, als ihnen der König eröffnete, daß er sich an dem Spiel um das Erbe der Habsburger zu beteiligen gedachte. Flemming, Wackerbarth und Manteuffel erinnerten sich mit Unbehagen an das Jahr 1711: Damals, nach dem plötzlichen Tod Josephs I., hatte August versucht, sich selbst oder seinen Sohn zum Kaiser wählen zu lassen, und war kläglich gescheitert. Die Franzosen hielten ihn mit leeren Versprechungen hin, die deutschen Kurfürsten dachten nicht daran, sich für ihn zu erklären, und sogar der Papst, sonst sein bewährtester Verbündeter, verweigerte ihm schließlich die Unterstützung. Und nun wollte er von neuem mit dem Haus Habsburg anbinden? Die 1711 gesammelten üblen Erfahrungen reichten doch für alle Zeiten. Gewiß, die Pragmatische Sanktion bot einem ehrgeizigen Politiker viele Chancen, doch nur unter der Voraussetzung, daß er Macht in die Wagschale werfen konnte - mindestens ebensoviel wie seine Konkurrenten. Damit sah es schlecht aus: Die 15 000 sächsischen Soldaten flößten niemandem Respekt ein. Was geschah, wenn die Habsburger die Großmachtträume des Hauses Wettin damit beantworteten, daß sie den für Polen lebenswichtigen Wiener Allianzvertrag kündigten? Ob England dann bei der Stange bleiben würde? Die Minister sahen Komplikationen voraus.

Der König beurteilte die Lage optimistischer als seine Ratgeber. Schließlich stand Kaiser Karl VI. erst in den Dreißigern, und die 1717 geborene Tochter Maria Theresia, zu deren Gunsten er die Kinder seines Bruders Joseph enterbt hatte, spielte noch mit Puppen. Es blieb also genügend Zeit, sich auf die Auseinandersetzung vorzubereiten. Der Kaiser bemühte sich, die Reichsfürsten und die auswärtigen Mächte zur Anerkennung des neuen Hausgesetzes zu bewegen. Da jeder versuchte, möglichst viel für sich herauszuschlagen, zogen sich die Verhandlungen in die Länge - zum Mißvergnügen des Prinzen Eugen, der seinem Souverän mehr als einmal riet, die Pragmatische Sanktion lieber durch 100 000 Bajonette als durch Verträge garantieren zu lassen. Karl VI. schlug diese Empfehlung in den Wind. Sogar die durchsichtige Verzögerungstaktik der Fürsten brachte ihn nicht von seinem Entschluß ab. Kaum einer von ihnen gab seine Zustimmung ohne einschränkende Zusätze: Der Kurfürst von Sachsen war da keine Ausnahme.

Die Furcht der Minister vor einer Kündigung des Wiener Allianzvertrags hielt August vorerst für unbegründet. Wenn Karl VI. die Bündnisfähigkeit eines Fürsten von dessen uneingeschränkter Zustimmung zur Pragmatischen Sanktion abhängig machen wollte - dann stand das Haus Habsburg bald allein auf weiter Flur.

Nach Meinung der österreichischen Diplomaten war Sachsen ein Sonderfall. Die legitime Erbin der Krone, Maria Josepha, hatte vor ihrer Heirat mit dem sächsischen Kurprinzen in aller Form auf die Rechte, die ihr »infolge ihrer Abkunft, kraft des im Hause Österreich früher üblichen Herkommens ... oder irgend eines anderen Namens oder erdenkbaren Titels zukamen oder zukommen konnten«, verzichtet, so daß es in den Verhandlungen mit Dresden eigentlich nur darum ging, eine zusätzliche Garantie zu erhalten. Wenn August Gefallen daran fand, den Spröden zu spielen - die Wiener Hofburg gönnte ihm den Spaß. Es lohnte sich nicht, den Wettiner zu drängen. Wenn es einmal hart auf hart ging, würde sich schon zeigen, wer den längeren Arm besaß.

Seit den zwanziger Jahren lebte Europa in Erwartung

eines neuen Erbfolgekriegs. Der spanische Gesandtschaftssekretär in Wien drückte die allgemeine Stimmung mit den Worten aus: »Der Kaiser, scheint mir, hat sich zum Grundsatz gemacht, daß seine ganze Erbfolge der ältesten Erzherzogin [gemeint ist Maria Theresia] zufallen muß ohne die geringste Schwächung seiner Staaten. Die Idee ist prächtig in der Theorie, aber sie scheint mir abgeschmackt in der Praxis. Gibt es nicht genug Stoff, um mehr als ein Kleid zu machen; wenn man allen für eines verwendet, wird es monströs.« Die europäischen Mächte bereiteten sich auf die Auseinandersetzung um das Erbe der Habsburger vor, indem sie ihre Rüstungen verstärkten und Verbündete suchten. Dabei kam es oft zu überraschenden Wendungen. England und Frankreich vergaßen ihre alte Feindschaft und schlossen im September 1725 den gegen Österreich gerichteten Vertrag von Herrenhausen, dem auch Holland und Preußen beitraten. Rußland und Spanien hingegen erkannten die Pragmatische Sanktion an. Daneben gab es eine Gruppe von Staaten, die neutral zu bleiben wünschten - nicht aus Friedensliebe, sondern weil sie zunächst einmal abwarten wollten, wer den Sieg davontragen würde. Die Lage wechselte von Jahr zu Jahr. Wer nicht aufpaßte, konnte leicht unter die Räder kommen.

Ob August damals tatsächlich nach der deutschen Kaiserkrone greifen wollte, läßt sich nicht mehr ermitteln. Auf alle Fälle hätte er wohl nicht nein gesagt, wenn ihm die Krone von der Mehrheit der deutschen Fürsten angeboten worden wäre. Der Kurfürst von Sachsen bekleidete schließlich seit alters das Amt eines Reichsvikars, das heißt, er regierte das Reich in der kurzen Zeitspanne zwischen dem Tod des alten und der Wahl eines neuen Kaisers. Zwar handelte es sich um ein Ehrenamt, das seinem Träger nur geringe persönliche Vorteile brachte, aber wenn es darum ging, Ansprüche zu begründen und andere Bewerber auszustechen, ließ sich dieser verstaubte Rechtstitel vielleicht benutzen. Gewiß, die Chance, daß die deutschen Fürsten ausgerechnet einen Wettiner zu ihrem Oberhaupt kürten, war praktisch gleich Null, doch wer konnte im voraus wissen, wie sich die Dinge entwickelten?

Es gab in der habsburgischen Erbmasse zwei Länder, auf die August schon lange ein Auge geworfen hatte: Böhmen und Schlesien. Glückte es dem König, sie zu erwerben, dann war das osteuropäische Großreich, von dem er seit seinen Jünglingstagen träumte, endlich Realität. Wer könnte noch wagen, das Haus Wettin anzugreifen, wenn sich dessen Herrschaftsgebiet von Danzig bis nach Budweis erstreckte und von Thüringen bis zur Grenze der Slowakei? Der nüchterne Flemming holte seinen Herrn wieder auf die Erde zurück: Nie würde das Haus Habsburg auf diese beiden Kronländer verzichten, auch nicht, wenn sich das Kurfürstentum Sachsen bereit erklärte, die Pragmatische Sanktion mit Waffengewalt zu verteidigen, und nie würden die Großmächte dulden, daß an der Peripherie Mitteleuropas ein solcher Koloß entstand. Der Premierminister beschwor den König, sich auf erreichbare Ziele zu konzentrieren. Immerhin gab es die Möglichkeit, daß die von allen Seiten bedrängten Habsburger dem Wettiner als Preis für seine Unterstützung die beiden niederschlesischen Fürstentümer Sagan und Liegnitz überließen. Sachsen besäße dann endlich eine Landverbindung mit Polen und wäre nicht länger den Zollschikanen der Preußen und Österreicher ausgesetzt. Dabei mußte bedacht werden: Niemand trat einem Machtlosen Land ab.

Ein Zwischenfall, der sich im Juli 1724 ereignete, fügte dem Ansehen des Königs schweren Schaden zu. In Thorn war es zu Tumulten gekommen: Die in der Mehrheit protestantische Bürgerschaft hatte sich gegen die Provokationen einiger besonders glaubenseifriger katholischer Priesterzöglinge zur Wehr gesetzt und das Jesuitenseminar verwüstet. Den an diesen Krawallen ganz unschuldigen Magistrat der Stadt traf ein furchtbares Strafgericht: Die Justizorgane des Sejm verurteilten die beiden Bürgermeister und zehn Ratsherren zum Tode. August bemühte sich vergeblich, die Unglücklichen zu retten. Der Sejm wies seine Bitte, Gnade vor Recht ergehen zu lassen, schroff zurück. Einer der Todgeweihten konnte dem Henker entkommen. Die anderen wurden am 7. Dezember 1724 auf grausame Weise hingerichtet. Der polnische Reichstag befahl ferner, alle protestantischen Kirchen Thorns den Katholiken zu übergeben.

Rußland und Preußen erhoben sofort Protest. Der damals schon todkranke Zar Peter forderte August in fast ultimativer Form auf, nicht länger zu dulden, daß die andersgläubigen Bevölkerungsgruppen Polens drangsaliert und ihrer Rechte beraubt wurden. Er dachte dabei weniger an die meist deutschen Protestanten als an die orthodoxen Belorussen und Ukrainer, die ebenfalls unter der Unduldsamkeit der Katholiken zu leiden hatten. Friedrich Wilhelm I. konzentrierte Truppen an der polnischen Grenze und drohte mit militärischer Intervention. Der Sturm ging vorüber, aber er hinterließ Spuren. Europa fragte sich: Was ist das für ein König, der nicht einmal die Macht besitzt, ein paar zu Unrecht Verurteilte vor dem Scharfrichter zu retten? Und ausgerechnet dieser Monarch bot sich als Bündnispartner an? Er sollte erst einmal in seinen eigenen Ländern Ordnung schaffen, bevor er sich in das Spiel der Großen mengte.

Die sächsische Opposition begann sich ebenfalls wieder zu regen. Das Thorner Blutgericht war ein gewichtigeres Argument als die Tränen der Dame in Pretzsch. Anonyme Flugschriften klagten den König des Mordes oder wenigstens der Begünstigung katholischer Mordbuben an. Das Mißtrauen der Frommen im Land erhielt neue Nahrung. Viele von ihnen glaubten allen Ernstes, daß August seine sächsischen Untertanen mit Gewalt zum papistischen Glauben zurückführen wolle, und rüsteten sich zur Abwehr. Es bedurfte nur eines Funkens, um dieses Pulverfaß zur Explosion zu bringen. Am 21. Mai 1726 erstach ein offensichtlich geistesgestörter katholischer Fleischergeselle den Archidiakonus der Dresdner Kreuzkirche. Da hatte man endlich den Beweis, daß die Papisten eine Bartholomäusnacht planten! Der Argwohn des Volkes entlud sich in Krawallen, die am 22. Mai den Charakter eines Aufstands annahmen.

Die Opposition schürte die Wut der Menge, indem sie wilde Gerüchte verbreitete. Das Hofjournal berichtete darüber: »Es kam aber das Geschey, wie in der Creuz-Kirche [jemand] nach dem Studenten, so geprediget, mit einem Pistohl schießen wolte, so ihm aber versaget, auch von dreien die Degen gezogen worden, so Catholische gewesen, worauf ein großer Tumult sowohl unter der Bürgerschaft als auch gemeinen Pöbel entstund, und ist es absonderlich, wo Cathol. gewohnet, hergangen, indem auf vielen Gaßen und Straßen von dem Pöbel die Fenster eingeworffen, die Thüren eingeschlagen und anderes mehr ausgeübet worden.« Am 23. Mai hielt Graf Wackerbarth die Situation für so bedrohlich, daß er vier Regimenter in die Stadt einrücken und vor der Hauptwache Kanonen auffahren ließ. Ihr Anblick kühlte die erhitzten Gemüter ab. Ein Kriegsgericht verurteilte zwei Soldaten der Dresdner Garnison, die sich an der Revolte beteiligt hatten, zum Tode. Einer von ihnen wurde auf dem Altmarkt erschossen, der andere in letzter Minute zu Kettenhaft begnadigt. Die übrigen Gewalttäter kamen ohne Strafe davon.

Der König begriff, daß es so nicht weiterging. Die Zahl derer, die ihn noch ernst nahmen, verringerte sich mit jedem Tag. Wenn er seine politischen Ziele erreichen wollte, mußte er sich nach außen und innen mehr Respekt verschaffen. Und das einzige, was den hartgesottenen Politikern der Großmächte Respekt einflößte, war eine schlagkräftige Armee. Die Fachleute lachten, wenn jemand das sächsische Heer erwähnte. Sie hielten es für widersinnig, daß in einem so reichen Land wie dem Kurfürstentum nur 15 000 Mann unter Waffen standen, und erzählten sich Anekdoten über die unfähigen sächsischen Offiziere, die ihre Kompanien, Bataillone und Regimenter verlottern ließen. Die Witzbolde hatten leider recht: Die Armee bot in der Tat ein Bild der Verwahrlosung. Es genügte nicht, sie um ein paar tausend Soldaten zu verstärken. Sie mußte von Grund auf reorganisiert werden - am besten nach dem Muster der preußischen Streitkräfte, über deren Schulung und Bewaffnung die Militärspezialisten Wunderdinge berichteten.

Die Stände wußten, daß sich die Reorganisation der Armee auch gegen sie richtete, und legten dem König alle möglichen Hindernisse in den Weg. Eine Zeitlang spielte August mit dem Gedanken, sie für immer nach Hause zu schicken, aber Flemming, der sich des Debakels von 1700 erinnerte, redete ihm dieses Vorhaben aus. Es gab schon genug Schwierigkeiten, so daß es höchst unvernünftig gewesen wäre, sich noch eine weitere aufzubürden. Die Sachsen zeigten wenig Neigung, ihre Zivilkleidung mit dem bunten Rock des Soldaten zu vertauschen, und die Ergebnisse der Werbung im Ausland blieben weit hinter den Erwartungen zurück. Der Versuch, auch im Inland zu werben, scheiterte am Widerstand derer, die geworben werden sollten: Wo die Rekrutierungsoffiziere ihre Zelte aufschlugen, suchten die jungen Burschen das Weite, und ihre Eltern griffen zum Knüppel. Im März 1729 schlug ein General vor, die Werber von Truppen in Kompaniestärke begleiten zu lassen, »um sich gegen die importunité [Zudringlichkeit] von Schustern und Schneidern in Sicherheit zu setzen«.

Die Jagd nach wehrfähigen Männern nahm zuweilen groteske Züge an. Der König hatte befohlen, Landstreicher, Arbeitsscheue und Beschäftigungslose mit Gewalt in die Armee zu pressen, aber nur wenige der Ausersehenen gingen den Menschenfängern ins Netz. Ein Oberst berichtete voller Empörung nach Dresden: »Der Adel protegiert jeden jungen müßigen Kerl, der sich anmeldet und jährlich 1 Thlr. erlegt, räumt ihm ein Häuschen ein, wird für angesessen ausgeschrien. Die Städte geben für etliche Thlr. das Bürgerrecht an Gesellen und Tagelöhner ... Nur Zittau hat die entbehrlichen Leute in Güte abgegeben, der Rat zu Bautzen aber hat erklärt, wie sie in ihrem ganzen Gebiete keinen Vagabunden oder Müßiggänger hätten. Ich habe denselben gratuliert, weil solches wohl einen recht gesegneten und glücklichen Distrikt anzeige, allein wie weit dieses wahr und ob es möglich ist, oder ob es nicht vielmehr vor eine Widerspenstigkeit zu halten sei, überlasse Ew. Reichsgräflichen Exzellenz Penetration [Erkenntnis].« Die meisten eingefangenen Vagabunden liefen nach kurzer Zeit wieder davon. Der Prozentsatz der Deserteure war in dieser Gruppe besonders hoch.

Dem König wurde klar, daß sich der Widerstand der Bevölkerung nicht mit Gewalt brechen ließ. Er schenkte nun dem alten Wackerbarth Gehör, der schon mehrmals gefordert hatte, die Dienstzeit herabzusetzen, den Sold zu erhöhen und den aus der Armee Entlassenen die Möglichkeit zu geben, sich wieder in das Berufsleben einzugliedern. In Preußen sah das Wehrsystem vor, daß die geworbenen oder zwangsweise eingezogenen Soldaten ihr Leben lang dienten. Wer durch Altersschwäche oder Verwundung kriegsuntauglich geworden war, kam in die Invalidenkompanie. Kein Wunder, daß während der Regierungszeit König Friedrich Wilhelms I. insgesamt 30 216 Mann desertierten: Nur die Flucht bot Aussicht, dem verhaßten Militärdienst zu entrinnen. Wenn der Soldat jedoch wußte, daß er nach einer Reihe von Jahren wieder Zivilkleidung anziehen konnte, würde er sich überlegen, ob es sich lohnte, das Risiko der Kettenhaft und des Spießrutenlaufens auf sich zu nehmen.

Das Rekrutierungsmandat vom 21. Juni 1729 setzte die Dienstzeit der sächsischen Soldaten auf neun und sechs Jahre fest - neun Jahre für jene, welche vor ihrem 25. Geburtstag in die Armee eingetreten waren, sechs Jahre für alle, die dieses Alter bereits überschritten hatten. Männer über Dreißig wurden auf Wackerbarths Vorschlag nicht mehr behelligt, desgleichen die Kleinen, die weniger als 3 Ellen (1,70 Meter) maßen: Das ungefähr anderthalb Meter lange Vorderladergewehr konnte nur von großen Leuten sicher gehandhabt werden. Ein Jahr später erhöhte der König den Sold: Ein Infanterist bekam nun 2 Taler, ein Kavallerist 3 Taler, 22 Groschen im Monat - wenig genug, wenn man bedenkt, daß sich die Soldaten in Friedenszeiten selbst verpflegen mußten, aber doch so viel, daß man davon leben konnte. Ein Pfund Rindfleisch kostete damals 1 Groschen, 8 Pfennig. August verfügte ferner, daß die Entlassenen, die sich ihren Lebensunterhalt als Handwerker verdienten, keine direkten Steuern zu zahlen brauchten; den Ortsobrigkeiten wurde untersagt, ihnen die Gewerbeerlaubnis zu verweigern. Verdienten Invaliden gewährte der König auf Ersuchen der Regimentskommandeure manchmal gnadenhalber kleine Pensionen.

Diese Reformen schafften das Soldatenelend nicht aus der Welt, aber sie milderten das Unerträgliche und bewirkten, daß die zum Wehrdienst Ausgehobenen sich leichter mit ihrem Schicksal abfanden. Zwar regierte auch in der sächsischen Armee der Stock. Die Offiziere mußten jedoch darauf Rücksicht nehmen, daß 89 Prozent der Soldaten Landeskinder waren, daher kam es relativ selten zu solchen scheußlichen Mißhandlungen wie in Preußen, wo der Prozentsatz der geworbenen Ausländer, die allein durch drakonische Strafen von Flucht und Meuterei abgeschreckt werden konnten, erheblich höher lag als in Sachsen. Der sächsische Soldat hatte nicht nur Furcht vor seinen Vorgesetzten, sondern fühlte sich auch mit seinem Land verbunden. Während des Siebenjährigen Krieges liefen die als Gefangene in das preußische Heer gepreßten sächsischen Musketiere bataillonsweise zu den Österreichern über und setzten an deren Seite den Kampf gegen die Schinder ihrer Heimat fort - zur Verwunderung des großen Friedrich, der dem gemeinen Mann, dem »Kerl«, kein Ehrempfinden zutraute.

Der König nahm auch das verlotterte Offizierskorps hart an die Kandare. Die Kompaniechefs mußten Rechenschaft über die von ihnen verwalteten Gelder ablegen. Wem nachgewiesen werden konnte, daß er die Soldlisten gefälscht oder sich auf andere Weise unrechtmäßig bereichert hatte, erhielt sofort den Abschied. Den Regimentskommandeuren wurde das Recht entzogen, sich ihre Offiziere selbst auszusuchen. Allein der König entschied über die Vergabe der freien Stellen und auch darüber, wer in den nächsthöheren Dienstgrad aufrückte. Beförderungen hingen nun von der »Konduite« ab, also von den militärischen Fähigkeiten des Offiziers und von der Art, wie er seinen Dienst versah. Damit kein Unwürdiger durchschlüpfte, führte August Konduitenlisten ein - Personalakten, die ihm in regelmäßigen Abständen vorgelegt werden mußten. Da er viele Offiziere persönlich kannte, diktierte er seinem Sekretär manchmal ergänzende Bemerkungen in die Feder - nicht immer zur Freude der Betroffenen, aber zum Nutzen des Heeres, das durch den Beförderungsstopp für Feiglinge, Säufer, Spieler und Betrüger nach und nach von Ballast befreit wurde.

1729 erhielt die Armee neue Gefechtsvorschriften. Sie waren den preußischen nachgebildet, berücksichtigten aber auch die von Schulenburg, Flemming und anderen gesammelten Erfahrungen aus der Zeit des Nordischen Krieges. Und nun begann eine Periode, an die sich Offiziere wie Soldaten später ungern erinnerten. Die Einheiten wurden unbarmherzig gedrillt: Sie marschierten zur Linie auf, rückten vor, feuerten Salven ab, schwenkten ein, bildeten Karrees und spielten auf diese Weise alle möglichen taktischen Varianten durch - zunächst in kleinen, dann in großen Verbänden, schließlich im Zusammenwirken sämtlicher Waffengattungen. Infanterie und Artillerie erfüllten dabei die in sie gesetzten Erwartungen. Die Kavallerie kam mit dem veränderten Reglement nicht so gut zurecht, was wohl vor allem daran lag, daß die Ausbildung eines Reiters mehr Zeit erforderte als das Zurechtschleifen eines Fußsoldaten. Immerhin, die Ergebnisse, die in den Ausbildungslagern, den »Exerzier-Campements«, erreicht worden waren, konnten sich sehen lassen. Den ausländischen Militärspezialisten verging der Spott, als die reorganisierte sächsische Armee 1730 zum erstenmal in ihrer vollen Stärke von 30 000 Mann vor ihnen aufmarschierte - neu bewaffnet, neu eingekleidet und, wie es schien, straff diszipliniert.

Inzwischen hatte Flemming neue Fäden gesponnen. Es war ihm nicht verborgen geblieben, daß Friedrich Wilhelm I. das Bündnis von Herrenhausen nicht mehr für der Weisheit letzten Schluß hielt. Der Preußenkönig fühlte sich ausgenutzt: Seine Allierten forderten von ihm, daß er sie tatkräftig unterstützte, aber sie weigerten sich, ihm zu helfen, wenn er selbst in Schwierigkeiten geriet. Ihre Versprechungen erwiesen sich als leeres Gerede. Die österreichische Diplomatie nutzte die wachsende Mißstimmung des Monarchen aus: Seit 1726 arbeitete sie daran, das Bündnis von Herrenhausen zu sprengen, indem sie Preußen auf die Seite des Hauses Habsburg hinüberzog. Friedrich Wilhelm gefiel sich in der Rolle des Umworbenen. Schon im Frühjahr 1726 schrieb er: »Ich bin die Braut, darum man tanzt, und ich glaube, auf welche Partei ich mich schlage, dadurch wird ziemlich viel dezidiert [entschieden]; also will ich dafür etwas Reelles haben.«

Flemming hatte von jeher die Auffassung vertreten, daß es für Sachsen und Polen besser wäre, sich mit den Habsburgern zu verbünden, als sich gegen sie zu stellen. Sein Plan lief darauf hinaus, Friedrich Wilhelm I. für die Idee einer preußisch-sächsisch-österreichischen Dreierallianz zu gewinnen. Der Wiener Hof stimmte dem Vorhaben zu - allerdings mit der Absicht, die von den neuen Verbündeten geforderten Vergütungen möglichst herunterzuhandeln. Die Potsdamer fanden den Gedanken immerhin so interessant, daß sie ihn nicht von vornherein ablehnten, sondern sich zu Erörterungen entschlossen. In Sachsen war man geteilter Meinung: Es gab eine Diplomatengruppe, die mehr von einem Bündnis mit Frankreich erwartete, aber Flemming konnte den König davon überzeugen, daß es zunächst einmal darum ging, das Kurfürstentum aus seiner gefährlichen politischen Vereinzelung herauszuführen. Wenn die größte Militärmacht des europäischen Nordens Sachsen als bündnisfähig anerkannte, würden sich auch die anderen Mächte wieder bemühen, mit dem Wettiner ins Gespräch zu kommen.

Flemmings Verhandlungen mit den preußischen Bevollmächtigten erwiesen sich als schwierig. Die Potsdamer traten sehr selbstbewußt auf und ließen sich lange bitten, bevor sie der sächsischen Forderung nach Beendigung des Wirtschaftskriegs zustimmten. Sie stellten immer wieder die Frage nach den militärischen Machtmitteln des Kurfürstentums und äußerten Skepsis, wenn Flemming sie mit dem Hinweis auf die Reorganisation der sächsischen Armee zu beruhigen versuchte. Der Premierminister hatte einen schweren Stand, aber er zeigte sich der Lage gewachsen und spielte seine wenigen Karten geschickt aus. Vor allem machte er seine Gesprächspartner darauf aufmerksam, daß das angestrebte Bündnis auch Preußen beträchtliche Vorteile bringen würde. Friedrich Wilhelm I. könnte dann die seit dem Thorner Blutgericht an der Grenze zur Rzeczpospolita stationierten Regimenter zurückziehen, ohne befürchten zu müssen, daß polnische Streifscharen in Pommern und Ostpreußen einfielen. Die Südgrenze zu Sachsen brauchte ebenfalls nicht mehr militärisch gesichert zu werden. Dies ersparte dem preußischen Staat Aufwendungen in Höhe von mehreren Millionen Talern. Dazu kam noch der politische Vorteil, der sich daraus ergab, daß Preußen nun den Rücken frei hatte. Der Soldatenkönig ließ sich überzeugen: Am 10. Januar 1728 unterschrieb er einen Vertrag, der Preußen und Sachsen im Fall eines Angriffs dritter Mächte zu gegenseitigem Beistand verpflichtete. Und er besiegelte das Bündnis, indem er vier Tage später seinem Nachbarn August einen Staatsbesuch abstattete.

Die beiden Monarchen waren sich noch nie begegnet. Wer sie kannte, glaubte nicht, daß diese so gegensätzlichen Charaktere Gefallen aneinander finden würden. Der Preußenkönig hatte mehr als einmal öffentlich erklärt, daß er das höfische Lotterleben verabscheute. Überall in Europa erzählte man sich Anekdoten über seinen Geiz, seine Brutalität und seine seltsame Vorliebe für »lange Kerls«, das heißt für Soldaten, die mindestens 5 Fuß, 8 Zoll (1,81 Meter) maßen. Jedermann wußte, daß dieser Herrscher sein Land mit dem Rohrstock regierte: Er walkte alle durch, die seinen Unwillen erregten, den hoffärtigen Thronfolger ebenso wie den Bürger, der sich nicht rasch genug vor ihm in Sicherheit brachte. Und dieser Grobian, der sich weder eine Mätresse hielt noch andere noble Passionen pflegte, dieser Barbar, der sich auf dem Exerzierplatz wohler fühlte als am Spieltisch oder im Ballsaal, dieser Fremdling in der glänzenden Welt des Barocks, der von morgens bis abends die Offiziersuniform seines Ersten

August II. und Friedrich Wilhelm I. von Preußen
Gemälde von Louis de Silvestre

Bataillons Garde trug, kam nun nach Dresden. Das konnte nicht gut gehen ...

Die Schwarzseher hatten falsch prophezeit: Friedrich Wilhelm I. gefiel es in der sächsischen Residenz ausgezeichnet - was den Verdacht nahelegt, daß er nur jene höfischen Vergnügungen abscheulich fand, welche er aus eigener Tasche bezahlen mußte. Schon am 16. Januar berichtete er nach Potsdam: »... was das liederliche Leben betrifft, so bin ich zwar nur zwei Tage hier, aber ich kann in Wahrheit sagen, daß [ich] dergleichen noch nicht gesehen ... daher ich Ursach habe hier recht vergnügt zu seyen.« Und am 2. Februar schrieb er seinem Vertrauten, dem österreichischen Gesandten Friedrich Heinrich von Seckendorff: »Zu Dresden habe ich Mich wohl divertiret [vergnügt] und ist Mir allda viel Höflichkeit und Politesse [Artigkeit] widerfahren ... Ich gehe zu kommende Mittwoche nach Hauße fatiguieret [ermüdet] von alle guhte Dage und Wohlleben; ist gewiß nit christlich Leben hier, aber Gott ist mein Zeuge, daß ich kein Plaisir [Vergnügen] daran gefunden und noch so rein bin, als ich von Hause hergekommen und mit Gottes Hülfe beharren werde bis an mein Ende.« Der letzte Satz enthält eine offenkundige Lüge, die Friedrich Wilhelm seinem Ansehen als sittenstrenger Monarch schuldig zu sein glaubte. Alle Schilderungen des Staatsbesuchs stimmen darin überein, daß sich der preußische Grobian in Dresden königlich amüsiert hatte.

August und Flemming konnten mit den Ergebnissen ihrer Bemühungen zufrieden sein: Sachsen war in die Arena der europäischen Politik zurückgekehrt und wieder zu einem Faktor geworden, mit dem die anderen Mächte rechnen mußten. Der Premierminister hatte keine Gelegenheit mehr, diesen Erfolg auszubauen: Am 30. April 1728 erlag er einem Schlaganfall - nicht in Dresden, sondern in Wien, wo er mit der österreichischen Regierung über die nun fällige Erweiterung des sächsisch-preußischen Bündnisses verhandelte. Sein einbalsamierter Leichnam wurde in einer Reisekiste über die Grenze geschmuggelt. »So hat der Mann«, schrieb damals ein Zeitgenosse, »der in seinem Leben an so vielen und kostbaren Palästen nicht genug gehabt, sich nach seinem Tode als ein Stück Wäsche zusammenlegen und in einen Koffer packen lassen müssen. Die katholische Geistlichkeit zu Wien mag seines Begräbnisses wegen übermäßig viel gefordert haben. Es würde auch an allen Orten, durch die der Leichnam gegangen, viel verlangt worden sein, weil er wegen seines großen Reichtums berufen gewesen. Also haben ihn die Seinigen lieber so fortgeschafft.« Die sterblichen Überreste Jakob Heinrich von Flemmings ruhen in der Gruft der Kirche zu Putzkau, etwa 20 Kilometer südwestlich von Bautzen.

Mit Flemming verlor der König mehr als nur einen Minister. Der gebürtige Pommer war ihm im Lauf der Jahre unentbehrlich geworden - als Vertrauter, Ratgeber, Kabinettschef, Diplomat und auch als Warner vor Gefahren, die eine allzu waghalsige Politik heraufbeschwor. Von allen Ministern hatte einzig Flemming das Recht besessen, August gelegentlich daran zu erinnern, daß es auf der Erde nüchterner zuging als im Reich der Phantasie. Der König nahm den Wunsch oft für die Wirklichkeit: Flemming sorgte dafür, daß er sich bei seinen tollkühnen Höhenflügen nicht das Genick brach. Wer sollte den Dahingeschiedenen ersetzen? Der alte Wackerbarth? Gewiß, ein kluger Mann, aber viel zu steifbeinig für den Tanz auf dem glatten Parkett der auswärtigen Beziehungen. Ernst Christoph von Manteuffel? Ein amüsanter Schöngeist, in dessen Gesellschaft sich niemand langweilte, aber ob er das Format eines bedeutenden Politikers hatte, mußte sich erst herausstellen. Der Pommer hinterließ eine Lücke, die nicht so leicht geschlossen werden konnte.

Der Geschäftsmann Flemming kam in der Erinnerung des Königs nicht so gut weg wie der Staatsmann. Es war damals selbstverständlich, daß Minister Geschenke annahmen - nicht nur von ihrem eigenen Herrn, sondern auch von fremden Souveränen, die sich auf diese Weise für geleistete Dienste erkenntlich zeigten, und von Bittstellern, die ihre Angelegenheiten rasch entschieden sehen wollten. Es gab sogar Minister, die von auswärtigen Höfen Pensionen bezogen, ohne daß man ihnen deshalb Bestechlichkeit vorwarf. Aber Flemming, der Gunst seines Fürsten sicher, hatte es ein wenig zu toll getrieben: Seine Familie erbte ein Vermögen von 16 Millionen Talern. Der König entschied, daß die Hälfte als unrechtmäßig erworbenes Gut an die Staatskasse abgeführt werden mußte. Als er den Befehl unterschrieb, dachte er vielleicht daran, wie ihn Flemming beim Verkauf des Schlosses Übigau übers Ohr gehauen hatte.

Vorerst sah es nicht so aus, als ob sich die sächsische Politik ändern würde. Manteuffel, der 1728 das außenpolitische Ressort übernahm, war wie Flemming der Meinung, daß ein Bündnis mit dem Haus Habsburg mehr Vorteile bot als eine Allianz mit den anderen Mächten, und Wackerbarth vertrat dieselbe Auffassung. Aber den beiden fehlte die Autorität, über die der Pommer verfügt hatte, so daß es ihnen nicht gelang, die Kräfte, die dieser Politik widerstrebten, zu bändigen. Neue Leute drängten nach oben - Ausländer wie der Italiener Pedro Roberto Conte di Lascagno und der Franzose François Joseph Vicardel Marquis de Fleury, aber auch Einheimische wie Karl Heinrich von Hoym, ein Bruder des 1723 verstorbenen Finanzministers Adolph Magnus von Hoym, und Heinrich von Brühl, der später Sachsen in den Abgrund führte. Es gelang ihnen, den König zu einer Verzögerungstaktik zu überreden: August sollte abwarten, wer ihm schließlich das beste Angebot machte.

Der Wiener Hof meldete sich als erster. Im Dezember 1728 schlug er dem König vor: Falls Sachsen die Pragmatische Sanktion anerkannte und sich bereit erklärte, sie zu verteidigen, verpflichtete sich Österreich, die Wahl des Kurprinzen zum König von Polen zu unterstützen und ihm notfalls »nicht nur durch nachdrückliche officia [Dienste], sondern auch, wenn sich widrige factiones [Parteien] hervortun sollten, mit barem Gelde, und allenfalls mit den Waffen kräftig beizustehen«. August wich einer klaren Antwort aus: »Meine Absicht ist, mich im Kriegsfalle dem Wiener Hofe auszuschließen, aber derart, daß ich mir das Wohlwollen der anderen Partei erhalten und eines Tages beiden nützlich sein kann; so muß man den rechten Fuß finden, die eine Partei zu befriedigen, ohne bei der anderen anzustoßen.« In Wien war man über diese zweideutige Erwiderung verärgert, und auch in Potsdam mehrten sich die Stimmen derer, welche die Zuverlässigkeit des sächsischen Bundesgenossen bezweifelten. Friedrich Wilhelm I. schenkte ihnen kein Gehör. Er wollte nicht glauben, daß sein Dresdner Freund und Zechkumpan ein Doppelspiel trieb. Der preußisch-sächsische Honigmond war noch nicht vorüber ...

August tat alles, um Preußen bei der Stange zu halten. Wenngleich er wahrlich schon mehr Kugeln hatte pfeifen hören als Friedrich Wilhelm I. und im Kriegswesen mindestens ebensogut Bescheid wußte wie dieser, gab er sich den Anschein, als ob er ihn als höchste militärische Autorität anerkannte. Er ließ ihm zum Beispiel die neuen Dienstvorschriften der sächsischen Armee vorlegen und bat um sein fachmännisches Urteil. Der Preußenkönig fühlte sich geschmeichelt und sparte nicht mit Ratschlägen. Zwar warnte ihn sein Freund Fürst Leopold von Anhalt-Dessau vor allzu großer Gutgläubigkeit, und auch sein Minister Friedrich Wilhelm von Grumbkow meinte, daß man den Sachsen nicht über den Weg trauen dürfe, aber sie konnten seine Überzeugung, in August einen wahren Herzensbruder gefunden zu haben, nicht erschüttern. Und der Wettiner schmiedete das Eisen, solange es noch glühte: Im Mai 1730 lud er seinen Nachbarn ein, sich persönlich zu vergewissern, was das neue sächsische Heer zu leisten imstande war.

August hatte dieses Schauspiel sorgfältig vorbereitet. In der Nähe von Zeithain, ungefähr 40 Kilometer nordwestlich von Dresden, war ein großes Militärlager entstanden, umgeben von Prunkzelten und hölzernen Pavillons, die den hohen Gästen als Unterkunft dienen sollten. Das flache, von Wald gesäuberte Gelände rings um das »Campement« eignete sich sowohl für Paraden als auch für Gefechtsübungen. Am Ufer der Elbe wurden Schanzen aufgeworfen und Vorbereitungen zum Brückenschlag getroffen. In den Lagerhäusern von Zeithain, Nünchritz und Moritz wuchsen die Munitions- und Verpflegungsstapel. Mitte Mai rückten die ersten Truppen in das Lager ein. Am 23. Mai war die gesamte Armee versammelt, 50 Schwadronen Kavallerie, 30 Bataillone Infanterie und 72 Geschütze mit ihren Bedienungen, alles in allem etwa 30 000 Mann. Und dann kamen die Geladenen: 47 Herzöge und Fürsten, 69 Grafen, 38 Barone, fast alle Gesandten der europäischen Mächte, dazu noch der König von Preußen, dessen Gefolge aus 150 Offizieren bestand.

Auch der Ablauf des Spektakels ließ erkennen, daß August in eigener Person Regie geführt hatte. Den Generalen war vorher eingeschärft worden, stets daran zu denken, »das von fiellen lendern zuschauer sich finden, denen wier nichtz zeigen mießen, soh sie gelegenheit gibet auszusezen«. Das sächsische Heer präsentierte sich von seiner besten Seite. Schon die Parade am 1. Juni fand den Beifall der Militärfachleute. Dann folgten Übungen auf dem Exerzierplatz, zunächst in Bataillonsstärke, später in größeren Formationen. Sie nahmen fast zwei Wochen in

Anspruch. Den Abschluß bildeten Manöver, an denen die ganze Armee mitwirkte. Am 21. Juni erkämpfte sich ein Korps den Übergang über die Elbe, wobei sich die Gäste vor allem von der Feuerkraft der Artillerie und dem hohen Ausbildungsstand der Pioniertruppenteile beeindruckt zeigten. Am 23. Juni trafen zwei Korps im offenen Gelände aufeinander: Die von Generalfeldmarschall Wackerbarth kommandierten Einheiten entschieden das Gefecht für sich, indem sie mit ihrer Kavallerie die Flanke des Gegners attackierten und ihn so zum Rückzug zwangen.

Friedrich Wilhelm I. war von der Leistungsfähigkeit der sächsischen Armee überrascht. Er hatte nicht erwartet, ein Heer vorzufinden, das allen Ansprüchen der Kriegskunst genügte. In seinem wunderlichen Deutsch, das in der Eigenwilligkeit der Rechtschreibung mit dem seines Gastgebers wetteiferte, berichtete er nach Potsdam: »Die 3 Regimenter Kronprintz guht, Weißenfels guht, sehr guht, Pfluch sehr miserabell, schlegt. Die Ordre [Befehlsgebung] ist guht. Von Kavallerie habe Kommandos gesehen, die finde sehr propre in Mundur [Uniform] und Reiten guht und ist guht. Viell vielle [alte] ordentliche Officier, die aber sehr bahs [niedrig] gehalten werden, denn sie mit die Laqueien paradiren und nichts estimiret [geachtet] werden ...« Die Verwunderung des Soldatenkönigs über den Mangel an Respekt vor dem Offizierskorps war begreiflich: In der preußischen Rangtabelle stand der Leutnant über dem Landrat.

Das Lager von Zeithain lockte Tausende an, besonders nachdem sich herumgesprochen hatte, daß es dort nicht nur Kriegerisches zu sehen gab. Der König sorgte für die Unterhaltung seiner Gäste: Italienische Sängerinnen ließen ihre Triller in den Himmel steigen, französische Schauspieler führten Komödien auf, 32 000 Lampen machten die Nacht zum Tag, und das große Feuerwerk dauerte fünf volle Stunden. Den Dresdner Beamten mußte verboten werden, nach Zeithain zu pilgern: Die Kanzleien hätten sonst leer gestanden. Auch die im Feuerlöschwesen Tätigen durften das Campement nur besuchen, wenn sie für die Dauer ihrer Abwesenheit einen Ersatzmann stellten. Trotz dieser Bemühungen, den Besucherstrom einzudämmen, befanden sich zeitweilig mehr Zivilpersonen als Soldaten im Lager.

Am besten gefiel den Sachsen das polnische Ulanenregiment, in dem viele Kosaken, Tataren und Kalmücken dienten, wildblickende Gesellen, aber im Umgang gutmütig wie die Kinder. Man bewunderte nicht nur ihre Reit- und Fechtkünste, sondern auch ihre Leistungen im Vertilgen von Speisen und Getränken: »... wie die Kerle fressen, dagegen sind unsere Drescher und Knechte nur Kanarienvögel. Und wie können sie erst saufen - den stärksten Liquer kannenweise. Doch sie sind auch wieder gar tapfere und gute Leute, die einem das Herz aus dem Leibe geben.« Wie es heißt, kamen die Sächsinnen den Söhnen der Steppe ebenso freundlich entgegen wie einst den ungebetenen Gästen aus dem Norden.

Am 26. Juni endete das Lager von Zeithain mit einem Festmahl, zu dem der König die gesamte Armee einlud. Der Meisterregisseur hatte sich wieder einmal etwas Besonderes einfallen lassen: Er schenkte seinen Soldaten einen riesigen Dresdner Stollen, ein wahres Kuchenungeheuer, 9 Meter lang, 3,30 Meter breit und 1,40 Meter hoch. 600 Eier, 2 000 Pfund Butter und 6 000 Liter Milch waren von den Hofbäckern verbraucht worden. 8 Pferde zogen das lieblich duftende Monstrum aus dem über 10 Meter langen Ofen. Aber Gebäck allein machte die Musketiere und Dragoner nicht satt: Daher drehten sich noch 170 Ochsen am Spieß. Und die trockenen Kehlen feuchtete Freibier an ...

Am 27. Juni reiste Friedrich Wilhelm I. nach Potsdam zurück, fester denn je davon überzeugt, daß es der Wettiner ehrlich mit ihm meinte. Grumbkow, der seit langem argwöhnisch beobachtete, was in Dresden vor sich ging, schätzte die Lage nicht so optimistisch ein. Seine Gewährsleute hatten ihn davon unterrichtet, daß die Anhänger eines preußisch-sächsisch-österreichischen Dreierbündnisses allmählich an Einfluß verloren, und auch Manteuffel teilte ihm vertraulich mit, daß der König ein Bündnis mit dem Haus Habsburg nach wie vor ablehnte. Im August 1730 wurde Manteuffel aus seinem Amt entlassen. Karl Heinrich von Hoym übernahm die Leitung des außenpolitischen Ressorts - ein neuer Mann, dem weder Friedrich Wilhelm I. noch Grumbkow über den Weg trauten. Was hatte dieser Ministerwechsel zu bedeuten? Auf welche Überraschung mußte man nun gefaßt sein? Im Dezember 1730 ließ der Wettiner die Katze aus dem Sack: Er regte an, das sächsisch-preußische Bündnis zu einer Generalassoziation zu erweitern, zu einem Bund, dem jene deutschen Souveräne beitreten sollten, welche in der kommenden Auseinandersetzung um das Erbe der Habsburger zunächst neutral zu bleiben wünschten. August gab zu verstehen, daß er dabei vor allem an die Kurfürsten von Hannover und Bayern dachte.

Der Hohenzoller reagierte, wie es seinem cholerischen Temperament entsprach. Glaubte sein alter Zechkumpan, ihn für dumm verkaufen zu können? Die vorgeschlagene Generalassoziation richtete sich eindeutig gegen Österreich. Sollte Preußen seine guten Beziehungen zum Haus Habsburg aufs Spiel setzen, um die verstiegenen Großmachtpläne des Hauses Wettin zu fördern? So weit ging die Freundschaft denn doch nicht. Und wer bestimmte in diesem geplanten Fürstenbund die Linie der Politik? Wie aufgebracht Friedrich Wilhelm I. war, erkennt man aus den Worten, mit denen er Augusts Vorschlag kommentierte: »Wollen wir den Kaiser bei Seite setzen, gut. Wer soll aber das Haupt sein? Wollen sie mir zu machen?

gut. Aber das wird Sachsen, Hannover, Bayern nicht zugeben. Ergo wer soll das Haupt sein? Sachsen? Da aber lasse ich mir lieber mein Land brennen. Soll's Hannover sein? Da aber lasse mir lieber Glied vor Glied abhauen als einen englischen Chef zu haben ...« Die preußisch-sächsischen Flitterwochen endeten mit einem Krach: Potsdam sagte mit aller Entschiedenheit nein.

August gab seinen Plan trotzdem nicht auf. Wenn Preußen die Mitwirkung verweigerte, mußte man eben sehen, daß man anderswo Bundesgenossen fand. Wie stand es zum Beispiel mit Hannover? Der Kurfürst von Hannover, seit 1714 zugleich König von England, verfügte über so gewaltige Machtmittel, daß die berühmte preußische Armee daneben fast wie ein Kinderspielzeug wirkte. Die Bemühungen Augusts waren von Erfolg gekrönt: Am 3. August 1731 schlossen Sachsen und Hannover ein auf drei Jahre befristetes Verteidigungsbündnis, das die Partner im Fall eines Angriffs zu gegenseitigem Beistand verpflichtete. Friedrich Wilhelm I. sah diese Allianz als gegen sich gerichtet an - mit Recht, wenn man bedenkt, daß zwischen Preußen und Hannover starke Spannungen herrschten. Von nun an hielt der Hohenzoller den Wettiner für einen Ausbund an Falschheit. »Was Euer Lieben sagen von die saxen«, schrieb er Leopold von Anhalt-Dessau, »da haben sie groß recht, ich bin die düppe [der Betrogene] von seine freundtschaft geweßen, ich habe mir eingebildet das er so rehdelich wehr als ich, anfein [kurz gesagt] es ist geschehen, wollte Gott Flemming wer noch herr, so wer dieses alles nit geschen ... der Patron stellet sich an, als wen er es mit mir erl[ich] meinet einmahll hat er mir Düpiret, zum ander mahll bekommet er mir wieder nit.« Und damit war die Scheidung ausgesprochen ...

Karl Heinrich von Hoym wurde 1731 gestürzt. Vermutlich waren es die Österreicher, die ihn zu Fall brachten. Ihre Spione hatten herausbekommen, daß der Minister ungeniert in seine eigene Tasche wirtschaftete, und die Wiener Diplomaten spielten diese Information dem König zu. Auch der Marquis de Fleury, Befürworter eines Bündnisses mit Frankreich, fiel in Ungnade. Der alte Generalfeldmarschall Wackerbarth, dessen Einfluß nun wieder stieg, redete August zu, es noch einmal mit Wien zu versuchen, aber die mißtrauisch gewordenen Habsburger sagten zu dem sächsischen Vorschlag, die Anerkennung der Pragmatischen Sanktion durch die Abtretung der schlesischen Gebiete um Sagan und Grünberg zu erkaufen, weder ja noch nein; sie begnügten sich mit der unverbindlichen Erklärung, daß der König nach seinem Beitritt zur Gruppe der Mächte, welche die Pragmatische Sanktion verteidigten, mit einer angemessenen Belohnung rechnen könne. Die politische Lage war verworrener denn je ...

Damals begann der Aufstieg des Grafen Heinrich von Brühl. August ernannte ihn 1731 zum Geheimen Rat und betraute ihn mit diplomatischen Missionen, die Gewandtheit und Skrupellosigkeit erforderten - Eigenschaften, über die der ehemalige Page in reichem Maß verfügte. Warum der König gerade ihn und nicht einen anderen aus der großen Schar der Ehrgeizigen wählte, läßt sich heute nicht mehr ermitteln. Am wahrscheinlichsten ist, daß er in dem Einunddreißigjährigen ein brauchbares Werkzeug gefunden zu haben glaubte, einen Mann, der nicht viel nach Sinn und Zweck einer Maßnahme fragte, sondern tat, was man ihm befahl. Er ahnte nicht, daß dieser mit allen Wassern gewaschene Intrigant sich einmal zum Herrn aufschwingen und das Kurfürstentum Sachsen zugrunde richten würde. Sonst hätte er ihn sicher beizeiten zum Teufel gejagt ...

Der König war alt und müde geworden. Er hatte sein sechzigstes Lebensjahr überschritten und glaubte wohl selbst nicht mehr daran, daß sich der Traum von einem osteuropäischen Großreich noch zu seiner Zeit erfüllen würde. Die Chancen standen jedenfalls nicht gut. Es sah so aus, als ob weder die Habsburger noch ihre Gegner Wert auf die sächsische Bundesgenossenschaft legten. Doch das konnte sich von heute auf morgen ändern. Und wenn ihm der Tod die Zügel aus der Hand nahm, bevor es in Europa wieder zu brodeln begann - vielleicht gelang es dann seinem Sohn und Nachfolger, sich in das Spiel einzuschalten und Beute zu machen. Der König hielt sich nur mit Mühe auf den Beinen, aber in seinem Kopf spukten noch immer die alten Phantasiegebilde ...

Das Ende

Schon seit langem waren sich die Ärzte darüber im klaren, daß der König an einer schweren Krankheit litt. Der Patient klagte oft über heftige Leibschmerzen und ein unerträgliches Durstgefühl, an seinen Beinen bildeten sich Geschwüre, alte Wunden brachen wieder auf, und manchmal fühlte er sich so elend, daß er mehrere Tage das Bett hüten mußte. Die Mediziner konnten sich nicht einigen: Die einen glaubten an eine verschleppte Syphilis und verordneten Quecksilbereinreibungen, die anderen meinten, es handele sich um eine Erkrankung der Verdauungsorgane, und sprachen sich für eine strenge Diät aus. August ließ sie reden: Er dachte nicht daran, seine gewohnte Lebensweise zu ändern, und vertraute darauf, daß sein robuster Körper das Übel schon überwinden werde. Weder er noch die Ärzte ahnten, daß die Ursache des Leidens eine Erkrankung der Bauchspeicheldrüse war. Man wußte damals noch nichts über jene durch Insulinmangel bewirkte Stoffwechselstörung, welche später den Namen Diabetes oder Zuckerkrankheit erhielt.

Im Herbst 1726 verschlechterte sich der Gesundheitszustand des Königs. Die Ärzte stellten mit Besorgnis fest, daß sich der zweite Zeh des linken Fußes, den er sich 1697 bei einem Reitunfall gequetscht hatte, zu entzünden begann. Umschläge und Salbenkuren verfehlten ihre Wirkung. Die Entzündung breitete sich aus, und die Schmerzen, die sie verursachte, machten jeden Schritt zu einer Qual. Trotzdem weigerte sich August, im Bett zu bleiben, wie es die Mediziner von ihm verlangten. Ende September fuhr er von Warschau nach Grodno und nahm dort an den Beratungen des litauischen Landtags teil, die sich bis in den November hinzogen. Auf der Rückfahrt brach er zusammen. Hohes Fieber und mehrere Ohnmachtsanfälle zwangen ihn, in Bialystok haltzumachen. Der eilig herbeigerufene Johann Heinrich Heucher, dem der König von seinen Leibärzten am meisten vertraute, war entsetzt, als er den zu einem unförmigen Klumpen angeschwollenen vereiterten Fuß untersuchte: An dem beschädigten Zeh zeigte sich bereits die braunschwarze Verfärbung des Brandes - und dagegen half kein Medikament mehr ...

August wußte, wie es um ihn stand. Zwar taten die Ärzte, als ob sie noch an seine Genesung glaubten, aber er ließ sich von ihnen nicht hinters Licht führen. Gelassen besprach er mit Flemming die Einzelheiten seiner Beisetzung: Der große Regisseur legte Wert darauf, sein Leichenbegängnis selbst zu inszenieren. Vor allem schärfte er dem Minister ein, dafür zu sorgen, daß seine irdische Hülle nicht in Polen, sondern in Dresden zur letzten Ruhe gebettet wurde. Am 28. Dezember empfing er noch einige Damen, darunter auch die zweite Frau Flemmings, eine geborene Fürstin Radziwill. In der Nacht vom 31. Dezember zum 1. Januar schreckten die beiden Wachhabenden hoch: Der König wand sich in Krämpfen. Offensichtlich ging es mit ihm zu Ende.

In dieser Situation entschloß sich der Leibbarbier und Chirurg Johann Friedrich Weiß zu einer Tat, die viel Mut erforderte: Er amputierte den brandigen Zeh - auf eigene Verantwortung und im vollen Bewußtsein des Risikos, das er einging. Der König lag im tiefen Opiumrausch und spürte nicht, wie Messer und Säge ihre Arbeit taten. Erst am Neujahrsmorgen bemerkte er, daß ihm in der Silvesternacht ein Glied abhanden gekommen war, aber Weiß, der sich ihm zu Füßen warf, konnte ihn von der Notwendigkeit des Eingriffs überzeugen, und auch die Ärzte, froh darüber, daß ihnen jemand die Verantwortung abgenommen hatte, stimmten der Operation nachträglich zu. August belohnte die lebensrettende Eigenmächtigkeit des Mannes, der ihn täglich rasierte, mit einem Gnadengeschenk von 12 000 Talern.

Obwohl die Gefahr einer Blutvergiftung durch die Amputation beseitigt war, gab der Allgemeinzustand des Königs nach wie vor zu Besorgnis Anlaß. Die Wunde am Fuß schloß sich nur langsam. Der Patient blieb an den Rollstuhl gefesselt. Trotzdem kehrte er schon am 11. Februar 1727 nach Warschau zurück. Wer ihn sah, erschrak über seine Gebrechlichkeit. In einem ärztlichen Bericht vom 20. April heißt es: »Seine Majestät kommt mir von Gesicht noch sehr verfallen und maladif [kränklich] vor. Sie hatten auch eine etwas schwache und langsame Sprache. Der schadhafte Fuß stand noch garnicht auf der Erde, sondern lag gerade voraus gestreckt auf einem Stuhl.« Am 11. Mai, also mehr als fünf Monate nach der Operation, ging August »das erste Mal mit dem bösen Fuße zue und von der Tafel« - ein alter Mann, der von Dienern gestützt werden mußte.

Wie sehr die Krankheit den König mitgenommen hatte, ergibt sich auch aus der Tatsache, daß er in wenigen Monaten fast ein Drittel seines Gewichts verlor. Nach dem von einem Schreiber des Dresdner Zeughauses geführten Wiegebuch brachte August im Sommer 1726 etwa 96 Kilo, im Frühjahr 1727 aber nur noch 70 Kilo auf die Waage. Erst nach über zwei Jahren, im Dezember 1729, erreichte er wieder seine alte Schwere. Das Gehen bereitete ihm nach wie vor große Mühe. Die preußische Prinzessin Wilhelmine, die ihm 1728 in Potsdam begegnete, berichtete in ihren Memoiren, wobei sie, wie es ihrer Gewohnheit entsprach, Beobachtetes mit Klatsch vermischte: »... eine leutselige und höfliche Art und Weise begleitete alle seine Handlungen. Er war für sein Alter sehr hinfällig, die furchtbaren Ausschweifungen, denen er sich ergeben, hatten ihm einen Zufall am rechten Fuß zugezogen, der ihn hinderte zu gehen und lange zu stehen. Es war schon der Krebs daran gewesen und man hatte den Fuß nur durch die Amputation zweier Zehen retten können. Die Wunde war stets offen und er litt fürchterlich. Die Königin bot ihm sogleich an sich zu setzen, was er lange nicht thun wollte, endlich setzte er sich aber, weil man so sehr in ihn drang, auf ein Tabouret. Die Königin nahm auch eines und setzte sich ihm gegenüber; da wir stehen blieben, so entschuldigte er sich bei meiner Schwester und mir außerordentlich wegen seiner Unhöflichkeit.«

1730 schien der König über den Berg zu sein. Die Strapazen des Lagers von Zeithain überstand er ohne Beschwerden. Sein Gewicht stieg in diesem Jahr sogar auf 113 Kilo - zuviel für einen Mann, der 1,76 Meter maß. Friedrich Wilhelm I. nannte ihn damals mit Recht dick und fett, aber er irrte sich, als er daraus die Schlußfolgerung zog, August sei so gesund wie noch nie zuvor. Die rasche Gewichtszunahme war im Gegenteil ein Symptom dafür, daß die Zuckerkrankheit ein lebensgefährliches Stadium erreicht hatte. Seit 1731 klagte der König über Nerven- und Nierenschmerzen, er wurde wiederholt ohnmächtig, und wenn er erwachte, dämmerte er stundenlang vor sich hin. Die Ärzte versuchten, ihn zum Maßhalten zu überreden: Sie predigten auch diesmal tauben Ohren.

Das Ende kam rasch. Im Dezember 1732 brach die Wunde am linken Fuß von neuem auf. Die Ohnmachtsanfälle häuften sich, und manche dauerten so lange, daß die

Ärzte bereits mit dem Schlimmsten rechneten. Trotzdem trat August am 10. Januar 1733 die Rückreise nach Warschau an. Wie die Fama berichtet, soll er seinen Entschluß mit den Worten begründet haben: »Ich fühle die mir drohende Gefahr, doch bin ich verpflichtet, mehr Bedacht zu nehmen auf meine Völker als auf meine Person.« Dieser Satz ist zu schön, um wahr zu sein. Auf alle Fälle steht er in Widerspruch zu den Taten des Königs: August hatte nur sehr selten mehr Bedacht auf seine Untertanen als auf seine Person genommen ...

Am 11. Januar machte der Todkranke in Krossen Station. Dort erwartete ihn Friedrich Wilhelm von Grumbkow, um ihm im Auftrag Friedrich Wilhelms I. einige Vorschläge zu unterbreiten. Der preußische Minister erschrak, als er den Wettiner sah: »Ich half ihm aussteigen, und er sagte zunächst zu mir: Wie befindet sich der König? Dann betraten wir sein Zimmer. Er war so schlecht zu Fuß, daß er auf mich fiel. Ohne einen Schrank, an den ich mich hielt, wären wir beide hingefallen.« An der Abendtafel fühlte sich August wieder besser und tat den Speisen, die ihm Grumbkow vorsetzte, alle Ehre an: »... ich ließ immer zwei Gänge nach dem Geschmack des Patrons auftragen. So viel [meinte er] habe er, solange er in Dresden sei, nicht gegessen. Er blieb sechs Stunden bei Tisch. Anderthalb Stunden hielt er an sich, darauf fragte er, ob ich Champagner hätte, und wurde dann vergnügt.« Aber der Kranke vertrug nicht mehr soviel wie früher und erwachte mit einem fürchterlichen Kater: »Er befand sich vor dem Kamin, mit nackten Beinen, und sagte zu mir: Nun hat er mich brav zugedeckt. Ist das sobre [nüchtern] leben? Er sieht ganz frisch aus. Mir ist der Kopf ganz wüste. Und wie hat er es gemacht?« Der Preuße, der einen klaren Verstand behalten wollte, war so vorsichtig gewesen, statt Champagner abgekochtes Wasser zu trinken.

Als der König am 16. Januar 1733 in Warschau eintraf,

war er ein Sterbender. Sein Leibmedikus Heucher hatte schon befürchtet, daß er die letzte Etappe der Reise nicht lebend überstehen würde. Aber der Kranke wehrte sich gegen den Tod. Es gab Stunden, in denen sogar die Ärzte glaubten, daß er sich auf dem Weg der Besserung befand. Noch am 21. Januar besprach er mit dem jungen Pöppelmann, was er demnächst in der polnischen Hauptstadt zu bauen beabsichtigte, und ließ sich von ihm Entwürfe vorlegen. Nach dem 22. Januar schwanden seine Kräfte zusehends. Er verlor immer häufiger die Besinnung, und wenn er zu Bewußtsein kam, nahm er kaum noch Anteil an dem, was um ihn herum vorging. Am 1. Februar um 4 Uhr morgens richtete er sich auf, fiel zurück in die Kissen, legte die Hand über seine Augen und verschied.

Der Leichnam des Königs blieb bis zum 8. Februar im Sächsischen Palais. Dann wurde er von den Leibärzten einbalsamiert und einen Tag lang im Königsschloß, zwei Tage lang im Chor der Kapuzinerkirche aufgebahrt. Am 11. Februar überführte man ihn nach Krakau. Da die Gruft der Kathedrale erst hergerichtet werden mußte und die Vorbereitung des Begräbnisses ebenfalls Zeit kostete, stellte man den Sarg zunächst in der Florianskirche am Jan-Matejko-Platz ab. Am 15. Januar 1734 geleitete man ihn in feierlichem Zug hinauf zum Wawel.

Das Herz des Königs kehrte in einer silbernen Kapsel nach Dresden zurück. Daß es wieder zu pochen beginnt, wenn ein hübsches Mädchen vorübergeht, ist eine Legende - aber eine, die dem alten Kavalier gefallen hätte ...

Zeittafel

1670	12. Mai: Friedrich August als zweiter Sohn Johann Georgs III. geboren
1672	9. Juni: Peter I. von Rußland geboren
1680	Matthes Daniel Pöppelmann tritt in sächsische Dienste
1682	17. Juni: Karl XII. von Schweden geboren
1683	12. September: Befreiung Wiens von türkischer Belagerung
1686	August Christoph von Wackerbarth tritt in sächsische Dienste
1687-1689	Kavalierstour Friedrich Augusts durch Frankreich, Spanien, Portugal und Oberitalien
1688	14. August: Friedrich Wilhelm I. von Preußen geboren
1689	Balthasar Permoser tritt in sächsische Dienste
1689-1697	Pfälzischer Erbfolgekrieg, Friedrich August dient als Freiwilliger im Reichsheer (bis 1694)
1691	12. September: Johann Georg III. gestorben
1693	20. Januar: Heirat Friedrich Augusts mit Christiane Eberhardine von Kulmbach-Bayreuth - Jakob Heinrich von Flemming tritt in sächsische Dienste
1694	27. April: Johann Georg IV. gestorben, sein Bruder als Friedrich August I. Kurfürst von Sachsen Friedrich August I. Oberbefehlshaber des Reichsheers im Türkenkrieg
1696	Beginn der Alleinherrschaft Peters I. - 17. Juni: Jan III. Sobieski, König von Polen, gestorben - 17. Oktober: Kurprinz Friedrich August geboren
1697	5. April: Regierungsantritt Karls XII. - 2. Juni: Übertritt Friedrich Augusts I. zum Katholizismus - 27. Juni: Friedrich August von der Hälfte der Wahlberechtigten zum König von Polen gewählt - 15. September: Friedrich August als August II. in Krakau zum König von Polen gekrönt
1698	Beginn der Generalrevision in Sachsen - 10. August: Treffen Peters I. und Augusts II. in Rawa - Türkenfeldzug Augusts II. - Johann Melchior Dinglinger wird Hofgoldschmied
1699	16. Januar: Frieden von Karlowitz - Bündnis Rußlands, Dänemarks und Sachsens gegen Schweden
1700	12. Februar: Einmarsch der sächsischen Armee in Livland, Beginn des Nordischen Krieges - 11. März: Abbruch der Generalrevision - 25. Juli: Die Schweden unter Karl XII. landen in Dänemark - 18. August: Frieden von Travendal, Dänemark scheidet aus der Koalition aus - 19. August: Rußland erklärt Schweden den Krieg - 20. November: Schwere Niederlage der russischen Armee bei Narwa

1701	Ende Februar: Treffen Peters I. und Augusts II. in Kurland - April: Einführung der Generalkonsumtionsakzise in der Grafschaft Mansfeld - Mai: Beginn des Spanischen Erbfolgekriegs - 19. Juli: Niederlage der sächsischen Armee in der Schlacht an der Düna - Johann Friedrich Böttger aus Preußen nach Sachsen geflohen, von August II. in Gewahrsam genommen
1702	14. Mai: Das schwedische Heer nimmt Warschau ein - 9. Juli: Schwere Niederlage der sächsischen Armee bei Klissow - Bildung der Konföderation von Sandomierz
1703	Einführung der Generalkonsumtionsakzise in 112 sächsischen Städten
1704	12. Juli: Wahl des Gegenkönigs Stanislaw Leszczynski
1705	19. Dezember: Johann Reinhold von Patkul, Gesandter des Zaren am sächsischen Hof, in Dresden verhaftet
1706	3. Februar: Vernichtende Niederlage der sächsischen Armee bei Fraustadt - Juni: Errichtung des Geheimen Kabinetts - 27. August: Einmarsch des schwedischen Heeres in Sachsen - 24. September: Unterzeichnung des Friedensvertrags von Altranstädt durch sächsische Unterhändler, August verzichtet auf die polnische Krone und erkennt Stanislaw Leszczynski als König von Polen an - 29. Oktober: Sieg der Russen und Sachsen bei Kalisch - Anfang Dezember: August verläßt Polen und kehrt nach Sachsen zurück - 19. Dezember: August ratifiziert den Friedensvertrag von Altranstädt - Anordnung zur Verbesserung des sächsischen Straßenwesens
1707	6. April: Johann Reinhold von Patkul an die Schweden ausgeliefert - September: Das schwedische Heer verläßt Sachsen - 10. Oktober: Patkul hingerichtet
1708	8./9. Oktober: Sieg der Russen über ein schwedisches Korps bei Lesnaja
1709	28. März: Böttger meldet die Erfindung des roten Porzellans - Juni: Besuch Friedrichs IV. von Dänemark in Dresden - 28. Juni: Erneuerung des dänisch-sächsischen Bündnisses - 8. Juli: Vernichtende Niederlage des schwedischen Heeres bei Poltawa, Karl XII. flieht in die Türkei - 20. August: Einmarsch der sächsischen Armee in Polen, die Schweden räumen das Land, Stanislaw Leszczynski flieht - Oktober: Erneuerung des russisch-sächsischen Bündnisses in Thorn
1710	23. Januar: Gründung der Porzellanmanufaktur in Meißen - Errichtung der General-Schmelz-Administration - April: Ratstagung in Warschau - 4. Juli: Riga kapituliert vor den Russen
1711	Errichtung der Akzisbaudirektion - Beginn der Arbeiten am Zwinger - 13. Juli: Frieden am Prut, Niederlage Peters I. im Krieg gegen die Türken
1712	Jakob Heinrich von Flemming Vorsitzender des Geheimen Kabinetts - Paul Jacob Marperger tritt in sächsische Dienste

- Reoganisation des sächsischen Postwesens - 27. November: Übertritt des Kurprinzen Friedrich August zum Kathilozismus - 20. Dezember: Sieg der Schweden über ein dänisch-sächsisches Heer bei Gadebusch

1713 25. Februar: Regierungsantritt Friedrich Wilhelms I. - 19. April: Pragmatische Sanktion

1714 Ende des Spanischen Erbfolgekriegs - November: Rückkehr Karls XII. aus der Türkei

1715 Beginn des antisächsischen Aufstands in Polen - Mai: Hannover und Preußen erklären Schweden den Krieg - November: Bildung der Konföderation von Tarnogród - 12. Dezember: Flucht der Gräfin Cosel nach Preußen - 23. Dezember: Kapitulation Stralsunds, Karl XII. entkommt nach Schweden - Gartenanlage in Großsedlitz begonnen - Zacharias Longuelune tritt in sächsische Dienste

1716 April: Treffen Peters I. und Augusts II. in Danzig - 4. November: Warschauer Vertrag, Ende des Aufstands - 22. November: Auslieferung der Gräfin Cosel, Überführung in die Festung Stolpen

1718 Beginn des preußisch-sächsischen Wirtschaftskriegs (bis 1728) - 7. Februar: Erlaß eines Reglements für das Dresdner Oberbauamt - 11. Dezember: Karl XII. vor Frederikshald gefallen

1719 5. Januar: Wiener Allianzvertrag zwischen Österreich, England und Sachsen-Polen - September: Heirat des Kurprinzen mit Maria Josepha, Tochter Kaiser Josephs I. - November: Waffenstillstand zwischen Sachsen und Schweden - 20. November: Friedensschluß zwischen Hannover und Schweden

1720 Neuordnung der Dresdner Kunstsammlungen - Wasserpalais in Pillnitz begonnen - 1. Februar: Friedensschluß zwischen Preußen und Schweden

1721 10. September: Friedensvertrag zwischen Rußland und Schweden, Ende des Nordischen Krieges - Beginn der Vermessung des Kurfürstentums Sachsen durch Adam Friedrich Zürner

1722 Errichtung von steinernen Postmeilensäulen in sächsischen Städten

1723 Umbau des Jagdschlosses Moritzburg begonnen

1723/24 Grünes Gewölbe als Schatzkammermuseum eingerichtet

1724 Schloß Übigau begonnen - 7. Dezember: Thorner Blutgericht

1725 8. Februar: Peter I. gestorben - 3. September: Bündnis von Herrenhausen zwischen England, Frankreich, Holland und Preußen

1726 Frauenkirche begonnen - 22./23. Mai: Antikatholischer Aufruhr in Dresden - November: Schwere Erkrankung Augusts II., Amputation eines Zehs

1727 Umbau des Holländischen Palais zum Japanischen Palais begonnen - 5. September: Christiane Eberhardine gestorben

1728 10. Januar: Verteidigungsbündnis zwischen Preußen und Sachsen - 14. Januar bis 4. Februar: Staatsbesuch Friedrich Wilhelms I. in Dresden - 30. April: Jakob Heinrich von Flemming gestorben - Mai: Gegenbesuch Augusts II. in Potsdam

1729 21. Juni: Rekrutierungsmandat Augusts II. mit Festsetzung der Dienstzeit auf 9 und 6 Jahre

1730 Blockhaus am Neustädter Ufer begonnen - 1.-26. Juni: Lager von Zeithain - Dezember: Plan einer Generalassoziation der deutschen Fürsten, Preußen lehnt ab

1731 3. August: Verteidigungsbündnis zwischen Sachsen und Hannover

1732 Dreikönigskirche begonnen - Umbenennung von Altendresden in Neue Königsstadt Dresden - Dezember: Rasche Verschlechterung des Gesundheitszustands Augusts II.

1733 10.-16. Januar: Letzte Reise Augusts II. von Dresden nach Warschau - 1. Februar: August II. in Warschau gestorben
15. Januar: Beisetzung Augusts II. in Krakau

Literatur, aus der Zitate entnommen wurden

Richard Alewyn und Karl Sälzle, Das große Welttheater, Hamburg 1959

Ingvar Andersson, Schwedische Geschichte, München 1950

P.D. Aschenborn, Memoiren der Gräfin Aurora von Königsmarck, Berlin (1914)

Frans G. Bengtsson, Karl XII. 1682-1707, Zürich (1938)

Hans Beschorner, Beschreibungen und bildliche Darstellungen des Zeithainer Lagers von 1730, in: Neues Archiv für Sächsische Geschichte und Altertumskunde, 27,2/1906

Hans Beschorner, Augusts des Starken Leiden und Sterben, in: Neues Archiv für Sächsische Geschichte und Altertumskunde, 58,1/1937

Karl Biedermann, Deutschland im Achtzehnten Jahrhundert, 2 Bände, Leipzig 1854-1880

Franz Blanckmeister, Christiane Eberhardine, die letzte evangelische Kurfürstin von Sachsen, in: Beiträge zur sächsischen Kirchengeschichte, 6/1891

Franz Blanckmeister, Der Prophet von Kursachsen, Valentin Ernst Löscher und seine Zeit, Dresden 1920

C. W. Böttiger, Geschichte des Kurstaates und Königreiches Sachsen, Hamburg 1831

Briefe der Herzogin Elisabeth Charlotte von Orléans, hrsg. von Dr. Wilhelm Ludwig Holland, 6 Bände, Stuttgart 1867-1879

Ernst Carlson (Hrsg.), Die eigenhändigen Briefe König Karls XII., Berlin 1894

Carl von Clausewitz, Vom Kriege, Berlin 1957

Deutsche Geschichte, Band 3, Berlin 1983

Bruno Alfred Döring, Matthes Daniel Pöppelmann, Dresden 1930

Heinrich Doerries, Rußlands Eindringen in Europa in der Epoche Peters des Großen, Königsberg 1939

Yella Erdmann, Der livländische Staatsmann Johann Reinhold von Patkul, Berlin 1970

Hubert Georg Ermisch, Der Dresdner Zwinger, Dresden 1953

Rudolf Forberger, Die Manufaktur in Sachsen vom Ende des 16. bis zum Anfang des 19. Jahrhunderts, Berlin 1958

Friedrich Förster, Friedrich August II., König von Polen und Kurfürst von Sachsen, Potsdam 1839

Bernhard Geyer, Das Stadtbild Alt-Dresdens, Baurecht und Baugestaltung, Berlin 1964

Carl Gretschel, Geschichte des Sächsischen Volkes und Staates, Leipzig 1847

Arno Günther, Das schwedische Heer in Sachsen 1706-1707, in: Neues Archiv für Sächsische Geschichte und Altertumskunde, 25/1904

Arno Günther, Die Entstehung des Friedens von Altranstädt, in: Neues Archiv für Sächsische Geschichte und Altertumskunde, 27/1906

Cornelius Gurlitt, August der Starke, 2 Bände, Dresden 1924

Paul Haake, La société des antisobres, in: Neues Archiv für Sächsische Geschichte und Altertumskunde, 21/1900

Paul Haake, Die Türkenfeldzüge Augusts des Starken 1695 und 1696, in: Neues Archiv für Sächsische Geschichte und Altertumskunde, 24/1903

Paul Haake, Generalfeldmarschall Hans Adam von Schöning, Berlin 1910

Paul Haake, August der Starke im Urteil seiner Zeit und der Nachwelt, Dresden 1922

Paul Haake, August der Starke, Berlin-Leipzig (1927)

Paul Haake, August der Starke, Kurprinz Friedrich August und Premierminister Graf Flemming im Jahre 1727, in: Neues Archiv für Sächsische Geschichte und Altertumskunde, 49,1/1928

Paul Haake, Christiane Eberhardine und August der Starke, Dresden 1930

Paul Haake, Jacob Heinrich Graf von Flemming, in: Sächsische Lebensbilder, 2 Bände, Leipzig 1938

Paul Haake, Der Besuch des preußischen Soldatenkönigs in Dresden 1728, in: Forschungen zur Brandenburgischen und Preußischen Geschichte, 47,1/1934

Paul Haake, Kursachsen oder Brandenburg-Preußen?, Geschichte eines Wettstreits, Berlin 1939

Erich Haenel und Eugen Kalkschmidt, Das alte Dresden, Bilder und Dokumente aus zwei Jahrhunderten, Leipzig 1941

Otto Haintz, König Karl XII. von Schweden, 3 Bände, Berlin 1958

Friedrich Johannes Haun, Bauer und Gutsherr in Kursachsen, in: Abhandlungen aus dem staatswissenschaftlichen Seminar zu Strassburg i.E., IX/1892

Walter Hentschel, Die sächsische Baukunst des 18. Jahrhunderts in Polen, Berlin 1967

Johannes Kalisch, Zur Polenpolitik Augusts des Starken 1697 bis 1700, Leipzig 1957 (Diss.)

Johannes Kalisch und Jozef Gierowski (Hrsg.), Um die polnische Krone, Sachsen und Polen während des Nordischen Krieges 1700-1721, in: Schriftenreihe der Kommission der Historiker der DDR und Volkspolens, Band I, Berlin 1962

Fritz Kaphahn, Kurfürst und kursächsische Stände im 17. und beginnenden 18. Jahrhundert, in: Neues Archiv für Sächsische Geschichte und Altertumskunde, 43/1922

Heinz Kathe, Der »Soldatenkönig«, Berlin 1976

Joachim Lelewel, Betrachtungen über den politischen Zustand des ehemaligen Polens und über die Geschichte seines Volkes, Brüssel und Leipzig 1845

M. B. Lindau, Geschichte der Haupt- und Residenzstadt Dresden von der frühesten bis auf die gegenwärtige Zeit, Dresden 1862

Memoiren der Markgräfin Wilhelmine von Bayreuth, 2 Bände, Leipzig 1927

Reinhold Müller, Die Armee Augusts des Starken, Berlin 1984

Joh. Reinhold von Patkul's, ehemaligen Zaarischen General-Lieutenants und wirklichen Geheimen Rathes, Berichte an das Zaarische Cabinet in Moskau, Berlin 1792

Albrecht Philipp, August der Starke und die Pragmatische Sanktion, in: Leipziger Historische Abhandlungen, IV/1908

Herbert Pönicke, August der Starke, Göttingen 1972

Porzellansammlung (Veröffentlichung der Staatlichen Kunstsammlungen Dresden), Dresden 1982

Josef Reinhold, Polen/Litauen auf den Leipziger Messen des 18. Jahrhunderts (Abhandlungen zur Handels- und Sozialgeschichte, Band X), Weimar 1971

Artur Reuschel, Die Einführung der Generalkonsumtionsakzise in Kursachsen und ihre wirtschaftspolitische Bedeutung, Leipzig 1930 (Diss.)

Johann Mathias Reichsgrafen von der Schulenburg Leben und Denkwürdigkeiten, Leipzig 1834

O. Schuster und F. A. Francke, Geschichte der sächsischen Armee von deren Errichtung bis auf die neueste Zeit, Leipzig 1885

Thea von Seydewitz, Ernst Christoph Graf Manteuffel, Kabinettsminister Augusts des Starken, Dresden 1926

Jean Louis Sponsel, Der Zwinger, die Hoffeste und die Schloßbaupläne zu Dresden, Dresden 1924

Konrad Sturmhoefel, Illustrierte Geschichte der sächsischen Lande und ihrer Herrscher, Leipzig (1908)

Walther Thenius, Die Rekrutierung der sächsischen Armee unter August dem Starken, Leipzig 1912

Eduard Vehse, Geschichte der Höfe des Hauses Sachsen, Hamburg 1854

Georg Wagner, Die Beziehungen Augusts des Starken zu seinen Ständen während der ersten Jahre seiner Regierung, Leipzig 1902 (Diss.)

Karl von Weber, Moritz Graf von Sachsen, Leipzig 1863

Karl von Weber, Anna Constance Gräfin von Cossell, in: Archiv für die Sächsische Geschichte, 9/1871

Winckelmanns Werke in einem Band (Bibliothek deutscher Klassiker), Berlin und Weimar 1982

Reinhard Wittram, Peter I., Czar und Kaiser, 2 Bände, Göttingen 1964

Weitere benutzte Literatur

Stanislaw Arnold und Marian Zychowski, Abriß der Geschichte Polens, Warszawa 1967

Beiträge zur Geschichte der Cultur, der Wissenschaften, Künste und Gewerbe in Sachsen vom 6ten bis zu Ende des 17ten Jahrhunderts, Dresden 1823

Hans Beschorner, August der Starke als Soldat, in: Neue Jahrbücher für das klassische Altertum, Geschichte und deutsche Literatur und für Pädagogik, XV/1905

Friedrich von Beust, Kinder der Liebe deutscher Fürsten, Lübben 1811

Rudolf Beyrich, Kursachsen und die polnische Thronfolge 1733-1736, in: Leipziger Historische Abhandlungen XXXVI/1913

Franz Blanckmeister, Die Haltung der sächsischen Stände und des sächsischen Volkes beim Übertritt Augusts des Starken und seines Sohnes zum Katholizismus, Leipzig 1897

Karlheinz Blaschke, Bevölkerungsgeschichte von Sachsen bis zur industriellen Revolution, Weimar 1967

Maria Bogucka, Bauer und Gutsherr in der Oberlausitz (Schriftenreihe des Instituts für sorbische Volksforschung, Bd. 5), Bautzen 1957

Alexander Brückner, Geschichte Rußlands bis zum Ende des 18. Jahrhunderts, 2 Bände, Gotha 1896 und 1915

Anton Buchholtz, Beiträge zur Lebensgeschichte Johann Reinhold Patkuls, Riga 1893

Friedrich Cramer, Biographische Nachrichten von der Gräfin Maria Aurora Königsmarck, Quedlinburg und Leipzig 1833

Karl Czok, Zu Charakter und Entwicklung des feudalen deutschen Territorialstaates, in: Zeitschrift für Geschichtswissenschaft, 8/1973

Karl Czok, Die Entwicklung des kursächsischen Territorialstaates im Spätfeudalismus von der Mitte des 16. Jahrhunderts bis um 1790, in: Sächsische Heimatblätter, 5 und 6/1982

Karl Czok, Zur absolutistischen Politik Augusts des Starken in Sachsen, in: Sächsische Heimatblätter, 4/1983

Johann Richard Danielson, Zur Geschichte der sächsischen Politik 1706-1709, Helsingfors 1878

Johannes Dürichen, Geheimes Kabinett und Geheimer Rat unter der Regierung Augusts des Starken in den Jahren 1704-1720, Dresden 1930 (Diss.)

Rudolf Forberger, Zu einigen ökonomischen Schwerpunkten und Problemen Kursachsens an der Wende vom 17. zum 18. Jahrhundert, in: Sächsische Heimatblätter, 4/1983

Heinrich Gerhard Franz, Zacharias Longuelune und die Baukunst des 18. Jahrhunderts in Dresden, Berlin 1953

Eugen v. Frauenholz, Das Heerwesen in der Zeit des Absolutismus, München 1940

Ernst Freiherr von Friesen, Die Feldzüge der Sachsen in Morea während der Jahre 1685 und 1686, in: Archiv für die Sächsische Geschichte, 2/1864

Sigismund Gargas, Geschichte der Nationalökonomie im alten Polen, Berlin 1925

Heinrich Gebauer, Die Volkswirtschaft im Königreiche Sachsen, historisch, geographisch und statistisch dargestellt, 3 Bände, Dresden 1893

Jozef Gierowski, Preußen und das Projekt eines Staatsstreiches in Polen im Jahre 1715, in: Jahrbuch für Geschichte der UdSSR und der volksdemokratischen Länder Europas, 3/1959

Aleksander Gieysztor, Tausend Jahre Geschichte Polens, Warschau 1964

Heinrich Gössel, Die kursächsische Landtagsordnung von 1728, Weida 1911 (Diss.)

Reiner Groß, Außen- und innenpolitische Verhältnisse Kursachsens an der Wende vom 17. zum 18. Jahrhundert, in: Sächsische Heimatblätter, 5/1983

Arno Günther, Sachsen und die Gefahr einer schwedischen Invasion 1706, Leipzig 1901 (Diss.)

Cornelius Gurlitt, Warschauer Bauten aus der Zeit der sächsischen Könige, Berlin 1917

Paul Haake, Johann Friedrich von Wolfframsdorff und das Portrait de la cour de Pologne, in: Neues Archiv für Sächsische Geschichte und Altertumskunde, 22/1901

Paul Haake, König August der Starke, München und Berlin 1902

Paul Haake, Polen am Ausgang des XVII. Jahrhunderts, in: Neue Jahrbücher für das klassische Altertum, Geschichte und deutsche Literatur und für Pädagogik, VIII/1905

Paul Haake, Die Wahl Augusts des Starken zum König von Polen, in: Historische Vierteljahresschrift, 9/1906

Paul Haake, Der Glaubenswechsel Augusts des Starken, in: Historische Vierteljahresschrift, 10/1907

Paul Haake, August der Starke im Urteil der Gegenwart, Berlin (1929)

Paul Haake, Der erste Hohenzollernkönig und August der Starke vor und nach 1700, in: Forschungen zur Brandenburgischen und Preußischen Geschichte, 46/1934

Hans Hallmann, Karl XII. und Peter der Große, Bonn 1944

Erich Haenel, August der Starke, Kunst und Kultur des Barock, Dresden 1933

Erdmann Hanisch, Die Geschichte Polens, Bonn und Leipzig 1923

Erich Hassinger, Brandenburg-Preußen, Schweden und Rußland 1700-1713, München 1953

Walther Hubatsch, Das Zeitalter des Absolutismus 1600-1789, Braunschweig 1962

Hermann Jaenicke, Die Geschichte Polens, Berlin 1909

Kasimir von Jarochowski, Patkuls Ausgang, in: Neues Archiv für Sächsische Geschichte und Altertumskunde, 3/1882

Otto Kaemmel, Sächsische Geschichte (Sammlung Göschen), Leipzig 1905

Reinhard Kluge, Zur Entwicklung der Zentralbehörden Kursachsens im 17. und 18. Jahrhundert, in: Sächsische Heimatblätter, 5/1983

Hellmut Kretzschmar, August der Starke, in: Amt und Volk, 7/1933

Hellmut Kretzschmar, Geschichte der Neuzeit seit der Mitte des 16. Jahrhunderts (Sächsische Geschichte, Band 2), Dresden 1935

Stanislaus Kutrzeba, Grundriß der polnischen Verfassungsgeschichte, Berlin 1912

Fritz Löffler, Das alte Dresden, Geschichte seiner Bauten, Dresden 1955

Wladyslaw Lozinski, Polnisches Leben in vergangenen Zeiten, München 1917

Walter Markov und Heinz Helmert, Schlachten der Weltgeschichte, Leipzig 1977

Albrecht Philipp, Zur Geschichte der wettinischen Reformversuche in Polen, in: Neues Archiv für Sächsische Geschichte und Altertumskunde, 34/1913

Karl Ludwig von Poellnitz, Das galante Sachsen, Hellerau o.J.

Otto Posse, Die Wettiner, Genealogie der Gesamthauses Wettin Ernestinischer und Albertinischer Linie, Leipzig und Berlin 1897

Gotthold Rhode, Geschichte Polens, Darmstadt 1966

Graf San Salvatore, Der galante König und sein Hof, Berlin (1912)

Chr. Sarauw, Die Feldzüge Karls XII., Leipzig 1881

Carl Schirren, Zur Geschichte des Nordischen Krieges, Kiel 1913

Werner Schlegel, August der Starke, Kurfürst von Sachsen, König von Polen, Berlin 1938

Otto Eduard Schmidt, Kursächsische Streifzüge, Dresden 1922

Hans-Eberhard Scholze, Johann Christoph Naumann (1664-1742), ein Beitrag zur Baugeschichte Sachsens und Polens im 18. Jahrhundert, Dresden 1958 (Diss.)

Jean Louis Sponsel und Otto Eduard Schmidt, Bildatlas zur sächsischen Geschichte, Dresden 1909

Jacek Staszewski, Polen und Sachsen im 18. Jahrhundert, in: Jahrbuch für Geschichte, 23/1981

Jacek Staszewski, Die sächsisch-polnische Union und die Umwandlungsprozesse in beiden Ländern, in: Sächsische Heimatblätter, 5/1983

Eberhard Wächtler, Wirtschaft und Wissenschaft in Sachsen, in: Sächsische Heimatblätter, 4/1983

Fritz Wagner, Europa im Zeitalter des Absolutismus 1648-1789, München 1948

J. Zemmrich, Landeskunde von Sachsen (Sammlung Göschen), Berlin und Leipzig 1923

Johannes Ziekursch, Die Kaiserwahl Karls VI. (1711), in: Geschichtliche Studien, 1. Bd., 1.H., Gotha 1902

Johannes Ziekursch, August der Starke und die katholische Kirche in den Jahren 1697-1720, in: Zeitschrift für Kirchengeschichte, 24/1903

Johannes Ziekursch, Die polnische Politik der Wettiner im 18. Jahrhundert, in: Neues Archiv für Sächsische Geschichte und Altertumskunde, 26/1905

Bildnachweis

Burg Stolpen: 135
L. Liebert, Freital: 229, 237, 240, 255, 309
Museum für Geschichte der Stadt Dresden: 7
Rössing-Winkler, Leipzig: 227
Sächsische Landesbibliothek, Abt. Deutsche Fotothek: 13, 15, 21, 29, 31, 57, 79, 99, 105, 109, 163, 179, 183, 197, 243, 261, 313, 343
San Salvatore, Der galante König und sein Hof, Berlin 1912: 42
H. Schulze, Altranstädt: 129
Staatliche Kunstsammlungen Dresden: 2, 18, 71, 190, 235, 274, 287, 317, 340/341, 363
Staatliche Schlösser und Gärten Potsdam-Sanssouci: 85
Staatsarchiv Dresden: 224
Karten: Karl-Heinz Döring

Inhalt

Ein Prinz wird geboren 5

Ein Prinz geht bummeln 20

»... nicht die geringste Kenntnis von den Geschäften« 34

Der Griff nach der Königskrone 47

Der große Irrtum 78

Die Schweden kommen 122

Der zweite Versuch 144

Nichts als Ärger mit der Familie 177

Handel und Wandel 192

»... nach Ihro Koeniglicher Majestät Aller Höchsten Gedancken« 222

»Sein größtes Vergnügen war die Liebe« 277

Lust und Last der Feste 320

Der letzte Traum 345

Das Ende 375

Zeittafel 381

Literatur, aus der Zitate entnommen wurden 385

Weitere benutzte Literatur 389

Bildnachweis 394